Flak vor

MELCHIOR
Historischer Verlag

Das seltene Buch

Flak vor

erscheint im Rahmen ausgewählter Literatur
als exklusive Reprint-Ausgabe in der
Historischen Bibliothek des Melchior Verlages.

Die Historische Bibliothek enthält wichtige
sowie interessante Bücher zur deutschen Geschichte
und lässt anhand dieser eindrucksvollen Zeitzeugen
bedeutende Ereignisse, Begebenheiten und Personen
aus längst vergangener Zeit wieder lebendig erscheinen.

Nach der Originalausgabe von 1943.

M
Reprint
© Melchior Verlag
Wolfenbüttel
2012
ISBN: 978-3-942562-99-7
www.melchior-verlag.de

Flak vor

MIT UNSEREN PANZERN VOM BUG BIS VOR DIE TORE MOSKAUS

Herausgegeben
im Auftrag eines Flakkorps

BEITRÄGE LIEFERTEN

ROLF BOYNE †. WALTER ENGELHARD. HANS GRÄWE. GERHARD KIRSCH
FRIEDRICH MILDNER. JOSEF OLLIG. JOACHIM SCHULZ-WERNER

Ihre Mitarbeit stellten zur Verfügung
MAJOR HELMUT REUTER UND HAUPTMANN ULRICH SPIEGEL

DEN
GEFALLENEN KAMERADEN
ZUM GEDENKEN

Reichsmarschall Hermann Göring

TAPFERKEIT, GEHORSAM, TREUE UND KAMERADSCHAFT SIND DIE GRUNDLAGEN DES DEUTSCHEN SOLDATENTUMS. DIESES BUCH KÜNDET, DASS DIESE TUGENDEN IN DER FLAK-ARTILLERIE DER LUFTWAFFE EINE STOLZE HEIMSTATT GEFUNDEN HABEN

VORWÄRTS ZUM SIEG!

DER REICHSMARSCHALL DES GROSSDEUTSCHEN REICHES

General der Flakwaffe von Axthelm

ZUM GELEIT

„Flak vor!" heißt der Titel dieses Buches. Es ist eine Gemeinschaftsarbeit der Kriegsberichter eines Flakkorps und soll nur dem Ganzen dienen. Die Leistungen der Flakartillerie der deutschen Luftwaffe im Luft- und besonders im Erdeinsatz sind im deutschen Volk noch nicht so bekannt, wie sie es sein müßten. An allen Fronten, besonders aber im Ostfeldzug, hat die Flakartillerie Taten vollbracht, die ein einziges Heldenlied von Mut, Tapferkeit und persönlichem Opfergeist sind. Die Flakartillerie ist eine Waffe, die still ihre Pflicht tut, von der man wenig spricht. Ihr Ruhm ist nicht strahlend. In der Heimat weiß man wenig von ihr. Umso mehr wird sie geachtet von unseren Panzern, denen sie oft den Weg freigekämpft, und von unserer Infanterie, für die sie feindliche Bunker und MG-Nester geknackt hat; gar nicht zu reden von den vielen Abschüssen feindlicher Flieger und Kampfwagen.

Diese ehrliche Begeisterung für die Taten der Flakartillerie der deutschen Luftwaffe gab den Kriegsberichtern die Feder in die Hand. Wie das Soldatenlied ist auch dieses Buch aus dem Innersten des Herzens emporgewachsen. Allen Soldaten des Flakkorps, die das Kampfgeschehen persönlich miterlebten, soll „Flak vor!" eine Erinnerung an den Ostfeldzug 1941 sein. Allen anderen Männern mit den roten Spiegeln soll das Buch einen Bericht geben von der Pflichterfüllung und der Tapferkeit ihrer Kameraden. Die Heimat aber soll ein Bild gewinnen von dem gewaltigen Einsatz unserer Flakartillerie an allen Fronten. Darüber hinaus möge das Buch die Brücke schlagen helfen zwischen Front und Heimat, zwischen Gegenwart und Zukunft.

DER KOMMANDIERENDE GENERAL

GENERALLEUTNANT VON AXTHELM

EINFÜHRUNG
Auf Sekunden kommt es an

Nachdem die entscheidende Bedeutung der fliegenden Verbände als weitreichende Artillerie erkannt war, versuchte die Luftverteidigung durch die Entwicklung ihrer Waffen mit dem Aufschwung, den die Fliegertruppe in allen Ländern nahm, Schritt zu halten. Deutschland, als luftgefährdetstes Land Europas, war von vornherein mehr als alle anderen Staaten darauf angewiesen, sich eine starke Luftverteidigung aufzubauen. So schufen deutsche Konstrukteure das beste und schnellste Jagdflugzeug der Welt.

Gleichzeitig wurde in den Konstruktionsbüros der Waffenschmieden des Reiches die beste Flakartillerie entwickelt, der es allerdings vorbehalten bleiben musste, ihre Leistungen erst in einem Krieg zu zeigen, denn Vergleichsmöglichkeiten gab es nicht. Was bedeutet es darum dem Laien, wenn er von komplizierten Kommandogeräten und Kommandohilfsgeräten, von elektrischer Übertragung und hoher Feuergeschwindigkeit hört! Er kann sich nur eine schwache Vorstellung von leichten und schweren Geschützen machen, von Scheinwerfern und Horchgeräten, von Luftsperren und all den vielen sonstigen Waffenarten, die zur Luftverteidigung eingesetzt werden.

September 1939. Krieg gegen Polen. Der Flakartillerist brennt darauf, zu zeigen, was er kann. Er weiß um die Leistungen seiner Waffe. Ihre Güte und sein Ausbildungsstand geben ihm Mittel an Hand, den Gegner vom Himmel herunterzuholen, wann und wo er sich auch zeigt. Schnell zerrinnt indessen dieser Wunschtraum der Flakartillerie. In zwei Tagen ist die polnische Luftwaffe vernichtet, zerschlagen von den weit überlegenen deutschen Luftstreitkräften. Nur wenige Flakartilleristen, vorn bei den Panzern, sehen überhaupt ein feindliches Flugzeug. Fern der Heimat können sie hier die ersten Erfolge buchen.

England und Frankreich erklären den Krieg. Für den Flakartilleristen bedeutet das: Instellunggehen zum Schutz der Heimat in selbstgezimmerten Bunkern und Erdlöchern. Für ihn heißt das: Warten, nervenzermürbendes Warten, Wachen, immerwährende Bereitschaft bei Tag und bei Nacht. Dabei fliegt der Gegner wenig, zum Verzweifeln wenig ein.

10. Mai 1940. Schlagartig setzt die deutsche Wehrmacht im Westen zum Angriff gegen die Herausforderer an. Die französische Luftwaffe, vereinzelt unterstützt durch englische Bomber, versucht der deutschen Wehrmacht Einhalt zu gebieten. Erstmalig bekommt der Flakartillerist den Gegner bei Tag vor seine Rohre. Jetzt gilt es. Verbissen versuchen die feindlichen Flugzeuge Brücken und Durchmarschengen mit Bomben zu zerstören. „Durch Flakartillerie allein an einem Tag 72 Flugzeuge abgeschossen", meldet der Wehrmachtbericht. Das gibt der feindlichen Luftwaffe endgültig den Fangstoß. Vereinzelt nur noch wagt sie sich über die deutschen Linien. Zu Hause horcht man bei der Bekanntgabe dieser hohen Abschussziffern der Flakartillerie auf, und manch einer schüttelt ungläubig den Kopf. Vergessen wird dieser Sieg gegenüber den großen Erfolgen der Wehrmacht. Der Flakartillerist kann nur wieder warten und warten. Der Gegner jedoch kommt nicht.

Feige zieht sich der Brite in die Dunkelheit zurück. Mit nächtlichen Störangriffen auf die wehrlose Zivilbevölkerung glaubt er dem Krieg ein anderes Gesicht geben zu können. An den Flakartilleristen tritt nun die neue große Aufgabe heran, einen Gegner zu bekämpfen, den er nicht sehen kann.

Kein Jäger wird nachts auf die Jagd gehen, um Rebhühner zu schießen. Jeder weiß, ein wie törichtes Beginnen es ist, bei Nacht eine Mücke zu fangen, die sich einem auf die Nase setzen will. Wütend schlägt man nach dem summenden Plagegeist, trifft jedoch nie. Und am nächsten Morgen ist man zerstochen. Der Flakartillerist aber soll einen, mit mehreren hundert Kilometern Geschwindigkeit in großer Höhe, bei Dunkelheit fliegenden Feind abschießen!

Der Laie sieht einen Erfolg nur im Abschuss. Der Soldat jedoch, der einen Graben verteidigen soll, hat seinen Auftrag erfüllt, wenn er einen angreifenden Feind abwehrt, ihn zurückschlägt oder gar in die Flucht treibt. Auf den Kampf Flakartillerie gegen Flugzeug übertragen heißt das, den Feind zum ungezielten Bombenabwurf zwingen, ihn zwingen, vor Erreichung seines Zieles abzudrehen und seine Bomben irgendwohin zu werfen. Wie gut der Flakartillerist diese Aufgabe löst, geht allein daraus hervor, dass der Wehrmachtbericht fast immer melden kann: „Militärische oder wehrwirtschaftliche Schäden entstanden nicht." Den Bombenabwurf auf Städte, auf Wohnviertel und Arbeitersiedlungen kann auch die Flakartillerie nicht immer verhindern.

Mühsam ist die Ausbildung des Flakartilleristen, weil seine Waffen vielseitig sind. Rädchen muss in Rädchen passen. Auf Sekunden kommt es an! Darum ist es nur allzu verständlich, dass jeder Angehörige der Flakartillerie immer wieder darauf brennt, auf einen Gegner zu treffen, der sich nicht feige in die Dunkelheit der Nacht verkriechen kann, der vielmehr gezwungen ist, bei Tag anzugreifen, weil die Ziele, die er angreifen soll, bei Nacht nicht auffindbar sind. Dieser Wunsch kann aber nur bei Operationen im Zusammenwirken mit dem Heer in Erfüllung gehen. Das bedingt gleichzeitig weitere hohe, ausbildungsmäßige Anforderungen an den Flakartilleristen.

Im Hinblick auf diese neuen Aufgaben wurden bereits im Winter 1939 Flakkorps aufgestellt. Sie haben im Frankreich-Feldzug bewiesen, dass bei einer einheitlichen Führung die Waffe zu Leistungen befähigt ist, die man vordem nicht erwartet hat.

Ein Flakkorps, auf die Zusammenarbeit mit einer Panzergruppe angewiesen, hat mancherlei Aufgaben zu lösen: Feindliche Flieger müssen abgeschossen werden, gleich, ob sie im Hochangriff Bomben werfen oder im rasenden Tiefflug, jede Geländewelle nutzend, mit Maschinengewehren, Maschinenkanonen und Bomben Panzer angreifen wollen. Feindliche Widerstandsnester sind zu brechen. Schwere und überschwere Kampfwagen, Festungen aus Stahl und Eisen, müssen erledigt werden.

Mühsame, wochenlange Kleinarbeit ist notwendig, um die Truppe auf diese Aufgaben vorzubereiten. Ruhe gibt es nicht. Tagsüber ist der Flaksoldat auf dem Truppenübungsplatz und im Gelände, nachts wieder in der Stellung, um feindliche Einflüge abzuwehren.

Erlösend trifft daher alle der Marschbefehl nach dem Osten. In den Stäben ist ganze Arbeit geleistet worden. Reibungslos rollt Batterie für Batterie, Abteilung um Abteilung, Regiment für Regiment und eine Nachschubkolonne nach der anderen in die befohlenen Aufmarschräume ostwärts Warschau. Schnell ist mit den Kameraden im grauen Rock oder in den schwarzen Panzeruniformen Freundschaft geschlossen. Jeder weiß den Wert des anderen zu schätzen. Einer kann ohne den anderen nichts ausrichten. Bis ins einzelne werden die ersten Aufgaben verteilt. Der Kanonier kennt sein Ziel. Hier ist es ein Bunker, der durch die 8,8 cm zerschlagen werden soll. Dort ist es eine versteckt eingebaute Beobachtungsstelle, die nur mit den Maschinenwaffen schnell ausgeräuchert werden kann. An anderer Stelle wieder stehen Batterien feuerbereit, für den Fall, dass die Bolschewisten es wagen sollten, die Brücken über den Bug mit ihrer Luftwaffe anzugreifen.

Der 22. Juni 1941 ist als Angriffstag befohlen. Erst wenige Stunden vor Angriffsbeginn wird der Aufruf des Führers an die Soldaten der Ostfront herausgegeben und verlesen. Klar steht jedem vor Augen, worum es geht. Sein oder Nichtsein ist die Losung. Ein mächtiger Gegner, an Zahl und Waffen weit überlegen, ist zu besiegen, oder aber das deutsche Volk, und mit ihm Europa, haben aufgehört zu bestehen.

Für 3.15 Uhr ist der Angriff befohlen. Orkanartig bricht das Artilleriefeuer los. Hunderte von Flugzeugen fliegen über den Bug, um ihre verderbenbringende Last abzuwerfen. Gespannt blicken die Augen der Flakkanoniere gen Osten. Wann wird sich die Luftwaffe der Sowjets bemerkbar machen? Wird sie uns mit Hunderten von Flugzeugen angreifen? In jedem Auge ist zu lesen: Wenn er doch erst kommen würde! Da, nach einigen Stunden, Fliegeralarm! Zwei Ratas kreuzen auf. Noch haben sie nicht die Grenze überflogen, da schlägt ihnen schon das vernichtende Feuer der Flakartillerie entgegen. In wilden Abwehrbewegungen suchen sie schleunigst das Weite und vergessen für den ersten Tag das Wiederkommen. An anderen Stellen heimsen verschiedene Batterien ihre ersten Abschüsse von Martin-Bombern ein.

Die Überraschung ist voll geglückt. Mit den Panzern gehen die Flakgeschütze noch am ersten Tag über den Bug. Die Straßenverhältnisse, die vorgefunden werden, sind katastrophal. Trotzdem halten die Kraftfahrer Schritt mit den Panzern. Gilt es doch, feindliche Luftangriffe auf die Panzerspitzen erfolgreich abzuwehren. Schon bald hat die sowjetische Luftwaffe erkannt, dass ein Eindringen auch nur wenige Kilometer in das von deutschen Truppen eroberte Gebiet mit sicherer Vernichtung bezahlt werden muss. So konzentrieren sie ihre Angriffe auf die vordersten Panzer und versuchen, diesen mit Bomben und Bordwaffen beizukommen. Allein in den ersten 4 Tagen kann unser Flakkorps 28 Flugzeugabschüsse buchen. Wo der erste Panzer steht, steht auch ein Flakgeschütz! Es lässt nicht zu, dass die Panzersoldaten in ihrem Vorwärtsdrang aufgehalten werden.

Dass bei einem schnellen Vorstoß das Gelände rechts und links der Straße vom Feind nicht gesäubert werden kann, ist selbstverständlich. Immer wieder versuchen die Sowjets, von den Seiten kommend, den Vormarsch aufzuhalten. Hier heißt es für den Flakartilleristen, besonders aufmerksam zu sein. Sitzt er doch ungeschützt auf seinem Zugkraftwagen und nicht, wie der Panzersoldat, in einem stählernen Kampfwagen. Wenn irgendwo Maschinengewehr- oder Artilleriefeuer aufflammt, dann geht es jedes Mal um Sekunden! Dem feindlichen Feuer schonungslos ausgesetzt, heißt es, das Ziel erkennen und niederkämpfen. Hier zeigt sich die vortreffliche Ausbildung der Richtkanoniere und die ausgezeichnete Waffenwirkung. Noch ehe der Feind sich auf das Geschütz eingeschossen hat, ist er vom Feuer der Flakartillerie erfasst, zur Aufgabe seiner Stellung gezwungen oder vernichtet.

Unermüdlich geht der Vormarsch auf zwei Straßen nach Osten. Er führt an der Zitadelle von Brest vorbei, um die noch hart gekämpft wird.

In wenigen Tagen ist auf der südlichen Straße Bobruisk erreicht. Eine Flakabteilung hat sich in die Nähe eines noch mit feindlichen Maschinen belegten Flugplatzes vorgearbeitet. Schnell ist der Entschluss gefasst, den Flugplatz im Handstreich zu besetzen. Herunter von der großen Straße! Nach kurzer Fahrt querfeldein liegt der Platz vor den tapferen 2-cm-Batterien. Schlagartig einsetzendes Feuer richtet zunächst Verwirrung unter den bolschewistischen Fliegern an. Einige versuchen noch, mit ihren Maschinen zu starten. Vergebens. Sowjet-Flugzeuge, die vom Einsatz zurückkommen, wollen landen und bemühen sich, als sie sehen, was sich auf der Erde abspielt, ihren bedrängten Kameraden zu Hilfe zu kommen Verbissen greifen sie die Flakgeschütze an. Doch was der deutsche

Soldat einmal in der Hand hat, das lässt er nicht mehr los. Ein Flugzeug nach dem anderen wird abgeschossen, und als 14 Maschinen brennend am Boden zerschellt sind, drehen die anderen ab. Der Flugplatz wird genommen. 63 Flugzeuge sind die Beute.

Auf der anderen Vormarschstraße geht es auf Slonim zu. Die bolschewistische Führung hat erkannt, dass ihr ostwärts Bialystok der Rückzug abgeschnitten werden soll. Durch Masseneinsatz von Panzern versucht sie die Lage zu retten. Die erste Panzerschlacht bei Wowna entscheidet sich zu unseren Gunsten. Den Sowjets bedeutet das nichts. Sie verfügen ja über Tausende von Panzern. Was macht es schon, wenn da einmal 60 Kampfwagen verloren gehen. Noch haben sie ihre schwersten Panzer nicht eingesetzt, auf die sich all ihre Hoffnungen gründen.

Harte Kämpfe entwickeln sich bei Slonim und Baranowicze. Immer wieder rennen die Bolschewisten, unterstützt von Panzern, Kavallerie und motorisierter Infanterie, gegen die schwachen vorderen Teile der Panzergruppe an. Schwere Flakgeschütze schießen hier allein 24 bolschewistische Panzer ab. Sowjetische Infanteristen, die in zahlreichen Wellen hintereinander, unter geschickter Ausnutzung des hochstehenden Getreides die deutschen Kolonnen angreifen, brechen immer wieder zusammen, wenn sie in das Abwehrfeuer der leichten Flakartillerie kommen. Längst hat sich der Flakartillerist an den Ruf „Flak vor!" gewöhnt, der immer dann von Mund zu Mund weitergereicht wird, wenn feindliche Panzer angreifen oder aber die Übermacht der Sowjets so groß ist, dass der Einzelschütze und der Artillerist einfach nicht in der Lage sind, den zu Tausenden angreifenden Gegner niederzuhalten. Da hilft nur die vernichtende Wirkung der Flakgeschütze, in deren Feuergarben die Bolschewisten wie reifes Korn fallen.

Weiter geht es nach Osten, an Minsk vorbei auf Nowo-Borissow an der Beresina zu. Hier hat Napoleon seine vernichtende Niederlage erlitten. Aber die Geschichte wiederholt sich nicht, so sehr auch die britischen Zeitungsstrategen aller Welt das klar zu machen versuchen. In kühnem Handstreich gelingt es einigen Panzern, die große Straßenbrücke über die Beresina in die Hand zu bekommen, die entscheidend ist für die Fortführung der Gesamtoperationen. Schnell hat sich jedoch der Bolschewist erholt. Ein vernichtendes Artillerie- und Infanteriefeuer trifft die zahlenmäßig schwachen Verteidiger. Wieder sind es wenige, schwere und leichte Flakgeschütze, die mit den Panzern Schritt gehalten haben und nun als einzige Artilleristen den Schutz der Brücke übernehmen. Hüben wie drüben weiß jeder, worum es geht. Die eigenen Panzer sind zu schwach, um den bolschewistischen Angriff allein aufhalten zu können. Panzerkampfwagen auf Panzerkampfwagen setzt der Bolschewist ein. Sie bleiben im Feuer der Panzerabwehrgeschütze und Flakartillerie brennend liegen. Dann versuchen es die Sowjets mit ihren schwersten Kampfwagen. Wirkungslos prallen die Pakgeschosse an diesen rollenden Festungen ab. Langsam, aber stetig nähern sich die Kolosse der Brücke. Wie Spreu schütteln sie die aufprasselnden 2-cm-Flakgeschosse ab. Hier kann nur die 8,8-cm-Flak helfen. Krachend verlässt die erste Granate das Rohr. Schon der zweite Schuss auf einen der 52-Tonner ist ein Treffer. Ein großes Loch ist in den feindlichen Panzer gerissen. Gegen dieses Geschoß sind auch die stärksten Stahlplatten nicht gefeit. Vernichtet bleibt der erste schwere Panzer liegen. Stundenlang währt der Kampf um die Beresina-Brücke. Oft müssen die Kanoniere zu den Handfeuerwaffen greifen, um sich der von allen Seiten angreifenden Bolschewisten zu erwehren. Auch die Nacht bringt keine Ruhe. Am nächsten Morgen endlich ist der Angriffswille der Bolschewisten gebrochen und eigene Verstärkung herangekommen.

Trotz der Unzahl der feindlichen Flugzeuge, die allein in den ersten Tagen abgeschossen werden, greift die sowjetische Luftwaffe unentwegt weiter an. Schon am 30. Juni 1941 kann ein Flakartillerie-Regiment seinen 50. Abschuss melden. Groß sind die Erfolge, doch sie sind teuer erkauft. Manch Kreuz am Wegesrand ist Künder stillen Heldentums. Verworren sind die Fronten. Überall wird gekämpft. Nirgendwo ist der deutsche Soldat sicher. Heimtückisch schießt es aus den Kornfeldern, Kusseln oder aus Bauernhäusern, Gebiete, durch die deutsche Vorausabteilungen und nachstoßende Verbände schon lange marschiert sind. Immer wieder werden die Nachschubkolonnen angegriffen. Nirgends gibt es Ruhe. Nur schärfste Aufmerksamkeit und dauernde Alarmbereitschaft können große Verluste vermeiden. Dennoch geht es rastlos vorwärts.

Verzweifelt versucht der Feind, sich hinter dem Dnjepr zu fangen, sprengt die Brücken, vermint die Wege, greift zu jedem Mittel, um den Vormarsch aufzuhalten. Kühne Umgehungsmanöver werfen den Bolschewisten aber immer wieder aus seinen Stellungen. Manche gefährliche Situation entsteht. Sie wird gemeistert. Bei Senna gelingt es den Bolschewisten, Teile einer Panzer-Division, die durch eine schwere Flakbatterie und einige leichte Batterien unterstützt werden, abzuschneiden. Mit mehr als hundert Panzerkampfwagen greifen sie an, um diese abgeschnittenen Teile zu vernichten. Der Bolschewist hat jedoch nicht mit dem deutschen Flakartilleristen gerechnet. Im kühnen Draufgängertum, nicht nur die Panzer abwehrend, sondern zum Angriff vorgehend, werden durch einige Batterien 25 Kampfwagen abgeschossen und an anderer Stelle durch ein einziges schweres Flakgeschütz 19 Kampfwagen vernichtet. Der letzte Widerstand der Bolschewisten westlich des Dnjepr ist damit gebrochen.

Zwischen Rogatschew und Orscha stellt sich die Panzergruppe zu neuem Angriff bereit. Über 100 Flugzeuge und mehr als 100 Panzerkampfwagen sind bis zum 11. Juli 1941 durch das Flakkorps vernichtet worden. Nun gilt es, die Stalin-Linie hinter dem Dnjepr – Bunkersysteme, verstärkt durch gut ausgebaute Feldbefestigungen – zu durchbrechen. Die Führung der sowjetischen Luftwaffe hat inzwischen die Sinnlosigkeit des Einsatzes von Bombenflugzeugen weit hinter den deutschen Linien erkannt. Fast jeder Flug über größere Strecken westwärts kostet 100prozentige Verluste. Im Hinblick hierauf ändert der Bolschewist seine Angriffstaktik. Er verlegt das Schwergewicht des Einsatzes seiner Luftwaffe auf die Rammblöcke des deutschen Heeres, auf die Panzerkampfwagen. Sofort zieht die eigene Führung aus dieser neuen Lage ihre Folgerungen. Dem Flakkorps werden drei weitere Flak-Abteilungen zugeführt, die bei den noch weit rückwärts folgenden Infanterie-Divisionen nicht zur Wirkung kamen.

Durch Luftaufklärung ist mittlerweile festgestellt worden, dass der Feind bei Rogatschew, Mohilew und Orscha die Kernpunkte seiner Verteidigung angelegt hat. Im Gelände zwischen diesen Bollwerken scheint er einen Angriff motorisierter Einheiten nicht für möglich zu halten. Der Bolschewist kennt sein unzulängliches Straßennetz. Ein Vorrücken querfeldein hält er daher für ausgeschlossen.

In wenigen Tagen ist die Bereitstellung beendet. Und drei Tage nach Angriffsbeginn ist bereits Smolensk gefallen! Dieser 16. Juli 1941 wird ebenso immer ein dunkler Punkt in der Führung der sowjetischen Armeen bleiben, wie er zum Ruhmesblatt für die deutsche Kriegsgeschichte geworden ist. Was besagen gegen diese unabänderliche Tatsache die törichten Meldungen der Londoner und Moskauer Sender: „Smolensk in unserer Hand. Die Stalin-Linie an keiner Stelle durchbrochen!"!? Was der deutsche Soldat einmal erkämpft hat, das hält er fest ...

Aber auch der Bolschewist ist zäh. Keinen Fußbreit Boden gibt er ohne Kampf auf, wenn schon die deutschen Truppen in seinem Rücken stehen. Harte Kämpfe kostet die Erzwingung des Überganges über den Dnjepr bei Orscha. Immer, wenn es heiß hergeht, ist der Flakartillerist in vorderster

Der Reichsmarschall bei seinen Flakartilleristen

Linie. Bei Orscha sind es 2-cm-Geschütze, die in 12stündigem Feuergefecht gegen Artillerie, Maschinengewehre, Granatwerfer und Panzer den Feind niederwerfen und damit den Pionieren Gelegenheit geben, den Brückenschlag fertigzustellen, dessen Vollendung infolge des konzentrischen feindlichen Feuers vordem nicht möglich war.

Smolensk ist schon gefallen. Da flackert noch einmal bei Kopys am Dnjepr der Kampf auf. Wiederum ist es eine Flakabteilung, die drei Tage lang das Rückgrat der Verteidigung bildet. Im Süden, bei Propoiszk, sieht es nicht anders aus. Gegenangriff auf Gegenangriff der Sowjets wird in tagelangem Kampf abgewehrt. Längst ist der Flakartillerist auch Erdartillerist geworden.

Doch immer wieder muss der Erdbeschuss unterbrochen werden, wenn feindliche Flugzeuge die durch Flakartillerie geschützten Räume angreifen. Manches Flugzeug wird abgeschossen, wenn auch die Batterien unter schwerem Artillerie- oder Infanteriefeuer liegen.

Noch haben die Bolschewisten die Hoffnung nicht aufgegeben, Smolensk wieder zu gewinnen. Tagelang hämmert die gegnerische Artillerie auf die Stadt. Das Gelände ist schwierig für den Flakartilleristen, eine Tarnung nur solange möglich, wie nicht gegen Flugzeuge geschossen werden muss. Denn richten sich die langen Rohre gegen den Himmel, um feindlichen Bombern ihr vernichtendes Feuer entgegenzuschleudern, ist auch schon die Stellung verraten. Die sofortige Antwort ist jedes Mal ein wütender Geschoßhagel feindlicher Artillerie in die eigenen Geschützstellungen.

Vorbei geht es an Smolensk bis nach Jelnja, der Stadt, die jedem, der dort eingesetzt war, unvergesslich in Erinnerung bleiben wird. Über vier Wochen heißt es diese Stadt zu verteidigen, denn Jelnja soll zunächst für die Panzer der östlichste Punkt sein und bleiben. Stark sind die sowjetischen Kräfte auch in unserem Rücken. Sie müssen erst durch nachrückende Infanterie-Divisionen ausgeschaltet werden.

Mühsam kämpft sich inzwischen das auf dem Südflügel eingesetzte Regiment nach Osten vorwärts. Sumpf, zerstörte Straßen, gesprengte Brücken und tiefer Sand verhindern lange Zeit ein weiteres Vorgehen. Für den deutschen Soldaten gibt es keinen Augenblick wohlverdiente Ruhe. Wird ein feindlicher Panzerkampfwagen abgeschossen, so tauchen drei neue auf. Ungeheuerlich ist die Menschen- und Materialreserve der Bolschewisten. Schritt für Schritt muss sich der Panzersoldat, und mit ihm der Flakartillerist, gegen diese Überlegenheit vorwärts kämpfen.

Roslawl muss in unsere Hand kommen! Wir brauchen den Ort als Ausgangspunkt für weitere Operationen. Ein kühn angelegter Angriff der Panzergruppe verschafft den im Süden sich langsam vorkämpfenden Kameraden Luft. Fast 40.000 Gefangene werden in dieser Schlacht eingebracht.

Jetzt endlich – so hofft jeder – wird die verdiente Überholungspause für Mensch und Material eintreten. Die Bolschewisten aber rennen wochenlang mit schweren Panzern gegen Jelnja an. Regiment auf Regiment verblutet an der deutschen Abwehr. Ungeheuer sind die Verluste des Gegners in der Luft. In hervorragender Zusammenarbeit zwischen Fliegern und Flakartillerie werden ganze Verbände der sowjetischen Luftwaffe aufgerieben und vernichtet. Trotz dieser Verluste auf der anderen Seite, die jeder von uns mit eigenen Augen sieht, ist kein Nachlassen in Angriff oder Verteidigung zu verspüren. Wer sich bis dahin noch keine Gedanken über die Rüstung der Bolschewisten gemacht hat, der wird jetzt nachdenklich. Was wäre geworden, wenn diese Horden mit diesem Material zum Angriff auf Deutschland angetreten wären! Was wäre geworden, wenn der Führer nicht das Intrigenspiel der jüdisch-bolschewistischen Machthaber rechtzeitig erkannt hätte! Jedem wird in einer besinnlichen Stunde klar, dass ein Überfall auf das Reich das Ende des Deutschtums bedeutet hätte. Die Dörfer verbrannt, die Städte gesprengt, die Brunnen vergiftet, die Felder verwüstet, das Vieh abgeschlachtet: Das sind Merkmale, an denen sich die Kriegführung der Bolschewisten abzeichnet!

Vier Wochen lang liegt der Korpsstab nun schon in einem Waldstück südostwärts von Smolensk. Vier Wochen lang halten die Flakbatterien treue Wacht über Smolensk und Jelnja. Die Zeit ist nicht nutzlos verstrichen. Nach den harten Kämpfen und den gewaltigen Marschleistungen ist eine gründliche Überholung der Geschütze und Kraftfahrzeuge notwendig. Auch der Soldat muss einmal wieder Ruhe und Sammlung finden. Im Wechsel werden die Panzerverbände aus dem Jelnjabogen in rückwärtige Quartiere verlegt. Für den Flakartilleristen bedeutet dieses Zurückverlegen ein Ausspannen, jedoch keine Ruhe. Er ist zwar nicht unmittelbar dem feindlichen Artilleriefeuer ausgesetzt, liegt nicht mit seinen Geschützen auf der Lauer, um Panzer- oder Infanterieangriffe abzuwehren. Dafür bewacht er aber die Ruhe seiner Kameraden von der Panzerwaffe gegen Angriffe aus der Luft. Während die Kraftfahrer fieberhaft an der Instandsetzung und Ausbesserung ihrer Fahrzeuge arbeiten, muss der Kanonier in der Feuerstellung bleiben. So wie der Flakartillerist seit dem August 1939 niemals Ruhe gehabt hat, so wird von ihm erst recht jetzt dauernde Bereitschaft verlangt.

Auch in den Stäben ist die Wartezeit nicht nutzlos verstrichen. Welche neuen Aufgaben wird die Führung stellen? Heißt das neue Ziel Moskau oder heißt es Gomel? Alles Fragen, die der Stab in seine Vorarbeiten als Wesensfaktoren einzustellen hat. Allmählich kommt Klarheit in die Lage. Eine starke Armee hat sich in den östlichen Ausläufern der Pripjet-Sümpfe festgesetzt und versucht hartnäckig und zäh, in nördlicher Richtung angreifend, die südliche Rollbahn der Panzergruppe zu unterbrechen, um damit den Nachschub lahmzulegen. Das muss verhindert werden! Überraschung und Schnelligkeit sind alles in diesem Krieg. So mag es manchem zunächst nicht ganz verständlich sein, als die neue Marschrichtung nicht Osten und Moskau heißt, die im Angriffsbefehl genannten Orte vielmehr im Süden liegen. Die drei Abteilungen, die an der Beresina dem Flakkorps zugeführt wurden, scheiden jetzt wieder aus der Unterstellung aus, um den Schutz der Infanterie-Korps zu übernehmen, die inzwischen aufgerückt sind.

Iput – Mglin – Starodub – Potschep – Romanowka – Nowgorod-Sewerskij – Korop-Baturin sind Städtenamen, die jedem Flakartilleristen unseres Korps unvergesslich bleiben werden. Abseits der Hauptstraßen geht es ins Gelände. Unvorstellbar schlechte Wege sind zu durchfahren. Der Nachschub steht vor fast unüberwindlichen Schwierigkeiten. Immer wieder müssen neue Hilfsmittel ersonnen werden, um den mit den Panzerspitzen vorgehenden Flaksoldaten das zu geben, was sie benötigen: Munition, Verpflegung, Treibstoff. Aber einer kann sich auf den anderen verlassen. Es gibt keinen Versager. Tage- und nächtelang sitzt der Fahrer der Nachschubkolonnen am Steuer. Wie gern würde er mal ein Nickerchen machen. Das Bewusstsein aber, dass der Kamerad am Geschütz ihn erwartet, hält ihn wach. Mühsam kämpft er sich durch Sand und Sumpf, über die von Pionieren angelegten Knüppeldämme vorwärts. Zehn, fünfzehn, zwanzig, ja dreißig Stunden am Steuer! Auf deutschen Autobahnen legt der Fernlastfahrer in dieser Zeit 400, 600, 800 und 1.200 km zurück. Hier ist etwas erreicht, wenn in diesen Tag- und Nachtstunden 30 bis 100 km geschafft werden. Längst hat man sich daran gewöhnt, den Personenkraftwagen zu schieben und den Lastkraftwagen mit Spaten auszugraben. Unglaublich hoch ist auf solchen Wegen der Betriebsstoffverbrauch. Trotzdem geht der Treibstoff niemals aus: Ein Hoheslied dem Kraftfahrer! Das heißt deutsche Organisationskunst!

In 20 Tagen ist das erste Ziel der Operationen erreicht, die Sowjets sind von ihren rückwärtigen Verbindungen östlich Gomel abgeschnitten. Ihre Durchbruchsversuche mit Panzerzügen nach Osten hin werden zunichte gemacht. Da, wo der Flakartillerist steht, gibt es kein Durchkommen. Mögen auch die Geschütze der Panzerzüge im Verein mit unzähligen Maschinengewehren aus allen Rohren Tod und Verderben speien, der Kanonier bleibt eiskalt und entschlossen. So ein Panzerzug kann unheilvolle Verwirrung in die eigenen Reihen tragen. Also muss er vernichtet werden Vor der Infanterie stehend, gelingt es einem einzelnen Geschütz in halbstündigem Feuerduell, einem Panzerzug Treffer auf Treffer beizubringen. Granate auf Granate durchschlägt die für unüberwindlich gehaltene Panzerung. Da ergreift die Bolschewisten panischer Schrecken. Mit angstverzerrten Gesichtern geben sie ihre stählerne Festung preis und suchen das Heil in der Flucht.

Der deutsche Vormarsch aber geht weiter. Bei Nowgorod-Sewerskij und Korop wird die Djesna erreicht und überschritten. Nur wenige Panzerkampfwagen, schwache motorisierte Infanteriekräfte und einzelne Flakgeschütze sind es, die im Bewusstsein ihrer großen Aufgabe nach Süden in die Ukraine vorstoßen. Einsetzender Regen lässt die Wege für Räderfahrzeuge tagelang unpassierbar werden. Sie gebieten den Vorwärtsstürmenden Halt. Die Front, welche die Panzergruppe nach Osten zu halten hat, erstreckt sich nun schon über eine Strecke von 200 km!

Bei Trubtschewsk entwickelt sich eine Panzerschlacht, von beiden Seiten mit äußerster Erbitterung geführt. Zahlenmäßig ist der Bolschewist weit überlegen. Tag und Nacht setzt er seine Bomben- und Jagdflugzeuge im Tiefangriff auf die wenigen bei Romanowka stehenden Panzer und Flakartilleristen ein. Für sie gibt es jedoch kein Weichen. Schon sind es mehrere Batterien, die über

30 Flugzeuge vernichtet haben. Andere können eine gleiche Anzahl vernichteter Panzerkampfwagen aufweisen, von denen zahlreiche schwersten Kalibers sind. Hier gelingt es sogar einem 2-cm-Geschütz auf Selbstfahrer-Lafette, zwei 52-Tonnen-Panzer zu erledigen.

Wohl wissen die Kanoniere, dass ihre Geschosse an diesem Stahlkoloss wirkungslos abprallen. Trotzdem nehmen sie den Kampf an. Als einer der Panzer sich nähert, zieht sich das Geschütz hinter ein Haus zurück. Schon glauben die Bolschewisten, gewonnenes Spiel zu haben, und nehmen die Verfolgung auf. Aber das Geschütz ist schneller. Herum um das Haus! In den Rücken des Panzers kommen. Dann prasseln auf 10 m Entfernung die Geschoßgarben der 2-cm auf die Stahlplatten. Zwar prallt die Munition ab, doch hundertfältig muss die Detonation der explodierenden Sprenggranaten im Inneren zu hören sein. Langsam dreht sich der stark gepanzerte Turm des Tanks auf das Geschütz zurück. Ausweichen! Wieder herum um das Haus, dem Panzer abermals in den Rücken. Und schon trommeln die Geschossgarben erneut auf das stählerne Ungetüm. Dieses gefährliche Spiel wiederholt sich mehrere Male. Wer wird die besseren Nerven haben? Wohl 1.000 Schuss sind schon von der Bedienung des 2-cm-Geschützes verschossen worden. Plötzlich springen die Luken des Panzers auf, dessen Bedienung mit Handgranaten eine Entscheidung erzwingen will. Darauf haben die Flakkanoniere nur gewartet. Was sich nun abspielt, ist das Werk weniger Sekunden. Die Sowjets sind ausgelöscht. Der Panzer ist in deutscher Hand.

An einer anderen Stelle steht ein Zug 2-cm-Geschütze inmitten der sich zum Angriff bereitstellenden Panzer. „Tiefflieger von hinten!" Die Deckel der Panzerkampfwagen klappen zu – die Bedienungen entziehen sich damit dem feindlichen Beschuss. Für die Flakkanoniere aber heißt es, herauf auf die Plattform ihres Geschützes und Auge in Auge den feindlichen Schlachtfliegern begegnen. Sie haben den neuesten, schwer gepanzerten Sowjet-Schlachtflieger vor sich. Nur Panzergranaten und genauestes Zielen können zum Erfolg führen. Ruhig stehen die Kanoniere hinter ihren drei Geschützen, neben sich die deckenden Schützenlöcher, in denen sie eben einen feindlichen Artillerieüberfall über sich ergehen ließen. Keiner kommt auch nur auf den Gedanken, darin Schutz zu suchen. Da sind die feindlichen Flugzeuge heran. „Dauerfeuer!" Der erste schlägt brennend auf den Boden. Aber die anderen vier haben gut, leider nur zu gut getroffen. Ein Geschütz ist ausgefallen. Die Hälfte aller Bedienungen ist tot oder verwundet. Schon drehen die Feindmaschinen zu erneutem Angriff auf die Geschütze ein. Wieder: „Dauerfeuer!" Zwei Leuchtspurbahnen stürzen den Angreifern entgegen. Zwei müssen herunter. Indessen sind auch bei den Flakkanonieren abermals neue, schwere Ausfälle eingetreten. Werden die beiden anderen Sowjetflugzeuge noch einen dritten Angriff wagen? So fragt sich der einzige unverletzt gebliebene Richtkanonier. Da merkt er mit Schrecken, dass seine Waffe unbrauchbar geworden ist. Heraus aus dem Richtsitz und an die Nachbarwaffe, an der die gesamte Bedienung gefallen oder verwundet ist! Er ist allein, ganz auf sich gestellt. Ein paar Handgriffe, ein neues Magazin eingesetzt. Dann sitzt der Richtkanonier ruhig an seinem Geschütz. Die beiden Bolschewisten greifen abermals an, halten direkt auf ihn zu. Im günstigsten Wirkungsbereich eröffnet der Kanonier das Feuer, und noch ehe die feindlichen Flugzeuge zur Wirkung kommen, schwankt eines von ihnen, torkelt ... torkelt ... wie betrunken. Da sucht der letzte Sowjetflieger sein Heil in der Flucht. Die andere Maschine aber schlägt krachend in eine Scheune, die in hellen Flammen aufgeht. Wieder kam es auf Sekunden an! Keinem Panzer, keinem Infanteristen ist auch nur ein Haar gekrümmt worden. Der Angriff rollt planmäßig vorwärts.

Der 5. September 1941 ist ein Freuden- und Ehrentag für unser Flakkorps. Der Kommandierende General, Generalmajor von Axthelm, kann den Abschuss des 300. Feindflugzeuges im Ostfeldzug melden. Er wird zum Reichsmarschall befohlen. Bald darauf trifft ein Funkspruch ein: „Soeben Ritterkreuz erhalten. Eintreffe 7. 9. 1941 gegen 14.00 Uhr." Schnell sind die Vorbereitungen zum feierlichen Empfang getroffen. Das gesamte Offizierkorps des Stabes und eine Ehrenkompanie der Luftnachrichten-Abteilung sind zur Begrüßung angetreten. Der Chef des Stabes bringt in einer Gratulationsansprache das zum Ausdruck, was jeder Offizier und Mann des Korps für seinen Kommandierenden General empfindet. Seinen Dank aber fasst der jüngste Ritterkreuzträger der Luftwaffe in die Worte zusammen: „Ich trage das Ritterkreuz. Ihr habt es verdient!" Darin liegt eine Anerkennung für jeden Angehörigen des Flakkorps. Jeder ist stolz auf diese hohe Auszeichnung. Alle geloben an diesem Tag, weiterhin ihre Pflicht zu erfüllen, ihr Leben einzusetzen, wie so viele Kameraden vordem; bis zum Endsieg.

Bei Kiew und östlich des Dnjepr steht die sowjetische Armee unter Führung Budjennys, des zaristischen Wachtmeisters, der sich bis zum Marschall der Sowjetarmee heraufgedient hat. Er kennt keine Skrupel, kein Gewissen. Nie hat er eine höhere militärische Ausbildung genossen. Nur so ist es auch verständlich, dass er die Gefahr nicht erkennt, die seiner Armee droht. Von Norden rollen die deutschen Panzer über Konotop – Romny – Lochwiza nach Süden. Von Süden stoßen sie aus dem Brückenkopf bei Krementschug über den Dnjepr über Lubny nach Norden. Da erst erkennt die bolschewistische Führung den genialen Operationsplan des Führers. Der Rückzug wird befohlen. Zu spät! Der Ring hat sich geschlossen. Bei Lochwiza treffen sich die Panzerspitzen, mit ihnen die Flakartilleristen zweier Flakkorps.

Jeder Soldat, ob in einem Stab, als Kanonier an einem Geschütz, oder als Kraftfahrer in einer Kolonne, fühlt hier die Überlegenheit der deutschen Führung. Uns Deutschen war im Versailler Diktat die Beibehaltung des Generalstabes verboten worden. Aber der Geist eines Schlieffen hat sich nicht ausrotten lassen. Er hat in der deutschen Generalität seine Wiedergeburt erfahren.

Überlegene Strategie führt zu einer Vernichtungsschlacht, wie sie seit Cannae von jedem Feldherrn angestrebt und doch nur so selten erreicht worden ist. Erst die Sondermeldungen des Oberkommandos der Wehrmacht in den historischen Tagen des letzten Septemberdrittels 1941 geben allen beteiligten Soldaten ein Bild von dem, was errungen worden ist.

Vergessen sind die Strapazen und Mühen. Vergessen die schlaflosen Nächte auf Russlands öden, zerfahrenen Straßen. Ein Sieg ist erkämpft, wie er größer nicht mehr sein kann. Die bolschewistische Südarmee ist völlig vernichtet! „Ich war dabei!" So kann stolz der Flakartillerist unseres Korps dereinst einmal zu Hause erzählen.

Was nützt es Stalin, wenn er Budjenny absetzt und Timoschenko die Führung in die Hand gibt. Was nützen die Entlastungsoffensiven durch Angriffe auf den Straßenknotenpunkt Romny. Wohl ist die Verbindungslinie, die den Kiewer Kessel im Osten als Sehne abschließt, dünn, zunächst sogar nicht stärker als ein bis an die Grenzen seiner Haltbarkeit gespannter Bogen. Aber die Sehne ist aus Stahl.

Vorn, bisweilen ganz auf sich gestellt, steht der Flakartillerist. Unmittelbar vor den Toren von Romny wird die Verteidigung aufgebaut. Eigene Panzerkampfwagen stehen nicht zur Verfügung. Die Rohre der Artillerie zeigen nach Westen, um die zusammengeballten Massen der Budjenny-Armeen zu zerschlagen. Vom Gefechtsstand des Kommandierenden Generals aus ist die Bewegung der auf Romny vorgehenden Bolschewisten genau zu beobachten. Die schweren Flak-Geschütze

Der Reichsmarschall bei einer schweren Flakbatterie. – Am Kommandogerät

sind geschickt im Gelände aufgebaut. Trotzdem drohen die sowjetischen Panzer außerhalb ihres Wirkungsbereiches vorbeizufahren. „2-cm-Geschütze vor!" Zwar können sie gegen die schweren Panzerkampfwagen nichts ausrichten. Vielleicht gelingt es aber, diese von ihrer Richtung abzudrängen und vor die Rohre der 8,8-cm-Geschütze zu bringen. Wie die Panzerjäger gehen die 2-cm-Geschütze zum Angriff über. Wirkungslos prallen ihre Geschosse an den Sowjet-Panzern ab. Indessen bleibt die sie begleitende Infanterie liegen, ohne die auch die Panzerkampfwagen nicht weiter vorgehen. Sie schlagen eine andere Richtung ein. Und damit kommen sie den Absichten unserer Führung entgegen.

Langsam mahlen sich schwere und schwerste Panzer durchs Gelände, rücken Meter um Meter gegen unsere Stellungen vor. Ruhig lassen die Bedienungen der 8,8-cm-Geschütze die feindlichen Kampfwagen herankommen. 200 m noch beträgt die Entfernung. Da kommt Befehl: „Feuer frei!" Ein Panzerkampfwagen nach dem anderen bleibt vernichtet liegen.

In wenigen Tagen werden in diesem Abschnitt allein 33 Panzer, darunter 22 schwerste, vernichtet. Außerdem werden 36 Geschütze und 26 Maschinengewehre außer Gefecht gesetzt, Infanteriekolonnen zersprengt, feindliche Batterien niedergekämpft, Infanterieangriffe abgewehrt und im Gegenangriff Gefangene um Gefangene eingebracht. Die letzte Möglichkeit, eine Gasse in den östlichen Ring der deutschen Einschließungsarmee zu schlagen, ist vereitelt. Mit Beendigung dieser weltgeschichtlichen Kesselschlacht haben die Erfolge des Flakkorps Zahlen angenommen, wie sie sich keiner von uns in den kühnsten Träumen erdacht hat. Über 300 Flugzeuge sind abgeschossen, eine doppelte Anzahl beschädigt, 250 Panzer vernichtet.

Noch sind die Kämpfe ostwärts Kiew nicht abgeschlossen, und schon wieder werden Vorbereitungen für neue Operationen getroffen. In nordöstlicher Richtung soll es auf Moskau zu gehen. Hier stehen die Armeen Timoschenkos – ungeschlagen, laufend verstärkt, in monatelang ausgebauten Verteidigungsstellungen, die sich im Südabschnitt an die Djesna anlehnen. Im Brückenkopf Nowgorod-Sewerskij sind die Kämpfe nie abgerissen. Während ein Flakartillerie-Regiment im Süden bei der Abschließung des Kiewer Kessels maßgeblich beteiligt ist, steht hier das andere zur Abwehr feindlicher Angriffe. Schwach sind die eigenen Kräfte. So bekommen die Kanoniere nie Ruhe. Überall sollen sie sein, und immer sind sie rechtzeitig zur Stelle. Bei Wowna versuchen es die Bolschewisten wieder einmal mit ihren 52-Tonnen-Stahlkolossen. Aber auch dieser Angriff bricht im Feuer der Flakartillerie zusammen.

Die Panzergruppe wird um ein Panzerkorps und mehrere Infanterie-Divisionen verstärkt. Die hierdurch notwendige Verstärkung der Flakartillerie wird durch Zuführung des Flak-Regimentes General Göring erreicht. Der Regimentskornmandeur, der sich bereits das Ritterkreuz im Osten verdient hat, kann dem Kommandierenden General des Flakkorps melden, dass das Regiment in enger Waffenkameradschaft mit einem Panzerkorps den gesamten Vormarsch durch die Ukraine mitgemacht, sich bei der Kesselschlacht von Uman und beim Übergang über den Dnjepr besonders ausgezeichnet habe. 94 Flugzeuge abgeschossen, 259 Panzer vernichtet, 9.645 Gefangene eingebracht, eine große Zahl an vernichteten Geschützen, MG's, Bunkern, Fahrzeugen, Transportzügen usw. Das sind die Erfolge des Regiments des Reichsmarschalls.

Am Abend des 1. Oktober wird den Soldaten der Ostfront der Führer-Aufruf bekanntgegeben. 2,4 Millionen Gefangene, 17.500 Panzer, 14.200 Flugzeuge sind vernichtet! Jeder von uns weiß, was das bedeutet, weil er im Kampf mit Panzern und Flugzeugen gestanden, weil er die Gefahren kennt, Not, Elend und Tod gesehen, weil er weiß, was es heißt, auch nur wenige Gefangene zu machen, Bolschewisten, die gewohnt sind, sich bis zur letzten Patrone zu verteidigen, und die auch dann den Kampf nicht aufgeben, wenn er für sie hoffnungslos ist. Klar erkennt jeder Offizier und Mann: Hier geht es um die letzte Entscheidungsschlacht dieses Jahres.

In den frühen Morgenstunden des 2. Oktober 1941 wird zum Angriff angetreten. Die Panzerarmee hat zwei Aufgaben zu lösen: Einmal ist der Gegner, der sich im Raum um Brjansk zur Verteidigung eingerichtet hat, mit einem Durchstoß am südlichen Flügel seiner Verteidigungslinie zu umgehen. Zum anderen ist die rechte Flanke gegen einen eventuellen feindlichen Angriff von Süden her zu schützen. Diesen Aufgaben muss auch der Einsatz der Flakartillerie gerecht werden. Nach den Erfahrungen, die bisher gemacht worden sind, werden die Truppen am rechten Flügel starken feindlichen Luftangriffen ausgesetzt sein, während die Einheiten des inneren Flügels vermehrt zum Erdeinsatz kommen werden.

Die Vormarschstraßen und -wege laufen von Konotop über Gluchow, Sewsk und Dmitrowsk nach Orel, ferner nördlich und südlich dieser Route auf Karatschew und Fatesh zu. Kann in diesem Gelände überhaupt von Wegen oder Straßen die Rede sein? Keine der Rollbahnen hat einen festen Untergrund. Bei trockenem Wetter zermahlen die Panzer den Boden zu feinstem Staub. Bei Regen aber verwandelt sich der Boden in zähen, breiigen Lehm. Die Jahreszeit ist schon weit fortgeschritten. Der Herbst hat seinen Einzug gehalten. Noch schenkt er uns tagsüber sonniges, warmes Wetter. Die Nächte sind jedoch schon empfindlich kühl. Erste Nachtfröste setzen ein.

Am 3. Oktober nehmen die Panzer Orel im Handstreich, und wenige Tage später stehen sie vor Mzensk. Die eigenen Kräfte sind schwach. Der Gegner im Rücken ist mächtig.

Andere Panzereinheiten dringen am 5. Oktober, von Osten her kommend, in Brjansk ein. Wenige Tage später nehmen sie westlich dieser Stadt Verbindung mit den Infanterie-Divisionen auf, die von Roslawl her angetreten sind. Wieder ist es durch rasches Zupacken gelungen, Teile der Armeen Timoschenkos einzukreisen. Den bolschewistischen Armeen im Norden bei Wjasma ist es nicht anders ergangen.

Nachdem nun der Ring geschlossen ist, versuchen die Bolschewisten, ihn unter Einsatz aller Kräfte zu sprengen. Bei Negino, Dobrikil, Krapiwna und an vielen anderen Orten entwickeln sich Kämpfe, die hartnäckiger denn je zuvor sind. Fast scheint es, als ob das Wetter den Sowjets zu Hilfe kommen wolle. Schon am 6. Oktober bezieht sich der Himmel, und in den nächsten vier Wochen ist die Sonne nur selten zu sehen. Regen, Sturm und Schneetreiben wechseln einander ab. In wenigen Stunden sind die Wege aufgeweicht und von den vorwärtsstrebenden Fahrzeugen tief zerfurcht. Die Marschleistungen der motorisierten Kolonnen gehen auf 30 km pro Tag zurück. Verschmutzt, verdreckt, bis über die Knöchel im Schlamm stehend, sind die Kanoniere bemüht, ihre Geschütze, Lastkraftwagen und sonstigen Fahrzeuge Schritt für Schritt vorwärts zu schieben. Unsagbar mühselig geht es voran. Alles, was bisher an schlechten Wegen zu befahren war, ist ein Kinderspiel gegenüber dem gewesen, was sich uns hier bietet. In Tag- und Nachtmärschen werden von Offizier und Mann unvorstellbare körperliche Leistungen vollbracht. Alle wissen, jetzt ermüden, bedeutet den Sieg aus der Hand geben. Die im Osten des Brjansker Kessels stehenden Kameraden müssen entlastet werden!

Unendlich scheinen die Wälder und Sümpfe südlich Brjansk zu sein. Unerschöpflich ist auch das Reservoir der sowjetischen Armeen. Überall tauchen bolschewistische Soldaten auf. Gewohnt, im Dreck zu leben, gewohnt, mit ein paar Kartoffeln auszukommen, die sie sich aus den Feldern buddeln, ist ihnen dieses schlechte Wetter von Vorteil. Fahrzeuge und Geschütze haben sie stehen lassen und versuchen nun, sich zu Fuß durchzuschlagen. Hier und da gelingt es einer kleinen Abteilung, bei Nacht und Nebel auf Schleichwegen durch Sumpfgebiete den Ring zu durchbrechen. Mehr als einmal müssen Angehörige der Nachschubkolonnen zu den Waffen greifen, um Überfälle der Bolschewisten abzuwehren, die plötzlich irgendwo auftauchen. Aber alles nützt nichts. Wem es gelingt, aus dem inneren Ring herauszukommen, der läuft doch irgendwo den schon weit im Osten operierenden deutschen Truppen in die Arme.

Wieder hatte sich in diesen harten, fast drei Wochen dauernden Kämpfen die Flakartillerie hervorragend bewährt. Mehr denn je war der Ruf zu hören: „Flak vor!" Und war das Gelände noch so unwegsam, nie haben die Kanoniere versagt. Hier zeigte sich, was die Führung in kluger Voraussicht beim Aufbau der Waffe klar erkannt hatte: Die Geländegängigkeit der Kraftfahrzeuge musste es ermöglichen, auch unter den schwierigsten Verhältnissen mit den Panzern Schritt zu halten. Wohl blieb manches Flakgeschütz, wie auch so mancher Panzerkampfwagen im Sumpf stecken. Aber was machte das aus. Ein anderer sprang in die Bresche und war dort zur Stelle, wo er gebraucht wurde. Dass unter diesen Bedingungen nicht alles planmäßig verlaufen konnte, ist klar.

Südlich Brjansk kommt die vormarschierende Kolonne zum Stehen. Wie so oft in diesen Tagen ist irgendein Fahrzeug in einem Sumpfloch steckengeblieben und muss flott gemacht werden.

Eben will der Geschützführer mit seiner Zugmaschine und seiner 8,8-cm nach vorn rollen, um, wie schon so oft, den Lastkraftwagen wieder flott zu machen. Da – „Feindliche Panzer!" Irgendeiner hat's gerufen. Im Nu ist alles abwehr- und sprungbereit. Die Straße ist mit Fahrzeugen aller Art verkeilt. Rechts und links tiefe Gräben. Von vorn sperren zurückfahrende Lastkraftwagen den Weg. Infolgedessen haben die Flakgeschütze kein Schussfeld. Schon sind zwei feindliche Panzerkampfwagen heran und zermahlen unter ihren gewaltigen Gleisketten die ersten Fahrzeuge. Hier wird ein Lastkraftwagen in den Graben geschoben, dort ein Personenkraftwagen wie ein Kartenhaus zusammengedrückt. Ein 52-Tonner rollt auf die 8,8-cm-Kanonen zu. Die Geschütze bleiben stumm. Ihre Rohre sind nicht zu schwenken. Für die Flakartilleristen jedoch gibt es keinen Panzerschreck. Wie Panther umschleichen und belauern sie ihr Opfer. Dann – ein Sprung! Zwei, drei Kanoniere sind an den Panzerkampfwagen heran. Sie erklettern den Koloss, übergießen ihn mit Benzin. Handgranaten, geballte Ladungen krachen. Der Panzer fährt weiter ... Zurück, und nochmals mit Benzin und Handgranaten heran, bis das stählerne Ungeheuer Feuer fängt. Den zweiten Panzer hat inzwischen sein Schicksal ereilt. Er hat sich festgefahren.

Bei Ssowjatoje versucht der Feind auf zwei Brücken über die Nawlja nach Osten durchzubrechen. Die Gefahr erkennend, zieht ein Batteriechef ein schweres Flakgeschütz unter starkem feindlichem Artilleriefeuer, von beiden Flanken bedroht, 1.500 m vor die eigene Infanterielinie. Gut getarnt beobachtet er, wie die Bolschewisten die Brücken fertigstellen. Als aber die feindlichen Kolonnen sich in Marsch setzen, um über sie hinwegzurollen, zerstört er die Brücken mit einigen Schüssen. In wenigen Minuten sind über 70 Feindfahrzeuge vernichtet oder in Brand geschossen. Ungeheure Panik entsteht. Unter schwersten Verlusten flüchten sich die Reste der Sowjets rechts und links in die Wälder. Der Batteriechef aber zieht sein Geschütz zurück. So blitzartig hat sich alles abgespielt, dass trotz zusammengefassten Feuers der feindlichen Artillerie auf das Geschütz der Batteriechef Geschütz und Bedienung heil zurückbringt.

Auch die zahlenmäßig feststellbaren Erfolge des Flakkorps in diesem Zeitabschnitt sprechen eine beredte Sprache: 34 Flugzeuge abgeschossen, 59 beschädigt, 49 Panzer vernichtet, darüber hinaus eine große Anzahl durch Treffer kampfunfähig gemacht. Außerdem wurden vernichtet oder erbeutet: 46 Geschütze aller Kaliber, 92 Maschinengewehre, 202 Fahrzeuge aller Art, 7 Infanterie-Bataillone aufgerieben und in einer großen Anzahl von Gefechten 3.492 Gefangene eingebracht.

Regen- und Schneeschauer haben die Wege für motorisierte Kolonnen nach und nach unpassierbar gemacht. Was nicht die feste Straße erreicht hat, steckt aussichtslos im Sumpf fest. Es wäre zwar möglich, die Geschütze mit ihren geländegängigen Zugmaschinen nach vorwärts zu bringen. Unmöglich aber ist es, die notwendige Munition, die Verpflegung und den Betriebsstoff mit nach vorne zu nehmen. So muss mit den wenigen Kräften, deren Spitzen Orel genommen haben, der Angriff in Richtung Tula weiter vorgetragen werden. Für die Führung sind das Tage, die an den Nerven reißen. Wann endlich will uns der Himmel wieder ein freundliches Gesicht zeigen? Frost brauchen wir. Er allein kann den aufgeweichten Boden fest und damit die Straßen und Wege für alle Fahrzeuge passierbar machen. Die Armeen Timoschenkos sind zwar, wie der Wehrmachtsbericht vom 19. Oktober meldet, zerschlagen und aufgerieben. Die Gefangenen- und Beutezahlen liegen noch höher als die der Kesselschlacht von Kiew. Doch immer noch verfügen die Bolschewisten über kampfkräftige Divisionen, die sie zur Verteidigung von Moskau zurückgehalten oder aber laufend aus dem Fernen Osten herangeführt haben.

Indessen ist es nicht der Gegner an sich, der den Vormarsch hemmt und oft tagelang zum Stehen bringt. Weit mehr sind es Witterungs- und die katastrophalen Wegeverhältnisse. Wer diese Wochen des Oktober miterlebt hat, wird sie in seinem Leben nicht vergessen!

Was haben deutsche Soldaten in diesen Wochen geleistet! Unzählige Fahrer und Beifahrer und manche Geschützbedienung sitzen wochenlang irgendwo im Gelände fest, bei Regen und Sturm, bei Kälte und Schnee. Sie sind nicht in der Lage, ihr Fahrzeug vor- oder zurückzubringen, abgeschnitten von ihrem Truppenteil, ohne Verpflegung, ohne ein Dach über dem Kopf, jeden Augenblick gewärtig, von versprengten Sowjets oder organisierten Banden überfallen zu werden. Einige Kartoffeln, in einer Konservenbüchse gekocht, sind für viele tagelang die einzige Nahrung. Aber das Vertrauen auf die Hilfe der Kameraden lässt die Soldaten an ihren Fahrzeugen mit ihrer wertvollen Last aushalten. Durch Einsatz von Transportflugzeugen, die Verpflegung abwerfen, und durch Einsatz von Sonderkommandos mit Zugmaschinen werden nach und nach alle Versprengten in Ortschaften gesammelt. An ein Weiterfahren ist indessen nicht zu denken.

Während so die einen die Segnungen bolschewistischer Wegebaukunst kennen lernen, stehen die anderen im Kampf mit den bolschewistischen Garde-Divisionen, die Moskau verteidigen sollen. Bei Fatesh und Mzensk haben die Bolschewisten eine starke Abwehrfront aufgebaut. Der aufgeweichte Boden rechts und links der Straßen lässt eine Umgehung des Feindes nicht zu. So müssen seine Stellungen im frontalen Angriff durchbrochen werden. Ohne schwere Flakgeschütze ist die Vernichtung von Bunkern und Panzern meist nur teuer zu erkaufen. Die Zugmaschinen sind jedoch nicht in der Lage, die 8,8-cm-Geschütze, deren Räder sich tief in Lehm und Schlamm einfressen, überallhin zu ziehen. Schließlich werden zwei Panzer vor die Flak-Kanone gespannt. Die Geschützbedienungen schwingen sich oben auf die stählernen Rosse, und so geht es gegen den Feind. Flakkanoniere sind es ja gewohnt, auf ihrer ungeschützten Zugmaschine den Angriff der Panzer mitzufahren. Zwar sitzt es sich auf den eiskalten Stahlplatten nicht so bequem. Ungeschützt sind die Männer mit den roten Spiegeln dem eisigen Wind und den Schneeschauern ausgesetzt. Aber sie wissen – und mehr als einmal haben es die Panzersoldaten ihnen bestätigt – ohne sie geht es nicht. So gelingt es bei Fatesh einem einzigen schweren Geschütz, den Angriff von zwölf Sowjet-Panzern abzuwehren, fünf zu vernichten und den anderen sieben schwere Beschädigungen beizubringen. Auf diesem Abschnitt ist damit der Bann gebrochen. Eine festere Straße ist erreicht. Und einige Tage später ist die Stadt Kursk genommen.

Bei Mzensk haben die Bolschewisten jedoch ganze Arbeit geleistet. Der Durchbruch durch ihre Stellungen ist zwar gelungen. Kilometerweit haben sie aber die Straße aufgepflügt und gesprengt. Damit erreichen sie tatsächlich, den Vormarsch zunächst derart zu hemmen, dass für Tage südlich Tula eine Gefechtspause eingelegt werden muss.

Endlich tritt der langersehnte Frost ein. In wenigen Stunden ist der Boden gefroren. Alles atmet auf. Die Räder rollen wieder. Einige Tage später haben alle Versprengten, die wochenlang rückwärts lagen, ihre Batterien, die Batterien ihre Abteilungen und die Abteilungen ihre Regimenter wieder erreicht.

Es geht wieder vorwärts. Kilometer um Kilometer wird der Feind zurückgetrieben. Wieder steht die Flakartillerie Schulter an Schulter mit den Kameraden der Panzerwaffe und der Infanterie. Sie packt zu, wenn die gegnerische Luftwaffe angreift. Sie vollbringt unvergleichliche Taten im Erdkampf.

Dann kommt der Winter und überfällt die Front mit seiner ganzen Härte und Grausamkeit. Was in diesen Wochen geleistet wird in quälender Kälte, in beißendem Schneesturm, im Kampf gegen die Straßen, die vereisen und meterhoch verwehen, das ist übermenschlich.

Der Winter mit seinen teilweise fünfundvierzig Kältegraden zwingt uns zum Halt. Nicht der Feind. Aus der Vorwärtsbewegung geht es in den Stellungskrieg über. Die Einheiten des Flakkorps halten wieder in vordersten Linien. Die Front ist unerschütterlich. Der Gegner verblutet sich in sinnlosen Angriffen.

Tag und Nacht steht die Flakartillerie an den Geschützen: Ungebrochen in ihrer Kraft und bereit, jederzeit bereit. Denn auf Sekunden kommt es an.

FLAK VOR!
Nach Ostland ...

Die Sommernacht ist voller Geheimnisse. Wie eine sammetweiche Hülle umschmeichelt sie das verträumte märkische Dorf. Durch die dichtbelaubten Kronen mächtiger Linden und Buchen streicht ein sanfter, lauer Wind. Mit ihm geht ein Flüstern und Raunen, ein Fragen und Antworten durch das Blätterwerk dieser Riesen aus Väter und Vorväter Zeiten. Betäubende Süße duftender, lockender Blüten durchwirkt die seltsam gespannte Atmosphäre. Sie ist ein Gemisch von Erwartung und Erfüllung, von Unwirklichkeit und Tatsächlichem. Sie lässt die Grenzen zwischen Traum und Wachsein ineinanderfließen, gibt und nimmt, macht stark und willenlos zugleich ...

Vom nahen Ufer her kommt leiser Wellenschlag. Noch einmal wendet ein einsamer Nachtwandler seinen Blick, umfasst das ihm liebgewordene Stück Erde. Hell schimmert der Streifen feinen Sandes, den die Wasser gluckernd bespülen. Dahinter dehnt sich die weite, dunkle Fläche des Sees, der irgendwo mit der Nacht eins wird.

„Auf Wiedersehen!"

Der Mann erschrickt über seine eigene Stimme. So übermächtig sind seine Gedanken, dass sie laut werden. Er lauscht noch eine Weile ... „Niemand hat es gehört ... Nur du, Heimat ..."

Schlanke Kiefern säumen den Pfad, der auf die Straße zum Dorf hinführt. Federnder Waldboden dämpft die Schritte. Unterholz und Farn streifen liebevoll das graublaue Ehrenkleid des versonnen Dahinschreitenden. Seine Lungen pumpen sich voll würziger Luft. Durch hohe Wipfel winken flimmernde Sterne.

Der Wald tritt zurück. Ein leeres, nacktes Straßenband läuft in die Dunkelheit hinein. Hart schlägt ein Paar Kommissstiefel auf eingewalzten Basaltschotter. Rechts und links der Fahrbahn gibt es schmale, weiche Pfade, die das Schreiten geräuschlos werden ließen. Aber nein!

Straßen gehören Wirklichkeitsnahen, den Jetztmenschen. Sie führen an ein Ziel, in das Dorf, zu Menschen, zu den Kameraden. Von heute ab aber ist die Straße unser Element ...

„Nach Ostland woll'n wir fahren, nach Ostland wollen wir zieh'n!"

Im Dorf aber lauscht der Soldat, ehe er sein Lager zu kurzer Ruhe aufsucht, noch einmal dem Raunen und Wispern, hört auf die Stimmen der Nacht. Er versteht die Sprache der uralten Dorflinde. Sie, die geschichtlicher Boden nährt, weiß um die Geheimnisse der Nächte, die großen Entscheidungen vorangehen. Geschlechter um Geschlechter hat sie überdauert. Sie haben Zwiesprache mit ihr gehalten. Liebe und Glück, Recht und Gerechtigkeit, Krieg und Kriegsgeschrei sind mit ihr durch die Jahrhunderte gegangen. Schicksale in immerwährendem Wechsel. Alt, und doch ewig neu. Blutvolles Leben, das den Einsatz wagte und bezahlte, das, wo es stark war, noch stärker hervorging aus Kampf und Not, aus Sieg und Tod.

Heimlich regt es sich unter der Linde, die schützend ihren Blätterbaldachin über ein liebend Paar hält. Noch einmal schließt der Unteroffizier sein Mädel in die Arme. Dann gehen sie Hand in Hand ein Stück Weges bis vor ein bäuerliches Anwesen.

„Dass du mir ja gesund nach Hause kommst!"

„Aber Liesel, du weißt doch – Unkraut ..."

„Ja, Unkraut – Hans ..., Lieber ... Lausejunge, du!"

Vom Turm der Dorfkirche her kommen zwei Glockenschläge. 2.30 Uhr. Noch schwingt der silberne Ton durch die Sommernacht. Einen Herzschlag lang scheint die Welt den Atem anzuhalten. Scheint nachdenklich der Mahnerin der Zeit zu lauschen.

Da zerreißt der schrille Ton einer Trillerpfeife die sich eben wieder breitmachende Stille.

„Aufstehen!"

Der Unteroffizier unserer Flakbatterie, eben noch ein zärtlich Liebender, ist wieder ganz Soldat. Pfiff und Weckruf ... Klipp, klapp, klipp, klapp ... Schwer benagelte Stiefelsohlen wetzen die steinigen Dorfstraßen. Pfiff und Weckruf ... So pflanzt es sich von einem Ende des Dorfes zum anderen fort.

Nach und nach verblassen die Sterne. Eine Weile noch ringen dunkle Schatten mit dem anbrechenden Tag. Dann hat sich das Ostlicht siegreich über die ganze Weite der Himmelskuppel bis zum Westen hin durchgekämpft.

Das Dorf lebt und webt in dieser frühen Morgenstunde wie kaum je zuvor. Es ist eine Geschäftigkeit, ein Hin und Her in den Höfen, stubaus, stubein, ein hastiges Fragen und Antworten. Die dem Bedachtsamen und Behäbigen zuneigende Lebensart der märkischen Bauern und Bäuerinnen, ihrer Söhne und Töchter, scheint auf den Kopf gestellt. Berge von Broten, Würste und Eier verschwinden in Brotbeuteln und Rucksäcken.

„Hast du auch ...?", „Genügt das ...?", „Wollen Sie nicht lieber doch noch dies Stück ...?" So fragt es in allen Häusern dorfauf, dorfab die Soldaten unserer Flakbatterie. Bisweilen fährt ein Taschentuch oder ein Schürzenzipfel an die Augen, wischt verstohlen eine Träne fort ...

3.30 Uhr. Der Motorenlärm der Kraftfahrzeuge schlägt wie Brausen und Brandung über dem Dorf zusammen. Er übertönt fröhliche und im Ernst der Stunde gesprochene und gestammelte Abschiedsworte. Bei vielen aber bleibt der Mund geschlossen. Umso mehr sprechen Augen, Gesichter und Haltung.

„Aufsitzen!" Der Batteriechef gibt mit dem Befehlsstab das Zeichen zum Anfahren. Langsam setzt sich die Kolonne in Bewegung, rollt aus dem Dorf, das uns allen zur zweiten Heimat geworden, hinaus in märkisches Land, in einen strahlenden Junimorgen.

Vorerst wird kaum mehr als mal ein dienstlich notwendiges Wort gesprochen – auf den Personenkraftwagen, den geländegängigen Kübeln, den Lastkraftwagen und den schweren Zugkraftwagen, deren Gleisketten ratternd und klirrend über die Straßen mahlen. Die Kraftfahrer kurbeln ihre ersten Kilometer ostwärts herunter. Dann kommt der Befehl: „Batterie H-a-a-lt!"

„Welchen Stand wird der Kilometeranzeiger messen, wenn wir wieder in umgekehrter Richtung rollen?", bricht der Fahrer eines Zugkraftwagens das Schweigen.

„Da fährt Carratsch eben erst zwei Stunden der Sonne entgegen und schon zerbricht er sich den Kopf darüber, was sein wird, wenn es wieder Richtung Westen geht. Dabei wissen wir nicht einmal, wohin die Reise führt", entgegnet der Geschützführer.

„Das ist es ja eben", kommt's von dem Mann hinter dem Steuer zurück. „Sonst könnte ich dir nämlich ungefähr verraten, welche Zahl vor den drei Nullen stehen wird."

„Mensch, kümmere dich nicht um ungelegte Eier!"

„Hast wohl schlechte Laune, Hans? So'n warmes Nest wie da drüben am See, mit allem Drum und Dran verlassen zu müssen …"

„Du Dussel! Will ich Wärme, oder will ich dahin, wo es schießt? Bin ich Bauer oder bin ich jetzt Soldat?"

„Du bist beides, außerdem aber – schwer verliebt!"

„Geht dich'n feuchten Staub an!"

Die Kolonne rückt wieder an. Weiter geht es die wundervoll glatte Straße entlang auf Frankfurt a. d. Oder zu. Der märkische Wald, das taufrische Gras, strahlende Himmelsbläue, an der, wie mächtige Wattebäusche, Schönwetterwolken hängen, und eine Sonne …! Das ist ein Morgen, so recht nach unserem Geschmack. Die Feldmützen sind herunter von den Köpfen. Sonnenhungrig, wie deutsche Soldaten nun einmal sind, halten alle, die auf offenen Fahrzeugen sitzen, ihre Gesichter dem freundlich leuchtenden Tagesgestirn entgegen – außer den Kraftfahrern natürlich. Wohlig dehnt und reckt sich einer auf seinem Sitz.

„Mit der deutschen Wehrmacht reist es sich gut!"

„… und billig!", ergänzt ein anderer.

Wieder Schweigen. Kilometer um Kilometer flieht das helle, breite Band der Straße in die zurückliegende Landschaft. Mal langsam, wenn kurze Stockungen entstehen. Mal schneller, wenn ein Fahrzeug seinem Vordermann, der zu entkommen versucht, nachjagt. Und wenn ein Stop befohlen wird, vertritt sich alles die Beine.

Viele aber schauen eine Weile andächtig oder gelangweilt einem schnell entstehenden Rinnsal nach, das rasch im Waldboden, auf dem Acker oder im Straßengraben versickert. Wieder andere verkrümeln sich ins Gebüsch, gehen in die Kniebeuge. Wunderbar, so ein Halt!

Körperlich erleichtert, empfindet einer Hunger. Er fängt zu futtern an. Auch so was ist eine ansteckende Betätigung. Eier werden an den Stiefelsohlen aufgeklopft. Taschenmesser, bisweilen recht ansehnliche Mordinstrumente, kappen anständige Wursttampen. Dazu wird stark gesäuertes Bauernbrot gekaut – so lang der Vorrat reicht! Der Feldflascheninhalt befeuchtet das Ganze, „damit's hinterher nicht so staubt!"

Inzwischen rollt die Batterie längst wieder. Eine Weile später ärgert sich jemand: „Mensch, ich muss schon wieder …"

„Sauf nicht so viel!", ist die kurze und bündige Antwort.

Derbe Landserart und kräftiges Landserwort, Sichgeben und Sprache von Soldaten unter Soldaten: Ungezwungen, unverbrämt, voll schlagfertigen Humors – sie gewinnen die Oberhand.

Vorläufiges Ziel ist Warschau. In drei Tagesmärschen ist die rund sechshundert Kilometer lange Strecke bequem zu schaffen.

Ein Dorf nahe dem Posenschen bietet das erste Nachtquartier. Soweit in den Bauernhöfen leere Betten vorhanden, werden sie belegt. Alles Übrige richtet sich in Scheunen auf Heu und Stroh ein. Es ist wie im Manöver: Der Abendbummel durch das Dorf. Hochbetrieb in der Dorfschenke. Schäkern und Necken mit den Dorfschönen. Ernstere Gespräche mit den, behaglich Pfeife schmauchenden Bauern vor den Toren der Gehöfte. Und doch fehlt die unbeschwerte Fröhlichkeit der Tage aus Friedenszeiten. Die Reihen der männlichen Dorfbewohner sind gelichtet. Hier steht der Mann, dort der Sohn unter den Fahnen, meist „irgendwo im Osten".

„Was wird denn nun eigentlich?"

„Wissen Sie etwas?"

„Wohin geht ihr?"

So fragt es uns allenthalben. Ist es bloße Neugier? Nein, nein. Auch in diesem Ort, der wenige Menschen vereinigt, fühlt jeder hinter der Ungewissheit große Ereignisse sich vorbereiten. In den Gesprächen zeichnet sich eine Atmosphäre voller Spannung und Erwartung ab. Bisweilen flackert irrlichternd, mal verschämt, mal unverhohlen, die Sorge der Dörfler um das Eigene. Um einen geliebten Menschen, um den Mann, den Herrn des Anwesens, die, wie wir, den Rock der Feldsoldaten tragen. Das Ergebnis all dieser Gespräche aber ist immer wieder: „Er wird es schon wissen!" Er, der Führer, auf den jeder gläubig, in grenzenlosem Vertrauen blickt.

Um 22.00 Uhr ist Zapfenstreich. Wohlig dehnen sich müde, des Fahrens entwöhnte Soldaten in duftendes Heu und Stroh. Verschwinden der Ruhe bedürftige Glieder unter Bergen bäuerlicher Betten.

Anderntags, gegen Mittag, fahren wir durch Posen. Schöne, urdeutsche Stadt. Der zivile Verkehr stockt. Im Zentrum säumen dicht bei dicht Menschenmassen die West-Ost-Straße, durch die wir ratternd und rumpelnd unseren Weg nehmen. Deutsche Gesichter. Deutsche Laute, die wir bei dem Lärm der Motoren und Gleisketten nur brockenweise auffangen. Arme, die sich uns zum Deutschen Gruß entgegenstrecken.

Kein Hurra-Patriotismus. Und doch – verständlicherweise – weit mehr äußere Kennzeichen der Anteilnahme als im Inneren des Reichs. Eine Bewegung, die zu uns hindrängt, die sich dankbar Luft machen will in Worten und kleinen Aufmerksamkeiten. Sind doch erst knapp zwei Jahre vergangen, seit der Bruder von jenseits der alten Reichsgrenze gekommen und auch die Deutschen dieser Stadt vom polnischen Joch befreit hat. Heute wissen sie ihre eigenen Männer und Söhne in den Reihen der deutschen Armeen – und sind unsagbar stolz darauf. Wochenlang, Tag für Tag und Stunde um Stunde, rollen nun wieder die grauen und graublauen Kolonnen durch die Straßen Posens, weiter gen Ostland. Niemand begreift diesen Zug der aufgehenden Sonne zu besser als diese Menschen, die hier im Osten für ihr Deutschtum gelitten, geopfert und geblutet haben. Die sich auf verlorenem Posten wähnten und trotzdem hochhielten, was ihr Blut ihnen in die Sinne gepflanzt: Den Glauben an Deutschland.

Mädels mit vor Eifer geröteten Wangen werfen Bonbons und Zigaretten in die Wagen, laufen eine Weile neben den rollenden Fahrzeugen her, sagen schnell, in schwerem Ostdeutsch ein nettes Wort, erhalten beinahe vollendet höfliche oder taktvoll scherzhafte Antworten – wie bald doch der rauhe Soldatenton abgelegt ist … Blanke und blitzende Augenpaare begegnen sich, nehmen den Augenblick wie ein Geschenk hin. Dann steht so ein Mädel im farbenfrohen Sommerkleid atemlos auf der Straße, winkt mit ausgestrecktem Arm den Insassen des Fahrzeuges nach – vielleicht auch nur einem unter ihnen. Ein duftiges Geschöpf, umflutet von hellem Sonnenglast, so nah und doch so unerreichbar ...

Wieder nimmt uns die Landstraße auf. Weit spannt sich eine strahlend blaue Kuppel über dem Land. Ungewohnt groß ist der mit dem Horizont abschließende Kreis, der beinahe lückenlos zu ziehen ist, dort, wo Himmel und Erde aufeinanderstoßen. Eine leichte Bodenwelle, eine schmale Waldkulisse, ein Kirchturm, die Silhouette eines weitabstehenden Dorfes unterbrechen den Rand des Tellers, als den sich die Erde darbietet.

Wer in dieser Weite nicht groß geworden, wird Wesen und Inhalt dieser Landschaft nur schwer begreifen. Dieses Land, das starke, gläubige Menschen hervorgebracht, die um des Lebens Inhalt wissen, weil in den Äckern ihrer Hände Arbeit ruht, die vielfältige Frucht trägt. Weil sie der Ursprünglichkeit allen Seins, dem Werden, Wachsen und Vergehen so nahe sind. Weil ihr Reichtum die Scholle ist, an der sie mit jeder Herzensfaser hängen. Die Weite aber gibt ihnen Ruhe und Sicherheit, Trotz und Stärke, hat kindlich-gläubige Gemüter geschaffen. Wie wohl anders ist es zu erklären, dass trotz unsäglicher Drangsal und Leiden zwei Jahrzehnte hindurch das Deutschtum slawischem Machthunger, slawischer Willkür, slawischem Fanatismus die Stirn geboten hat!

Nur wenige von uns wissen um diese Landschaft und ihre Menschen, einige nur empfinden etwas für sie oder versuchen sie zu verstehen. Die meisten aber stehen ihnen völlig fremd, ja verständnislos gegenüber. Sie sind Kinder deutscher Landschaften, die ein verschwenderischer Schöpferwille reich bedacht: Kinder gewaltiger Berge, bizarrer Massive, himmelstürmender Kuppen, unergründlicher Schluchten. Kinder des Mittelgebirges mit seinen lieblichen Tälern, den sanften Höhen, den geschwungenen Matten. Kinder, denen das Meer schon in der Wiege sein weltumspannendes Lied gesungen. Oder sie sind Kinder aus dem Herzen des Reiches. Von dort, wo der Pulsschlag der Arbeit in den Waffenschmieden und Bergwerken am deutlichsten zu vernehmen ist. Oder Großstadtkinder, unstet, ruhelos, denen Tempo, jagender hastender Verkehr, Musik in den Ohren ist. Die darüber aber das reine Empfinden und den klaren Blick für die Natur, für natürliche Gegebenheiten und Zusammenhänge verloren haben.

Wirkt nun diese Verschiedenheit der Beziehungen des einzelnen zu seiner Umgebung nicht auch in Hinsicht auf das Zusammenleben der Soldaten beeinträchtigend? Sind sie nicht alle verschieden geartete Menschen, durch einen Zufall zusammengewürfelt? Man gehe weiter die vielstufige Skala der beruflichen und sozialen Stellung des einzelnen Soldaten im zivilen Leben durch und betrachte die verschiedenen Lebensalter. Erst dann wird offenbar, was die Gemeinschaft von Soldaten eigentlich bedeutet.

Der Soldatenrock macht nicht nur äußerlich gleich. Er uniformiert auch Art und Wesen, Gesinnung und Haltung von Millionen. Er ist das äußere Merkmal besten Mannestums. Seine Träger fühlen sich ihm verpflichtet.

Soldaten sind eins untereinander. Sie stehen füreinander auf Leben und Tod. Sie sind Kameraden! Das aber ist eines der Wunder und Geheimnisse, die das Leben bereithält: Wer Soldat ist oder war, hat Kameradschaft empfunden und erlebt. Wer niemals Soldat gewesen, dem ist eine Offenbarung des Seins verborgen geblieben.

Indessen bleibt diese Kameradschaft unausgesprochen. Soldaten gehen mit einem Begriff, der geheiligtes Recht, ungeschriebenes Gesetz ist, nicht leichtfertig um. Über Selbstverständlichkeiten werden keine Worte verloren. Kameradschaft wird zu gegebener Zeit durch die Tat bewiesen!

Wie überhaupt der Soldat geradlinig und logisch denkt und handelt. Er muss frei und unbelastet sein oder werden. Und er neigt sich auch wie von selbst seinem Wesen in der ursprünglichsten Auffassung mehr und mehr zu: Den Daseinskampf in seiner letzten Konsequenz zu führen und zu bestehen. Nur Dinge aus der unmittelbaren Anschauung haben für ihn Gewicht und Bedeutung. So erheischt die Volksdeutsche, deren Anwesen in einem ehemals polnischen Dorf liegt, sein lebhaftes persönliches und soldatisches Interesse.

Am Abend sitzen wir mit ihr und den beiden halbwüchsigen Töchtern in der guten Stube des kleinen Bauernhauses. Auf dem Tisch steht eine Petroleumlampe. Von ihrer milchig-weißen Glasglocke geht ein wohltuend mattes, trauliches Licht aus. Sie schafft so recht die Stimmung zum Erzählen, zum Gedankenaustausch.

Und die Frau, deren abgearbeitete, rissige Hände für diese Abendstunde einmal untätig im Schoß, auf einer fein säuberlichen Schürze ruhen, erzählt. Vor unseren Augen erhebt sich das Leid einer Familie, mit der Zehntausende von Volksdeutschen in Polen hilfesuchend ihre Arme gegen das Reich hin ausstrecken.

Ihr Mann, Kriegsteilnehmer von 1914 bis 18, ist Deutscher bis auf den Grund seiner Seele. Er ist einer von den vielen, die der Polonisierungsprozess, ungeachtet aller Drohungen, Erpressungsversuche und Strafen, nicht zu erfassen vermag. Der unter der polnischen Knute aufrechter Deutscher bleibt. Verbunden mit der Scholle, getreu seinem Blut.

Drei deutsche Familien stehen außerhalb der polnischen Dorfgemeinschaft. Jeder ihrer Schritte wird argwöhnisch überwacht. Nur noch bei Nacht und Nebel dürfen sie es wagen, einander zu besuchen. Sie finden sich zusammen, um wieder einmal ihre Muttersprache sprechen zu können. Trotzdem spüren fanatische Chauvinisten ihnen nach. Stöbern sie auf.

„Verfluchte Deutsche!"

Freiwild! Aber noch nicht abschussreif.

Schwarze Listen werden angefertigt ...

Der polnische Chauvinismus steigert sich zu blindwütendem Hass. Der Pöbel tobt, zerstört sinnlos, brennt, mordet, richtet unter wehrlosen Volksdeutschen ein ungeheures Blutbad an. Von den Städten nimmt diese, vom sadistisch-jüdischen Element gesteuerte Mordgier ihren Ausgang, ergießt sich wie eine Flutwelle, die auch das kleinste Dorf erreicht, über ganz Polen.

Die Volksdeutschen fliehen in die Wälder, versuchen auf Schleichwegen die Reichsgrenze zu erreichen. Auch der älteste Sohn unserer Gastgeberin will auf diese Weise den Häschern entgehen, die Volksdeutsche in die polnische Armee pressen. Seitdem ist er verschollen.

Sein Vater aber, der Bauer, Herr seines Gehöfts, ist durch nichts zu bewegen, seine Scholle freiwillig aufzugeben. Er wäre sich feige vorgekommen, wäre sich selbst untreu geworden. In einem nahegelegenen Wäldchen baut er, der Infanterist des Weltkrieges, nächtelang einen gut getarnten Unterstand. Hier werden Frau und Kinder dem Zugriff des Pöbels, der tobenden Soldateska, entzogen. Dann bricht mit dem Vorrücken der deutschen Divisionen in den Septembertagen 1939 das Unglück auch über die Volksdeutschen dieses Dorfes herein. Der Bauer sieht das Unheil nahen. Er weicht trotzdem nicht von seiner Schwelle.

Polnische Kavallerie sprengt durch das Dorf. Eine Gruppe von vier Mann steuert auf den Bauernhof zu. Reißt Tor und Türen auf. Trifft den Bauern in der guten Stube.

„Da ist er, dieser deutsche Hund!" In den Augen des Sergeanten funkelt glühender Hass.

„Was wollt ihr?" Gelassen steht der Bauer da.

Antwort darauf ist ein Schuss, der den Oberarm des Volksdeutschen streift.

Im nächsten Augenblick wirbeln zwei kräftige Bauernfäuste den Sergeanten durch die Luft. Mit ungeheurer Wucht wird der Körper des Polen gegen das Fenster geschleudert. Scheiben klirren. Das Fensterkreuz bricht aus. Der Sergeant liegt winselnd auf dem Hof.

Eben will der Herr seines Anwesens beim zweiten Polen von seinem Hausrecht Gebrauch machen. Da kracht es kurz hintereinander, zwei-, dreimal. Schwer getroffen wankt der Bauer durch die Stube. Will mit seinen letzten Kräften den Angreifern zu Leibe. Da reißen sie ihn zu Boden, zerren ihn durch das Haus hinaus in den Hof.

Was sich nun abspielt, ist die Ausgeburt des Wahns entmenschter Kreaturen. Sie treten und schlagen ihr Opfer, knüpfen es an einen Baum auf, zerfleischen es mit Dolchen und Messern, binden schließlich den Leichnam an ein Pferd, schleifen ihn durch das Dorf und lassen ihn im Straßengraben liegen …

Zwei Tage später erreicht eine deutsche Vorhut das Dorf. Unsere Volksdeutsche hat von ihrem Zufluchtsort, vom Unterstand aus, die Bewegung der Polen beobachten können. Seit gestern hat sich kein polnischer Soldat mehr sehen lassen. Sie teilt dem deutschen Einheitsführer, einem Leutnant, ihre Wahrnehmung mit. Tatsächlich ist das Gelände ringsum feindfrei. Damit stehen auch die Volksdeutschen dieses Ortes wieder unter deutschem Schutz. Sie haben sich ihre Freiheit teuer erkaufen müssen.

Gleichmäßig schwingt das Pendel der Wanduhr hin und her. Tick – tack – tick – tack. Keiner wagt ein Wort. Wir alle stehen unter der Wucht des Geschehens. Scheu gehen unsere Blicke zu der Frau hinüber, die ihr Haupt gesenkt hält, die keine erlösenden Tränen mehr findet. Still weinen ihre beiden Mädel vor sich hin. Hinter schlohweißen, fadenscheinigen Gardinen leuchtet hell ein noch ungestrichenes Fensterkreuz …

Lange noch ist anderntags das grauenvolle Schicksal dieser Bauernfamilie Gegenstand der Gespräche. Auf solche oder ähnliche Art sind sechzigtausend Volksdeutsche in Polen gemordet worden.

Was sind das nur für Methoden! Was für Kreaturen, die Menschen, wehrlosen Männern, Frauen und Kindern gegenüber so unmenschlich verfahren können!? Jeder politische Fanatismus, aller Hass des polnischen Elements gegen alles Deutsche reicht nicht aus, um Erklärung dieser viehischen Exzesse zu sein. Entweder hat der polnische Volkskörper einen unverhältnismäßig großen Prozentsatz asozialer, verbrecherischer Elemente aufzuweisen. Oder aber, leicht bestechliches slawisches Blut ist, durch Geld und Alkohol aufgepeitscht, einem Rausch verfallen, der sich zu einer Wahnpsychose der Massen ausgewachsen hat.

So oder so. Das polnische Volk, und in ihm vor allem der Jude, hat eine ungeheure Blutschuld auf sich geladen, die nach Vergeltung schreit!

Indes rollen wir die letzte Etappe auf Warschau zu. An großen Straßenkreuzungen zeigen die wohlvertrauten gelben Wegweiser der Heimat geradeaus die Richtung zur Hauptstadt des Generalgouvernements an. Die rechts und links von der Hauptstraße abweisenden Pfeile tragen Orts- und Städtenamen, die vielfach Erinnerungen an den Polenfeldzug wachrufen.

„Weißt du noch?" So fragen die „Alten" einander. Sie, die schon damals in unserer Batterie standen. Sie alle wissen noch alles bis in die Einzelheiten. Einer nach dem anderen gibt seine Erlebnisse zum Besten. Und immer wieder stehen die Kämpfe bei Ilza im Mittelpunkt der Erzählungen.

Ilza ist zum ersten Ruhmesblatt nicht nur unserer Abteilung, sondern der im Erdkampf eingesetzten Flakartillerie überhaupt geworden. Als der Tagesbefehl des Oberbefehlshabers der Luftwaffe seinerzeit die Verdienste der Flakabteilung I/22 ausführlich würdigte, da horchte die Heimat, ja, da horchte die Welt auf. Wer wusste vordem etwas von im Erdkampf eingesetzter Flakartillerie?

Der Rand Warschaus ist erreicht. Eine Riesenschlange von Militärfahrzeugen windet sich über viele Kilometer die geschwungenen Straßenlinien entlang bis in den Stadtkern. Nur langsam können sich die Einheiten aus der Marschkolonne lösen, um ihre Quartiere zu beziehen. Warschau ist mit deutschen Truppen vollgestopft. Ein toller Wagenverkehr flutet durch die Straßen, an deren Knotenpunkten die Fahrzeuge zuweilen minutenlang hoffnungslos ineinander verkeilt stehen. Infolgedessen kann unsere Batterie erst gegen Abend aus dem Marschverband ausscheren.

Das uns zugewiesene Quartier ist völlig leer. Nackte Dielen, kahle Wände. Kein Licht, kein Stroh. Außerdem ist ungewiss, ob nicht lästige Mitbewohner, „Tapetenflundern" und ähnliches Getier, vorhanden sind. So übernachten wir auf einem großen freien Platz, auf unseren Fahrzeugen.

Kinder und Halbwüchsige, in Fetzen gehüllt, umstreichen unser Biwak. Bettelkinder, Kinder des Ostens, die ihre Mägen nie anders als mit den Brosamen gefüllt haben, die von der Herren oder mitleidiger Bürger Tische fielen. Gesichter, kindlich und lasterhaft zugleich. Augen, denen der Glanz der Kindheit genommen, die ebenso gierig nach einem Stück Brot wie nach einem fortgeworfenen Zigarettenstummel suchen. Münder, schmal und hart mit nach unten hin abfallenden Winkeln, die um Geld betteln, das umgehend in Wodka umgesetzt wird.

„Härr, ein Stück Brot bietä!" Das ist der monotone Gesang dieser freudlosen, vagabundierenden Jugend.

„Papyros!?" – Die Frage nach einer Zigarette klingt ganz anders – frech – bisweilen gemein.

Mancher von uns denkt an seine eigenen Kinder. Ist glücklich und froh, wenn er Vergleiche anstellt, teilt sein Brot mit diesen Elendswürmern, die es hastig verschlingen oder in unsichtbaren weiten Taschen auf der Innenseite der sie umhüllenden Lumpen verschwinden lassen.

Wir haben uns zur Ruhe gelegt. Es geht auf die Mitternachtsstunde zu. Und immer noch fällt in den gleichmäßigen Schritt der das Lager abschreitenden Wachtposten das Klagelied der Kinder ein. Nachtgebet der Elendsjugend des Ostens: „Härr, bietä ein Stück Brot! – Papyros!?"

Je weiter nach Osten, desto größer die Gegensätze. Das gilt auch noch für das heutige Warschau.

Der Krieg hat tiefe Runen in das Gesicht dieser Stadt geschnitten. Seitdem aber die Trümmerhaufen aus den Straßen entfernt, die Gebäude und Häuserreihen vom Schutt befreit und der Sommer vor die ausgehöhlten Fassaden die grüne Tünche mächtiger Laubbäume und über sie einen strahlend blauen Himmel gelegt, geht das Leben wieder seinen Gang. Noch bunter, noch vielfältiger als vordem. Nur wohnen Armut und Reichtum, Lumpen und Putz noch dichter beisammen als früher.

Oft erfasst der Blick in einer der Hauptstraßen ein buntes Großstadtbild, das dem Charakter der Hauptstadt an der Seine verzweifelt nahe kommt. Indessen weiß man nie so recht, wie weit bewusst zur Schau getragene lässige, ja fast liebenswürdige Eleganz natürlichen Ursprungs ist. Ob sie nicht nur ein Mäntelchen um offene oder versteckte Prostitution legt oder Tarnumhang für Schieber und Wucherer ist.

In den Kaffees, Bier- und Esslokalen flutet es ein und aus. Aus Bars und Nachtbetrieben an den Enden geheimnisvoller, in Hinterhöfe führender Gänge stehlen sich melodische Fetzen jazzender Kapellen in den Straßenlärm.

Dann wieder durchbrechen Ruinenfelder die Häuserzeilen. Lenken das Auge hinüber zu Elendsquartieren, die schmutzig, verkommen, trostlos in das bewegte Treiben der Boulevards starren. Allenthalben aber herrscht das Grau und Graublau der Uniformen deutscher Soldaten vor. Sie sind das Fundament einer neuen Zeit, an dem slawischer Starrsinn zerbricht, das polnischen Chauvinismus unter sich begraben, zermahlen hat. Auf diesem Fundament aber wird dereinst das neue, zur Mitarbeit bereite Europa stehen ...

„Sie haben sich von heute an stündlich abmarschbereit zu halten. Meldung beim Regimentsstab in Cielesnicze. Von dort aus Weiterleitung zum Abteilungsstab."

Endlich! – Am 16. Juni trifft dieser Befehl ein. Die Batterien, Abteilungen und Regimenter liegen schon seit einigen Tagen im Bereitstellungsraum.

Nun geht's bald los. Das ist unser aller Überzeugung. Über das Wie, Was und Warum vermag niemand Auskunft zu geben.

„Hol's der Teufel! Man möchte doch gerne wissen, was eigentlich gespielt wird. So auf blauen Dunst!"

„Gar kein blauer Dunst! Die Grenze – Sowjetrussland – ist doch natürlich!"

„Ja, aber."

„Gar kein aber – Hauptsache ist, es tut sich was. Und was sich tut, werdet ihr noch früh genug erfahren."

Hans, der Unteroffizier, denkt unkompliziert, das Nächstliegende ist für ihn immer das Richtige. Im Übrigen will er so schnell wie möglich an seine Kanone.

„Der Sonderauftrag in Warschau – ganz schön und gut. Ich bin und bleibe aber lieber bei meinem Geschütz. Mensch, ich hätte bald geheult, als die Batterie von Warschau aus ohne mich abgehauen ist. Pass auf, ich verliere den Anschluss, habe ich damals zu Carratsch gesagt. Der hat mich gefrozzelt: Du und den Anschluss verlieren! Hast ja auch drüben in der Mark, im Dorf am See, Anschluss gefunden – dabei den Goldfisch, die Liesel, gefangen – Carratsch hat wieder mal recht behalten."

Kolonnen verstopfen die Straße. So kommen wir mit unseren beiden Fahrzeugen zu langsam vorwärts. Herunter vom Asphalt. Durch den Straßengraben. Eine kleine Böschung hoch. Dann sind wir auf dem parallel zur Straße laufenden Fußgängerweg. So geht's auch. Zweihundert Kilometer haben wir vor uns. Die müssen heute noch geschafft werden. Immer wieder mogeln wir uns an endlosen Kolonnen vorbei, bis endlich die Hauptstraße verlassen werden kann.

Ein Dorf ist durchfahren. Wieder geht es ins Land hinaus. Der holprige, mit einer fußdicken Staubschicht belegte Weg führt am unteren Rand einer sanft ansteigenden, mit Waldkomplexen bestandenen Hügelkette entlang. Links der Straße dehnt sich ein weit ausladendes Tal. Durch diese Senke schlängelt sich also der Bug. – Grenze. – Schicksalsfluss? Was wissen wir schon! Ist auch wurscht. Vorerst ist nichts von einem Flusslauf zu sehen. Wald- und Gestrüppstreifen verdecken sein Bett.

Unvermittelt – in einer S-Kurve – hält uns ein Posten unter Gewehr an. „Was ist los!?"

„Langsam fahren! Nach hundert Meter halten!"

Richtig, da ist ja auch ein entsprechend beschriftetes Schild.

Unmittelbar hinter der Kurve sperrt ein Schlagbaum den Weg. Posten davor. Wieder ein Wegeschild:

„Straße vom Feind einzusehen.

Fahrzeuge 400 m Abstand halten.

Langsam fahren!"

Hier riecht's schon ganz erheblich nach Krieg.

„Na bitte!" Triumphierend sieht uns der Unteroffizier an.

„Das besagt noch nichts, Hans. Vorsichtsmaßnahme!"

„Besagt alles. Menschenskinder seid ihr blind!?"

Schwerfällig richtet sich der Schlagbaum auf. Wir fahren an. Kriechen förmlich die Straße entlang. Haben Muße, das Gelände jenseits des Bug genau in Augenschein zu nehmen, den Feldstecher an die Augen gepresst. Eine weite, mit dürftigem Buschwerk und Gras bewachsene Fläche geht leicht hügelan. Sie wird beherrscht von einem Beobachtungsturm – zehn bis zwölf Meter hoch – schätzen wir. Eine stabile Holzkonstruktion, die mit einer Plattform und dem sie einfassenden Geländer abschließt. Sonst deutet auf bolschewistischer Seite – soweit sichtbar – nichts auf Krieg oder Kriegsvorbereitungen hin. Aber wir wissen, der Bolschewist ist Meister der Tarnung.

Cielesnicze. Ein mittleres Dorf. Kein deutscher Soldat ist auszumachen. Klar, der Ort ist von drüben her einzusehen. Die Dorfbewohner schauen uns nach, halb verschüchtert, halb neugierig.

Wo steckt der Regimentsstab?

Bereitstellungsraum? Herzlich wenig; was wir bisher an Bereitgestelltem gesehen haben.
Wir begegnen einem Panjewagen. Schlaftrunken, mit hängendem Kopf, zuckelt ein kleiner, struppiger Gaul dahin, zieht unlustig sein niederes Gefährt, auf dem drei Landser hocken. Wir halten an.

„Wisst ihr, wo hier in der Gegend der Stab eines Flakartillerieregiments liegt?"

„Nein, keine Ahnung. Die Wälder hier" – der Mann beschreibt mit ausgestrecktem Arm einen weiten Halbkreis – „liegen voll mit Truppen. Aber da drüben im Schloss sitzt ein Divisionsstab oder so was ähnliches. Da werden Sie Auskunft erhalten!"

Während wir wieder in unsere Wagen klettern, hören wir einen der drei Landser sagen: „Mensch, die sehen aus wie die Müllerknechte. Da lobe ich mir unser 1 PS. Der wirbelt doch nicht so'n Staub auf."

Zwischen dem Grün mächtiger Bäume schimmert es weiß. Das Schloss. Am Eingang des Parks hält uns ein Posten an …

„Vielleicht kann Ihnen der Ia, Major X, Auskunft geben."

Die Herren des Stabes sind aber bei einer Besprechung.

Also auf eigene Faust weitersuchen. Ein Stück bergan, dann haben wir einen Waldrand erreicht. Tatsächlich, hier wimmelt es von Soldaten aller Waffengattungen. Aber niemand weiß eine Antwort auf unsere Frage, wo der Stab des Flakregiments Stellung bezogen hat. Dann sind wir bis zum Ic einer höheren Befehlsstelle vorgedrungen.

„Dort!" – Eine Bleistiftspitze weist auf den Rand eines nur wenige Kilometer entfernt liegenden Waldstücks.

„Dort liegt der Regimentsstab."

Es ist nicht das erste Mal, dass wir erfahren müssen, wie fein die geheimen Fäden dieses Aufmarsches gesponnen sind. Und dennoch hat sich die Bereitstellung des größten Heerbannes der Weltgeschichte ohne jede Stockung, mit der Regelmäßigkeit eines Uhrwerkes vollzogen. Wieder stehen wir vor einem Wunderwerk deutscher Organisationskunst, deutschen technischen Vermögens. Das bewunderungswürdigste des Ostaufmarsches ist aber für uns die Geheimhaltung. Niemand kennt das eigentliche Ziel der Vorbereitungen. Außer den höheren Befehlsstellen weiß keiner, welche Truppenteile in den Nachbarabschnitten anschließen oder wie groß ihre Kontingente sind.

Nur hin und wieder fahren einzelne Kraftwagen über freies Gelände. Nachts aber grollen und stampfen schwere Fahrzeugmotoren, ist der gedämpfte Marschtritt von Kolonnen hörbar. Wer sie sind, diese Neuankömmlinge, oder wieviel es sind – niemand weiß es.

Vom Regimentsstab aus werden wir sofort an den Abteilungsstab gewiesen. Noch einmal fahren wir auf einem der mit fußtiefem, grauem Staub bedeckten holprigen Wege hinaus in die friedliche Abendlandschaft. Schnell ist Janow-Podlaska erreicht. Dort ist das taktische Zeichen. An der nächsten Straßenecke wieder eins. Und dann weist der Pfeil in ein kleines Bauerngehöft.

Zu beiden Längsseiten des Hofes steht Spitzzelt an Spitzzelt. Zuvorderst die laubenartige Leinwandbehausung des Kommandeurs. Deutsche Soldaten nächtigen lieber unter freiem Himmel als in Häusern, in deren Schmutz sich wahre Ungezieferkulturen entwickeln. Bald sind zwei neue Zelte in die Reihe der übrigen gestellt. Unter einem funkelnden Sternenhimmel werden die von Staub und Straßendreck verklebten Hände und Gesichter notdürftig gereinigt. Wenig später verfallen wir unter den Zeltdächern, die von nun an, vielleicht für Monate, uns Obdach bieten werden, in einen tiefen, traumlosen Schlaf.

Ströme und Flüsse sind Weg- und Wetterscheiden. In gleichem Maße vermögen sie natürliche Grenzen zwischen Staaten und Völkern zu sein. So aber die gemeinsamen Lebensinteressen von Völkern über den zur Verfügung stehenden Raum hinauswachsen oder gar bedroht sind, müssen Grenzen überbrückt oder überschritten werden. Die Neuordnung und Befriedung der Völker für Zeiten verpflichtet den Starken und gibt ihm vor der Geschichte das Recht zum Handeln.

Diese Gedanken kommen uns, während der Abteilungskommandeur die strategische Lage im Bereich seiner, ihm unterstellten Einheit roh umreißt. In krausen Windungen schlängelt sich durch das Bild der Generalstabskarte der Bug. Die militärisch-strategische Lage diesseits und jenseits des Flusses ist klar und eindeutig. Ob aus der Erkenntnis der Dinge einmal die Nutzanwendung zu ziehen sein wird, wird die Zukunft lehren. Sei es wie es sei. Jedem Befehl des Führers wird Folge geleistet!

Wir fahren in das Vorfeld des Aufmarschgeländes, um mit allen Einzelheiten der versumpften Bugniederung, insbesondere aber mit ihren Wegeverhältnissen vertraut zu werden. Am Zollhaus von Woroblin stellen wir unsere Kraftwagen ab, verkleiden uns als Zollbeamte. Wenn wir von drüben her gesehen werden sollten, darf keinesfalls der Eindruck erweckt werden, als ob deutsche Soldaten das Gelände für geplante militärische Handlungen in Augenschein nehmen.

In glutender Mittagssonne setzen wir den Weg zum Fluss hinunter fort. Am Ausgang des Dorfes Woroblin, dessen geduckte strohbedachte Häuser an vorzeitliche Siedlungen erinnern, ist ein gut getarnter Beobachtungsstand in einer Baumkrone eingerichtet. Mit dem Blick durch das Scherenfernrohr tut sich greifbar nahe das Vorfeld jenseits des Bug auf.

Dort ein Bunker und da ein zweiter. Drüben eine mit rötlicher Blende getarnte Feldstellung. Gegen den Horizont hebt sich die Silhouette eines gemächlich trabenden Pferdes mit einem Reiter im Sattel ab. Sonst weidendes Vieh, ein Furchen ziehender Bauer. Die nächsten Stunden oder Tage werden Antwort darauf geben, nach welcher Seite hin das Zünglein der noch gleichgewichteten Waage ausschlagen wird.

Über den Bug

21. Juni 1941.

Die Batteriechefs sind zum Abteilungskommandeur befohlen. Dicht gedrängt stehen sie in dem engen Zelt.

„Meine Herren, die Würfel sind gefallen! Ich übergebe Ihnen hiermit einen Aufruf des Führers und Obersten Befehlshabers an die Soldaten im Osten. Morgen früh 3.15 Uhr wird angegriffen!"

Unwillkürlich straffen sich die Gestalten. Die Münder werden schmaler. Der entscheidungsvolle, schicksalhafte Augenblick meißelt Energie in die Gesichter. In den Augen steht ein stilles Leuchten. Dann löst sich die Spannung. Gott sei Dank! Die Ungewissheit ist von uns genommen.

Der Kommandeur gibt seine Anweisungen, erteilt Befehle.

„Alles klar?"

„Alles klar, Herr Major."

„Dann, auf ein gesundes Wiedersehen!"

Der Kommandeur presst länger als sonst jedem die Hand, Soldaten sehen sich in die Augen ...

In Woroblin raffen die noch im Dorf verbliebenen Bewohner ihre armselige Habe zusammen, graben wacklige Tische und Stühle, wurmstichige Bettstellen und Kinderwiegen, Hausrat und einzelnes angeschlagenes, wohlbehütetes Geschirr aus Glas und Porzellan in die Erde ein. Dann ziehen sie mit Panjewagen und Handkarren, auf denen Alte, Kinder und Kranke inmitten von Federbetten hocken, aus ihrem Dorf.

Noch einmal umfassen ihre Augen eine schmutzige, verdreckte Kate, wandern den morschen Bretterzaun entlang, der das kümmerliche Besitztum einfriedet, bis zu den Punkten, an denen des Nachbarn ebenso wackliger Bretterzaun, sein Haus mit dem tief an die Erde gezogenen Strohdach, der von Unkraut überwucherte Garten beginnt.

Schmutzig, verdreckt, trostlos, wackelig?

Das sehen diese Menschen nicht. Sie kennen es nicht anders. Sie wissen nur: Das ist unser Zuhause, unser Heim. All diese, uns untragbar erscheinenden Dinge sind für sie zum Inbegriff Heimat geworden, über die nun wieder einmal der Krieg hereinbrechen wird ...

Morgen, ja morgen wird der Krieg hier im Osten das leidgewohnte Land aufstöhnen lassen. Morgen wird sich eine Flut der Vernichtung über Erde und Menschen wälzen.

Was aber würde sein, wenn der Sturm in umgekehrter Richtung losbräche? Wenn ein Mongolensturm die westliche Kultur hinwegfegen, seine Schreckensherrschaft antreten würde!?

Indessen neigt sich die Sonne, strahlt eine Symphonie von Farben aus, angefangen vom kräftigen Rot bis zum zarten Lila, das die Dämmerung nach und nach auslöscht.

Es ist Nacht. Die letzte friedliche Nacht hier im Osten.

In wenigen Stunden werden wir angreifen.

Feuerschlünde werden sich öffnen von den Tundren Finnlands bis an die Gestade des Schwarzen Meeres ... Europa tritt an gegen seinen Todfeind.

Wir Soldaten hier in den Rokitnosümpfen, dicht an der sowjetrussischen Grenze, ahnen in diesen stillen Nachtstunden die Größe des beginnenden Kampfes. Eine seltsam unwirkliche Stimmung liegt über dem langgestreckten Waldstück, in dem wir bereitstehen: Pioniere mit ihren Sturmbooten, Sturmkompanien eines Schützenregiments und wir Flakkanoniere mit unseren schweren Geschützen.

Wie von zarter Frauenhand gewoben, umgeben weiße Wolkenschleier den Mond. Sie lassen sich nur ungern von seinem Schein durchdringen, nehmen ihm die Kraft und geben seinen Strahlen etwas Geheimnisvolles, Überirdisches.

Silbern schimmert der Bug. Leise klirren ab und zu die Waffen, übertönt von dem vieltausendkehligen Konzert der Frösche, in das gelegentlich ein Sumpfvogel mit heiserem Schrei einstimmt.

Wir können nicht schlafen.

Die Mückennetze über den Köpfen, liegen wir auf dem feuchten Waldboden. Überall, wo Kameraden zusammenliegen, wird geflüstert. Ganz leise. Der Bolschewist sitzt nur wenige hundert Meter vor uns, beobachtet jede Bewegung. Er darf nichts merken, jetzt noch nicht.

Wir liegen auf dem Rücken, den Kopf auf den verschränkten Händen und starren in die Baumwipfel über uns. Zwischen angespanntem Lauschen und kurzem Dahindämmern vergehen die letzten Stunden. Was wird uns der Morgen bringen? Wie sieht es in dem Land dort drüben aus?

Jeder Landser hier an der sowjetrussischen Grenze ist in diesen Stunden, neben unbedingter Kampfbereitschaft, erfüllt von einer ganz großen Neugier. Endlich wird er das „Arbeiter- und Bauernparadies" mit eigenen Augen sehen und prüfen können. Das Land, auf das Millionen des Weltproletariats verlangend blicken, und das doch für alle in Wirklichkeit ein Rätsel ist, weil seine Machthaber es mit einer unübersteigbaren Mauer umgeben haben.

Mit dem ersten Schein des Morgenlichts steigen wir auf die Zugmaschinen. Acht Minuten nach drei Uhr rollen wir an, hinunter zum Bug. Dreißig Meter vor dem Fluss, der hier nordwestlich von Brest-Litowsk zugleich Grenze ist, wird abgeprotzt. Lautlos arbeiten die Kanoniere, heben in fieberhafter Eile die Geschützstellungen aus. In sieben Minuten müssen die Geschütze feuerbereit, die angegebenen Ziele vermessen und angerichtet sein.

Wir schaffen es!

Punkt drei Uhr fünfzehn beginnt der Feuerüberfall unserer Artillerie auf der ganzen Front. Punkt drei Uhr fünfzehn jagen auch aus den Rohren der Flakgeschütze die ersten Granaten. In wenigen Minuten werden im direkten Beschuss Bunker, Beobachtungstürme, eingegrabene Panzer und Feldstellungen zusammengeschossen. So werden die Voraussetzungen für den Flussübergang unserer Pioniere und Infanteristen geschaffen, die jetzt mit Sturmbooten auf das feindliche Ufer zurasen.

Die Überraschung ist geglückt. Unsere Sturmtrupps finden kaum Widerstand. Schnell arbeiten sie sich die gegenüberliegende Höhe empor, säubern das mit niedrigem Buschwerk bewachsene Gelände mit Karabinern und Handgranaten.

Der Angriff rollt jetzt auf vollen Touren. Links von uns mahlen sich Panzer durch eine Furt auf die Feindseite. Baukompanien beginnen bereits Knüppeldämme über die sumpfigen Wiesen zu schlagen. Und wir gehen als erstes Fahrzeug mit der inzwischen von unseren Pionieren gebauten Fähre über den Fluss, während angreifende Martinbomber von unseren Jägern in Sekundenschnelle abgeschossen werden.

Im Verband eines Kradschützenbataillons stoßen wir als vorderste Spitze der Division vor. Bereits im ersten Dorf lernen wir die Kampfesweise unserer Gegner kennen. Aus dem Hinterhalt, von Bäumen und aus den Häusern, knallt es uns entgegen: Heckenschützen, die mit Dum-Dum-Munition schießen!

Wir haben die ersten Toten und Verwundeten.

Die Landser sind stumm vor Wut. Beißen sich auf die Lippen. „So ein Gesindel!" – Und dann gehen sie ran! Schießen die Häuser in Brand, aus denen die hinterhältigen Schützen angesengt herausspringen. Knallen die Scharfschützen von den Bäumen herunter.

So sehen also unsere Gegner aus! Es sind Unterwelts-Gestalten, die dort gefangen vor uns stehen. Angehörige kommunistischer Terrorgruppen. Zivilisten mit Gesichtern, die in jedes Verbrecheralbum passen, Typen wie Bela-Khun und Ali Höhler. Ihnen ebenbürtig die mit der Waffe in der Hand erwischten Weiber: Auswurf ihres Geschlechts, würdige Schülerinnen des rotspanischen Flintenweibes „La Passionaria", die hier in der Sowjet-Union als Heldin und Vorbild gefeiert wird.

Weiter geht der Marsch. Mitten hinein in den Aufstellungsraum der bolschewistischen Armeen, die von hier zum Angriff auf das Reich antreten wollten. Mit unserem Kommen haben die roten Strategen hier nicht gerechnet. Völlig verwirrt bleiben die sowjetischen Divisionen in den Wäldern stehen. Ihre jeder Verantwortung entwöhnten Kommandeure warten anscheinend erst auf Befehle von oben, ehe sie sich zu größeren Aktionen aufraffen.

Bei Koden, etwa fünfundzwanzig Kilometer südlich von Brest-Litowsk, liegt eine Batterie des Schwesterregiments unseres Flakkorps.

Über Brest hängen tiefschwarz riesige Rauchpilze, die ineinander übergehen und in mächtigen Schwaden über der Stadt lagern. Hinter der Silhouette des Kirchturms von Koden steht ein Dorf in flammendem Rot.

Unser hart bis an den Bug herangezogenes schweres Flakgeschütz hat Befehl, den feindlichen Artilleriebeobachter, der sich auf einem Wasserturm jenseits des Flusses eingenistet hat, außer Gefecht zu setzen.

Ein letztes Mal wird das Ziel angerichtet. Der Wachtmeister entnimmt der Geschützführertafel den „Aufsatz" – die zusätzliche Rohrerhöhung beim unmittelbaren Anrichten –, ruft sie dem Höhenrichtmann zu. Und dann sind wir fertig.

Schon die erste Granate ist ein Volltreffer. Mit unheimlicher Genauigkeit jagen zwei, drei, vier Schuss schwerer Flakgranaten hinterher. Die Flakartillerie zeigt, was sie zu leisten vermag, wenn sich ihr feste Ziele bieten. Wieviel schwieriger ist aber das Schießen auf Flugzeuge im weiten Raum!

Die lange Holzbrücke bei Koden wird im Handstreich genommen, bleibt unversehrt. Fahrzeug auf Fahrzeug rollt über sie hinweg. An der Spitze unsere kettenklirrenden Panzer.

Im Grunde ist sie aber ein Mauseloch. Nur nach und nach können die langen Kraftwagenkolonnen durchgeschleust werden. Es bleibt nichts anderes übrig, als einen großen Teil der Kräder und leichten Geschütze mit Schlauchbooten an verschiedenen Stellen über den Bug zu setzen.

Pioniere haben ihre Boote zu Wasser gebracht. In ununterbrochenem Hin und Her von Ufer zu Ufer vollbringen die kleinen Lastenträger wahrhafte Glanzleistungen.

Im Laufschritt kommen Flakbedienungen, leichte Geschütze an Tauen hinter sich herziehend, zur Übersetzstelle. Mit vereinten Kräften werden die 2-cm-Kanonen durch den Sand des steil abfallenden Ufers gezerrt, hochgewuchtet. Eine kurze Nickbewegung der gekoppelten Schlauchboote. Aber die schwimmende Brücke trägt ihre Last. Trägt sie sicher hinüber zum gegenüberliegenden Ufer.

Sofort gehen die Geschütze auf der anderen Uferseite in Stellung. Bekämpfen hier und dort den aufflackernden Widerstand.

Weiter ...!

Aus Stradecz schlägt uns heftiges feindliches Feuer entgegen. Unentwegt rattern Maschinengewehre. Im Häuserkampf wird Straßenzeile um Straßenzeile gesäubert. Mit erhobenen Händen kommen Gefangene auf uns zu.

Einer unserer Wagen fährt auf eine hinterhältig gelegte Mine. Wir haben wieder Verluste, begraben die gefallenen Kameraden, beißen die Zähne zusammen.

Weiter ...!

Ein strahlend blauer Himmel wölbt sich über uns. Es wird heiß, sehr heiß an diesem ersten Kampftag.

Wo sich Widerstand zeigt, wird er binnen kurzem gebrochen. Der Vormarsch nimmt ein erstaunliches Tempo an.

Sowjetische Panzerkampfwagen tauchen erstmalig auf. Entlang der Vormarschstraße stehen, nein liegen sie – lahm und wund geschossen –, wie die Hundertmetersteine an deutschen Landstraßen.

Im Handumdrehen wurde unsere Panzerspitze mit ihnen fertig. Ihr Nimbus erwies sich dem deutschen Ansturm gegenüber als Farce. Viele von ihnen haben nicht mal einen einzigen Schuss abfeuern können. Sie wurden einfach überrannt. Wenn das alles ist, was die Sowjets aufzuweisen haben ...!

Unbarmherzig brennt die Sonne. Kein kühles Lüftchen regt sich. In dicken Schichten legt sich aufgewirbelter Staub, der in aschfarbenen Schleiern über dem Land hängt, auf Mensch und Fahrzeug. Oftmals ist voraus nur auf wenige Meter freie Sicht. Wir sehen aus wie lebende Mehlsäcke.

Dauerndes Halten und Anfahren. Kein zügiges Vorwärtsrollen mehr. Unsere Kraftfahrer machen sich – nach uraltem Soldatenrecht kräftig fluchend – Luft. Weiß der Himmel – sie haben es bestimmt nicht leicht. Aber das ist ja erst der Anfang.

Während die von Einheiten der Flakartillerie abgestellten Arbeitsgeschütze vorn den Schutz der Panzer übernehmen, steht das Gros der Batterien noch hinter dem Bug. Es überwacht und sichert den Luftraum.

So sehen unsere Gegner aus

Längst ist der Feuerzauber der Artillerie ausgelöscht. Die Fähren haben die Vorausabteilungen übergesetzt. In der Flussniederung stehen weitere Kolonnen marschbereit. Aber noch hämmern und werken die eine Brücke schlagenden Pioniere. Ponton an Ponton wird verankert, verstrebt, verspannt, untereinander verbunden.

Währenddessen stehen die Flugmeldeposten, suchen den Schönwetterhimmel ab. Einige Ratas versuchen in den Vormittagstunden den Bug zu überfliegen, werden aber von einem höllischen Abwehrfeuer der Flakartillerie empfangen. In wilden Abwehrbewegungen suchen sie schleunigst das Weite und vergessen für den ersten Tag das Wiederkommen.

Die Mittagsstunde ist vorüber. Wir haben schon die Hoffnung aufgegeben, dass der Bolschewist überhaupt angreifen wird. Da, plötzlich ... „Fliegeralarm!" Eine ganze Staffel Martinbomber kommt in direktem Anflug auf unsere Batterie zu. In etwa zweieinhalbtausend Metern fliegen sie eng aufgeschlossen.

„Feuerüberfall!"

Salve auf Salve verlässt die Geschützrohre. Sprengwolken liegen im und um den fliegenden Verband, jagen ihn auseinander. Ein feindliches Flugzeug ist angekratzt. Eine weiße Rauchfahne zieht hinter ihm her. Es versucht, über den Bug nach Hause zu kommen. Aber noch während des Abdrehens schlägt eine helle Stichflamme aus dem hinteren Teil des Rumpfes. Der Martinbomber stellt sich auf die Nase, geht schließlich in Trudelbewegungen über. Aus, ganz aus. Der erste Abschuss unserer Batterie im Krieg gegen Sowjetrussland!

In diesem Augenblick kommen unsere Messerschmitt-Jäger herangebraust. Ein fabelhaftes Zusammenspiel zwischen Flakartillerie und Jägern beginnt. Die Staffel der Sowjetbomber ist völlig auseinandergerissen. Jedes Flugzeug versucht nach einer anderen Richtung hin zu entkommen. Unsere Batterie gibt Richtungsschüsse. Die Jäger hinter den schwarzen Sprengpunkten her! Was sich dann abspielt, ist das Werk weniger Minuten.

Unter den Einwirkungen der Bordwaffen unserer Messerschmitt „stinkt" ein weiterer Bomber, bläst eine Rauchfahne ab, brennt schließlich lichterloh und geht senkrecht zur Erde. Schnell wiederholt sich das gleiche Schauspiel – da, dort und drüben. Ein Fallschirm pendelt hoch in der Luft. Das ist alles, was sich aus den stürzenden, brennenden Flugzeugen retten kann.

Wenig später stehen neun tiefschwarze Rauchpilze in der Landschaft, die schnell gegen den Himmel wachsen, dann breitflächiger werden und schließlich wie dünne Fahnen vom Vernichtungsort her sich über das Land dehnen.

Noch viermal durchfliegen an diesem Nachmittag Bombenflugzeuge der Bolschewisten unseren Beobachtungsraum. Jedes Mal stürzen die unter den Tragflächen rotbesternten Maschinen brennend zur Erde. Im Ganzen zählen wir innerhalb von gut fünf Stunden siebzehn Abschüsse in einem Gebiet, das rund fünf Kilometer im Geviert misst. Was muss die sowjetische Luftwaffe an diesem ersten Tag verloren haben!

In unseren Reihen ist Hochstimmung. Sie macht sich Luft in fast übermütigen Gesprächen der Temperamentvollen und pflanzt sich fort in optimistischen Erörterungen über Lage und Aussichten in diesem Krieg bei den Besinnlichen.

Der erste Tag des Feldzuges gegen Sowjetrussland neigt sich dem Ende zu. Das Toben der Waffen ist verstummt. Nur in der Ferne grollt es hin und wieder dumpf und böse. Unsere Batterie steht aufgeprotzt auf einem in die Hauptstraße mündenden Weg. Fahrzeug an Fahrzeug, Kolonne an Kolonne schiebt sich an uns vorbei, bis wir selbst in die Rollbahn einschwenken können und als Bestandteil dieser Riesenschlange ohne Kopf, ohne Schwanz in Feindesland vorstoßen.

Bewährungsprobe Slonim

Die Vorausabteilung nützt die Unentschlossenheit der sowjetischen Kommandeure, marschiert Tag und Nacht, kaum Widerstand findend, auf staubigen Straßen und quer durch versandetes Gelände, auf Slonim zu. Eine bis September 1939 zum ehemaligen Polen gehörende Stadt von etwa 20.000 Einwohnern.

Um Mitternacht, auf der Hälfte des Weges, kommen plötzlich von vorne Rufe: „Bolschewistische Panzer greifen an!"

Wir gehen sofort vor einem Dorf in Stellung, lauschen mit angespannten Sinnen in die Nacht. Der Batteriechef fährt in die Dunkelheit hinein, um persönlich die Lage zu erkunden.

Bis zwei Uhr morgens bleibt alles ruhig. Da, beim ersten Aufdämmern des Tageslichts, Bewegung und Motorengeräusch aus dem Dorf vor unsl Wir starren durch die Bodennebel, können nicht ausmachen, ob Freund oder Feind sich unseren Stellungen nähert. Erst als das vordere Fahrzeug an unser Geschütz bis auf fast zweihundert Meter herangekommen ist, erkennen wir:

„Sowjetrussische Panzer!"

In Sekundenschnelle erfasst der Batteriechef die Lage, lenkt das Feuer. Die Panzer rollen auf unsere Batteriemitte zu. Hinter ihnen feindliche Infanterie auf Lastkraftwagen.

Das sind Ziele für unsere Kanoniere, auf die sie schon lange gewartet haben. Jetzt kommt ihre große Stunde!

Sie fassen die Bolschewisten flankierend und frontal, schießen aus allen Rohren. Als erster wird der an zweiter Stelle fahrende Panzerkampfwagen in Brand geschossen. Brennt lichterloh! Das Gelände vor uns und um uns ist von wabernder Lohe erhellt. Es taucht uns in Licht, aber auch die angreifenden „Genossen". Jetzt können wir sie anrichten!

Unter dem Feuer unserer schweren und leichten Geschütze fliegt der Panzer, der sich uns bis auf achtzig Meter genähert hat, in die Luft. Die hinter ihm fahrenden Lastkraftwagen werden mit ihrer Infanteriebesatzung zusammengeschossen, die Stoßtrupps vernichtet. Plötzlich funken MG-Salven aus dem Dorf vor uns, verwunden einen Kanonier. Wir antworten mit Leuchtspurgeschossen.

Nach wenigen Minuten brennen die Häuser, stehen wie große Fackeln in der Nacht.

In ihrem Schein rollen zwei weitere feindliche Panzer und fünf Lastkraftwagen mit Munition und Infanterie vor. Sie werden auf kürzeste Entfernung gefasst, brennen aus, fliegen in die Luft.

Nach ungefähr einer Stunde ist der ganze Spuk vorüber. Nur die ausgebrannten Wracks sowjetischer Panzer- und Lastkraftwagen, angestrahlt von den brennenden Häusern des Dorfes, erinnern die nachfolgenden Verbände des Heeres, dass hier die Flakartillerie ihnen den Weg freikämpfte.

Von einer Anhöhe aus sehen wir schon am Nachmittag des vierundzwanzigsten die in einer Niederung liegende Stadt Slonim vor uns. Als die Spitze unserer Kradschützen in ein versandetes, mit Sumpfstellen durchsetztes Tal einfahren will, erhält sie von einem westlich angrenzenden Waldstück heftiges Panzerabwehr-, Maschinengewehr- und Gewehrfeuer. Die Männer müssen herunter von den Maschinen, sich im Straßengraben vor dem gutliegenden Feuer decken, das die Straße zum Ort bestreicht und einen Weitermarsch unmöglich macht.

Wir müssen aber durch, koste es was es wolle! Denn vor uns sind bereits einige unserer Panzer in Slonim eingedrungen, sie sind in Gefahr, abgeschnitten zu werden.

Da geht zum ersten Mal in diesem Feldzug, von Mund zu Mund, von Fahrzeug zu Fahrzeug weitergegeben, der Ruf:

„Flak vor!"

Der Ruf, der auch in den folgenden Monaten in den Weiten Russlands immer dann zu hören war, wenn der Kampf heiß und schwer wurde.

Wir fahren an. Nach zweihundert Metern sitzen wir bereits mitten im Infanteriefeuer. Also runter von den Zugmaschinen und auf der gedeckten Seite mitgelaufen!

„Carratsch", der Fahrer, bleibt oben. Auf dem Sitz liegend, steuert er mit einer Hand den Zugkraftwagen mit dem daranhängenden schweren Geschütz. Ab und zu hebt er blitzschnell den Kopf, sieht sich die Straße an, fährt dann blind weiter. Die Bolschewisten treffen ihn nicht, so beharrlich sie es auch versuchen.

Ausgepumpt bis aufs Letzte vom Lauf durch knietiefen Sand, neben den schnellfahrenden Zugmaschinen, kommen wir bis auf wenige hundert Meter an das Waldstück heran.

„Stellung!"

Mit Maschinenpistolen und Karabinern leisten alle am Geschütz entbehrlichen Soldaten den ohne Deckung arbeitenden Kameraden Feuerschutz. Und dann schwenken wir die Rohre! Mit Granatzündern fetzen wir in den Waldrand und in ein davorliegendes Getreidefeld, kämmen sie planmäßig ab. Schweißtriefend und mit keuchenden Lungen schleppen die Kanoniere Munition heran ...

Nach zehn Minuten schweigt das feindliche Feuer. Wir greifen zum Gewehr, nehmen die flüchtende bolschewistische Infanterie aufs Korn.

Nassgeschwitzt, verdreckt und müde klettern wir wieder auf unsere Zugmaschinen. Körperlich erledigt, aber mit frohem Herzen. Konnten wir doch wieder unseren Kameraden vom Heer kämpfend zur Seite stehen.

Lachend nehmen wir ihre anerkennenden Zurufe entgegen, als wir gemeinsam nach Slonim hineinrollen.

An diesem Nachmittag wurde der Grundstock zu der unzertrennlichen Kameradschaft und Kampfgemeinschaft gelegt, die von nun an uns Flaksoldaten der Luftwaffe mit den Panzern, Kradschützen und Infanteristen verband. Seit Slonim sprachen die Soldaten im grauen Rock von „Unserer Flak", und bei uns hieß es nur noch „Unsere Division".

Mit den letzten Strahlen der blutrot untergehenden Sonne fahren wir in die Stadt. Wollen hindurchrollen, weiter den Kameraden nach. Da kommt plötzlich von vorne die Meldung: „Feindliche Panzer zu erwarten." Sie sollen auf Slonim zu stoßen, in dessen völlig dunklen Straßen unsere dicht aufgefahrenen Kolonnen stehen.

Eine verteufelte Situation!

Im Rücken beharkt uns zu allem Überfluss noch die wieder aus den Wäldern hervorschleichende Sowjetinfanterie. Zähe Burschen, die listig und verschlagen kämpfen.

Was nun? Vorwärts können wir nicht, zurück auch nicht. Jede Weiterfahrt wäre in der Dunkelheit und bei der verworrenen Lage Wahnsinn. Also hierbleiben! In den Straßen Slonims, aus dessen Häusern Heckenschützen knallen und durch dessen Gärten sich Sowjetinfanteristen heranpirschen.

An einer diagonal verlaufenden Straßenkreuzung bilden wir mit allen verfügbaren Waffen einen eisernen Feuer-Igel. Nehmen die unbewaffneten Fahrzeuge in die Mitte. Da der Feind sich nicht hören lässt, hauen wir uns auf die Fahrzeuge, auf die Gehsteige, schlafen sofort ein. In kurzen Abständen peitschen plötzlich wieder Gewehrschüsse. Wir hören sie im Halbschlaf, kümmern uns nicht ... wissen, dass Kameraden Wacht halten.

Mit dem ersten Tageslicht sind wir wieder auf den Beinen. Sitzen gerade auf den Zugmaschinen, als der Tanz vom Vortag abermals beginnt. Es knallt aus allen Ecken und Enden, aus den Häusern und Gärten. Von den Höhen sehen wir sowjetische Infanterie sich in Sprüngen an uns heranarbeiten. Sie klettern über die Zäune und schießen aus den Fenstern der Häuser.

Mit Maschinengewehrfeuer gehen die Kanoniere ihnen zu Leibe, schießen die Häuser in Brand, aus denen die Schüsse kommen.

Für unseren kleinen Haufen wird die Lage von Minute zu Minute ernster. Da klingt es plötzlich metallisch in der Luft auf. Unsere Stukas jagen heran, stürzen sich auf die feindlichen Ausgangsstellungen am Rand der Stadt und in den angrenzenden Wäldern. Wir nützen die Feuerpause, bringen unsere Geschütze auf einem Fabrikgrundstück in Stellung, stehen binnen kürzester Zeit abwehrbereit. Da erreichen uns gegen acht Uhr nachgestoßene Verbände, unter ihnen weitere Flakbatterien, die uns teilweise, unter Zurücklassung des Trosses, gefolgt sind. Jetzt ist die Lage gesichert!

***

Die Batterien sind mit der Panzerdivision in vierundzwanzigstündigem Marsch der Vorausabteilung nachgestürmt. Widomla – Pruzana – Rozana – Slonim: Das ist die erste Etappe des Wegs gegen das Herz Sowjetrusslands. Der Raum scheint vom Feind leergefegt zu sein.

An weiten Strecken ist der Krieg gänzlich spurlos vorübergegangen. Ein überraschter oder ein kräfteschwacher Gegner? Wir vermögen es nicht zu ermessen.

Kurz vor Pruzana aber liegen plötzlich, beiderseits der Vormarschstraße, auf einer Länge von schätzungsweise zwei Kilometern, zwanzig, dreißig, fünfzig, ja sechzig zum Teil noch schwelende, schon ausgebrannte, zerschossene oder manövrierunfähige feindliche Panzer. Das ist das erste größere Panzergefecht im Bereich des Abschnitts Mitte der Ostfront gewesen. Ergebnis: Völlige Vernichtung einer feindlichen Panzergruppe, belanglose Ausfälle auf unserer Seite.

Abermals kündet das frühe Licht der Zeit um die längsten Tage den beginnenden Morgen. Purpurn steigt der Tag – Morgenrot ...! Was ficht uns der schwermütige Sinn eines Liedes an! Der neue Tag weckt neue Lebenskräfte, die wir frohgemut erproben und bald auch in die Schanze schlagen sollen.

… Körperlich erledigt, aber …

Gegen Mittag, auf der Straße zwischen Miziwicze und Slonim, geht der Ruf die Kolonne entlang: „Rechts ran!"

Wir halten, sitzen ab. Im Nu sind die Wagen leer. Wie auf Kommando liegt alles im Gras, dehnt und streckt sich. Und ehe wir recht wissen, wie das geschehen, hat der Schlaf, den wir seit dreieinhalb Tagen und drei Nächten entbehrt haben, sein Recht gefordert. Zwei Stunden Rast, aus denen sechzehn Stunden Kampf auf Biegen oder Brechen werden.

„Vorne sind die Sowjets auf die Rollbahn durchgebrochen. Das Gros unserer Batterie ist Richtung Slonim weitergefahren. Dann wurde der Weg abgeschnitten."

Der junge Leutnant sagt das in einem Ton, der weit mehr Befriedigung denn alles andere verrät.

Wenig später zeigen sich am Horizont der offenen linken Flanke Staubwolken. „Feindliche Kolonnen!"

Sie durchschneiden das Gelände, verschwinden am gegenüberliegenden Waldrand. Dieses Spiel, wiederholt sich mehrere Male. Wir haben kein 8,8-cm-Geschütz bei uns, keine schweren Waffen, die diese Kolonnen unter Feuer nehmen könnten. Mit leichten Infanteriegeschützen ist ihnen nicht beizukommen, ebensowenig mit unseren 1-cm-Kanonen.

Schützenlöcher werden gebuddelt. Wir sichern nach der offenen Flanke hin. Stunden vergehen in leichtem Geplänkel mit vorfühlenden Infanterietrupps der Bolschewisten. Jeden Augenblick kann die jenseitige Übermacht sich Geltung verschaffen.

Gegen Abend macht sich ein starker Druck feindlicher Kräfte von vorne bemerkbar. Um eine für die Nacht günstige Verteidigungslinie zu beziehen, wird unsere Spitze auf den Scheitelpunkt eines mäßig ansteigenden Geländes zurückgenommen. Am Ende eines dreieinhalb bis vier Kilometer langen Straßenstücks tritt infolgedessen eine kleine Stockung ein.

Diese Gelegenheit benützen die Bolschewisten, um hier, im Rücken unserer Verteidigungsstellung, eine Umklammerung durchzuführen, offenbar in der Absicht, die Stellung von dort her aufzurollen.

Das geschieht um die Zeit des Zwielichts. Vollbesetzte, mit Infanterie beladene Lastkraftwagen jagen, aus einem Waldweg kommend, auf die Vormarschstraße, sitzen ab und schießen aus Maschinengewehren, Schnellfeuergewehren und Gewehren in unsere Kolonnen hinein.

Mit einem Griff nach unseren Waffen lösen wir uns so schnell wie möglich von unseren Fahrzeugen, erwehren uns in erbittertem Mann-gegen-Mann-Kampf des wild schießenden, noch wilder schreienden Haufens.

Urrääääh, urrääääh, urrääääh ... Mit diesem fanatischen Kampfruf dringen die Bolschewisten auf uns ein.

Schon da ist uns nicht ganz klar, mit wem wir es zu tun haben. Aus dem fremdländischen Palaver heben sich deutlich kreischende Weiberstimmen, plärrende Kinderlaute ab.

Und ist das nicht ein Zivilist, der dort gebückt durch die Wagenreihe schleicht, die Flinte unter den Arm geklemmt?

Einerlei, wer es letzten Endes ist. Wir müssen uns wehren. Hier geht es um Sein oder Nichtsein, um Sieg oder Tod.

Allmählich finden wir uns im Gelände zu kleineren und größeren Trupps zusammen, bilden Verteidigungsnester und Schützenketten. Aber wohin wir uns auch wenden, überall schlägt uns feindliches Feuer entgegen. Überdies besteht – da im Dunkeln nicht auszumachen ist, wo liegt Freund, wo Feind – die Gefahr, dass wir auf eigene Leute schießen. So erwarten wir, sparsam im Gebrauch unserer Waffen, den anbrechenden Tag. Grauenvoll langsam vergehen die Stunden. Keinen Augenblick verstummt der Lärm des Kampfes. Flakartilleristen zeigen, dass sie es gelernt haben, auch im Infanteriekampf ihren Mann zu stehen.

Drüben ist das Dorf Miziwicze zum großen Teil in Flammen aufgegangen. Wabernde Lohe schlägt gegen den Himmel und zeichnet ihn purpurrot. Ein grausiger Anblick. Munitionsdepots und Munitionstransportwagen fliegen unter immerwährenden Detonationen in die Luft. Dazwischen gellen Schreie, ist das Stöhnen der Verwundeten zu hören.

Endlich dämmert's im Osten. Der schnell fortschreitende Tag bringt Übersicht, und nach und nach Klarheit in die Lage. Mit Handgranaten, die im Koppel hängen und in den Stiefelschäften mitgeführt werden, mit Maschinengewehren und Handfeuerwaffen werden die fanatischen Sowjets niedergekämpft, die sich überall im Gelände festgesetzt haben. Widerstandsnest um Widerstandsnest muss bis auf den letzten Mann ausgeräuchert werden. Hier gibt's kein Pardon, auf beiden Seiten nicht.

Und jetzt erst finden wir unsere Vermutungen bestätigt: Das, was sich uns hier entgegenstellte, war eine der typisch bolschewistischen Terrorgruppen, zum großen Teil waren es Zivilisten. Mit Flintenweibern und Kindern rennen sie gegen deutsche Soldaten an. Vielleicht in fanatischem Hass, vielleicht von ihren in den Wäldern steckenden Kommissaren angetrieben, in den Tod gejagt.

Ekel würgt den deutschen Soldaten beim Anblick einer solchen Kampfesstätte. Gleichzeitig aber blicken wir dankbar zurück in die Heimat, die wir von Terror und Unmenschlichkeit geborgen wissen.

Es ist sechs Uhr morgens. Immer noch bellt ab und zu ein leichtes Maschinengewehr. Noch immer peitscht hin und wieder ein Gewehrschuss die Luft und bricht die Stille des frühen Tages. Dann aber ebbt auch dieses Geplänkel mit den Resten der Bolschewisten ab, die – vernichtend geschlagen – das Kampffeld bedecken.

Wir suchen einen Kameraden, einen teuren Freund. Er ist nicht – wie wir alle von der Batterie – zurückgekehrt mit den Trupps, die Kornfelder, Kusseln, das Sumpf- und Waldgelände, das Dorf, seine Häuser und Gehöfte durchkämmten, ausräucherten. Stunden sind darüber vergangen. Wir haben reinen Tisch geschaffen.

„Wo ist er?"

„Hast du ihn gesehen?"

„Ja, zum letzten Mal ... ist schon lange her ..."

„Verdammt ...!"

Wir gehen den gleichen Weg hin und nochmals zurück, den wir vorher gegangen sind.

„Nein, er ist nicht unter den Toten, die noch im Gelände liegen!" „Wo sind die schon gesammelten Gefallenen, Herr Stabsarzt?"

„Drüben, am Wegrand liegen sie."

Wir heben Zeltbahn um Zeltbahn auf, schauen in wächsernbleiche Soldatengesichter. Infanteristen, Kradschützen, Pioniere, Artilleristen, Panzermänner, Flakartilleristen einer Schwestereinheit.

„Mein guter Kamerad!"

Er ist nicht unter ihnen.

„Die Verwundeten, Herr Stabsarzt?"

„Drüben, in der Nähe des Gehöfts!"

Wir gehen die Reihen derer durch, die mit dem Tode ringen, denen der Schmerz die Gesichter verzerrt, und derer, die hoffnungsvoll der leuchtenden Morgensonne entgegenblicken.

„Auch hier nicht!"

„Also noch einmal das Gelände absuchen!"

Bolschewisten ... Bolschewisten ... Flintenweiber ... Bolschewisten.

Flintenweiber ...

Kein deutsches Gesicht, keine deutsche Uniform mehr ...

„Ist er vielleicht inzwischen ...?"

Noch einmal ein Gang durch die länger gewordenen Reihen der Toten und Verwundeten.

Er ist nicht unter ihnen! Vermisst!! ... Bis auf den heutigen Tag noch nicht wiedergefunden.

Noch einmal umfasste vor Wochen ein einsamer Nachtwandler das ihm liebgewordene Stück Erde. Hell schimmerte der Streifen feinen Sandes, den die Wasser gluckernd bespülten. Dahinter dehnte sich die weite, dunkle Fläche des märkischen Sees, der irgendwo mit der Nacht eins wurde.

„Auf Wiedersehen – Heimat!"

Hat das Schicksal es anders gemeint? Wir können uns seinem Wink nicht verschließen.

Erschöpft von den kräftezehrenden Anstrengungen dieses Nachtgefechts liegen in den Wiesenrainen, links und rechts der Straße, deutsche Soldaten, sammeln aus dem Schlaf neue Kräfte, schlafen den Schlaf der Kämpfer, die Letztes eingesetzt und – Sieger geblieben sind.

Sie schlafen, wie sie gerade gekommen sind, aus ihren schnell noch während des Überfalls gebuddelten Schützenlöchern in den wogenden Kornfeldern, in dem dahinterliegenden Sumpfgelände, in den ringsum stehenden Waldstücken, am jenseitigen Dorfrand.

Sie schlafen in voller Ausrüstung. Die Hand umklammert noch den Gewehrschaft. Ihre Haltung ist Ruhe, aber nicht Gelöstheit. Sie zeigt die ewig wache Bereitschaft des kämpfenden Soldaten, den das Erlebte sprungbereit gemacht, den die Ereignisse der Zukunft auch im Schlaf wachsein heißen.

Über Nacht hat sich manches junge Gesicht gewandelt, hat einen harten, männlich entschlossenen Zug angenommen, hat tiefere Furchen in das Gesicht des erfahrenen, älteren Soldaten gegraben. War es doch eine Nacht, die jedem, der sie erlebt, unvergessen bleiben wird ...

Inzwischen hat ein 8,8-cm-Geschütz unserer Batterie, das infolge eines Gleitkettenschadens hinter Rozana zurückbleiben musste, wieder Anschluss gefunden. Es wird in Stellung gebracht, um den Rand der uns gegenüberliegenden Bialystoker Wälder unter Feuer zu nehmen.

Systematisch wird der Waldrand bestrichen – von links nach rechts und in umgekehrter Richtung. Mit Schüssen, die kurz über den Baumwipfeln liegen, wird ein Hagel von Stahl und Eisen über Teile der eingeschlossenen sowjetischen Divisionen ausgeschüttet, die sich hier versteckt halten. Wer diesen Segen über sich ergehen lassen muss, hat wenig Aussicht, seine Haut heil weiter tragen zu können. Den Erfolg unseres Beschusses können wir indessen im Einzelnen nicht mehr feststellen.

Unsere Aufgabe ist gelöst. Nachrückende Einheiten werden die weitere Sicherung des um die Sowjets gelegten Ringes an dieser Stelle übernehmen.

Wir stoßen zum Gros unserer Batterie durch: Ausgebrannte Lastkraftwagen, eine bolschewistische Kradschützengruppe – während der Fahrt von einem unserer 2-cm-Geschütze gefasst und Krad um Krad, Mann für Mann einzeln abgeschossen – tote Sowjets, Banden, Flintenweiber, ein Kommissar – Terroristen des Moskauer Kreml.

Straße der Vernichtung.

Der Abschnitt, den unsere Batterie mit Panzern, motorisierter Infanterie und Artillerie besetzt hält, ist laufend von drei Seiten her bedroht. Immer wieder werfen die Sowjets im Schutz der Wälder, Kusseln und hohen Kornfelder Scharfschützen, Infanterietrupps und Panzer an die Vormarschstraße. Vereinzelte Schützen und Stoßtrupps können sich unbemerkt bis auf wenige Meter an uns heranarbeiten. Hämisch pfeifen Infanteriegeschosse ...

„Aufpassen! Woher kommt das?"

Die Richtung ist festgestellt. Handgranaten in Stiefelschäfte und Koppel, Karabiner oder Maschinenpistole feuerbereit im Arm. So beteiligen sich Flakartilleristen an der Durchkämmung des völlig unübersichtlichen Geländes, räuchern die Schützennester aus. Und wenig später wiederholt sich dieses Spiel nach einer anderen Richtung hin. Überall lauert der Tod. Nirgends gibt es so etwas wie Sicherheit.

Muss der Soldat nicht dauernd ein Gefühl der Unsicherheit mit sich herumtragen? Nicht jeder ist Stoiker, nicht jeder ein Draufgänger. Und trotzdem: Ruhe und Gelassenheit in den Gesichtern der Kameraden, in ihren Bewegungen – aller, ausnahmslos aller.

Es ist schwer, eine allgemein gültige, psychologische Erklärung für diese Haltung zu geben. Jeder bringt andere Voraussetzungen, andere natürliche Anlagen für das Soldatsein, seine Erfüllung und Bewährung – den Krieg – mit. Dennoch sind sie im Augenblick der Gefahr alle gleich. Der eine ohne Hemmungen, ein anderer unter Überwindung seiner selbst. Der innere Schweinehund, der sich wohl ausnahmslos bei jedem Soldaten einmal meldet, schaltet sich wie von selbst aus. Wenn Gefahr droht, wird sie mit Gleichmut ertragen. Noch enger rücken Kameraden zueinander. Sie alle sind eben Soldaten, soldatisch erzogen, Söhne einer soldatischen Nation, die um ihr Bestehen ringt!

Es ist später Nachmittag. Die Panzer fuhrwerken durchs Gelände, lassen keine geschlossene Gefechtshandlung des Gegners aufkommen.

Unsere Batterie hat den Befehl erhalten, ihre Stellung um einige hundert Meter zu verlegen. Die Geschütze sind aufgeprotzt.

In diesem Augenblick rasen zwei sowjetische Panzerkampfwagen die Straße entlang, aus allen Rohren feuernd. Wir können nicht eingreifen.

Und ehe unsere Geschütze wieder in Stellung gebracht sind, fahren die stählernen Festungen der Bolschewisten den gleichen Weg zurück. Also mit Handgranaten und geballten Ladungen heran! Die Stahlkolosse sind aber so schnell, dass wir ihnen nicht einmal rennend nachkommen könnten.

Sie wollen eben von der Vormarschstraße abdrehen, um im schützenden Gelände zu verschwinden. Da werden sie in der Flanke von den Geschützen zweier deutscher Panzerkampfwagen gefasst. Fünf, sechs Granaten bohren sich in ihre stählernen Leiber. Dann ist es um sie geschehen.

Eine Stunde später scheinen sich die Sowjets zu einer größeren Aktion aufraffen zu wollen. Auf einer, eine Anhöhe herunterführenden Straße, in vier bis viereinhalb Kilometer Entfernung, sammeln sich feindliche Panzer und motorisierte Infanteriekräfte.

Endlich eine Gelegenheit für unsere Batterie! Schuss auf Schuss jagt aus den Rohren der 8,8-cm-Geschütze. Eine halbe Stunde später bedecken nur noch schwelende Trümmer, deren Rauch sich gegen den Himmel kräuselt, die Straße jenseits der Anhöhe. Zehn Panzer sind mit Bestimmtheit abgeschossen. Was darüber hinaus an Fahrzeugen vernichtet werden konnte, ist nicht einwandfrei festzustellen.

Und dann wird es Nacht. Wir können wieder einmal schlafen. Seit mehr als hundert Stunden zum ersten Mal wieder. Wir hören nichts von dem Geplänkel mit bolschewistischen Infanterieeinheiten, die in unseren Igel einzudringen versuchen, hören nicht einmal die wenige hundert Meter von uns entfernt stehende Batterie der Artillerie, die in dieser Nacht mit ihren Geschützen in den Kampf eingreift. Bleierne Schwere liegt in den Gliedern und über den Sinnen. Ein wohltuender Schlaf gibt uns neue Kräfte.

Slonim wird auch für die nachfolgenden Verbände des Flakkorps zu der ersten großen soldatischen Prüfung des Ostfeldzuges. Gerade sie müssen die von Tag zu Tag stärker aus den Wäldern hervorbrechenden Sowjets abwehren und immer wieder die Straße freikämpfen, während die Spitze bereits weit voraus ist. So hält ein einziges 2-cm-Flakgeschütz bei Beginn der Dunkelheit in einem kleinen Dorf vor Slonim den Angriff motorisierter Infanterie auf und vereitelt damit den geplanten Überfall auf einen im Ort liegenden Divisionsstab. Den ersten heranrasenden Lastkraftwagen schießen die Kanoniere aus 10 Meter Entfernung in Brand, reiben die abspringende Besatzung im Nahkampf auf. Durch blitzschnelles Feuern vernichtet die Geschützbedienung dann noch vier weitere Kraftwagen mit verlasteter Infanterie sowie zwei schwere Maschinengewehre und zwingt einen anrollenden Panzerkampfwagen zum Einstellen des Feuers.

Besonders heftige Angriffe richten die Sowjets auf die Straße Rozana-Slonim. Immer wieder stoßen ganze Regimenter aus den Wäldern und versuchen, Nachschubkolonnen und Trossfahrzeuge zu überrumpeln. Mit Karabinern, Pistolen und Handgranaten gehen die Männer einer Flakkolonne in Rozana mit Teilen eigener Infanterie vor und schlagen in mehrstündigem Gefecht ein Regiment angreifender Infanteristen unter schweren Verlusten für den Feind zurück.

Stab und Nachrichtenzug einer Flakabteilung werfen im Nahkampf sowjetische Stoßtrupps und vernichten um Mitternacht durch wohlgezielte Handgranatenwürfe mit Infanterie beladene Lastkraftwagen.

Der Vierlingszug einer leichten Flakabteilung fährt beim Marsch durch Rozana gegen starke angreifende motorisierte Kräfte zum Gegenangriff vor, wirft den sich zäh verteidigenden Gegner, der fünfhundert Tote, achtzig Verwundete, fast sechshundert Gefangene und siebzig zerstörte Kraftfahrzeuge zurücklassen muss. Darüber hinaus hat dieser Vierlingszug durch seinen Schneid die eigenen Nachschubkolonnen mehrerer Divisionen vor der Vernichtung gerettet und so die Versorgung der kämpfenden Einheiten sichergestellt.

Mit einem Divisionsstab des Heeres zusammen werfen Stab, Nachrichtenzug einer leichten Flakabteilung und zwei Vierlingsgeschütze auf dem Höhenrücken von Jeziornika angreifende Infanterie und Kavallerie zurück. Vernichten sie zum Teil und erobern im Gegenstoß den Bahnhof von Jeziornika, den neunzehn Angehörige des Abteilungsstabes gegen an Zahl weit überlegene bolschewistische Angreifer halten und diese schließlich im Gegenangriff unter Zurücklassung von dreißig Toten in die Flucht schlagen.

Über vierzehn bolschewistische Divisionen versuchen in den ersten Tagen des Feldzuges an dieser einen hauchdünnen Stelle der Front den Stoßkeil unserer Panzerdivision zu durchbrechen und aufzurollen. Trotz riesiger Übermacht scheitern sie. Nicht zuletzt am Kampfgeist und Können unserer die Panzerdivision begleitenden Flakbatterien.

Das Feuer der 8,8- und 2-cm-Geschütze treibt die Bolschewisten wieder zurück in die Bialystoker Wälder, in denen sie dann von nachrückenden Teilen des Heeres in der ersten großen Kesselschlacht dieses Feldzuges vernichtet werden.

Jederzeit einsatzbereit

Auf der parallel laufenden Vormarschstraße ist Kobryn erreicht. Über erbärmlich schlechte Straßen, an Elendshütten vorbei, rollen wir durch die Stadt, weiter ins Land hinaus. Vorwärts, unaufhaltsam vorwärts.

Wie in der vergangenen wird auch in dieser Nacht weitermarschiert, weitergefahren. Wie lange noch? Keiner weiß es.

Nachtfahren ist eine Sache für sich.

„Du Karl, es geht weiter!" Der Beifahrer stößt den Kameraden am Steuerrad an, der, den Kopf auf die Arme am Steuerrad gelegt, eingeschlafen ist.

„Wie soll man nur die Augen noch offen halten?"

„Steck ein paar Streichhölzer hochkant hinein!"

Aber ganz ohne Schlaf geht es nicht!

Zwischen Schlafen und Wachsein gibt es einen Zustand: Wir nennen ihn den Wachschlaf. Einer von beiden, entweder der Fahrer oder sein Beifahrer, bleibt immer wenigstens halbwach. Hupt aber des Nachts das unmittelbar folgende Fahrzeug mal besonders anhaltend und kräftig, dann waren sie beide eingedöst. Was verständlich – aber verboten ist.

Es ist Morgen geworden. Ein schöner, heller, taufrischer Morgen. Kein Dunstschleier am Himmel. Leise geht ein kühler Wind. Die Gräser am Straßenrand zittern leicht. Spatzen baden sich im Straßensand, lärmen und sind übermütig, als ob sie weit und breit allein wären. Die wieder anrückenden Fahrzeuge scheuchen sie auf.

Zwei Stunden lang hat der Kanonier in einer unmöglichen Stellung geschlafen, schreckt plötzlich aus irgendeinem Grund auf.

Schuss auf Schuss jagt aus den Rohren

„Nichts ist los! Schlaf weiter!"

Mit verglasten Augen sieht der Beifahrer den Kameraden hinter dem Steuerrad an. Doch ehe er die Gegenwart recht begriff, hat der Schlaf schon wieder sein Recht gefordert.

Indessen rollen wir über Zaprudy, Bereza-Kartuska, Wacewicze, Milowidy, Sienawka – Ortsnamen, die wir nur mit Hängen und Würgen über unsere Zungen bringen.

Die Vormarschstraße ist hier gar nicht einmal schlecht – mitunter fahren wir auf einer festen Straßendecke. Wie ein schmaler Steg führt der Weg durch das riesige Gebiet der Pripjet- und Rokitnosümpfe. Geheimnisvoll und tückisch dehnen sich zu beiden Seiten der Rollbahn moorige Flächen, endlose Busch- und Waldgebiete. Rinnsale, die aus dem Ungewissen kommen und ins Ungewisse gehen, winden sich durch verfilztes, urwalddichtes Unterholz.

Den Wettlauf der zurückflutenden Sowjets mit unseren ständig angreifenden Kampffliegern und der unbarmherzig nachstoßenden Panzerspitze können viele der feindlichen Panzerkampfwagen, Fahrzeuge und Geschütze nicht mithalten. Hart am Straßenrand ereilte sie das Schicksal.

Abgedrängt vom festen Weg, auf der Seite liegend, zieht sie der Sumpf magnetisch stark mit unheimlicher Kraft in seine Fangarme. Jeder Versuch, hier wieder herauszukommen, ist von vornherein vergeblich. Nur noch tiefer versinken Geschütze, Panzer, Wagen, Pferde, Menschen.

Überall zeigen sich Spuren der Vernichtung. Unglaublich, was der Sumpf in diesen Tagen gierig verschlingt! Oftmals muss es ein qualvolles Ende gewesen sein! Ein schauriger Anblick der Vernichtung!

Plötzlich: „Das Ganze Haaaaalt!"

Die Panzerspitze ist in ein Gefecht verwickelt. Auf einem sanft ansteigenden Höhenrücken haben sich die Sowjets verschanzt, leisten hartnäckigen Widerstand. Unsere Panzer sind ausgeschwärmt, greifen an.

Die Bolschewisten haben hier und dort Panzerattrappen aufgestellt. Sehr geschickte Tarnung! Aber die Panzerleute fallen auf dieses Täuschungsmanöver nur einmal herein. Erkennen sehr schnell feindliche Panzerabwehrstellungen und kämpfen sie nieder.

‚Nur ganz selten lassen sich sowjetische Flugzeuge sehen. Sie drücken sich seitlich der Rollbahn herum, meist außer Schussweite unserer schweren Geschütze. Drehen sofort ab, sobald sie Abwehr wittern.

Über unsere Köpfe hinweg ziehen im Laufe des Tages mehrfach schwere deutsche Kampfflugzeuge nach vorne. Heinkel- und Junkersflugzeuge setzen dem weichenden Feind unaufhörlich, in rollendem Einsatz nach. Am dritten Tag sind wir fast zweihundert Kilometer in sowjetisches Gebiet vorgestoßen. Unsere Jäger haben jetzt schon lange Anflugwege. – Keiner von uns glaubt mehr so recht an die riesige sowjetische Luftwaffe. Wo ist sie, wo bleibt sie?

Da, gegen Mittag des dritten Tages, nehmen Kampf und Vormarsch ein völlig anderes Gesicht an. Staffel auf Staffel der rotbesternten Martinbomber stößt in kurzen Abständen auf die Panzerspitze zu. Sie fliegen so hoch an, dass sie für unsere 2-cm-Geschütze nicht mehr erreichbar sind.

In der Panzerspitze aber marschiert schwere Flakartillerie, schert aus dem Marschverband aus, bezieht Feuerstellung. Eisern – ruhig arbeitet unsere Kommandogerätbedienung. Ein jeder der Flakartilleristen auf seinem Posten. Der „E-Messmann" ruft sein „Achtung Null!" Damit hat er die vorderste mittlere Maschine angemessen. Kleine Motore im Innern des Kommandogerätes surren und schnurren. Helfen den Kanonieren mit bei der Errechnung der Schusswerte.

„B 7 fertig!"

Höhe, Flugrichtung, Geschwindigkeit der Flugzeuge sind festgestellt, der Vorhaltepunkt errechnet, Höhen- und Zünderkurven genau abgedeckt, letzte Korrekturen eingestellt – eine wunderbare Zusammenarbeit einer aufeinander eingespielten Bedienungsmannsthaft, bis die Schusswerte einwandfrei festliegen und an die Geschütze elektrisch übertragen werden. Kaum 20 Sekunden sind vergangen.

Dann gibt der schießende Offizier den Befehl:

„Feuerüberfall – Feuern!"

Schrill geht die Feuerglocke an den vier Kanonen gleichzeitig. Kurz danach ein Donnerschlag. Die Geschosse jagen im gleichen Augenblick aus vier Rohren den feindlichen Bombern entgegen. Ein zweiter Feuerschlag – die zweite, ein dritte Gruppe: Der erste Feuerüberfall ist heraus.

Die schwarzen Sprengwolken scheinen gut zu liegen, alle drei Gruppen mit ihren zwölf Schuss gut gesessen zu haben. Wie wild kurbeln die Martinbomber durcheinander, klinken ihre Bomben im Notwurf aus. Die fallen irgendwo ins Gelände.

Eine Maschine zeigt Raucherscheinungen. Der linke Motor brennt. Noch ehe sie im rasenden Steilflug der Erde zustürzt, lösen sich zwei kleine schwarze Pünktchen von ihr, entfalten sich zu weißen Tupfen. An Fallschirmen hängend, schweben zwei Mann der Besatzung herab.

Unsere Geschütze jagen Gruppe auf Gruppe aus den Rohren. Ein zweites Flugzeug qualmt bedenklich. Seinen Absturz können wir aber nicht mehr beobachten. Die anderen finden ihr Heil in der Flucht.

Immer wieder greifen sowjetische Flugzeuge unsere vorwärtsstürmende Panzerspitze an. Erzielen auch weiter hinten da und dort Treffer. Verluste treten ein. Die Flakartillerie schießt fast ununterbrochen. Überall muss sie ihre schützende Hand über die Erdtruppen legen.

Trotzdem geht es unaufhaltsam vorwärts. Dem zurückflutenden Feind darf keine Zeit zur Flucht gelassen werden. Die Gleisketten der Zugkraftwagen, die Pneus der Kraftwagen mahlen auf verrotteten Straßen, holpern von Schlagloch zu Schlagloch. Klirrende Raupenbänder unserer schweren Panzer singen unablässig ihr metallisch dröhnendes Lied. Kräder knattern, puffen, jagen, überholen. Stunde um Stunde stürmt die Panzerspitze vorwärts.

Während eine Flakbatterie in Feuerstellung liegt, dabei den Schutz aus der Luft übernimmt und kaum zur Ruhe kommt, stößt eine andere Batterie auf der Rollbahn mit vor. In „überschlagendem Einsatz" rollen wir, gehen in Stellung, horizontieren, richten, schießen, schießen, knallen die Bolschewisten vom Himmel, protzen auf und rollen wieder.

Unsere Messerschmitt-Jäger verlegen nach vorne, auf einen eben erst genommenen Flugplatz. Für einen halben Tag können sie nicht zur Stelle sein. Wir von der Flakartillerie haben die Luftabwehr allein zu leisten. Überall legen die 2-cm-, die 3,7-cm- und 8,8-cm-Geschütze gemeinsam eine Feuerhülle über die vorwärtsdrängenden Kolonnen. Einen Pilz krepierender Granaten, den die sowjetischen Flieger nur ungern durchfliegen. Überall holen sie sich blutige Köpfe.

Bereitschaft ist zum unbekannten Begriff geworden Ein Stellungswechsel jagt den anderen. Die Feuerpausen sind nur kurz.

Unsere Flugmelder haben eine verantwortungsvolle Aufgabe. Mit optischen Geräten Ausschau haltend, spähend, suchen sie unermüdlich den Himmel ab. Jetzt empfangen alle, die regelmäßig auf Flugmeldeposten ziehen, den Lohn harter, meist stumpfsinniger Schulungsarbeit während der langen Wintermonate im Heimatkriegsgebiet. Ihr sicheres Auge weiß einwandfrei Freund von Feind zu unterscheiden.

Wir liegen ein wenig abseits der lauten, staubigen Rollbahn zwischen wogenden Kornfeldern in Feuerstellung. Der laue Wind gleitet sanft über schwingende Ähren.

Überraschend greifen Sowjet-Jäger unsere Stellung an. Sie sind klein, doppelflügelig, wendig, flink. Tücke und Hinterlist sind ihnen eigen, verbergen sich gleichsam in den kurzen Flügelnasen. Wir nennen sie die Sowjet-Hummeln. Ihre amtliche Bezeichnung ist „J 15".

Sie tauchen plötzlich auf, jede Mulde und Senke ausfliegend, kommen ungesehen bis dicht vor das Gesichtsfeld unserer schweren Flakbatterie. Mit affenartiger Geschwindigkeit rasen sie auf ihr Ziel zu.

Wir kennen sie seit ihrem Angriff gestern Nachmittag. Sie treten in Schwärmen auf, niemals unter sechs Exemplaren, oft zu neun, mitunter gar zu einem Dutzend. Typische Vertreter der Kampfesweise der Sowjets.

Aber diesmal ist es ihnen selber zu schnell gegangen. Ehe sie auf die Knöpfe ihrer Bordwaffen drücken können, huschen sie schon über unsere Batterie hinweg.

Die kommen bestimmt wieder!

Da haben sie aber ihre Rechnung ohne unseren Batteriechef gemacht. Ruhige Beobachtung, blitzschnelles Erfassen der Lage, eiserne Entschlusskraft sind Eigenschaften, die unseren Oberleutnant in kritischen Sekunden kennzeichnen.

„Jungs, die fliegen ein paar Kilometer, wenden und greifen uns an!", ruft der Chef am Kommandogerät. Über die Sprechverbindung gibt er seinen Geschützführern ruhig den Befehl:

„Abwehr des Tieffliegerangriffs durch Karabiner, MG's und 2-cm-Geschütze!"

Kostbare Sekunden der Vorbereitung vergehen. Unsere schweren Flakkanonen stehen diesmal stumm da, als sich die Hummeln, wie vorausgesehen, nach kurzer Kehrtwendung auf die Batterie stürzen.

Die ersten drei Maschinen greifen an. Ihnen schlägt das geballte Abwehrfeuer der Gefechtsbatterie entgegen. Es pfeift und knallt in und aus den Deckungsgräben. Ein Flugzeug wird von den Granaten der 2-cm-Geschütze erwischt, „stinkt" ... rammelt krachend in den Boden ... brennt!

Aus der zweiten angreifenden Kette schießen wir die mittlere Maschine in Brand. Ihr Pilot kann noch aussteigen. Doch öffnet sich der Fallschirm über der nahen Erde nicht mehr.

Bei ihm finden wir später eine Karte, auf der die Stellung unserer schweren Flakbatterie mit Bleistift eingetragen ist. Der sowjetische Aufklärer, der sich am Vormittag vor dem Flakfeuer durch die Flucht in eine Wolke in Sicherheit bringen konnte, hat gute Arbeit geleistet.

Die dritte Kette aber dreht ab, zieht hoch, als sie sieht, was sich vor ihr abspielt.

Schon sind Kommandogerät und Geschützbedienungen der 8,8-cm-Geschütze an ihren Plätzen, arbeiten fieberhaft, jagen den Flüchtenden Gruppe auf Gruppe schwerer Flakgranaten nach. Auf große Entfernung treffen sie eine der Hummeln so schwer, dass sie unter Raucherscheinungen herunter muss.

An den Schutzschilden der schweren Geschütze können wir die Einschläge der Maschinengewehr-Salven der Sowjet-Hummeln zu Dutzenden feststellen. Nur zwei Mann unserer Batterie sind leicht verletzt.

In Sluzk zeigen sich überall Spuren heftigen Widerstandes. Sowjetische Panzer schwelen oder brennen noch lichterloh. Auf dem Marktplatz, vor der blendend weißen Fassade der Parteizentrale, überlebensgroße Standbilder Lenins und Stalins. Auf beider Gesichtern liegt ein gewollt joviales Lächeln. Lenins einladende Geste mit der rechten Hand wirkt angesichts der zerschossenen Sowjetpanzer grotesk.

Lenins einladende Geste

Die Kirche in Sluzk ist zum Elektrizitätswerk degradiert. In anderen Städten und Dörfern, wo Kirchen aus Zweckmäßigkeitsgründen nicht niedergebrannt oder zerstört wurden, wandelte man sie in Magazine und Kaufläden um oder richtete Schweineställe ein. Was fragen Stalin und Genossen schon nach Pietät und Anstand!

Wütende Luftangriffe sollen uns aufhalten. Stur fliegen die sowjetischen Kampfverbände das ihnen befohlene Ziel an. Stur gehen sie jetzt in das Flakfeuer hinein. Aber wie sie es auch anstellen, ein durchschlagender Erfolg bleibt ihnen versagt. Sie können unsere Vorstöße nicht hemmen. Die Granaten unserer Batterien sprengen die Verbände, holen Martinbomber um Martinbomber herunter, während der Rest der einzeln abziehenden Kampfflugzeuge Opfer unserer Jäger wird.

Jawohl, unsere Jäger sind wieder in unserer Nähe, haben ihren Absprunghafen jetzt ganz nach vorne verlegt. Sind genauso plötzlich da, wie gestern ihr Kommodore Oberst Mölders, der auf dem Divisionsgefechtsstand auftaucht.

Er wird, von unseren Landsern erkannt, sofort umringt. Jeder will den erfolgreichen Jagdflieger aus unmittelbarer Nähe sehen, ein Wort von ihm erhaschen. Aber vorerst nötigen ihn dienstliche Besprechungen in den Befehlswagen des Divisionsstabes.

Inzwischen bricht die Dämmerung herein.

Eine geschlagene halbe Stunde unterhält sich der Kommodore mit unseren Soldaten. Dabei wird viel gescherzt und gelacht. Für jeden findet er ein gutes Wort.

Keine vier Stunden schläft er in unserem Lager. Besichtigt dann, als die erste Morgendämmerung aufzieht, den drei Kilometer entfernt liegenden Flugplatz, den unsere Panzer am Abend zuvor genommen haben.

Wenige Stunden später fallen die ersten Staffeln seines Geschwaders ein. Kurze Zeit darauf sitzt Oberst Mölders selber in seiner Me 109, jagt Martinbomber und holt sich Abschuss auf Abschuss.

Unsere Panzerspitze bleibt den zurückflutenden Bolschewisten unermüdlich auf den Fersen, treibt sie vor sich her, überholt sie. Gefangene strömen zurück. Überall liegen zerschossene Sowjetpanzer, Geschütze, Fahrzeuge, Gerät, Handwaffen, gefallene Soldaten der bolschewistischen Armeen.

Immer wieder versucht der Gegner Widerstand zu leisten. Immer wieder wird er in kurzer Zeit gebrochen. Nur da, wo Flussläufe die Vormarschstrecken kreuzen, gebieten zerstörte Brücken Halt. Dann gehen unsere Pioniere heran, leisten ganze Arbeit.

Zu planmäßiger Zerstörung wird den Sowjets aber nirgendwo Muße gelassen. Es ist ein toller Wettlauf gegen Raum und Zeit! Wird es uns gelingen, die Beresinabrücken unzerstört in die Hand zu bekommen?

***

Ein kurzer Pfiff reißt uns vor Mitternacht aus kaum begonnenem Schlummer. „Sofort Stellungswechsel!"

Noch etwas benommen von der Tiefe des ersten Schlafes brechen wir unsere Zelte ab, protzen die Geschütze auf. Und dann fahren wir in die rabenschwarze Nacht hinein. Unsere Batterie stößt zur Vorhut einer auf Minsk vorrückenden Panzerdivision.

Wir wissen, was dieser Auftrag bedeutet: Durchstoß durch die feindlichen Kräfte, marschieren und kämpfen, Tag und Nacht ohne Rast und Ruh. Kämpfen und schießen nach vorne, nach links, nach rechts und nach hinten, gegen einen an Zahl unendlich überlegenen Feind. Wir mit unserer wenige hundert Mann umfassenden Vorausabteilung können ihn nicht bezwingen. Wir können und sollen uns nur mit todverachtendem Schwung in seine Massen hineinwerfen, blitzschnell eine Gasse bahnen für die nachfolgenden Kameraden.

Diese zu schlagende Gasse ist in den meisten Fällen eine nur wenige Meter breite Straße, die von der Vorausabteilung unter allen Umständen freigekämpft werden muss. Wie hinter einem vom Stapel gelaufenen Schiff sofort die Fluten zusammenschlagen, so schließen sich auch häufig hinter der vorstürmenden Vorausabteilung die Wellen der Bolschewisten wieder und branden gegen die kleine Anzahl Männer an, die gleich einer Schiffsbesatzung eingespielt, und auf Gedeih und Verderb aufeinander angewiesen sind, im Kampf gegen den von allen Seiten lauernden Tod.

Die Panzer, Kradschützen und motorisierten Infanteristen, mit denen wir Flakartilleristen die Vorausabteilung bilden, haben alte, den Weltkriegssoldaten selbstverständliche Begriffe wie Flankensicherung und Rückendeckung zu Hause gelassen. So etwas gibt es in der Vorausabteilung einer

Panzerdivision nicht mehr. Bei ihr ist überall Front, und überall lauert der Gegner, wohin man sich auch wenden mag.

Wir kennen all das schon vom ersten Mal, bereiten uns also dementsprechend vor. Sorgfältig und so genau, wie das in der Dunkelheit nur möglich ist, überprüfen wir nochmals die geladenen Maschinengewehre, Karabiner und Maschinenpistolen, schieben Handgranaten hinter das Koppel und stecken die Pistolen in den Stiefelschaft.

Leise ordnen wir uns in die, fahrbereit auf der Landstraße stehende Kolonne ein. Kein lautes Wort. Die Fahrer werden durch kurze Zeichen mit der Taschenlampe in die Marschgliederung eingewiesen.

Dann beginnt die Fahrt in die Nacht.

Es ist stockdunkel, kein Mond und kein Stern zu sehen. Die Fahrer starren sich fast die Augen aus dem Kopf, lassen keinen Blick vom Nachtmarschgerät ihres Vordermanns. Nur nicht auffahren und nur nicht den Anschluss verlieren. Immer das kleine blaue Licht vor sich im Auge behalten, das ist die Hauptsache!

Gleich den Fahrern versuchen auch wir das Dunkel der Nacht mit wachen Augen zu durchdringen. Blicken nur nicht wie sie nach vorne, sondern nach links und rechts unseres Weges. Dort, aus den riesigen Wäldern, deren Umrisse gespenstisch, kaum wahrnehmbar, vorübergleiten, und wohin die Läufe unserer Karabiner und Maschinenpistolen zeigen, kann jeden Augenblick der Bolschewist erscheinen, aufgestört von nächtlichem Motorenklang.

Die Ohren lauschen auf jedes Geräusch jenseits der Straße, das in unseren Landsern einen instinktiven Griff zum Sicherungshebel ihrer Waffen auslöst.

So fahren wir stundenlang, kommen durch Dörfer und Felder, die immer wieder von unendlich scheinenden Wäldern abgelöst werden. Unter schützendem Handwinkel rauchen wir sorgsam gehütete Zigaretten, schieben sie den Fahrern zwischen die Lippen. Halten uns so wach! Langsam kriecht die Bodenkälte gegen Morgen in unsere Fahrzeuge, setzt sich in unsere Kleider. Fröstelnd ziehen wir die Decken fester um die Schultern, lassen nur Köpfe und Karabiner frei.

Der Feind rührt sich nicht.

Unsere Anspannung lässt daher etwas nach, gibt den Gedanken mehr Spielraum. Sie gehen auf die Reise, wandern nach Deutschland, das dort im Westen, viele hundert Kilometer jenseits der nachtdunklen Baumwipfel ruhig und sicher seiner Arbeit nachgeht, während hier Mord und Brand wüten. In dem Land, das die Fackel des Krieges über unsere Grenzen tragen wollte, und in dessen eigenem Haus sie nun brennt, gierig und unersättlich!

Noch einmal ziehen die Ereignisse und Eindrücke der letzten Tage an uns vorüber: Die Neugier auf dieses Land vor Beginn des Kampfes, der Bugübergang, und dann die ganz große Enttäuschung, die Entdeckung der größten Lüge aller Zeiten, die Lüge vom „Arbeiter- und Bauernparadies".

So sieht es also aus: Verwahrloste Felder, ausgemergelte, völlig verschüchterte Menschen, billige Stalinbilder neben heruntergerissenen Holzkreuzen, dreckige Dörfer mit eingefallenen Häusern.

Wir haben bereits in den wenigen hinter uns liegenden Tagen von diesem Staat restlos genug. Nur ein Hoffnungsfunke bleibt uns noch in all dem widerlichen Grau und Schmutz. Ein Gedanke, der sich immer wieder meldet, wenn einem das Grauen über dieses Land kommt:

„Im sowjetischen Altreich wird es besser werden! Haben die Sowjets nicht dort ihre großen Fünfjahrespläne durchgeführt und fast fünfundzwanzig Jahre Zeit zum Aufbau gehabt? Da muss doch etwas geschafft worden sein! Hier sind wir ja noch im ehemaligen Polen, dessen Dreck und Elend wir aus eigener Anschauung kennen. In eineinhalb Jahren lassen sich die Spuren polnischer Wirtschaft natürlich nicht beseitigen. In der ‚alten Sowjetunion' wird es schon anders aussehen …"

So reden wir uns selbst etwas vor, in unseren Grübeleien bei abenteuerlicher Fahrt durch die Nacht, wollen die ganze Trostlosigkeit dieses Landes noch nicht als endgültig hinnehmen, sondern nähren immer noch diesen kleinen Hoffnungsschimmer, obwohl uns der eigene Verstand auf diesem Weg schon lange nicht mehr folgen will.

Kälter wird die Nacht und stärker steigen die Bodennebel. Vorboten des kommenden Tages. Mit Macht meldet sich jetzt der Schlaf und fordert sein Recht. Ab und zu sinkt der Kopf eines Landsers nach vorne auf die Brust, um beim Überfahren eines Schlagloches wieder ruckartig in die Höhe zu gehen. Fester greift er dann sein Gewehr und späht in die Dunkelheit, bis das Spiel „Kopf – Brust – Schlagloch" von neuem beginnt.

Bald „spielen" wir es alle.

Plötzlich werden wir unsanft geweckt, Artilleriefeuer, dazwischen der kurze trockene Knall von Panzerabwehrgeschützen, ergänzt vom Bellen der Maschinengewehre! Es kommt von vorne. Wenige hundert Meter vor unserem Spitzenfahrzeug schlagen die Granaten ein.

„Halt – Abgesessen – Sichern nach beiden Seiten der Straße!"

Wir liegen kaum in den Straßengräben, als ein Kradfahrer angepresst kommt. Er meldet, dass die als Vorhut marschierende Schützenkompanie festsitzt, im feindlichen Feuer nicht weiterkommt. Da kann die Flakartillerie helfen! Die Bedienung einer 8,8-cm-Kanone springt auf die Zugmaschine …

„Anfahren!" Rein in die Gefahrenzone, so schnell der Motor laufen kann.

Unter starkem feindlichem Feuer gehen unsere Kanoniere an einer Waldschneise in Stellung. Arbeiten in der Dunkelheit wie auf dem Exerzierplatz, obgleich einige von ihnen bereits beim Instellunggehen verwundet werden.

Im eigenen Mündungsfeuer wird ein feindlicher Panzer erkannt, mit zwei Schüssen vernichtet. Dann richten wir die sowjetischen Flakgeschütze an, die den Angriff auf ihren Panzer benutzten, um uns die Zugmaschine zu zerschießen. Nach sechs Treffern schweigen sie, sind ausgelöscht.

Nun heran an die heimtückischen Maschinengewehr-Nester!

Während wir sie unter Feuer nehmen, gehen rechts der Straße weitere gegnerische Pakgeschütze in Stellung, vereinigen ihr ganzes Feuer auf das Flaksturmgeschütz, verwunden den leitenden Offizier.

Mit zwei Schüssen vernichtet

Da die eigene Infanterie zurückgeht, um unnütze Verluste zu vermeiden, in der Dunkelheit nichts zu erkennen ist und nur noch vier Mann am Geschütz einsatzbereit sind, zieht der das Feuer leitende Flakunteroffizier seine Männer zurück, springt selbst mit einigen Kameraden hinter einem leichten Panzer wieder zum Geschütz vor und zieht es unter stärkstem feindlichem Feuer mit dem hilfsbereiten Panzer in Deckung.

Inzwischen ist die Batterie mit den übrigen Geschützen herangekommen, nimmt die feindlichen Stellungen sofort unter Feuer. In der Mitte der Straße auffahrend, nehmen die Kanoniere im ersten Morgenlicht den Kampf auf. In fünfstündigem Gefecht schießen sie zwei sowjetische Panzer, mehrere Lastwagen und ein schweres Geschütz zusammen, trommeln auf Pak- und Maschinengewehrnester, bis sie schweigen, immer unter dem Feuer der Artillerie, deren Einschläge neben und hinter uns gurgelnd in den Wald sausen. Unsere Männer achten ihrer nicht. Auch als mehrere Kanoniere durch Sprengstücke verwundet werden, schießen die Kameraden weiter, verbissen und ganz ihrer Aufgabe hingegeben ...

Gegen Mittag ist der Kampf um den Lochozwa-Abschnitt beendet, der Feind geschlagen. Weiter geht der Vormarsch an der Spitze der Division, ohne Rast, ohne Schlaf ... Was stört's uns, dafür sind wir ja bei der „Vorausabteilung".

Nach kaum einer Stunde Fahrt wieder ein Kradmelder: „Flak vor!"

Sowjetische Panzerabwehrgeschütze und Maschinengewehre liegen vor uns im Dorf Lozefowo und an einem angrenzenden Waldstück, überschütten unsere Vorhut mit einem Hagel von Geschossen.

Wieder gehen unsere Kanoniere ran, schießen aus 800 Meter Entfernung zuerst die Widerstandsnester im Dorf zusammen, arbeiten sich dann weiter vor, nehmen das Waldstück aufs Korn, in dem noch feindliche Panzerkampfwagen vermutet werden. Dabei reißt die Hubkette an dem schweren Geschütz.

Verdammt! Aber schon macht sich der Waffenwart, ein Obergefreiter, unter dem Feuer feindlicher Baumschützen an die Arbeit, wechselt die Kette in etwa 15 Minuten und kommt wie durch ein Wunder unverletzt davon.

Jetzt, in seiner neuen Stellung, liegt unser Geschütz in der Strichbahn der Maschinengewehre, die bei dem unübersichtlichen Gelände nicht auszumachen sind. Die Lage wird bitterernst!

In diesen entscheidenden Minuten lernen viele Kanoniere ihren Batteriechef erst richtig kennen. Seine Person nichtachtend, schickt er alle entbehrlichen Männer vom Geschütz in Deckung, feuert selbst mit wenigen Leuten weiter, schießt einen Panzerkampfwagen und mehrere Panzerabwehrgeschütze zusammen.

Da ist, mitten im härtesten Feuerwechsel, die Munition zu Ende! Kanoniere wollen neue heranschleppen, werden von Maschinengewehr-Garben verwundet.

So geht es nicht weiter!

Den letzten Schuss im Rohr lässt der Batteriechef herausjagen, um in der vom Abschuss aufwirbelnden Staubwolke seinen verwundeten Leutnant zu bergen.

Nun steht er nur noch mit zwei Mann am Geschütz. Ihre Bewaffnung besteht aus zwei Handgranaten. Kurz entschlossen wirft der Oberleutnant die Handgranaten vor das Geschütz auf die Straße, schickt in der Aufschlagwolke die beiden Männer zurück. Bleibt allein an der Kanone.

Da arbeitet sich derselbe tapfere Obergefreite von vorhin heran, wirft seinem Batteriechef eine Handgranate zu. Mit ihr kann sich dieser auf die gleiche Art in Sicherheit bringen …

Doch der Batteriechef kennt keine Ruhe. Die Sorge um seine verwundeten Kanoniere reißt ihn wieder aus der Deckung. Im Schutz einer geworfenen Nebelhandgranate birgt er, mit einem Unteroffizier zusammen, seine Männer, schleppt sie in den deckenden Straßengraben.

Noch eine Nebelhandgranate ist da! Mit ihr muss es gelingen, das Geschütz aus dem Feuerbereich der Maschinengewehre herauszuziehen. Also geworfen, dann mit sämtlichen Männern ran an das Geschütz! Schweißtriefend und mit keuchenden Lungen ziehen sie es zwanzig Meter zurück. Dann ist es aus.

Hoher Sand und die wieder klarer werdende Sicht sind unüberwindliche Hindernisse.

„Die Zugmaschine muss her!"

Der Batteriechef setzt sich sofort ans Steuer, fährt sie selbst an sein Geschütz heran, zieht es in Deckung.

Gerade als wir zu neuem Angriff vorgehen wollen, räumen die Bolschewisten ihre Stellungen, gehen fluchtartig zurück.

Wir atmen auf, sammeln uns. Unsere erste Sorge gilt den verwundeten Kameraden. Mit liebevoller Sorgfalt bringen die Kanoniere sie zurück. Dann greifen wir zu den Spaten, begraben unseren Toten, einen tapferen jungen Flakartilleristen. Wir schmücken sein Grab mit frischen Feldblumen und einem Kreuz aus Birkenholz. Hängen seinen Stahlhelm darüber. Der Batteriechef spricht ein Vaterunser. Wir stehen schweigend ...

Minuten später sitzen wir schon wieder auf den anrollenden Zugmaschinen, die Maschinenpistolen in den Händen. Die Augen auf die Waldränder zu beiden Seiten der endlos scheinenden Straße gerichtet, aus denen es uns jeden Augenblick entgegenblitzen kann, kämpfen gegen den Schlaf, der bei uns schon tagelang ein höchst seltener Gast ist – und sind doch unsagbar glücklich, als Flakartilleristen hier vorne mit dabei sein zu können!

Unsere Batterie hat nach den Kämpfen der letzten vierundzwanzig Stunden eine Ruhepause nötig. Kanonen und Fahrzeuge haben anständige Denkzettel erhalten. Das gibt Arbeit für den Schirrmeister!

In der Gegend von Hinceviecze gehen wir am Morgen in Stellung. Machen uns sofort ans Werk: Zerschossene Reifen wechseln, Fahrzeuge auftanken, Munition ergänzen, Waffen überprüfen.

Die Geschützbedienungen richten ihre Kanonen zum Fliegerbeschuss. Müssen ständig auf dem Posten, ständig bereit sein. Von Ruhepause im wahren Sinne des Wortes ist also keine Rede! Aber die kennt die Flakartillerie im Gegensatz zu anderen Waffen und Einheiten ja sowieso nicht. Wenn eine Kompanie oder Batterie des Heeres „in Ruhe geht", dann hat sie auch tatsächlich Ruhe. Dann wird ausgespannt, weil die Aufgaben erledigt und die Gegner weitab sind.

Nicht so bei uns Flakartilleristen! Wenn wir nach dem Erdkampf in Stellung gehen, also an einem bestimmten Platz liegen bleiben, „Ruhe haben", so bedeutet das für den größten Teil der Batterie keine Ausspannung. Denn sofort müssen die Geschütze zum Fliegerbeschuss in Stellung gebracht, die Geschützstellungen dazu ausgebaut werden. Flugmeldeposten müssen mit Ferngläsern ständig den Horizont nach feindlichen Maschinen absuchen. Die Geschützbedienungen haben ständig sprungbereit in der Nähe ihrer Kanonen zu sein.

Nur die Nacht kann uns Flakartilleristen hier in Russland von diesen Pflichten entbinden, eine Tatsache, die viele noch nicht erkannt und gewürdigt haben.

Aber wir wollen sie ja gerne erfüllen, diese Pflichten, und sind stolz darauf, in der Wehrmacht „Mädchen für alles" zu sein. Wo gibt es wohl noch eine Waffe, die so vielfältige Aufgaben hat wie die Flakartillerie, die gleich in zwei Dimensionen, auf der Erde und in der Luft, zum Kampf antreten kann und muss, und die ihre Aufgaben jederzeit voll erfüllt?

Die sowjetische Luftwaffe lässt sich heute nicht sehen. Genau wie an den vorhergehenden Tagen.

„Schade", meint unser Flugmelder, „nun stehen wir so schön in Stellung, und keiner kommt! Aber wir sind ja Kummer gewohnt. Warten haben wir zur Genüge beim Flakschutz in der Heimat gelernt. Gott sei Dank, dass wir jetzt wenigstens auch noch im Erdkampf den Gegner suchen und angreifen können!"

Das ist unseren Kanonieren aus der Seele gesprochen. Mit doppeltem Eifer machen sie sich an die Arbeit, während im Laufe des Vor- und Nachmittags alle anderen Batterien unserer Abteilung an der Stellung vorbei nach vorne marschieren.

Gegen Abend sind wir fertig. Machen uns als letzte Einheit auf den Weg. Freuen uns, dass es wieder vorwärts geht.

Zwischen Podlesie und Nowasiolki kommt uns hastig ein völlig abgekämpfter und verschmutzter Wachtmeister der ersten Batterie unserer Abteilung entgegen. Meldet, dass seine Batterie in dem fünf Kilometer entfernten Dorf Swojaticze von den Bolschewisten überfallen wurde und gegen vielfache Übermacht in schwerem Kampf steht. Er hat Auftrag, Unterstützung heranzuholen.

Unser „Chef" trennt die Batterie in eine Kampfstaffel, umfassend vier 8,8-cm und zwei 2-cm-Kanonen, und eine Trossstaffel, braust mit der Kampfstaffel sofort los.

Auf halbem Weg kommen uns bereits Kameraden von der ersten Batterie entgegen. Sie tragen ihre Verletzten, unter ihnen den Batteriechef, nach hinten. Unsere Fahrer treten noch kräftiger auf die Gaspedale ...

Kurz vor dem Ort halten wir, steigen von den Zugmaschinen, pirschen uns nach vorne.

Am Dorfeingang finden wir ein arg mitgenommenes Flakgeschütz, immer noch in Feuerstellung. Die russische Pak regt sich nicht mehr – wir kommen zu spät. Nur einige Heckenschützen versuchen noch, uns mit ihren Dum-Dum-Geschossen zu erwischen.

Wir bilden einen Stoßtrupp, gehen weiter in das Dorf hinein, wollen uns Klarheit verschaffen über das, was hier vor sich geht.

Von Haus zu Haus schleichen wir vorsichtig der Dorfmitte zu, die entsicherten Maschinenpistolen schussbereit in der Hand. An der Mündung des Platzes finden wir zwei Pakgeschütze mit einem Teil ihrer Bedienung, samt den Pferden.

Sie sind zerfetzt, auseinandergeschlagen von den Flakgranaten unserer Schwesterbatterie, die ihr Ziel auch in der Nacht erreichten und aus noch nicht hundertfünfzig Meter Entfernung in direktem Beschuss vernichteten.

Was von den sowjetischen Panzerabwehrgeschützen am Leben geblieben ist, scheint ausgerissen oder in die Häuser geflüchtet zu sein. Wir kämmen sie planmäßig ab, leuchten in jeden Winkel der ärmlichen Katen. Wo sich Widerstand rührt, Handgranaten hinein, wir fackeln nicht lange, haben die toten Kameraden der anderen Batterie zu rächen.

Kurz vor dem jenseitigen Dorfausgang kommt plötzlich eine besser gekleidete Frau aus einer Seitenstraße weinend angelaufen und fordert uns gestikulierend zum Mitgehen auf. Sie führt uns in das ehemalige Pfarrhaus, an ein blutdurchtränktes Bett.

Hier liegt röchelnd der sechzigjährige Pfarrer des Dorfes: Seine untere Gesichtshälfte ist eine einzige blutige Masse. Die Bolschewisten schlugen den weißhaarigen Alten unmenschlich. Und als sie erkannten, dass ihr Spiel verloren war, schossen sie ihm vor ihrer Flucht aus nächster Nähe eine Kugel in den Mund. Schweigend stehen wir vor diesem Opfer, dem auch ein herbeigerufener Sanitätsoffizier nicht mehr helfen kann ...

Wir steigen auf unsere Zugmaschinen, verlassen diesen unseligen Ort, aus dem über die Hälfte der männlichen Einwohner nach Sibirien verschickt wurde, weil sie sich weigerte, die rote Uniform anzuziehen, und wo wir uns erstmalig durch eigenen Augenschein von der viehischen Grausamkeit unserer Gegner überzeugen konnten. Wir wissen, dass dieser Fall keine Ausnahme, sondern das Übliche im „Sowjetparadies" ist. Trotzdem sind wir tief erschüttert, haben eine geradezu irrsinnige, alles übertönende Wut im Herzen und nur den einen Wunsch, diese Bestien vor unsere Rohre zu bekommen!

Kampf um die Beresina

Nach sechs Tagen steht die weiter südlich vorstoßende Marschgruppe vor Bobruisk an der Beresina. Trotz heftigen Widerstandes, trotz laufender sowjetischer Bombenangriffe, trotz zerstörter Brücken sind wir in nur sechs Tagen über viermal hundert Kilometer vorgestoßen!

Unsere Panzer sind in die Stadt eingedrungen. Widerstandsnest auf Widerstandsnest wird niedergekämpft. Und bald ist Bobruisk in deutscher Hand.

Harte Kämpfe toben um die Zitadelle. Aber auch hier ist der Gegner in zweimal vierundzwanzig Stunden überwältigt.

Südlich der Stadt halten die Sowjets noch den Flugplatz besetzt. Von hier aus setzen sie noch ihre Kampf- und Jagdflugzeuge ein. Wenn ihr Lufteinsatz auch keine ernsthafte Bedrohung für den weiteren Verlauf der Operationen – im Großen gesehen – ist, so hat doch jedes Auftreten feindlicher Flugzeuge Marschstockungen zur Folge, gleich ob der Angriff Erfolg hat oder nicht. So muss der Flugplatz so schnell wie möglich genommen und für unsere Luftwaffe sichergestellt werden, es geht um den Beresina-Übergang!

In kühnem Handstreich nehmen Flakartilleristen diesen Platz. Neunundfünfzig einsatzbereite und eine Anzahl weiterer schon beschädigter Flugzeuge, große Mengen Treibstoff und über zehntausend Bomben aller Kaliber sind die Beute. Unsere Kanoniere strahlen! Das ist ein fetter Brocken!

Als die Sowjets aus einem Waldstück heraus versuchen, den Flugplatz zurückzugewinnen, bleibt ihr Angriff im Feuer unserer Flakgeschütze liegen. Sie werden zurückgeschlagen und schließlich ganz aufgerieben.

Im letzten Augenblick gelingt den Bolschewisten jedoch doch noch die Sprengung der drei Brücken über die Beresina. Lange vorher müssen die Sprengladungen eingebaut sein und sind nun durch Fernzündung zur Explosion gebracht.

Bei der nördlichsten und südlichsten – zwei schwere stählerne Konstruktionen mit beträchtlicher Spannweite – werden die Strompfeiler so schwer beschädigt, dass die Gitterträger in das Flussbett absacken. Auch die Stromöffnung der hölzernen Straßenbrücke fliegt in die Luft. Die Verbindung zum jenseitigen Ufer ist damit unterbrochen.

Hoch oben, auf der vorgeschobenen Spitze der Zitadelle liegt jetzt unser Divisionsgefechtsstand. Mitten im Wirbel der Ereignisse, im dauernden Kommen und Gehen von Offizieren und Kradmeldern, arbeitet der General der Panzerdivision, erteilt seine Befehle. Unmittelbar neben dem Divisionsgefechtsstand liegen unsere leichten Flakgeschütze. Granathülsen türmen sich zu Haufen. Die Rohre der 2-cm kühlen kaum mehr aus, trotz dauernden Rohrwechsels.

Ein wunderbarer Ausblick von der Höhe der Zitadelle: Durch grünende Wiesen zieht sich in krausen Windungen die glitzernde Beresina nach Süden hin. Der Fluss ist hier etwa so breit wie die Weser bei Minden.

Zwischen grauen und weißen Wolken leuchtet das Hellblau des Himmels. Die Sonne schüttet breite Strahlenbänder über das Land. Aber gerade dieses Wetter stellt an die Wachsamkeit der Flakartillerie und Jäger besondere Anforderungen.

Immer wieder bemühen sich die Sowjets, mit schweren Kampfmaschinen die Übergangsstelle an der Beresina anzufliegen. Aus den Wolken stoßend, versuchen sie, ihre Bomben ins Ziel zu bringen. Das Ergebnis ist indessen kläglich. Nicht einmal gelingt ein Volltreffer!

In fieberhafter Arbeit haben unsere Pioniere eine neue Brücke zum anderen Ufer geschlagen. Es ist Spätnachmittag. Eine ganze Weile haben sich die Bomber der Bolschewisten nicht mehr sehen lassen. Wollen sie uns in Sicherheit wiegen?

„Wachsam sein, Flaksoldat! Nicht einlullen, nicht bluffen lassen!"

Wir sind auf Draht, als plötzlich von Norden und von Süden zugleich je sechs schwere feindliche Kampfflugzeuge aus den Wolken kommen. Kaum sind sie in Reichweite der Geschosse, als sie von einem Hagel splitternden, reißenden Stahls empfangen werden.

„Dauerfeuer!" Die Rohre der Geschütze werden heiß.

„Rohrwechsel!"

„Dauerfeuer!" Es ist ein rassiger Kampf! Die Kanoniere hat das Jagdfieber gepackt!

Die Bomber kurbeln wie wild durcheinander. Da hat es das vorderste Flugzeug schwer erwischt! Ein ganzes Magazin voll Sprenggranaten muss es in seinen Bauch bekommen haben. Bomben und Munition krepieren hoch oben in der Luft. Das Flugzeug fliegt in Fetzen auseinander.

Sprengstücke der Flakgeschosse reißen auch nachfolgende Flugzeuge auf, beschädigen sie schwer. Was nicht unmittelbar in der Luft abmontiert, wird auseinandergejagt. Ein lohnendes Ziel für unsere Jäger!

Nicht ein Flugzeug kommt mehr nach Hause!

Der kommandierende General der Division befiehlt unseren Batteriechef zu sich in den Gefechtsstand, schüttelt ihm herzlich die Hände, spricht ihm und seinen Kanonieren seine Anerkennung aus, bestätigt höchst eigenhändig die Abschüsse. Ist das ein Tag für unsere Batterie!

Im Funkwagen eines Nachrichtenzuges wird nachts ein Funkspruch der Sowjets aufgefangen: „Der Vormarsch der Deutschen über die Beresina bei Bobruisk ist unter allen Umständen zu verhindern!" Dann ein zweiter: „Sämtliche Kampfmaschinen, die auf Flugplätzen zwischen Bobruisk und Moskau liegen, haben in rollenden Einsätzen Bombenangriffe auf die Übergangsstelle über die Beresina bei Bobruisk vorzutragen!"

In kühnem Handstreich nehmen Flakartilleristen diesen Flugplatz

Zu später Nachtstunde erhalten wir von dem Inhalt dieser Funksprüche Kenntnis.

Der Morgen bringt die ersten Angriffe der Bolschewisten. Von allen Seiten kommen sie heran. Dazwischen liegen aber Stunden, wertvolle Stunden, die genutzt worden sind. Flakartillerie und Jäger haben ihre Vorbereitungen getroffen, bereiten dem Gegner einen warmen Empfang. Vorbildliche Zusammenarbeit zwischen beiden erzielt hier wahre Triumphe. Sechsunddreißig Feindflugzeuge werden allein an diesem Tag in Bobruisk durch Jäger und Flakartillerie abgeschossen!

Dabei muss man sich folgendes vor Augen führen: Der Jäger durchmisst mit einer Geschwindigkeit von beispielsweise fünfhundert Kilometern in der Stunde den Luftraum. Das in entgegengesetzter Richtung fliegende Kampfflugzeug legt rund dreihundert Kilometer je Stunde zurück. Vom Blickpunkt der beiden Flugzeuge aus gesehen beträgt danach die tatsächliche Geschwindigkeit achthundert Stundenkilometer. Schon eine Sekunde Beobachtung nach rechts kann genügen, den Gegner aus dem Gesichtskreis des Jägers zu bringen. Um nun dem Jäger ein Hilfsziel zu bieten, gibt die Flakartillerie sogenannte Richtungsschüsse ab. Hoch oben zerlegen sich die Granaten, hinterlassen dabei eine Sprengwolke. Eine Vielzahl von Sprengwolken, die hinter dem Feindflugzeug hängen, zeichnet den Flugweg. Hat der Jagdflieger aber erst mal die Sprengwolkenbahn entdeckt, dann ist auch das feindliche Flugzeug in das Blickfeld gerückt. Andererseits muss die Flakartillerie – immer schweren Herzens – auf den Beschuss feindlicher Flugzeuge verzichten, wenn sich der Jäger an den Gegner herangearbeitet hat, damit dieser nicht in das eigene Flakfeuer gerät.

In diesen Tagen machen wir eine bemerkenswerte Beobachtung:

Sowjetische Flugzeugbesatzungen springen mit dem Fallschirm ab, sobald die ersten Flakgeschosse in ihrer Nähe krepieren. Ihre Maschinen selbst sind noch unbeschädigt. Gefangene Piloten sagen auf dem Divisionsgefechtsstand aus, dass sie auf ihren Flugplätzen teilweise mit vorgehaltenen Revolvern zum Einsatz gezwungen werden. Die blutigen Verluste haben in den Kampfverbänden der bolschewistischen Luftwaffe Schrecken und Panik verbreitet. Da die Besatzungen zum Fliegen gezwungen werden, benutzen sie die erste beste Gelegenheit, um „auszusteigen".

Mit einem letzten Mittel versucht die Führung der bolschewistischeh Luftwaffe, in der Nacht zu erreichen, was am Tag nicht gelang:

Schwere, viermotorige Großkampfflugzeuge, die „Stabsgefreiten", wie sie unsere Landser nennen, brummen am nächtlichen Himmel. Scheinwerfer jagen ihnen grelle Lichtbänder entgegen. Flakbatterien nehmen sie unter wirksames Feuer. Es sind Maschinen von Riesenausmaßen. Langsam und schwerfällig schleichen sie dahin. Ungezielt werfen sie ihre Bombenlasten ins Gelände. Nicht lange dauert's, und wir haben diesen nächtlichen Spuk vom Himmel gewischt. Über die Beresinabrücke läuft ununterbrochen das stählerne Band der Panzer, Geschütze, Kraftwagen und Kräder. Der Vormarsch geht weiter. Die feindliche Angriffstätigkeit aus der Luft lässt nach den schweren Verlusten der letzten Tage merklich nach.

Die Sonne meint es zu gut mit uns.

Vom frühen Morgen bis in den Spätnachmittag hinein begleitet sie uns mit ihren sengenden Strahlen. Zaubert unsere Gesichter, Nacken und Hände kupferbraun und rot, sodass wir aussehen wie die Indianer. Längst haben wir aufgehört, ihr das Gesicht „farbesuchend" zuzuwenden wie in den ersten Tagen unseres Marsches nach dem Osten. „Farbe" brauchen unsere Gesichter bei Gott nicht mehr. Wenn sie nicht gerade sonnenverbrannt sind, ziert sie eine dicke Staub- und Dreckschicht, in die herabrinnende Schweißtropfen kleine senkrechte Linien zeichnen. Wir sehen aus wie stark gepuderte Schauspielerinnen, die in der Hitze ihrer künstlerischen Besessenheit zu transpirieren beginnen. Gegen Mittag, wenn die Sonne im Zenit steht, verwandeln wir uns dann regelmäßig in Bäuerinnen, binden weiße oder bunte Halstücher um den Kopf, auf dem malerisch unser „Krätzchen" thront. Nein, Frau Sonne reizt uns wirklich nicht mehr!

Sie beschert uns den Staub, der seit Beginn des Feldzuges unser treuester Begleiter ist, der in unseren Augenwinkeln, Ohren und Nasenlöchern sitzt, manchmal in solcher Dichte vor unseren Fahrzeugen tanzt, dass wir keine Hand vor Augen sehen können, der uns bei jeder Mahlzeit als nie fehlende Beigabe auf der Zunge liegt. Sie reizt mit ihren dörrenden Strahlen und den alles durchdringenden Staubteilchen unsere Kehlen, lässt uns immer wieder nach der Feldflasche schielen, mit deren Inhalt so vorsichtig umgegangen werden muss, da während des Marsches nicht nachgefüllt werden kann.

Wozu es denn Brunnen und Flüsse gibt!? – Zu allem anderen, nur nicht zum Schöpfen von Trinkwasser für unsere ausgedörrten Kehlen. Wir sind doch hier nicht in Deutschland, wo man aus jedem Brunnen gefahrlos trinken kann. Hier drohen jedem zivilisierten Menschen beim Genuss von ungekochtem Wasser Typhus und ähnliche Krankheiten, die überall dort auftreten, wo Menschen in

Dreck und Elend zusammenleben. Und außerdem gehört es zur bolschewistischen Kampftaktik, Brunnen zu vergiften. Diese Methode wird sogar ausdrücklich in den gedruckten Anweisungen für den hinterhältig geführten Krieg der organisierten Sowjetbanden empfohlen. Nein, lieber dürsten bis zum letzten, als aus diesen Brunnen in Sowjet-Russland trinken! Zum Abkochen bleibt bei unserem pausenlosen Vormarsch kaum Zeit, obwohl wir darauf eingerichtet sind, sogar ausgezeichnete Tornister-Filtergeräte mitführen.

Unsere Landser, deren Augen zuerst bei jedem Wasserloch oder Ziehbrunnen begehrlich aufleuchten, finden sich bald in die Rolle der Verzichtenden. Sie tun so, als ob gar keine Labung verheißenden Quellen vorhanden wären, drehen ihnen ostentativ den Rücken, wollen sie nicht sehen. Dafür sind die Wasserstellen immer dicht umlagert, wenn wir Zeit zum Waschen haben. Eine heißersehnte Wohltat bei der Hitze und dem Staub! Und wenn gar ein Fluss oder See kommt, sind wir überhaupt nicht mehr zu halten. Runter mit den Klamotten und rein in das kühle Nass, so, wie uns der Herrgott geschaffen hat.

Voll Staunen sehen die Dorfbewohner zu und können sich nicht genug wundern, dass alle deutschen Soldaten schwimmen können wie die Fische. Über unser ungezwungenes Auftreten im Adamskostüm wundern sie sich dagegen gar nicht, selbst das weibliche Geschlecht betrachtet das als Selbstverständlichkeit.

„Das ist die einzig vernünftige Sitte in diesem Sauland", meint Hans, der Unteroffizier und Geschützführer von der „Dora".

Aber „Carratsch", sein Zugkraftwagen-Fahrer, unterbricht ihn sofort:

„Mensch, glaub' doch nicht, dass die Brüder oben in der Sowjet-Regierung diesen paradiesischen Zustand aus gesundheitlichen Gründen empfehlen! Die preisen das nur an, weil sie so Millionen Meter Stoff für Badeanzüge und -hosen sparen. Denen bleibt ja hier gar nichts anderes übrig, als nackt zu baden, denn wenn sie noch nicht mal ein einziges Hemd im Jahr kaufen können, wie sollen sie da erst an einen vernünftigen Badeanzug herankommen."

So sind unsere Landser: Witzig, ungezwungen, doch stets mit scharfem Blick die wahren Zusammenhänge erkennend.

Heute hat der Himmel ein Einsehen mit uns. Gegen Mittag, als wir im Verband unserer Division Baranowicze entgegenrollen, kommen plötzlich Wolken auf, ballen sich so schnell und dicht zusammen, dass innerhalb weniger Minuten die Landschaft halbdunkel ist. Und dann bricht ein Gewitter los, wie wir es mit solcher Gewalt noch nie erlebt haben. Ganze Wasserbäche stürzen vom Himmel, legen einen so dichten Vorhang vor uns, peitschen uns derartig in die Augen, dass wir anhalten müssen, weil die Fahrer nicht mehr den Weg vor sich erkennen können.

Trotz umgehängter Zeltbahnen sind wir sofort nass bis auf die Haut, sind aber nicht böse darüber, bieten die verstaubten und verschweißten Gesichter immer wieder den vom Himmel kommenden Fluten dar, genießen fast wollüstig das Trommeln der Regentropfen auf die gespannte Haut. Unter und neben uns auf den Feldern haben sich richtige kleine Flüsse und Teiche gebildet, die schnell alles unter Wasser setzen.

Allmählich werden wir besorgt, fürchten, dass unsere Fahrzeuge bald in dem morastig werdenden Grund stecken bleiben.

Nach einer halben Stunde reißt indessen der Strom der Wassermassen so plötzlich ab, wie er gekommen ist. Zehn Minuten später scheint die Sonne so strahlend wie zuvor und tut, als ob gar nichts gewesen wäre.

Wir fahren durch herrliche würzige Luft, trocknen unsere Uniformen und freuen uns, dass der Staub endlich mal eine anständige Dusche bekommen hat, hoffen, dass er uns für heute nicht mehr belästigen kann.

Denkste! Nach dreißig Minuten sind Teiche und Bäche versiegt – der Staub pudert uns wieder, wie vor einer Stunde.

Das ist Russland! Land der krassesten Gegensätze auch in allen Lebensäußerungen der Natur. An diesem Nachmittag haben wir im Verlauf einer Stunde einen kleinen Teil seiner ungeschriebenen Gesetze kennengelernt.

Gegen Abend nähern wir uns Baranowicze, der Stadt, in deren Vorfeld andere Flakgeschütze unseres Korps vierundzwanzig sowjetische Panzer vernichteten. Wir fahren durch Straßen, für welche die deutsche Bezeichnung „Feldweg zweiter Ordnung" eine ungebührliche Schmeichelei wäre, kommen an sogenannten Häusern vorbei, die in Deutschland höchstens als Viehställe benutzt würden.

Alles grau in grau.

In grellem Kontrast dazu überlebensgroße bunte Plakate der bolschewistischen Regierung, auf denen in stümperhafter Ausführung stürmende Sowjetsoldaten oder gemeinblickende bewaffnete Weiber zum Kampf gegen die „faschistischen Arbeitermörder" auffordern. Wir schauen sie uns belustigt an, fahren lachend weiter. Einige Männer und Frauen auf der Straße lachen mit, blicken geringschätzig und voller Hass auf die danebenhängenden Stalinbilder.

Im Stadtinneren wird uns sogar zugewinkt. Erst zögernd, dann immer lebhafter. Es ist, als würde von diesen gequälten Gesichtern eine Maske genommen, hinter der sich bei unserem Anblick menschliche Züge formen, die im „Arbeiter- und Bauernparadies" nicht hoch im Kurs stehen.

Vor einem großen, weißgetünchten Gebäude herrscht ein toller Betrieb. Männer, Frauen und Kinder drängen sich vor dem Eingang, während andere, aus dem Hof kommend und mit großen Paketen unter dem Arm, schleunigst das Weite suchen.

Wir halten, treten näher. Ein altes, verhutzeltes Männchen in abgetragenem Anzug, dem man an Gesicht und Haltung den ehemaligen „Bourgeois" ansieht, überfällt uns mit einem Redeschwall in gebrochenem Deutsch:

„Das ist das Vorratsgebäude der Kollektivwirtschaften aus der Umgebung. Hier wurde die Butter aufgestapelt und dann in die großen Städte abtransportiert. Wir erhielten kein Gramm davon, lebten von Hirse und Kartoffeln. Der Kolchosverwalter ist geflüchtet. Nun holen wir uns Butter." Und mit einer entschuldigenden Handbewegung:

„Wir haben Hunger, Pan, alle haben Hunger in diesem Land."

Voll ängstlicher Spannung schauen uns der Alte und die herandrängende Bevölkerung ins Gesicht, warten auf unsere Antwort.

Staub ... unser steter Begleiter

Wir winken ihnen, sich nicht stören zu lassen, können uns darauf vor Dankesbezeigungen kaum retten.

Als wir wieder auf unsere Zugmaschinen klettern, finden wir auf einem Sitz eine große Kiste mit Butter. Die armen Teufel haben sie uns auf den Wagen gepackt, wollen damit zeigen, wie dankbar sie uns sind.

Nun, wir sind über diese willkommene Bereicherung unseres kümmerlichen Speisezettels nicht böse. Warmes Essen wird bei Vorausabteilungen und bei diesem ungestümen Vormarsch klein geschrieben, weil die Feldküchen nicht Schritt halten können. Bis jetzt haben wir von unseren Fleischbüchsen gelebt, aber die gehen schon zur Neige. Nur noch Knäckebrot ist da. Und darauf streichen, nein, legen wir nun die würzige, russische Butter. Fingerdick!

Als wir Baranowicze schon lange hinter uns gelassen haben, futtern wir immer noch. Knäckebrot mit guter Butter! Schon im Frieden ein Hochgenuss und nun im Kriege erst recht!

„Na bitte", meint Carratsch, „und noch dazu in der Sowjetunion, schmier mir mal noch ‚ne Stulle, aber nicht zu viel Brot!"

Langt sich dann seine Feldflasche, setzt sie an den Hals und ruft:

„Prost, Kameraden, einen Schluck auf die Kolchosen! Ist doch ‚ne famose Einrichtung von Väterchen Stalin, sollen leben und weiterhin so kräftig sammeln!"

Gut genährt, gut gelaunt! So ist es auch bei uns. An diesem Abend werden Witze gerissen bis in die späte Nacht. Nur eines haben wir alle: Ein ganz verfluchtes Sodbrennen. Aber das kommt davon, wenn man zu fett isst! Im Straßengraben liegend, diskutieren wir die unmöglichsten Mittel zur Abhilfe. Schon halb im Schlaf, hören wir die dozierende Stimme eines Kameraden:

„Sogar der Jäger aus Kurpfalz nahm oft und gerne Bullrichsalz" ... worauf es prompt aus dem jenseitigen Graben erklingt:

„Jawoll, und so nötig wie die Braut zur Trauung, ist Bullrichsalz für die Verdauung."

In dieser Nacht haben wir uns in den Schlaf gelacht und dabei trotz des Sodbrennens und der nicht gerade komfortablen Ruhestätte gepennt wie die Murmeltiere.

Mit dem ersten Hahnenschrei fahren wir weiter. Sie sind schön, diese ersten Morgenstunden im russischen Land. Wir lieben sie. Die Sonne scheint noch nicht so stark. Auf den Staubschichten liegt noch Tau, der hier fast wie ein Regenguss allnächtlich Wiesen und Felder nässt. Und über den weiten Ebenen brauen noch Dunst und Nebel, aus denen knorrige Weiden oder schlanke Birken wie einsame Wachtposten aufragen. Es fehlt nur das Tirilieren der Lerchen und man könnte glauben, in der Heimat zu sein.

Von der Vogelwelt haben wir jedoch außer riesigen Krähenschwärmen überhaupt noch nichts gesehen und gehört, so aufmerksam auch die Augen Ausschau halten und das Ohr sehnsüchtig nach dem Schlag der Buchfinken, dem Girren der Zeisige oder dem Klopfen des Spechtes horcht.

Sind aus diesem Staat des Grauens und des Elends auch schon die kleinen gefiederten Freunde des Menschen verschwunden? Man könnte es fast glauben, denn das passte gut in den Rahmen dieses Systems, das jede Seelen- und Herzensregung negiert, und alles Werden und Sein in blutleere Formeln presst.

Herrgott, ist dieses Land schön! Unsagbar schön noch in seiner Armut und Knechtschaft. Diese stolzen Wälder und ihr herrlicher Baumbestand! Riesige Eichen und Buchen mit dem hellen Grün der Blätter, dazwischen die saftigen Farben der breitausladenden Fichten, unterbrochen von dem lichten Grün der Birken, deren Rinde nirgends so weiß schimmert wie hier. Daneben fast blaugrün leuchtende Waldwiesen mit schwellenden Moosdecken, durch die sich silbern schimmernde Bäche winden.

Und dann die Felder, die fette Ackerkrume:

Deren Fruchtbarkeit man förmlich riechen kann, und die doch nicht zur Wirkung kommt, weil ihre Gebieter durch eine aberwitzige Lehre den Sinn und das Gefühl für ihre Gesetze verloren haben. Wie konnte nur in diesem Land, wo die Natur alles und der Mensch nichts ist, dieser von einem Theoretiker am Schreibtisch ausgeknobelte Kommunismus zur Herrschaft gelangen!? Unter dem Land und Boden stöhnen, und den sie seit langen Jahren abzuschütteln versuchen, wie Tiere, denen saugende Schmarotzer im Fell sitzen.

Auch der geistig Unregsamste unter uns verspürt diesen Zwiespalt, den wir nicht begreifen können. Man braucht keine Geistesgröße zu sein, um all diese Widersprüche zu sehen. Man muss sich nur ein natürliches Gefühl bewahrt haben, muss „fühlen" können. Mitfühlen! Mit dieser Erde und diesen Menschen, deren bloßer Anblick an stumme Schreie erinnert.

Dieses Land ist schön und grausig zugleich. Wir verstehen es nicht. Jetzt noch nicht ...

Gegen Mittag fahren wir durch ein größeres Dorf. Niedrig ducken sich strohgedeckte Katen unter hohe Bäume, flüchten Kinder im ersten Erschrecken durch zerfallene Zäune, um am zerlumpten Rockzipfel der Mutter wieder zu erscheinen, die uns ehrerbietig und noch ein wenig scheu grüßt. Keine Gardinen an den kleinen Fenstern, nicht eine Blume in den kümmerlichen Gärten. Verelendetes Vieh, Menschen, deren Blicke an geprügelte Hunde gemahnen.

Wahrhaftig, im russischen Dorf ist die Freude gestorben!

Vor einem größeren Holzgebäude, offenbar der Schule, eine überlebensgroße weiße Gipsfigur Stalins, die jedes Dorf aufzustellen hat, wenn es nicht in den Verdacht der „Konterrevolution" geraten will. Diese weiße, kitschige Figur zwischen den dunklen, gesetzten Farben ringsumher schafft eine Disharmonie, die uns fast die Augen schmerzen lässt.

Und vor diesem Popanz der sogenannte „Kulturpark", bestehend aus zwei giftgrün gestrichenen Bänken, einem kleinen Tisch und der Andeutung eines Blumenbeetes, dessen Mitte ein aus Kieselsteinen windschief gelegter Sowjetstern bildet. Hier soll sich nach dem Willen der roten Bonzen die Geselligkeit des Dorfes abspielen und nach „frohem Tagewerk" Rast gehalten werden.

Ist das Hohn oder nur Instinktlosigkeit? „Frohes Tagewerk" bei in Kolchosen fronenden Bauern, denen man Äcker und Vieh, und damit ihren Lebensinhalt, ja ihre Seelen genommen hat? Und „Rast" unter dem Bildnis des Mannes, der all dies Unglück über die russischen Dörfer gebracht hat? Es kann nur Hohn sein, bitterer Hohn!

Diese von oben verordneten „Kulturparks" findet man in jedem Dorf, in jeder Stadt. Sie sind der Stolz der bolschewistischen Demagogen, die mit dieser kümmerlichen Einrichtung ihren sozialen Charakter und die Schönheit des Lebens in ihrem Paradies dokumentieren wollen, und dementsprechend eifrig damit hausieren gehen. Diese „Kulturparks" wurden geschaffen, als die Leistungen unserer „Kraft-durch-Freude"-Organisation den Herren im Kreml zu unangenehm in den Ohren klangen, als sie zur Verdummung ihrer Untertanen und des Weltproletariats nach einem Gegenstück suchen mussten.

So entstanden diese „Kulturparks": Zeichen der Unkultur und Verderbtheit einer Weltanschauung und ihrer Träger.

Wir sind froh, als wir aus diesem Dorf wieder hinausfahren können. Hinein in die unendliche Weite der schönen russischen Landschaft, die zu groß ist, als dass man sie mit Gipserzeugnissen Moskauer Agitationszentralen verschandeln könnte. Und über der eine Sonne so strahlend lacht, als müsste sie die Menschen unter sich zur Entschädigung ihrer Leiden mit immerwährendem Glanz erfreuen.

Wir werden nicht müde, den tiefblauen Himmel mit seiner bizarren Wolkenbildung zu bewundern. Wolken, die jeden Augenblick Gestalt .und Größe ändern, sich zu riesigen Schlössern und luftigen Gebirgen türmen, um Minuten später wie ein Ornament aus zarten Brüsseler Spitzen vor dem tiefen Himmelsblau dahinzuflattern. Dieses Wolkenspiel, das man in Deutschland vielleicht an der Kurischen Nehrung und am Haff annähernd in gleicher Schönheit, nur nicht so großartig, beobachten kann, haben die meisten unter uns noch nicht gesehen. Es ersetzt uns vieles in diesem Land, in dem die Schönheit betteln geht ...

Kurz hinter Nieswicze kommen uns einzelne Fahrzeuge einer Nachschubkolonne des Heeres entgegen, melden unserem Batteriechef, dass die Sowjets auf die Rollbahn vorgestoßen, in ein Dorf eingedrungen sind und dort versuchen, Kolonnen und alleinfahrende Lastkraftwagen zu überfallen. „Los, wollen uns die Brüder mal unter die Lupe nehmen! Kräder als Spähtrupp voraus. Ein 8,8-cm-Geschütz vor die Zugmaschine. Wird von dieser im Schritttempo geschoben. Kann so im Ernstfall sofort schießen. Und zwar gleich von der Lafette! Geschützbedienung zum Lenken vorne an die Zugstange der Kanone. Wer übrigbleibt, sichert nach links und rechts. Leichter Flaktrupp zwischen Kradspähtrupp und 8,8-cm-Kanone!"

„Jawohl, Herr Oberleutnant!"

Wir springen auf die Kräder. Ein Mann auf den Soziussitz, einer in den Beiwagen, der dritte vorne auf den Beiwagen, fahren mit schussbereiten Maschinenpistolen langsam die einzige Straße des Dorfes entlang. Kein Einwohner lässt sich sehen. Nur einige halbwüchsige Mädchen in zerlumpten Kleidern laufen mit verrosteten Eimern zum Brunnen.

Eine fast unheimliche Ruhe.

Weiter, dem Ausgang zu. Aus dem Garten des letzten Hauses fällt plötzlich ein Schuss, zischt über unsere Köpfe. Runter vom Krad! Maschinenpistolen und Karabiner im Anschlag, beobachten wir Haus und Garten.

Nichts!

Doch, im Kohlbeet des Gartens bewegt es sich! Ein braunes Etwas, vielleicht ein Hund oder irgendein anderes Haustier? Ruhig nimmt unser Oberleutnant einem Kanonier den Karabiner aus der Hand, hält auf das seltsame Wesen.

Peng!

Die Bewegung im Kohlbeet hört auf. Dafür öffnet sich, von unsichtbarer Hand bewegt, die Tür eines kleinen Schuppens. Mein Nebenmann jagt sofort einen Feuerstoß aus seiner Maschinenpistole hinein.

Wieder nichts!

Uns wird die Sache allmählich zu dumm.

„Woll'n uns diese geheimnisvolle Bude mal näher ansehen!"

Mit wenigen schnellen Sprüngen sind wir im Garten. Finden im Kohlbeet einen toten Zivilisten. Kopfschuss! Neben seiner durchschossenen braunen Mütze liegt ein Schnellfeuergewehr ...

„Das war Maßarbeit, Herr Oberleutnant! Der hat genug für die nächsten tausend Jahre."
Unser Interesse gilt jetzt dem Schuppen. Vorsichtig pirschen wir uns heran, springen mit einem Satz in den halbdunklen Raum.

In der Mitte eine große Blutlache. Daneben liegen zwei zusammengekrümmte Gestalten, die noch im Tod ihre Gewehre umklammern. Ebenfalls Zivilisten, Heckenschützen, die uns aus dem Hinterhalt erledigen wollten.

„Die Jungs haben Pech gehabt, müssen schon etwas schneller sein, wenn sie uns an den Hals wollen. Los, weiter!" Wir verlassen den Ort, kommen auf die schnurgerade Landstraße, fahren noch ein paar Minuten, halten dann, warten auf die Batterie.

„Ist ja nichts los hier. Außer diesen paar Selbstmordkandidaten von vorhin lässt sich kein Schwanz ausmachen. Die Brüder sind längst stiften gegangen."

Der Leutnant scheint Recht zu haben. Hier herrscht tiefster Frieden. Außerdem sind anscheinend schon Fußtruppen des Heeres heran, denn links von uns zieht eine bespannte Kolonne, etwa eintausendfünfhundert Meter entfernt, parallel zu unserer Straße gen Osten.

„Das ist wahrscheinlich Infanterie, die nach uns Wälder und Felder durchkämmt. Mensch, müssen die sich aber rangehalten haben!"

„Gib dein Glas her. Wollen uns den Verein mal genauer ansehen!"

Nanu, warum stiert denn der Unteroffizier so angestrengt hinüber? Er schüttelt den Kopf, reicht das Glas seinem Wachtmeister. Der nimmt es hastig vor die Augen, ruft:

„Na klar, Mensch. Das sind doch Bolschewiken! Eine ganze bespannte Pak-Kompanie."

„Ich werd' verrückt! Die sind wohl lebensmüde. So was Dummes!"

„Die 8,8 feuerfrei auf die Spitze der Kolonne! 2-cm-Geschütze noch verhalten, bis die Brüder türmen. Dann ebenfalls drauf! Immer auf die Pferde halten. Und keine hastigen Bewegungen, dass die sorglosen Herren dort drüben nicht noch im letzten Augenblick Lunte riechen."

„Jawohl, Herr Oberleutnant!"

Die Kanoniere schleichen fast, wagen nicht laut aufzutreten, aus Angst, dass ihnen die fette Beute noch verlorengehen könnte. Doch die Bolschewisten ahnen nichts von ihrem Glück, ziehen seelenruhig im Schritt weiter. Deutlich erkennen wir an ihrer Spitze den Kompaniechef hoch zu Ross, dem in kurzen Abständen die von je zwei Pferden gezogenen Pakgeschütze folgen. Dahinter wieder einige Berittene.

Rums! Die erste Granate unserer 8,8-Kanone haut in die langgezogene Marschkolonne. Pferde wälzen sich am Boden, ihre Reiter unter sich begrabend. Was von den Gäulen noch laufen kann, rast wie wild nach allen Seiten davon. Geschützteile wirbeln durch die Luft. Kopflos gewordene Soldaten schießen blind in die Gegend.

Ein unvorstellbares Durcheinander!

Einzelne Geschützbedienungen jagen mit ihren Kanonen los, einem nahegelegenen Waldstück zu, werden unterwegs von den Feuerstößen unserer 2-cm-Geschütze erwischt und ebenfalls restlos zusammengeschlagen.

Nach fünf Minuten ist von der ganzen Panzerabwehrkompanie nichts mehr übrig, außer einigen herumirrenden Pferden und einzelnen Soldaten, die in das hohe Korn umliegender Getreidefelder flüchten.

„Aufsitzen! Anfahren!"

Die Straße ist zuerst für sowjetische Verhältnisse tadellos. Gepflastert, hält sie uns den Staub vom Leib und ermöglicht ein anständiges Tempo. Doch nach fünf Kilometern hat die Herrlichkeit ein Ende. Ganz unvermittelt reißt die Straße plötzlich ab, mündet in einen Sandweg mit tiefen Löchern und großen Steinhaufen, der noch dazu wellig wie eine „Berg- und Talbahn" verläuft.

„Da sollen wir mit unseren schweren Geschützen und den Lastkraftwagen durchkommen? Na, herzlichen Glückwunsch!"

„Quatsch nicht, werden's schon schaffen. Haben schon ganz andere Dinger gedreht!"

Und schon fährt unser Carratsch los. Stöhnend frisst sich die Zugmaschine durch den metertiefen Sand, zerrt das Geschütz mit sich, das wie ein übermütiger Ziegenbock über die Schlaglöcher springt. Langsam, aber sicher geht es vorwärts, wenn auch mit dauerndem Schalten und Wechseln der Strecke.

Die Zugmaschinen schaffen es alle. Anders die Personen- und Lastkraftwagen, von den Krädern gar nicht zu reden. Sie sitzen dauernd fest, mal in einem tiefen Sandloch, dann in einer ausgefahrenen Rinne, auf einem Steinhaufen. Oder sie versacken im losen Sand.

Wo die Lastwagen hoffnungslos festsitzen – und das passiert alle hundert Meter –, müssen sie von den Zugmaschinen herausgezogen werden. Bei den Personenwagen und Motorrädern muss die Kraft der Fahrer und Beifahrer zum Schieben und Ziehen genügen.

An einer steil ansteigenden Wegstrecke sieht man Bilder wie bei einer großen geländesportlichen Veranstaltung in der Heimat. Kradfahrer schieben mit ihren Beifahrern keuchend Maschinen den Hang empor. Bei Personenkraftwagen mahlen die Hinterräder im Sand und wollen nicht fassen, so laut die Fahrer auch die Motoren aufheulen lassen.

Am Motor eines Kübelwagens werden verrußte Kerzen ausgewechselt. Schwitzende Männer versuchen aufliegende Achsen durch eifrigen Gebrauch des Spatens und durch Unterlegen von Brettern wieder frei zu bekommen. Flüche in allen Tonarten und Dialekten schwirren durch die Luft, während mit knirschenden Stahltauen die Wagen geschleppt werden, bei denen alle menschliche Kraft und Geschicklichkeit versagen.

Tatsächlich, wie an einem motorsportlichen Prüfhang! Nur mit dem einen Unterschied, dass es in der Heimat Sport, hier aber ganz verfluchter Ernst ist!

Nach zwei Stunden sind alle Fahrzeuge der Batterie glücklich über diese Strecke hinweggelotst, haben in dieser Zeit fünf Kilometer geschafft. Die Fahrer wischen sich den Schweiß von den Stirnen, lockern durch Schlenkern der Arme die angespannten, verkrampften Muskeln, schimpfen – und haben keine Ahnung, dass dieser Weg erst eine ganz kleine Kostprobe dessen ist, was ihnen in den kommenden Monaten noch an schlechten Straßen bevorsteht.

Gegen Abend erreichen wir Stolpce. Einstmals eine Stadt mittlerer Größe am Njemen, jetzt nur noch ein Ruinenfeld. Über den niedergebrannten und zusammengestürzten Häusern, aus deren Trümmern die stabiler gebauten Schornsteine rauchgeschwärzt aufragen, schwelt und glüht es noch, widerlichen Geruch verbreitend, wo Mensch oder Tier mit unter den Trümmern begraben wurden und verbrannten, dazwischen dem Tode entronnenes Vieh. Halb verhungerte Hunde, quiekende Ferkel, aufgeregt flatternde Hühner und kläglich brüllende Kühe, denen die Fülle ihrer seit Tagen nicht gemolkenen Euter Schmerzen bereitet.

Ab und zu auch ein Mann oder eine Frau mit schmutzigen Kindern. Sie suchen in den Trümmern ihrer Wohnstätten nach verschont gebliebenen Haushaltgegenständen, ziehen die hier Kostbarkeiten darstellenden eisernen Gestelle ihrer Betten hervor und – stehlen nebenbei aus anderen Trümmern und Ruinen, was ihnen in die Finger fällt; treiben das Vieh der geflüchteten Nachbarn weg und prügeln sich mit ähnlichen menschlichen Aasgeiern um die Beute.

Da sieht man wirklich Weiber zu Hyänen werden, die sich wegen eines Ferkels, das keiner von ihnen gehört, die Haare ausreißen und in die Augen kratzen.

Über das Schicksal ihrer Verwandten, Eltern oder Kinder machen sie sich offenbar keine Gedanken. Fragt man sie danach, zucken sie nur mit den Schultern.

Nitschewo!

Seelische Verrohung neben brutalen Raubinstinkten ...

In krassem Gegensatz zu diesem widerlichen Treiben ein erschütterndes Bild von der Größe und Majestät des Todes:

Die Gräber deutscher Soldaten, die beim Kampf um diese Stadt fielen. Gebettet in eine grüne Wiese, liegen sie diesseits des Njemen als stumme Brückenposten. Der Infanterist neben dem Panzersoldaten. Der Kradschütze neben dem Artilleristen. Der Feldgendarm neben dem Funker. Alle vereint im Tode unter dem gleichen Rasen, auf dem sie vor kurzem zusammen vorstürmten.

Kreuze aus weiß-leuchtendem Birkenholz mit dem Eisernen Kreuz in der Mitte stehen über liebevoll gerichteten Grabhügeln, die Kameraden mit Moosplatten belegt und mit Blumen geschmückt haben. Sinnbilder des ‚Opfergeistes einer soldatischen Jugend und Symbole der Vaterlandsliebe unserer Generation, die gleich vergangenen Geschlechtern unseres Volkes zu kämpfen und zu sterben weiß. Lange stehen wir vor diesen Gräbern unserer Kameraden. Legen abschiednehmend die Hand an den Stahlhelm, ehrend und – versprechend!

Auf einer Wiese vor der unversehrt gebliebenen Njemenbrücke gehen wir in Stellung. Auftrag: Brückenschutz gegen Fliegerangriffe und Sicherung der Vormarschstraße gegen eventuell von Nordwesten durchbrechende Sowjetpanzer.

Die bolschewistische Führung hat jetzt erkannt, dass ihr östlich von Bialystok der Rückzug abgeschnitten ist. Will nun hier bei Stolpce, wo eine der östlichen Nähte des riesigen Kessels um die bolschewistischen Angriffsdivisionen ist, ausbrechen und wenigstens einen Rest der Truppen retten.

Für uns bedeutet dieser Auftrag: Warten und nochmals Warten. Jede Nacht haben wir Panzeralarm, wobei sich jedoch kein feindlicher Panzerkampfwagen sehen lässt. Jeden Morgen Fliegeralarm, wenn beim ersten Morgengrauen der „alte Stabsgefreite", eine viermotorige „Maxim Gorki", ganz dicht unter den Wolken angescheppert kommt und versucht, unsere Brücke zu zerstören. Wir knallen ihr jedes Mal tüchtig die Kiste voll, sodass sie es nach zweimaligem vergeblichem Anflug aufgibt.

Tagsüber marschieren endlose Gefangenenkolonnen an uns vorbei in die Stadt, hinein in zwei schnell aufgebaute Lager, die nur von wenigen deutschen Landsern bewacht werden. Was da an uns vorbeihumpelt und schleicht, waren einstmals Angehörige bolschewistischer Angriffsdivisionen. Elitetruppen!

Und wie sehen diese Elitesoldaten jetzt aus? Zum Umfallen müde, mit zerrissenen Uniformen, verdreckt, unrasiert, barfuß oder mit Lappen um die wunden Füße, mit blutdurchtränkten Verbänden,

Stolpce ist jetzt nur noch ein Ruinenfeld

verhungert und mit Blicken, in denen noch das Grauen sitzt, stolpern sie in Viererreihen hintereinander her : Eine trostlose Masse ohne Willen, ohne Hoffnung, ohne Glauben. Kirgisen neben Ukrainern, Ruthenen neben Georgiern, Armenier hinter Kaukasiern, Großrussen, Polen, Aserbeidschaner, Kalmücken. Armselige Vertreter von über fünfzig Völkern und Stämmen, die in der eisernen Klammer des Bolschewismus zur „Union der Sozialistischen Sowjetrepubliken" zusammengefasst sind.

Dazwischen vereinzelt auch Frauen in Uniform. Keine Flintenweiber, sondern Frauen, die regelrechte Soldaten sind, da im „Arbeiterparadies" auch jedes weibliche Wesen, wenn auch nicht offiziell, wehrpflichtig ist. Sie wurden eingezogen, genau wie ihre männlichen Genossen. Ärztinnen z. B. fast ausnahmslos. Sehr viele von diesen dahinwankenden Frauen hassen Uniform und Waffen. Anders die zivilen Flintenweiber, die freiwillig und aus perverser Freude am Mord zum Gewehr greifen. Diese in die Uniform gezwungenen Frauen können einem teilweise leidtun, während Mitleid mit Flintenweibern Wahnsinn ist.

Im Lager angekommen, stürzen sich die Gefangenen zuerst auf den Brunnen und die Pfützen um ihn herum, trinken im Liegen wie Tiere, torkeln dann ein Stück weiter, werfen sich auf die Erde und schlafen sofort ein. Wachposten sind da gar nicht nötig, ja, häufig kommen noch kleinere Trupps Gefangener selbständig an und melden sich im Lager. Die Angst sitzt ihnen allen noch im Genick, Angst vor den unwiderstehlichen deutschen Soldaten und ihren fürchterlichen Waffen.

So haben sich die Muschiks diesen Krieg nicht vorgestellt! Ihre Politruks erzählten dauernd von einem Spaziergang über die westliche Grenze, wo es gälte, unter dem Kapitalistenjoch schmachtende Genossen zu befreien und den Kapitalismus auszurotten. Das hieß für sie: Plünderung, Mord, Raub und feine Frauen zwischen ihren gierigen Fingern, Lebensmittel und Alkohol. So, wie es bei dem „Anschluss" der drei baltischen Staaten war.

Stattdessen kam der deutsche Soldat wie ein Sturmwind über sie, schlug sie zusammen und erstickte jede Angriffslust im Keim. Das können sie nicht verstehen, weil es in den politischen Vorträgen des Kommissars doch immer hieß, die „Arbeiter- und Bauernarmee" sei unüberwindlich.

Und wo sind die Offiziere und Kommissare, die sonst einen „so klassenbewussten" Abstand zwischen sich und dem kleinen Muschik aus dem Dongebiet oder von der Wolgamündung hielten?

Sie haben ihre Rangabzeichen abgerissen, ihre Pässe weggeworfen. Wollen auf einmal auch immer kleine Muschiks gewesen sein. Das verstehen der Iwan oder der Gregor nicht, das ärgert sie. Und so gehen sie hin zum „Pan – deutscher Soldat" und zeigen in die Massen: „Der Offizier, der Kommissar!"

So haben wir bald einen ganzen Haufen von diesen getarnten „Offizieren" zusammen. Sie kommen in ein besonderes Lager, wo als einziger Insasse ein weißhaariger Major sitzt, der die Reste seiner Artillerieabteilung selbst in die Gefangenschaft führte, vorweg und mit allen Rangabzeichen. Höflich steht er auf, als wir ihn nach seinen Verhältnissen und den Gründen für die bolschewistischen Niederlagen fragen, antwortet uns mit müder Stimme, während auf seinem intelligenten Gesicht eine unaussprechliche Resignation liegt:

„Ich bin Lehrer, stamme aus Kiew, war schon im Weltkrieg Offizier, wurde 1917 Menschewist, dann unter dem Zwang der Verhältnisse Bolschewist. Ich liebe mein Land trotzdem und tue daher heute meine Pflicht als Soldat. Mehr nicht!

Sie fragen, wen und was ich für die Niederlagen der bolschewistischen Armeen verantwortlich mache? – Die dort, diese Feiglinge, die ihre Rangabzeichen abrissen und ihre Truppe im Stich ließen. Das sind heute unsere ‚Offiziere'! Der größte Teil ist dummes Pack, das nur Offizier wurde, weil es am lautesten schrie und in der kommunistischen Partei war.

Wissen Sie nicht, dass Stalin 1939 seine fähigsten Generale und Offiziere zu Tausenden abschlachten ließ, weil er ihr nüchternes Denken fürchtete und sie zu sehr und nur Soldaten waren? Damals ließ Stalin dreißigtausend Offiziere erschießen oder nach Sibirien verbannen. Unter ihnen dreizehn Armeekommandeure, hundertzehn Divisionskommandeure, zweihundert Brigadekommandeure, hundertfünfzig Generalmajore und dreihundertfünfzig Obersten. Was in ihre Stellen rückte, war dumme, urteilslose Masse.

Sehen Sie sich daraufhin einmal meine Mitgefangenen an. Die gehören nämlich zu der neuen Sorte."

Und mit einer unendlich müden Handbewegung:

„Von solch einem Aderlass erholt sich so leicht keine militärische Führung, die unsrige schon gar nicht. Der russische Soldat ist gut. Doch der deutsche auch. Er hat, im Gegensatz zu uns, eine tadellose Führung. Das ist die Hauptsache! Sie fragten mich anfangs, wen ich für den Sieger dieses Krieges halte? Ich glaube, diese Frage brauche ich Ihnen jetzt nicht mehr zu beantworten."

... Das sind heute unsere „Offiziere"!

Dankend nimmt der Major eine Zigarette, verbeugt sich knapp. Geht dann mit langem schleppendem Schritt zurück, hockt sich auf eine alte umgedrehte Munitionskiste, dreht seinen verschlagen blickenden Mitgefangenen den Rücken.

Am heutigen Abend sitzen wir noch lange zusammen, sprechen über den Sowjet-Major und das, was er uns sagte. Wir haben keine Ahnung, dass während unserer gemütlichen Runde im vom Kerzenlicht erhellten Zelt nur wenige Kilometer entfernt die bisher größte Vernichtungsschlacht aller Zeiten vor der Vollendung steht:

Die Doppelschlacht von Bialystok-Minsk, in der dreihundertdreiundzwanzigtausend Mann Gefangene gemacht, dreitausenddreihundertzweiunddreißig Panzerkampfwagen, eintausendachthundertundneun Geschütze sowie unübersehbares sonstiges Kriegsmaterial vernichtet oder erbeutet wurden, und in deren gigantischem Triebwerk auch wir ein bescheidenes, aber notwendiges Rädchen sind.

Indessen sind die Batterien einer anderen Abteilung unseres Korps über Stolpce hinaus nach Kojdanow vorgestoßen. Hier versuchen die Sowjets mit stärkeren Kräften den um sie gelegten Ring zu sprengen.

Bei Slonim ist ihnen das nicht gelungen. Nun marschieren sie parallel zu unserer Marschrichtung auf Minsk zu, tasten dauernd die Außenkante des Kessels ab, in dem sie wie in einer Mausefalle sitzen, und suchen nach dünnen Stellen, die einzudrücken wären und gute Durchschlupfe bieten könnten.

Schon glauben wir Richtung Minsk weiterziehen zu können, als die Batterien der Befehl erreicht, umgehend nordostwärts und nordwestlich von Kojdanow in Stellung zu gehen, da stärkere Infanteriekräfte der Bolschewisten die Stadt bedrohen.

Es muss schnell gehandelt werden. Der Angriff der Sowjets kann jeden Augenblick das Weichbild der Stadt erreicht haben.

Fahrzeug an Fahrzeug steht dicht aufgefahren in den Straßen.

„Wenden! In Gegenrichtung hinaus!"

Der Chef unserer Batterie prescht los. Geschütze, Messtrupps und Tross in einer Affenfahrt hinterher. Die Kraftfahrer jonglieren mit ihren Wagen wie Akrobaten.

Eine halbe Stunde später verlassen die ersten Granaten auf dem nordöstlichen Abschnitt die Rohre der schweren Geschütze. Im indirekten Beschuss wird über ein Waldstück hinaus ein Dorf beschossen, in dem die Sowjets zum Angriff auf Kojdanow bereit stehen.

Von einer vorgeschobenen B-Stelle aus leitet einer unserer Offiziere das Feuer. Das Dorf geht zum Teil in Flammen auf. Wie die Hasen rennen die unverletzt gebliebenen Bolschewisten aus den brennenden Straßen des Ortes und setzen sich am jenseitigen Dorfrand wieder fest.

Auf dem nordwestlichen Flügel ist der Gegner schon näher an die Stadt heran. In direktem Beschuss nehmen die dort eingesetzten Batterien den Feind unter Feuer, zerstreuen ihn und zwingen ihn schließlich zum Rückzug. Hauptaufgabe aber ist, zwei Kompanien Panzerpioniere, die in einem Waldstück eingeschlossen sind, zu entsetzen.

Eine leichte Batterie und die leichten Züge zweier schwerer Batterien gehen an die Aufrollung des um den Wald gelegten Feindgürtels heran. Die Geschütze, teilweise im Mannschaftszug vorwärts gebracht, nehmen die feindlichen Stellungen aufs Korn, bringen Maschinengewehr-Nester, Granatwerfer und Panzerabwehr-Stellungen zum Schweigen. Reiben dann im Infanteriekampf den Rest auf oder zwingen ihn zum Rückzug.

Innerhalb einer Stunde sind die beiden Panzerpionierkompanien aus ihrer Umklammerung befreit. Strahlend und um vieles erleichtert kommen die Kameraden auf uns zu.

„Mensch, das ist ja Flakartillerie! Ich habe gedacht, Panzerjäger haben uns hier rausgehauen."

Sie alle können sich nicht genug wundern. Zum ersten Mal sehen sie die Flakartillerie im Erdkampf eingesetzt. Und dabei ging es nun gleich um ihr eigenes Wohl und Wehe. Sie saßen in einer verteufelten Klemme.

„Das habt ihr aber prima gemacht! Wie die alten Hasen bei der Infanterie!"

„Es ist übrigens schon das zweite Mal", erzählt uns einer der Panzerpioniere, „dass wir in diesen wenigen Tagen Ostfeldzug eingeschlossen sind. Wir haben uns oft gefragt, wer wen einkesselt."

Diesen Ausspruch haben gerade in den ersten Wochen des Feldzuges viele Soldaten in Vorausabteilungen und den diesen Spitzen folgenden Verbänden getan. Nur allzu häufig sind die Stoßkeile, die mitten durch den Aufstellungsraum des Gegners führten, abgerissen oder von überstarken Kräften durchschnitten worden. So saßen häufig kleinere und größere Kontingente eingeschlossen, manchmal Stunden hindurch, bisweilen aber auch tagelang fest.

Aus der Froschperspektive des Landsers gesehen, hat diese Art Kriegführung zunächst ein gewisses Moment der Unsicherheit mit sich gebracht.

„Wer kreist wen ein?"

Das ist die immer wieder zu hörende Frage, hinter der sich in den ersten Tagen eben doch Zweifel und Unbehagen verbergen. Diese Strategie sind die älteren und erfahrenen Soldaten nicht gewohnt. Den jungen aber leuchtet sie überhaupt nicht ein.

Später, als man merkt, dass mit diesem „Kreiselspiel" eine ganz gewisse Taktik unserer Führung verfolgt wird, sind Situationen, in denen der Feind Zangenbewegungen um eigene Verbände ausführt, mit sehr viel mehr Ruhe und Gelassenheit hingenommen worden. Jeder weiß: Die Einkesselung durch die Sowjets kann nur eine gewisse Zeit lang dauern, dann ist Entsatz da.

In den folgenden Tagen versuchen die Bolschewisten immer wieder eine Bresche in die Umklammerung zu schlagen, mit dem Ziel, nach Osten hin auszuweichen. Mit Fußtruppen ist dieser Ring nicht zu durchbrechen.

So setzen die Sowjets schnellere, motorisierte Einheiten an, verladen ihre Infanterie auf Lastkraftwagen, die zu zweit oder dritt plötzlich angefahren kommen. Offenbar glaubt der Gegner an die Möglichkeit der Bildung kleiner brückenkopfartiger Einschnitte, die, späterhin ausgebaut, dann doch einmal als Keile in die Umklammerung gerammt werden können.

Aber gerade diese Kraftwagen mit verlasteter Infanterie sind ein Hauptspaß für unsere leichten Geschütze. Bis auf hundert, manchmal sogar bis auf fünfzig und zwanzig Meter lassen sie sie herankommen. Dann jagen sie ihnen eine Ladung Sprenggranaten entgegen.

Die Wirkung ist jedes Mal verheerend. Im Nu fängt so ein Lastkraftwagen Feuer. Die Besatzung ist meistens vernichtet. Was dann noch lebend übrig bleibt, wird entweder gefangengenommen oder im Nahkampf ausgeschaltet. Ruhe, eiserne Nerven gehören zu diesen Aktionen. Warten, bis der Gegner so nahe wie möglich heran ist. Jede Nervosität, jedes vorzeitige Feuern stellt den Erfolg in Frage oder verkleinert ihn.

Unsere Geschützführer und Richtkanoniere tragen insbesondere in solchen Lagen die Hauptlast der nervenmäßigen Beanspruchung. Erst dann, wenn der Geschützführer „Feuer frei!" gibt, wird geschlissen. Er muss die Übersicht behalten und den geeigneten Zeitpunkt abpassen.

In diesem Augenblick aber müssen die Granaten schon das Rohr verlassen, muss gleichzeitig der Richtkanonier den Gegner im Visier haben. Bei dem Tempo, mit dem feindliche Kraftfahrzeuge sich bisweilen unseren Stellungen nähern, ist das nicht immer ganz einfach. Neben allem anderen erfordern solche und ähnliche Lagen ein blitzschnelles Reaktionsvermögen des Richtkanoniers. Gehen die Granaten vorbei und fassen den Gegner nicht, dann können gefechtsmäßige Vorteile sich mit einem Schlag ins Gegenteil verkehren. Denn ehe ein neues Magazin eingesetzt und so die Waffe wieder feuerbereit ist, kann der Gegner mit seinen Schnellfeuerwaffen eingreifen und die vielfach auf sich allein gestellte Geschützbedienung kampfunfähig machen.

Die Sowjets sehen ein, dass auch bei Kojdanow kein Durchkommen ist. Da versucht es nochmal ein mit Offizieren besetzter Personenkraftwagen.

In einer Affenfahrt kommt er auf unsere Stellung zu, glaubt mit der Geschwindigkeit unseren Geschossen entgehen zu können. Wir müssen anerkennen: Es ist ein tollkühnes Husarenstück, das der Gegner sich hier leistet. Aber auch dieses Gewaltmittel verfängt nicht.

Schon die erste Geschoßserie des zuvorderst aufgestellten leichten Geschützes erfasst den Personenkraftwagen, der im Karacho in den Straßengraben hineintrudelt und sich dort überschlägt.

Wir gehen heran. Die Offiziere sind teils infolge der Wirkung unserer Granaten, teils durch den Überschlag des Wagens zu Tode gekommen.

Der Wagen fängt an zu brennen. Alles ist verklemmt und ineinandergeschoben.

Da entdecken wir eine eiserne Kassette. Sie wird erbrochen. Geheimpapiere!

Unter anderem Zeichnungen, die Stalinlinie mit ihren Befestigungswerken. Ein guter Fang! Die Papiere wandern umgehend zum Divisionsstab ...

***

„Mensch, gerade am 1. Juli reisen! Wenn das nichts Gutes zu bedeuten hat!"

Gott sei Dank, es geht weiter. Wir hatten schon das Gefühl, abgehängt zu sein. Der Angriff ist nun mal das Schönste für den deutschen Soldaten, besonders aber für uns, die wir sonst auf den Gegner warten müssen.

Die Fahrer sind Dolmetscher und Vollstrecker unserer Gefühle, treten auf die Gaspedale, dass die Wagen nur so über die Schlaglöcher springen und alle Insassen durcheinandergerüttelt werden. Bald hemmen tiefe Sandwege ihren Tatendrang. Durch wundervolle Wälder und verarmte Dörfer folgen wir den tiefeingefahrenen Spuren der Kolonnen, die vor uns marschiert sind.

Alle paar hundert Meter ein ausgebrannter sowjetischer Panzerkampfwagen am Weg. An den Waldrändern verlassene Infanteriestellungen, deren schwarze Wände und abgesengte Tarnung vom vernichtenden Strahl der Flammenwerfer künden. Und immer wieder gefallene Sowjetsoldaten. Sie liegen da, wie sie die tödliche Kugel traf. Manche, als ob sie schliefen.

Die einheimische Bevölkerung lässt sie achtlos liegen, obgleich es Kameraden ihrer Söhne und Väter sind. Sie ist erst auf deutschen Befehl bereit, die zum Teil schon in Verwesung übergehenden Leichen unter die Erde zu bringen, scharrt sie ein wie Tiere.

Ja, der Mensch gilt nichts in diesem Staat. Ist wie ein Blatt im Wind. Menschenleben sind ja so billig, waren es schon immer. Seit 1917 kosten sie schon gar nichts mehr. Und was nichts kostet, ist nichts wert, denken primitive oder verbrecherische Hirne, vergeuden und aasen mit dem ihnen ausgelieferten Gut, opfern seit fünfundzwanzig Jahren Millionen sinnlos, aus Freude an der Grausamkeit, während dieser von ihnen entfesselte Krieg bereits in den ersten Wochen Hekatomben an Menschenleben fordert und noch mehr fordern wird: Ein letzter fürchterlicher Aderlass am leidgeschlagenen russischen Volkskörper, von dem er sich in Jahren nicht erholen kann.

... im Mannschaftszug vorwärts gebracht

Über eine kleine Waldschneise, an der neben zwei Eisenbahnschienen ein windschiefes Wärterhaus steht, fahren wir in das sowjetische Altreich hinein. Zur Begrüßung leuchtet uns ein blutigrotes Transparent mit dem Zeichen der Kommunistischen Internationale entgegen: Eine Erdkugel, auf der gleich einer Spinne im Netz Hammer und Sichel thronen, und nach allen Himmelsrichtungen ihre Fäden ziehen, das Ganze umrankt von dem in allen Weltsprachen kündenden marxistischen Kernspruch: „Proletarier aller Länder vereinigt euch!"

Großsprecherische Parolen über windschiefen Häusern: An diesem ehemaligen Grenzübergang hat die Moskauer Regierung unbewusst preisgegeben, welche Auffassungen sie über ihre Pflichten dem Land und dem Weltproletariat gegenüber in Wirklichkeit vertritt.

Nach einigen Kilometern Fahrt durch uralten Waldbestand kommen wir an einem großen Barackenlager vorbei, das auf einer kahlgeholzten Stelle errichtet wurde. Im Quadrat angeordnete Baracken werden an allen vier Ecken von hölzernen Türmen überragt. Das Ganze umschlossen von hohem Stacheldraht. Im Inneren des Hofes liegen noch Sägespäne und Handwerkszeug. Die Erbauer dieses Lagers wurden also mitten in der Arbeit vom Krieg überrascht.

Wir fragen einen alten Bauern nach dem Zweck dieses Lagers. Der will zuerst nicht raus mit der Sprache, sagt dann kurz und schnell „Zwangsarbeitslager der GPU", verschwindet daraufhin im Wald, als fürchte er bei seiner kurzen Erklärung von irgendwem belauscht worden zu sein, vor dem er sich nun schnell in Sicherheit bringen muss.

Das also ist eines der berüchtigten Arbeitslager, von denen es Hunderttausende in der Sowjetunion gibt, und in denen nach halbamtlichen sowjetischen Mitteilungen über sechzehn Millionen Menschen gefangen gehalten werden.

Alle großen Bauten lassen die bolschewistischen Machthaber von diesen billigen Arbeitssklaven errichten, die kaum Löhnung bekommen, keine Kleidung und nicht viel mehr zu essen, die bei Tag und Nacht an die Arbeit getrieben werden können. Ihre riesigen Bauprojekte überträgt die Staatsführung einfach der GPU, die genug Menschen zur Verfügung hat. Bei der überdies im Gegensatz zu anderen staatlichen Stellen die Gewähr gegeben ist, dass die Bauvorhaben in kürzester Zeit ohne Rücksicht auf Verluste ausgeführt werden.

Wenn schon Zehntausende dabei elend zugrunde gehen, was spielt das für eine Rolle! Die GPU schafft stets Ersatz. Steht ihr doch als Jagdgebiet das ganze sowjetische Reich und als jagdbares Wild alle Völkerschaften der UdSSR, mit Ausnahme der Juden, zur Verfügung.

Die entsetzte Welt hörte erstmalig nach dem Bau des Weißmeer-Kanals, mit welchen Menschenopfern dieses Werk und ähnliche Großbauten fertiggestellt wurden. Hunderttausende starben damals in ungesundem Klima und bei schwerer Arbeit wie die Fliegen. Daneben kamen und kommen aber bis heute Millionen andere in den Eisgebieten des Nordens und in den Weiten Sibiriens um, von deren Schicksal kein Mensch jemals etwas erfährt.

Es gibt wohl kaum eine Familie in Sowjetrussland, die nicht ein Mitglied irgendwo strafgefangen weiß. Wir hören von der einheimischen Bevölkerung in Stadt und Land bei Fragen nach Vätern oder Brüdern immer wieder:

„Verschickt – deportiert – Sibirien – strafgefangen – verschollen."

Die geringsten Vergehen genügten, um reif für die GPU zu sein: Versäumnisse auf der Arbeitsstätte, Zuspätkommen zum Dienst, mangelnde Nacheiferung der Stachanow-Arbeitsmethode. Ja, oft reichte auch schon der Verdacht der Unzufriedenheit zur Verurteilung von fünf bis zehn Jahren Zwangsarbeit aus.

In den letzten Jahren und Monaten wurde dieser Fang von Arbeitssklaven im Zeichen der wahnsinnigen industriellen und militärischen Rüstungen zur Überrumpelung Europas noch bedeutend verstärkt. Ohne dieses elende, von der Öffentlichkeit hermetisch abgesperrte Millionenheer wäre die heimliche gigantische Aufrüstung der Roten Armee gar nicht möglich gewesen.

Wir müssen beim Anblick dieses Arbeitslagers an das Schicksal all derer denken, die hinter solchen Stacheldrahtzäunen im weiten russischen Land sitzen. Wir sehen im Geist auf den hier noch leeren Wachttürmen die schweren Maschinengewehre der GPU-Wachtposten, hören ihr trockenes Bellen, wenn einer der Unglücklichen der Umzäunung zu nahe kommt, und fühlen beglückt, dass wir nicht nur Krieg und Tod in den Staat tragen, der über unsere Grenzen in die Heimat einbrechen wollte, sondern dass mit unseren Waffen auch Frieden und Freiheit marschieren.

In den letzten Abendstunden rollen wir auf der breiten Asphaltstraße Minsk – Moskau – Nowo-Borissow an der Beresina entgegen. Diese aus rein strategischen Gründen gebaute Autostraße ist das Paradepferd sowjetischer Propaganda, das immer wieder unseren Reichsautobahnen als gleichwertig entgegengestellt wurde. Nun, wir kennen jetzt beide, die Moskauer Asphaltstraße und unsere Autobahn, können Vergleiche anstellen. Finden, dass sich die sowjetische Prachtstraße trotz aller Anstrengungen neben unserer Reichsautobahn wie ein ruppiger Fixköter neben einem edlen Rassehund ausnimmt.

Trotzdem ist es für Mensch und Fahrzeug geradezu eine Wohltat, wieder einmal auf einer glatten stoßfreien Bahn rollen zu können.

Wie toll sind doch die Gegensätze in diesem Land, das neben ungezählten Elendshütten, die eine Stadt ausmachen, zwei, drei Monumentalbauten hingestellt hat. Das für den modernen Verkehr kaum befahrbare Wege in eine Autobahn einmünden lässt. Potemkinsche Dörfer ... Sowjetrussland ...

Stunde um Stunde geht es in flottem Tempo vorwärts. Die Kolonne frißt heute förmlich Kilometer. Plötzlich:

„Das Ganze halt!"

Der Kommandeur unserer Flakabteilung und ein Batteriechef fahren mit einem Krad nach vorn, um zu sehen, was sich an der Kolonnenspitze tut. Das Feuer leichter Geschütze, das Gerattere der Maschinengewehre und peitschende Gewehrschüsse lassen unschwer erraten, dass voraus dicke Luft ist. Wenig später läuft der Ruf von Mund zu Mund die Fahrzeugreihe entlang:

„Flak vor!"

Die schweren Zugkraftwagen mit ihren Geschützen scheren aus dem Verband aus, preschen die Straße hinunter. In weit ausholender Kurve führt die Asphaltbahn, beiderseits von dichtem Kiefernwald bestanden, an Nowo-Borrisow heran. Eine schwere Baumsperre auf der Straße, und links und rechts tief in den Waldrand eingeschnittene Tankfallen machen ein Vorwärtskommen unmöglich, zumal feindliche Panzer, Artillerie und leichte Einheiten einen undurchdringbaren Feuergürtel legen. Der Auftrag aber lautet, die einige Kilometer in Marschrichtung liegenden zwei Beresina-Brücken unversehrt in unsere Hand zu bekommen.

Schwere deutsche Panzerkampfwagen brechen schließlich quer durch den Wald, überrennen oder vernichten die sowjetrussische Verteidigungsstellung, rasen durch einen Teil des Orts und bekommen beide Flussbrücken in ihre Hand. Drüben wird ein Brückenkopf gebildet, die Sprengladungen an den Brücken werden entfernt.

Nach diesem kühnen Husarenstück haben sich die Panzer verschossen, ihr Sprit geht ebenfalls zu Ende. Die einzige Möglichkeit, den Brückenkopf zu halten, ist, Flakartillerie dort einzusetzen. Unsere Panzer müssen auf jeden Fall zurück Eine kurze Verständigung mit dem Kommandierenden General: Die schwere Batterie geht in Stellung ...

Im dämmerigen Licht des sinkenden Abends werden, unter dauernder feindlicher Feuereinwirkung rasch, exerziermäßig genau, alle Vorbereitungen getroffen. Rechts und links der über dem Gelände stehenden, vorderen Brücke sind Häuser in Brand geschossen. Glutiger Schein taucht Brücke und Flakbatterie in helles Licht. Wie auf einer angestrahlten Bühne steht unsere Batterie, vor sich in undurchdringlichem Dunkel der Feind.

Inzwischen wehrt sich der Brückenkopf mit Infanteriewaffen. MG-Trupps einer leichten Flakbatterie unserer Abteilung stoßen bis zweihundert Meter hinter die nördliche Beresina-Brücke vor, halten durch dauerndes Feuern die feindlichen MG-Nester und eingegrabenen Schützen nieder, ersparen so den Geschützbedienungen Verluste und schaffen ihnen etwas Luft.

Kurz darauf greift der Zug einer leichten Flakbatterie in den immer heftiger werdenden Kampf ein. Den Beschuss nicht achtend, stürmt er mit seinen Geschützen über die beiden Brücken, geht dreihundert Meter hinter der nördlichen Brücke in Stellung. Unter dauerndem Artillerie- und Maschinengewehrfeuer bringen die Kanoniere ein Geschütz über eine acht Meter hohe Böschung herunter, auf einer Wiese in Feuerstellung. Die beiden anderen Geschütze bleiben, um besseres Schussfeld zu haben, mitten auf der Rollbahn stehen. Schlagartig überfallen dann die drei Geschütze auf etwa fünfzig Meter Entfernung, mit kurzen Feuerstößen, zwei in die Wiese eingegrabene Lastkraftwagen, von denen aus die Straße laufend unter MG-Feuer gehalten wird.

Nach wenigen Minuten brennen die Wagen, ist die Besatzung vernichtet. Dann nimmt der Zug sich die am Rand des Ortes eingebauten Maschinengewehr-Nester vor, bringt sie zum Schweigen. Ein weiterer Zug der leichten Batterie hat seine Stellungen im Sumpfgelände der Beresina-Niederung ausgehoben und wartet im endlos rinnenden Regen auf den neuen Tag.

Um Mitternacht kommen der Abteilungskommandeur und der Chef der schweren Batterie zu den unter ihren Zeltplanen hockenden Männern. Sehen nach dem Rechten, geben Anweisungen, sagen gute, beruhigende Worte.

Und dann stimmt der Abteilungskommandeur in Regen und Dreck ein altes Soldatenlied von Liebe, Marschieren und Tod an. Die Kanoniere des Zuges fallen sofort ein. Hell klingt dieses deutsche Soldatenlied durch die russische Nacht, schwingt hinüber zu den Kameraden des anderen Zuges und der schweren Batterie. Diese horchen auf, singen ebenfalls mit. Bald singen alle Männer auf und an den Beresina-Brücken den drüben lauernden Bolschewisten ihren Trotz und ihre Todesbereitschaft entgegen.

Um drei Uhr morgens setzt der Bolschewist zum Angriff an. Feindliche Scharfschützen haben sich in vorbereiteten Schützenlöchern bis auf zwanzig Meter an den Brückenkopf herangearbeitet. Nur die Panzerschilde der Geschütze oder die sie umgebenden Erdlöcher bieten wirksamen Schutz gegen diese in der Flanke stehenden Sowjets.

Feindliche Panzerkampfwagen rollen im 50-Kilometer-Tempo heran. Sie werden abgeschossen. Die gegenüberliegende Artillerie jagt Granate auf Granate aus den Rohren. Sie wird bekämpft, zum Stellungswechsel gezwungen, schießt danach aber mit unverminderter Stärke. Ein Flakgeschütz fällt aus, dann ein zweites und schließlich auch das dritte. Dreck- und Sandfontänen der einschlagenden Granaten haben die Verschlüsse der Geschütze verklebt. Nieselnder Regen hat Rost ansetzen lassen. Eine verteufelt kritische Lage! Jetzt, wo jede Waffe gebraucht wird. Unter dem feindlichen Feuerhagel werden zwei Geschütze wieder feuerbereit gemacht.

Währenddessen bestreichen die 2-cm-Geschütze des vorgeschobenen Zuges Infanteriestellungen am Süd- und Ostrand von Borissow. Dabei werden drei schwere feindliche Flakgeschütze westlich der Rollbahn erkannt, und durch gemischtes Feuer von Panzer- und Sprenggranaten zerstört. Dafür machen sich MG-Nester auf der anderen Straßenseite umso unliebsamer bemerkbar. Sie bestrichen die Kanoniere dauernd in der Flanke, zwingen sie immer wieder in Deckung.

... in die Wiese eingegrabener Lastkraftwagen

Die Männer machen dieses tödliche Spiel eine Zeitlang mit. Dann gehen sie aufs Ganze, springen plötzlich aus ihren Erdlöchern, schieben ein Geschütz die Böschung empor, gehen oben auf der Straße in Stellung und stürzen sich mit kurz hämmernden Feuerstößen auf die MG-Nester. Einige werden zum Schweigen gebracht. Andere sind so vorzüglich getarnt, dass sie nicht sofort auszumachen sind. Sie schießen zurück, was aus den Läufen herausgeht, verwunden einen Kanonier beim Zureichen von Magazinen schwer.

Ein Obergefreiter, der schon einmal Magazinkästen über die Straße geschafft hat, versucht, eine Tragbahre für den Verwundeten zu holen, fällt dabei, bezahlt seine Kameradschaft mit einem schnellen Soldatentod. Trotz dieser Ausfälle schaffen die übriggebliebenen Kanoniere es schließlich, halten mit wirksamen Feuerstößen die MG-Nester nieder und ermöglichen so den Kameraden an den anderen Geschützen die Weiterführung des Kampfes. Verbissen und zäh halten unsere Flakartilleristen, ganz auf sich gestellt, stundenlang diese für den weiteren Verlauf so wichtigen Brückenköpfe über die Beresina, kämpfen unter der Führung ihres Abteilungskommandeurs und des Batteriechefs gegen eine erdrückende sowjetische Übermacht, die mit Panzern, Infanterie, Artillerie, Panzerabwehr- und Flakgeschützen die Brückenköpfe zu überwältigen versucht.

Durch Erinnerungen an Napoleons Rückzug über die Beresina ermuntert und angefeuert, versuchten hier die Bolschewisten, an die sonst von ihnen so geschmähte Geschichte des Zarenreiches anzuknüpfen. Sie hofften, auch uns so über die Beresina-Brücke jagen zu können, wie es einst die Kosaken mit dem geschlagenen Heer des großen Korsen machten, werfen daher immer neue Verbände in den Kampf, ohne Rücksicht auf Verluste.

Aber die Geschichte wiederholt sich nie, noch lässt sie sich bestechen. Nach einem zähen, unerhört harten Kampf werden unsere Flakkanoniere von eigenen Panzerkampfwagen entsetzt. Der Angriff kann über die unversehrten Beresina-Brücken weiter vorgetragen werden in Richtung Smolensk.

Noch einmal versuchen die Bolschewisten die Übergänge über die Beresina zu zerstören. Nachdem ihre Erdtruppen dies nicht erreicht haben, schicken sie jetzt Tag für Tag, namentlich aber im Morgengrauen, ihre Bomber. Auch sie werden von unseren Flakbatterien abgeschossen oder verjagt. Mit zahlreichen Treffern suchen die Sowjetflugzeuge nach ergebnislosem Anflug das Weite. An vielen Stellen in und um Borissow zeugen die Wracks von Flugzeugen – verbogene, ineinandergeschobene Teile, ausgebrannte Gerippe, Motoren, die sich in die Erde gebohrt haben – vom Wirken und Erfolg der Flakartillerie in der Dimension des Luftraumes.

... von unseren Flugzeugen abgeschossen

Durchbruch durch die Stalinlinie

Die Beresina im Rücken, fahren wir auf der breiten Autostraße weiter nach Osten. Es dämmert bereits. Wir müssen uns beeilen, wenn wir die Kameraden von den Panzern noch vor Einbruch der Dunkelheit erreichen wollen, die als Vorhut unserer Division zwischen Loschwiza und Nascha in hartem Kampf mit ausgesuchten Moskauer Panzerregimentern liegen.

Die Nähe der Front kündigt sich durch – wie uns scheint – lebhaftes Feuer aller Waffengattungen an. Unaufhörlich blitzt es vor uns auf, erleuchtet den sich immer mehr verfinsternden Horizont, gurgelt, pfeift und zischt in den Baumkronen, auf der Straße vor uns.

Inzwischen ist es völlig dunkel geworden. Wir rollen weiter, dem stetig zunehmenden Feuer entgegen.

An einer Waldspitze halten wir kurz an, erkennen jetzt die Ursache des wüsten Geknatters: Vor uns auf der Straße liegen vier von unseren Panzern in Brand geschossene Munitionswagen der Sowjets. An ihrer Ladung – Munition vom Infanteriegeschoss bis zur Artilleriegranate und geballten Ladung – züngeln die Flammen, bringen sie zur Explosion. Korb um Korb, Ladestreifen auf Ladestreifen. Unaufhörlich sausen die Eisenteile über die Straße, über unsere Köpfe.

Was nun?

Vor uns warten die Kameraden vom Heer. Sie brauchen uns dringend. Also gibt es nur eins für uns: Hinein in den Feuerhagel und durch! Koste es, was es wolle.

Ratternd rollen die schweren Zugmaschinen an, reißen die schwankenden Geschütze mit sich. Die Fahrer treten auf die Gaspedale, holen aus ihren Motoren, was herausgeht. Wir ziehen die Köpfe ein – für Sekunden kracht und knallt es um uns herum wie verrückt – dann sind wir durch!

Da, vor uns in fünfzig Meter Entfernung wieder zwei explodierende Wagen! Neuer Anlauf, neues Köpfeeinziehen.

Als wir fast auf gleicher Höhe mit den eisen- und feuerspeienden Lastwagen sind, stockt uns das Herz. Auf der freien Straßenseite gähnt ein riesiger Bombentrichter.

Der einzige Weg nach vorne führt über die herumliegenden Granaten und Dynamitkisten.

Jetzt hilft kein Überlegen mehr. Jede weitere Sekunde Halt kann zur Folge haben, dass uns die krepierenden Geschosse in die Rippen fahren.

Tief Luft holen!

Dann rüber über die Munition!

Es knirscht und schleift unter uns, Metall drückt auf Metall, Sekunden höchster Anspannung.

Hurra! Wir haben's geschafft!

In Nasen und Augen hängt noch eine Weile beißender Rauch ...

Wie schon so oft in diesem Krieg haben wir Flakartilleristen Gevatter Tod eben ein Schnippchen geschlagen. Wäre auch zu dumm gewesen, auf diese Art hopps gegangen zu sein.

Mit einem Gefühl, als kämen wir eben von der Weihnachtsbescherung, stürzen wir uns Minuten später auf sowjetische Panzerkampfwagen, deren Standort wir in der Dunkelheit nur am Mündungsfeuer ihrer Geschütze erkennen können. In direktem Beschuss aus zweihundert Meter Entfernung, vom Batteriechef buchstäblich über den Daumen angepeilt, decken wir sie zu, jagen ihnen Schuss auf Schuss in die stählernen Leiber.

„Sie brennen ...!"

Nach einer halben Stunde ist drüben alles still. Wir nehmen die Stahlhelme von den dampfenden Köpfen, sinken in den Straßengraben, schlafen sofort ein.

Beim Morgengrauen sind wir wieder auf den Beinen, besichtigen die „Strecke" unseres nächtlichen Kampfes, finden acht, zum Teil schwerste Panzer, zwei Haubitzen und mehrere Lastkraftwagen, alle vernichtet oder außer Gefecht gesetzt in einem Duell, bei dem man nicht viel mehr als die Hand vor Augen sehen konnte. In den nächsten achtundvierzig Stunden müssen die Motoren hergeben, was sie nur können. In zwei, ja zum Teil drei Reihen nebeneinander rollen jetzt alle Truppen und Kolonnen gen Osten. Es scheint, als ob jeder Fahrer Angst habe, hinten bleiben zu müssen.

Die Männer fahren wie noch nie, sind vom Steuer überhaupt nicht mehr wegzubringen, fahren Tag und Nacht, essen im Fahren und halten nur, um das Notwendigste zu erledigen.

Uns hat ein regelrechtes Jagdfieber gepackt. Nur weiter, immer weiter! Dem Feind auf den Fersen bleiben, ihn nicht zur Ruhe kommen lassen!

Es scheint, als hätte uns die Moskauer Regierung eigens für diesen Zweck ihre Autostraße gebaut, auf der wir Kilometer um Kilometer herunterrollen, ohne Steckenbleiben, ohne Staub und ohne Schlaglöcher.

„Bald wie ein Betriebsausflug!", ruft der Batteriechef der Besatzung einer Zugmaschine zu, die auf einem erbeuteten Grammophon uralte Schlager oder flammende Reden von Stalin und Kalinin laufen lässt und sich darüber köstlich amüsiert, obwohl keiner auch nur ein Wort davon versteht.

Die Sowjets versuchen, uns diese „Ausflugsstimmung" mit ihrer Luftwaffe gründlich zu versauen. In Abständen von ein bis zwei Stunden schaukeln ihre dicken Martinbomber über die Autostraße, bewerfen aus tausend bis tausendfünfhundert Metern ihre Ziele.

Bei jedem Anflug halten wir kurz, nehmen Deckung an den Straßenrändern und passen auf, wo die „freundlichen Grüße" landen.

„Eigentlich komisch, dass wir hier im Gras liegen, wenn die Sowjets angeschwirrt kommen. Bin ich als Flaksoldat gar nicht gewöhnt, ist aber auch mal ganz schön."

Mit diesen Worten springt ein Richtkanonier nach einem neuen Anflug auf die Zugmaschine. Es kommt gleich ihm allen Kanonieren seltsam vor, bei diesen Fliegerangriffen in Deckung zu gehen, während ihre Geschütze wie die anderen rollenden Waffen und Fahrzeuge des Heeres einsam auf der Straße stehenbleiben müssen.

Sie brennen …!

Doch dieser Bombensegen und seine Abwehr sind halb so wichtig. Jetzt ist nur und ausschließlich Tempo Trumpf. Das Instellunggehen zum Luftbeschuss muss leider nachrückenden Batterien überlassen bleiben. Wir sind nicht böse darüber, freuen uns über die pausenlose Jagd in Gemeinschaft mit den Kradschützen und Panzern.

Sogar unsere Feldküche ist von dem allgemeinen Vorwärtsstürmen angesteckt worden, erreicht uns pünktlich zur Mittagszeit bei der Fahrt durch ein langes Waldstück. „Halt! Essen fassen!"

Zwei Schlag Erbsensuppe sind verdrückt. Einige Kameraden gehen einen ausgefahrenen Weg entlang, der durch den hier nur fünfzig bis achtzig Meter breiten Waldgürtel führt. Wir wollen „krumme Knie" machen und sehen beim Ansatz zu dieser Stellung helle Gebäude durch die Baumstämme schimmern.

„Mensch, nichts wie hin! Vielleicht wieder ein Vorratshaus irgendeiner Kolchose, oder wie die Dinger heißen!"

Bis auf fünfzig Meter pirschen sich die Landser an die Gebäude heran und erkennen dann, dass es sich um einen ausgedehnten Kasernenkomplex handelt, der raffiniert in den Waldrand hineingebaut ist, an dem in einiger Entfernung nur noch die Hütten eines kleinen Dorfes stehen.

„Los, zunächst der Batterie Bescheid sagen!"

Dort wird sofort beschlossen, diese geheimnisvolle Kaserne zu untersuchen. Einmal aus militärischer Notwendigkeit, dann aber auch, weil wir noch nie das Innere einer großen Sowjetkaserne gesehen haben und aus den Wohnverhältnissen Schlüsse auf den zivilisatorischen und kulturellen Stand ihrer vormaligen Bewohner ziehen wollen.

Erwartungsvoll nähern wir uns dem rosa-blau getünchten Gebäudekomplex, über dessen Eingang in großen Ziffern die Zahl 1939 steht.

Stil und Ausführung der Gebäude verraten schon, wes Geistes Kind der Bauherr ist. Wie von jüdischen Hollywoodarchitekten „entworfen", verschandeln sie mit ihren hypermodern-degenerierten Formen die ernste russische Landschaft, sind ein einziger, grell ins Auge springender Gegensatz zu den sie umgebenden Wäldern, zu den in der Ferne verdämmernden Wiesen mit den geduckten grauen Bauernhäusern.

Sogleich wird offenbar: Der Verantwortliche für diese entarteten Fronten hat kein Empfinden für die hintergründige Seele des weiten russischen Landes und seiner Bewohner. Er vergewaltigte sie mit seiner „Kunst" genauso wie seine jüdisch-bolschewistischen Auftraggeber mit ihren Parolen.

Als wir das Hauptgebäude betreten, überfallen uns diese Parolen förmlich. Überall hängen sie an den Wänden: Aussprüche von Karl Marx, Lenin, Kalinin und Stalin, dazu die Bilder und Büsten dieser „Größen", blutrünstige Plakate mit stürmenden Infanteristen, Tabellen, Fahnen, Statistiken mit Phantasiezahlen über die kommunistische „Sozialisierung". Es gibt kaum eine Stelle an den Wänden, die nicht mit den Erzeugnissen dieser typisch jüdischen Überpropaganda bedeckt ist.

Unsere Kanoniere schütteln die Köpfe, glauben in eine Raritätensammlung von Wahlplakaten und nicht in eine soldatische Wohn- und Erziehungsstätte geraten zu sein.

Solche, auf den primitivsten Verstand zugeschnittene Holzhammeragitation wie in dieser Sowjetkaserne kann und will nicht überzeugen: Sie soll einfache Gemüter überrumpeln, widerstandslos machen gegen das bolschewistische Gift. Jeder von uns spürt das fast körperlich hart.

Wir können uns vorstellen, wie es einem jungen Muschik aus seinem weltabgelegenen Dorf, wo kaum jemand lesen und schreiben kann, zumute sein muss, wenn er in diese Kaserne kommt. Hier gerät er – ein schon von seinen örtlichen Sowjetstellen vorgeglühtes Eisen – augenblicklich unter diese Agitationswalze, deren Parolen er in dieser erdrückenden Form erst recht nicht versteht, die er als naturverwachsener Mensch auch instinktiv ablehnt.

Da er überzeugter Bolschewist sein muss, um einigermaßen erträglich behandelt zu werden, fängt er an zu heucheln. Zwiespältig geworden, weiß er schließlich nicht aus noch ein. Der Beweis dafür:

Wir finden in den großen Mannschaftsschlafsälen, auf denen jeweils mehrere hundert Mann zusammenliegen, an den Betten und Wänden Bilder bekannter Bolschewisten, in den Fächern der Soldaten aber, tief verborgen unter ihrer Wäsche, Heiligenbilder, Kreuze und Amulette.

Dass bei solch einem Gegensatz zwischen äußerem Gebaren und innerer Überzeugung, verschärft durch die verschiedenen Nationalitäten, bei der Sowjet-Armee als der einzigen in der Welt politische Kommissare zum zwangsweisen Zusammenhalt nötig waren, wird uns in dieser Kaserne vollkommen klar.

Die Offiziere der hier liegenden Truppe glaubten offenbar, dass sie noch einmal in ihre Unterkünfte zurückkommen würden. Denn sie nahmen nichts mit. Weder Proviant noch die riesigen Munitions- und Bekleidungslager noch ihr persönliches Eigentum. Sogar die kleinen Spinde der Mannschaften sind noch voll, allerdings derartig schmutzig und unordentlich, dass jedem deutschen Soldaten das Grausen kommt. Dieses Grausen steigert sich beim Betrachten der Bettwäsche, die wir nicht einmal mit zwei Fingern anzufassen wagen. Es erreicht aber den Höhepunkt beim Betrachten der Eßbestecke und Geschirre. Beim Besuch der Toiletten bleibt uns schließlich nichts übrig als sofortige Flucht.

Aufenthalts- und Schreibräume für die Mannschaften finden wir nicht. Auch keine Bade- oder Brausegelegenheit, diese in jeder deutschen Kaserne selbstverständlichen Einrichtungen.

Etwas abseits vom Mannschaftsgebäude steht ein Offiziershaus. Jeder Offizier oder Kommissar, ob ledig oder verheiratet, bewohnt zwei Zimmer mit Küche und Bad. Die Einrichtung ist im Material gut, zum größten Teil aber völlig geschmacklos zusammengestellt: Von Sinn für eine auch nur primitive Heimgestaltung kann überhaupt keine Rede sein. Auch hier hängen, wie bei den Mannschaften, bolschewistische Parolen, Zeitungsausschnitte und Bilder an den Wänden, dazwischen geographische und politische Weltkarten.

Alle Offizierswohnungen stecken voll von Nahrungsmitteln. In den Küchen liegen ganze Haufen halbverfaulter Kartoffeln und Säcke voller Mehl, in den Schränken türmt sich die Wäsche.

Von der sonst so gerühmten proletarischen Einfachheit ist hier nichts zu merken.

In allen Zimmern finden wir außerdem stößeweise kommunistisches Propagandamaterial, angefangen beim Kommunistischen Manifest bis zur letzten Rede Kalinins.

Auffallend ist die große Zahl von Lehrbüchern für deutsche Sprache. Sie beweisen, zusammen mit von uns entdeckten Karten über Ostpreußen, mit Broschüren über das Verhalten des Sowjetsoldaten in Feindesland die systematische Vorbereitung des Überfalls auf das Reich.

In einer Kommissarwohnung fällt uns eine Liste in die Hände, in der alle Offiziere und Mannschaften nach ihrer politischen Zuverlässigkeit beurteilt sind. Besonderer Wert wird darin auf „proletarische Aktivität" gelegt.

Die „Frau Kommissar" hatte aber anscheinend trotz ihres klassenbewussten Gemahls „bourgeoise" Anwandlungen. Denn statt der von ihrem Ehegespan, allerdings von anderen, geforderten Einfachheit kann es ihr Toilettentisch mit dem jeder Pariser Halbweltdame aufnehmen.

Wir atmen auf, als wir aus ihrem parfümgeschwängerten Zimmer ins Freie treten. In den zwei hinter uns liegenden Stunden in dieser Kaserne haben wir wieder eine Seite mehr in der bolschewistischen Lügenfibel kennengelernt:

Die so viel besungene Gleichheit zwischen Offizier und Mann in der Sowjet-Armee steht nur auf dem Papier, in den Broschüren. In Wirklichkeit bespitzelt der Offizier den Unteroffizier, der Unteroffizier den Mann. Alle zusammen werden sie vom Kommissar bespitzelt und kontrolliert. Den Kommissaren und Offizieren stehen bürgerliche Wohnungen und beliebig viele Nahrungsmittel zu. Der einfache Soldat kann im „revolutionären" Dreck verkommen.

Wir müssen beim Verlassen der Kaserne an die Worte des sowjetischen Majors im Gefangenenlager von Stolpce denken und glauben, in diesen Gebäuden weitere Gründe für das Versagen der bolschewistischen militärischen Führung kennengelernt zu haben.

Wieder nimmt uns die Landstraße auf, sie hält uns fest, lässt uns stunden- und tagelang nicht los. Auf den Zugmaschinen und in den Kübelwagen spielt sich während dieser Zeit unser ganzes Leben ab. Sie sind uns Bett, Ausguck, Speisezimmer, Sonnendach, Skattisch und Regenschutz.

Die Fahrer verwachsen in diesen Tagen mit ihren Fahrzeugen wie Reiter mit ihren Pferden, leisten während dieser ununterbrochenen Fahrerei mehr als jeder Fernlastfahrer in der Heimat. Sie kennen jeden Klang ihres Motors, wissen, wann ihm wohl zumute und wann er bockig ist. Sie sind untröstlich, als sowjetischer Beutetreibstoff verwandt werden muss, da dieser nicht klopffest ist, keinen Bleigehalt hat wie der deutsche, also für ihre Motoren nicht der richtige Sprit ist. Dass die starken Gase des sowjetrussischen Treibstoffes bei den Fahrern selbst dauernde Kopfschmerzen und manchmal sogar leichte Schwindelgefühle auslösen, stört sie dabei weniger. Hauptsache ist, dass ihn die Motoren vertragen können und nicht schlappmachen. Das ist ihre größte Sorge!

Kurz vor Anbruch der Dunkelheit beginnt es zu regnen. Mit monotoner Gleichmäßigkeit trommeln die Regentropfen auf die Verdecks der Fahrzeuge. Ein richtiger russischer Landregen, der so schnell nicht wieder aufhört, wenn er einmal angefangen hat.

Auf einer nassen Wiese neben der Straße schlagen wir in völliger Dunkelheit die Zelte auf, heben um sie herum schnell kleine Gräben aus, in denen sich das die Plane herunterrinnende Wasser sammeln und so nicht in das Innere der Zelte laufen kann.

Wir werden trotz des nassen Untergrunds bald vom regelmäßigen Fall der Regentropfen auf unsere Zeltplane in den Schlaf gewiegt, genießen vorher noch das wunderbare Gefühl des Geborgenseins, das jeder kennt, der einmal bei Regenwetter in schützendem Zelt gelegen hat.

Bei Kropka geht unsere Batterie am nächsten Vormittag in Feuerstellung. Es gilt, die immer stärker werdenden Luftangriffe auf die Vormarschstraße abzuwehren und aus der Flanke geplante bolschewistische Panzervorstöße zu vereiteln. Denn der sowjetische Widerstand versteift sich jetzt, wo wir uns der Stalinlinie nähern, von Stunde zu Stunde.

Um ihn zu brechen und Einsicht in die Absichten und Kräfte des Gegners zu gewinnen, sollen eigene Panzer als Spähtrupp in das Feindgebiet vorstoßen. Unsere Batterie hat für dieses Unternehmen eine 8,8-cm-Kanone als Sturmgeschütz zu stellen.

Kurze Besprechung beim Batteriechef.

Nach ihrer Beendigung jubeln und freuen sich die Kanoniere unseres Geschützes wie toll. Grund: Wir sind mit unserer Kanone dabei!

Führer ist ein Wachtmeister, ein fähiger und beliebter Unteroffizier, der nach dem Abitur die graublaue Uniform der Flakartillerie anzog und schon in Frankreich mit dabei war.

Sorgfältig werden die Vorbereitungen zur Fahrt getroffen. Jeder Mann empfängt für drei Tage Verpflegung, bestehend aus Fleischbüchsen und Brot. Der Motor der Zugmaschine wird durchgesehen, die Kanone untersucht. In den Laderaum zu beiden Seiten der Zugmaschine packen wir Granaten, beladen außerdem noch einen Lastkraftwagen mit der gleichen gefährlichen Last. Fahrer

Flakbatterie in Feuerstellung

und Beifahrer dieses Lastkraftwagens, zwei stämmige Obergefreite, freuen sich, ebenfalls mit von der Partie sein zu können. Und wir sind froh, dass die beiden mitmachen, denn wir wissen, dass wir uns auf diese „alten Krieger" verlassen können.

Begleitet von dem Winken und den guten Wünschen der zurückbleibenden Kameraden, rollen wir gegen Abend aus der Batteriestellung. Nach halbstündiger Fahrt treffen wir auf der Autostraße die wartenden Panzer. Der Wachtmeister meldet dem leitenden Offizier.
„Aufsitzen. Anfahren!"

Wir rollen mit unserer Kanone am Schluss des Spähtrupps. Auf den Panzerkampfwagen vor uns wird kein Wort gesprochen. Die Kanoniere sind bald von der lauernden Wachsamkeit der Männer in den Panzerluken angesteckt, sitzen gleich ihnen wie sprungbereite Panther.

Doch nichts geschieht. Unser kleiner Trupp fährt stundenlang nach Osten ...

Die Sonne ist inzwischen verschwunden. Schnell wird es dämmerig und dunkel. Bald fesselt der leuchtende Sternenhimmel unsere Aufmerksamkeit. Wir beginnen zu raten:

„Das ist der Große Bär. Und das die Milchstraße. Dort funkelt die Venus. Und dort der Jupiter!"

„Keine Ahnung von der Astronomie! Das ist ja der Kleine Bär! Und was dort drüben so verschämt leuchtet, ist die Jungfrau!"

Der Mond steht bereits hoch am nächtlichen Himmel, als uns der Ruf von vorn erreicht:

„Sturmgeschütz zur Spitze!"
Die schwere Zugmaschine kommt auf Touren, rattert auf der Straße dahin. Wir sitzen sprungbereit. Handgranaten und Karabiner in den Fäusten.

Die freie Fahrt dauert nicht lange:

Nach zehn Minuten liegen wir bereits im schönsten Maschinengewehrfeuer. Es zerschlägt uns zwei Reifen an der Zugmaschine. Zu allem Überfluss folgt ihm noch schweres Artilleriefeuer.

Unsere Kanoniere lassen sich dadurch nicht aus der Ruhe bringen, protzen ab, nehmen sofort die feindlichen Stellungen an Brücke und Dorfrand unter Feuer. Sie können nur nach dem Aufblitzen des feindlichen Mündungsfeuers schießen, bringen trotzdem die sowjetischen Geschütze und Maschinengewehre in einer halben Stunde zum Schweigen.

Als wir gegen zwei Uhr morgens über den Bobr rollen, finden wir zwei schwere, von uns außer Gefecht gesetzte Geschütze. Wir lachen uns an: Gutes Omen für unsere Fahrt, wenn sich die ersten Erfolge bereits vor Morgengrauen einstellen. Mit dem ersten Sonnenstrahl rollen wir weiter. Wir fahren durch Dörfer, die noch kein deutscher Soldat betreten hat. Wir passen auf wie die Luchse, denn jeden Augenblick können die Bolschewisten aus den Katen auftauchen, aus dem Hinterhalt schießen. Zum Abkämmen verdächtiger Häuser bleibt uns keine Zeit. Nur weiter, weiter ...

Da sich die Sowjets auch nach stundenlanger Fahrt nicht sehen lassen, gehen wir dreihundert Meter von der Autostraße in Stellung, warten hier auf den Gegner. Er lässt auch nicht lange auf sich warten:

Seelenruhig kommen vier Panzer, ein Pakgeschütz und fünf mit Infanterie beladene Lastkraftwagen die Straße entlang gezuckelt. Aus ihrem Unbekümmertsein ist zu schließen, dass sie noch keine Ahnung von unserer Anwesenheit haben. Sie glauben offenbar nicht, dass die Deutschen es wagen, ohne den sichernden Gürtel der Infanterie mit einem schweren Geschütz, das nur von einigen Panzerkampfwagen begleitet wird, in ihre Flanke zu stoßen.

Ihr Erwachen ist kurz und bitter.

In wenigen Minuten sind Panzer, Pak und Lastkraftwagen restlos zusammengeschossen. Mit Zeitzündergranaten nehmen wir uns dann die in den Wald geflüchteten Infanteristen vor, erledigen sie, ehe auch nur ein Bolschewist sein Gewehr in Anschlag bringen kann.

Weiter geht es, dem Dnjepr entgegen.

Das Gelände wird schwieriger. Unser Munitionslastwagen kommt nicht mit. Rauf mit den Munitionskörben auf die Zugmaschine!

Der Lastwagen bleibt in einem Dorf zurück. Als sich Fahrer und Beifahrer gerade am Brunnen waschen wollen, rollt ein Sowjetpanzer die Dorfstraße herunter, auf sie zu. Die eigenen Panzer und das Geschütz sind fort.

Was nun?

Kurz entschlossen springt der Fahrer in seinen Lastkraftwagen, fährt ihn quer auf die Dorfstraße, sperrt sie, greift nach ein paar Handgranaten, wirft sie seinem Kameraden zu.

Inzwischen ist der feindliche Panzerkampfwagen heran, walzt, als er die Straße versperrt findet, durch ein Haus. Als er mit seinem Vorderteil durch die Holzwand des Hauses bricht, huschen die beiden Flakartilleristen um die Ecke, schießen vier Infanteristen herunter, die hinten auf dem Panzer hocken. Dann springt der Beifahrer, ein stämmiger Obergefreiter, an den stählernen Koloß heran, steckt ihm eine abgezogene Handgranate in sein Geschützrohr.

Knall!!

Die Klappe des Panzers fliegt auf. Verschmutzte Gestalten erscheinen, heben die Hände ...

Wir rollen mit unserer Kanone während dieser Zeit schon wieder an der Spitze, Tolotschin entgegen. Am Ortseingang schießen wir sozusagen im Handumdrehen zwei schwere Panzerspähwagen und drei Lastkraftwagen mit Infanterie zusammen, geraten in schweres MG-, Panzer- und Pakfeuer, und vernichten trotzdem noch drei weitere Panzerkampfwagen.

Wir fahren mit dem 8,8-cm-Arbeitsgeschütz weiter vor, übernachten zusammen mit unseren Kameraden von der Panzerwaffe unter freiem Himmel, die so dankbar sind für unsere Hilfe und uns mit Zigaretten und Essen verwöhnen ...

Der nächste Tag beginnt richtig. Als Morgengabe kommt uns ein schwerer sowjetischer Panzerkampfwagen entgegen. Er wird in Brand geschossen.

Dann kommen schwere Stunden.

Unser Vormarsch bleibt in gut deckendem bolschewistischem Artilleriefeuer liegen. Die Feinde schießen Punktfeuer auf uns und unsere Panzerkameraden, die vertrauensvoll auf unsere schwere Kanone blicken.

Unter einem Feuerhagel gehen wir in Stellung, vernichten in viertelstündigem Gefecht drei Stahlkolosse, drehen dann in Sekundenschnelle das Rohr herum, kämpfen verbissen und zäh feindliche Artillerie und Panzerabwehr nieder, die aus der Flanke und von hinten in unsere vorgeschobene Geschützstellung funken.

Gegen Mittag ist der Kampf beendet.

Wir sind fertig, vom Gefecht und von der stechenden Sonne, die uns seit ihrem Aufgang erbarmungslos auf die Stahlhelme scheint ...

Gegen Abend kommt der Bolschewist wieder. Diesmal mit acht Panzerkampfwagen. In fünfundzwanzig Minuten sind fünf davon durch Volltreffer erledigt, die restlichen drei schießen unsere Panzersoldaten ab.

Als es dunkelt, sitzen wir im Straßengraben, ziehen die „Bilanz" unserer zweitägigen Fahrt, zählen sie nicht mit Tinte auf Papier, sondern an unseren verschmutzten Fingern herunter:

In achtundvierzig Stunden vernichteten wir neunzehn sowjetische Panzer, darunter drei schwere Panzerspähwagen, weiter drei Geschütze, drei Maschinengewehre und acht Lastkraftwagen mit ihren Besatzungen. Und der größte Stolz unseres Wachtmeisters: Ohne eigene Verluste!

Unsere Freude wird noch größer, als wir auf dem Rückmarsch unseren Munitions-Lastkraftwagen mit den beiden Obergefreiten unversehrt antreffen. Singend und pfeifend fahren wir zur Batteriestellung bei Kropka zurück ...

Dort müssen wir sofort erzählen, bis die Zungen lahm sind, denn jeder der zurückgebliebenen Kameraden will Einzelheiten unseres Kampfes ganz genau wissen. Wir tun es gerne, schaffen bei allen Batterieangehörigen eine Feststimmung wie noch nie, die ihren Ausdruck in einer allgemeinen Singerei findet, zu der ein Kamerad mit seiner „Quetschkommode" den Ton angibt.

So geht es bis in den Abend hinein.

Als es zu dunkeln beginnt, kommt ein anderes Sturmgeschütz unserer Batterie zurück, das nach unserem Abmarsch zu einem ähnlichen Unternehmen kommandiert wurde.

Ernst, fast feindselig blicken die Kanoniere auf unsere lustige Runde, sind nicht zum Mitmachen zu bewegen. Auf unsere erstaunten Fragen antwortet schließlich einer der Zurückgekommenen:

„Wir bringen zwei Tote mit!"

Sonst nichts, kein Wort mehr.

Schlagartig reißt der Gesang ab. Die frohen Gesichtszüge erstarren. Lippen, die eben noch lustige Lieder sangen, pressen sich aufeinander, werden dünn und schmal. Wortlos legt der Gefreite seine Ziehharmonika ins Gras ...

Wir drängen die Kameraden nicht zum Erzählen, warten, bis sie selbst damit beginnen. Dann erfahren wir vom Opfergang dieses Sturmgeschützes, das sieben Sowjetpanzerkampfwagen zusammenschoß, sich gegen vielfache Übermacht behauptete, und auch dann noch weiterkämpfte, als der Beifahrer des Munitions-Lastkraftwagens und ein Kanonier am Geschütz von tödlichen Sprengstücken getroffen wurden.

Behutsam heben die Kanoniere ihre toten Kameraden vom Lastwagen, hüllen sie in Zeltbahnen ein.

Wortlos, ohne einen Befehl abzuwarten, holt ein Gefreiter zwei Sperrholzplatten herbei, malt mit ruhiger Hand in die Mitte eines jeden Bretts ein schwarzes Eisernes Kreuz. Mit unendlicher Sorgfalt schreibt er Dienstgrad, Vornamen und Namen des Gefallenen, das Geburtsdatum und den Tag des Todes darunter, legt die Tafeln dann wie ein Geschenk zu Füßen der Gefallenen nieder, geht stumm zu den anderen Kanonieren an den Waldrand hinüber und hilft ihnen beim Ausheben der Gräber.

Ein Obergefreiter nagelt aus weißleuchtendem Birkenholz zwei Kreuze, lässt keinen anderen Kameraden an seine Arbeit heran, lehnt jede Hilfe ab. Dann sitzt er stumm und regungslos vor der einen Zeltbahn, unter der sich die Umrisse eines Körpers abheben. Sagt wie entschuldigend:

„Er war mein bester Kamerad. Wir waren schon in Polen und Frankreich zusammen."

Die Kanoniere ziehen ihren Tuchanzug an, putzen Stiefel und Koppel, setzen den Stahlhelm auf, nehmen den Karabiner und schieben drei Patronen hinein.

Schweigend marschiert die gesamte Batterie um die Grabstelle, bildet ein offenes Rechteck, vor das der Batteriechef tritt. Er spricht zu seinen Kanonieren vom Sinn des Todes dieser zwei Kameraden, faltet dann die Hände zum Gebet. Während drei Salven über die Gräber krachen, steht er bewegungslos, die Hand am Stahlhelm.

... Er war mein bester Kamerad

Nach ihm tritt ein Kanonier hinter dem anderen an die Grube. Jeder Angehörige der Batterie, ob Offizier, Unteroffizier oder Mann, grüßt noch ein letztes Mal die toten Kameraden. Und dann ziehen die Totenwachen auf ...

Wir sitzen noch bis in die Nacht zusammen, sprechen vom Tod und dem Sinn des letzten Opfers. Ruhig, fast nüchtern klingen die Stimmen. Da ist keiner unter uns, der von der „Süße des Soldatentodes", so wie es in manchen Büchern steht, spricht. Wir kennen den Soldatentod. Wir wissen, dass er sehr schnell und schmerzlos kommen, dass er aber auch furchtbar sein kann, auf keinen Fall aber süß oder schön ist.

Jeder von uns liebt das Leben und will leben, weil uns Menschen dieser Zeit gewaltige Aufgaben erwarten, für die es sich zu leben lohnt und zu deren Lösung jeder einzelne gebraucht wird. Aber wenn es notwendig ist, zur Durchführung dieser Aufgaben das Leben einzusetzen, dann setzen wir es ein: Beherrscht, ruhig und mit einer inneren Bereitschaft, die nicht viel Worte macht und die um die Schwere des letzten Ganges, und darum weiß, was dabei zurückgelassen werden muss.

Wir Jungen von heute sind keine Romantiker. Wir wissen nur, dass ein Volk mit dem Augenblick stirbt, in dem es keine Söhne mehr findet, die bereit sind, sich dafür zu opfern. Wir wissen, dass dieses „Sterben" eine Notwendigkeit ist. Und wir haben aus der Geschichte gelernt, dass alles, was für ein Volk notwendig ist, auch getan werden muss, wenn es blühen und gedeihen soll.

Aus diesem Bewusstsein heraus schlagen wir unser Leben in die Schanze, brauchen dazu keine anfeuernden Gesänge und keine Idealisierung des Todes. Denn wir wissen ja, dass wir nur unsere Pflicht, das „was notwendig ist" tun.

Ist es eine Entweihung des Todes, dass wir, die wir das Leben in unserer Zeit so lieben, in dieser Nacht noch von der Politik zu reden beginnen? Für uns nicht! Vor allem nicht in diesem Land.

Denn als wir zur Abwehr des geplanten Anschlags auf das Reich die Grenze der Sowjetunion überschritten, kamen wir nicht nur als Soldaten, sondern auch als politische Menschen, deren Blick durch Not und Elend in den Nachkriegsjahren an Schärfe gegenüber früheren Generationen gewonnen hat.

Wir Soldaten hier in der nächtlichen Runde sind, wenn auch als Kinder, alle durch die Zeit des Zusammenbruchs, durch die Inflation und die wirtschaftliche Scheinblüte gegangen. Wir haben Dawes- und Youngplan erlebt, waren entweder arbeitslos oder wussten nicht, welchen Beruf wir ergreifen sollten, da so gut wie alles aussichtslos schien.

Mit dem Umschwung kamen Arbeit und Hoffnung auf die Zukunft. Als neidische Gegner uns beides rauben wollten, griffen wir zu den Waffen. Nicht nur der inneren Stimme unseres Blutes gehorchend, der sich kein Mann oder Jüngling unseres soldatischen Volkes entziehen kann, sondern auch aus nüchterner politischer Überlegung!

Wir bleiben auch im Soldatenrock aufgeschlossen für alle lebenswichtigen politischen Fragen unseres Volkes, immer das warnende Beispiel von 1918 vor Augen, wo unsere Väter zu sehr und nur Soldaten waren. Darum beobachten wir gerade in diesem Land all die Lebensäußerungen und Einrichtungen so scharf, die abseits des militärischen Geschehens liegen. Und darum lachen wir nur über die Flugblätter der Bolschewisten, die zu Hunderttausenden auf den Vormarschstraßen liegen, empfinden sie geradezu als Beleidigung unseres gesunden Menschenverstandes.

Nein, „Politik" im besten Sinne des Wortes und „Soldatentum" schließen sich für uns Junge, die wir jetzt dicht an der großen Autostraße nach Smolensk sitzen, nicht aus. Sie gehören zusammen, bedienen sich nur verschiedener Mittel zur Erreichung des gleichen Ziels.

Bis nach Mitternacht liegen wir in dem immer feuchter werdenden Gras und sprechen über das, was uns die Herzen bewegt. Landser sind sonst nicht so, aber heute hat uns allen der Tod der zwei Kameraden die Zunge gelöst. Es ist, als ob jeder von uns ihr Sterben irgendwie als Vorwurf empfindet und diesen nun im Gespräch mit gleichgesinnten Kameraden zu klären versucht.

Nach einem letzten Blick zum Waldrand, wo der Mond mit mildem Licht die beiden Grabhügel liebkost, kriechen wir in unsere Zelte und nehmen mit uns die tröstenden Worte Hölderlins über die Gefallenen, die ein junger Kamerad sprach:

„Brüderlich ist's hier unten; und Siegesboten kommen herab:

Die Schlacht ist unser.

Lebe droben, o Vaterland, und zähle nicht die Toten!

Dir ist, Liebes, nicht einer zuviel gefallen."

***

„Halt – rechts ran fahren – absitzen!"

Verwundert steigen die Kanoniere der zwei leichten Batterien von ihren Fahrzeugen. Bis jetzt hatten die Batteriechefs es so eilig, drückten seit dem frühen Morgen immer wieder auf Tempo, da unbedingt Senno noch erreicht werden sollte. Und nun halten sie hier in dem kleinen Nest Tolpino.

„Ist etwas los?"

Die beiden Offiziere kümmern sich nicht um die fragenden Blicke ihrer Kanoniere. Eilig gehen sie mit einem Einheitsführer des Heeres zu dem im Ort liegenden Gefechtsstand unserer Panzerdivision, melden sich bei einem Offizier des Divisionsstabes. Der Major macht nicht viel Worte:

„Meine Herren, gut dass Sie da sind! Der Bolschewist ist mit starken Panzer- und Infanteriekräften zwischen Tschereja und Senno durchgebrochen, nähert sich Tolpino. Verbindung nach vorne besteht nicht mehr. Ort und Vormarschstraße müssen unbedingt gehalten werden. Außer Ihnen und Teilen eines Infanteriebataillons stehen für diese Aufgabe keine Kräfte zur Verfügung."

Die Offiziere beugen sich über eine Karte, legen die Einsatzpunkte ihrer Batterien fest ...

„Zugführer zum Chef!"

Die Leutnants und Wachtmeister versammeln sich um die Batteriechefs. In kurzen Worten geben diese ein Bild der Lage. Teilen die Züge ein.

Minuten später jagen die Kanoniere im Karacho mit ihren leichten Geschützen an den Nord- und Ostrand des Dorfes. Gehen dort sofort in Stellung, während zu gleicher Zeit die sowjetische Artillerie mit der Beschießung Tolpinos beginnt.

Ruhig stehen die Flak-Kanoniere hinter ihren Geschützen, warten auf den Feind.

Den Nordrand des Dorfes greift der Bolschewist zuerst an. Zwanzig Panzerkampfwagen rollen vor, nehmen vom Ostrand des benachbarten Dorfes Nowinki eine deutsche Fahrzeugkolonne unter Geschützfeuer. Noch sind die stählernen Ungetüme zu weit entfernt, als dass sie mit Erfolg beschossen werden könnten. Da versucht einer der Panzer auf freies Feld hinauszufahren.

„Drauf!"

Mit einem Satz ist der junge Unteroffizier bei seinem Geschütz, lenkt das Feuer auf den Panzer. Der stoppt, versucht in den Wald zurückzurollen. Zu spät! Ein Treffer der 3,7-cm-Kanone zerreißt ihm die Kette. Nach einem weiteren beginnt er zu brennen.

Aus!

Die Bolschewisten scheinen genug zu haben. Sie lassen sich die nächsten Stunden nicht mehr sehen.

Mit einem Spähtrupp der Infanterie stoßen zwei Flakzüge auf der Rollbahn vor. Auftrag:

„Erkundung, ob das Gelände zwischen Tolpino und Lipowitschi feindfrei ist."

Vorsichtig pirschen sie sich an Nowinki heran, finden keinen Gegner mehr in den versandeten Straßen, wollen gerade aus dem Ort weiter vorstoßen, als sie fünfhundert Meter nordostwärts des Dorfes einen Sowjetpanzer bemerken. Der scheint sich festgefahren zu haben, ein Mann repariert an seinen Ketten.

Völlig überraschend nehmen wir ihn unter Feuer. Nach wenigen Treffern schweigt seine Kanone, einige Minuten später beginnt er zu brennen.

Die Flakzüge erhalten jetzt Befehl, Nowinki gegen alle Feindangriffe zu halten. Als ein Zug am Nordrand des Dorfes in Stellung fahren will, taucht neben dem vorher in Brand geschossenen Panzerkampfwagen ein neuer auf. Kurzer Feuerwechsel – und er ist genauso erledigt wie sein Nebenmann.

Bald darauf rollt von Osten her ein schwerer Stahlkoloss an. Beide Flak-Züge schießen, was ihre Kanonen hergeben: Zwingen ihn in Deckung.

Nach kurzer Zeit stößt diese fahrende Festung jedoch wieder aus der schützenden Mulde vor, rast in toller Fahrt auf die Geschützstellungen zu, feuert dabei ununterbrochen ans ihren Maschinengewehren.

Die Kanoniere lassen sich durch die pfeifenden Geschosse nicht einschüchtern, schießen wieder und wieder auf die rasselnde, stählerne Walze.

Hundert Meter – fünfundsiebzig Meter, fünfzig Meter, dreißig Meter!

Der Sowjetpanzer kommt immer näher. An seiner starken Panzerung prallen alle Geschosse der leichten Geschütze ab.

Aus zehn Meter Entfernung feuern die Kanoniere immer noch auf den Riesen, können ihm nichts anhaben. Tobend und feuerspeiend durchfährt der Panzer die Geschützstellungen. Die Bedienungen werfen sich blitzschnell auf die Erde.

„Gott sei Dank, nichts passiert! Schwein gehabt!"

Inzwischen ist der Panzer bereits in den Ort hineingerollt. An einer Ecke trifft er auf die Bedienung einer 3,7-cm-Kanone, die mit ihrem Geschütz gerade in Deckung fahren will, um eine Hemmung zu beseitigen. Leichte Beute witternd, stürzt sich das Ungetüm auf die waffenlosen Männer. Die springen auf den Zugkraftwagen. Fahren um ihr Leben.

Der bolschewistische Panzerkampfwagen hinterher!

Mit einer Affenfahrt jagt der Fahrer des Zugkraftwagens um die Ecke. Der Panzer will ihm auf den Fersen bleiben, fährt genauso schnell hinterher, schafft die Kurve nicht. Rollt in einen Graben, bleibt stecken!

Jetzt ist er geliefert. Aus dem Jäger ist ein leicht erlegbares Wild geworden. Eine anständige Sprengladung, und der unüberwindlich scheinende Stahlriese ist nur noch ein wüster Trümmerhaufen ...

Von ihren Stellungen am Ortsausgang beobachten die Kanoniere indessen, wie sich in einem zwei Kilometer entfernten Waldstück bolschewistische Panzerkampfwagen zum Angriff auf Tolpino sammeln.

Sofort treffen die Zugführer ihre Anordnungen, lassen besonders viel Panzermunition an die Geschütze verteilen. Beruhigend und mahnend sagen sie den Kanonieren immer wieder:
„Eiskalt bleiben, Jungs! Nicht zu früh feuern. Den günstigsten Schussbereich abwarten. Dann aber drauf!"
Die Sowjetpanzer entwickeln sich, treten dann sofort zum Angriff an, rollen in breiter Front und in die Tiefe gestaffelt auf unsere Geschützstellungen zu. Die Kanoniere zählen:

„Drei – sieben – fünfzehn – neunzehn – sechsundzwanzig – dreißig Panzer!" Mit ungeheurer Wucht und wie von unsichtbarer Hand getrieben stoßen die rollenden Festungen vor.

Für die Flakartilleristen beginnt eine harte Nervenprobe. Besonders für die jungen Soldaten unter ihnen ist es nicht leicht, dem Anrollen so vieler Panzerkampfwagen zunächst untätig zusehen zu müssen. Außerdem wissen sie nicht genau, ob ihre Geschosse die Stahlplatten durchschlagen können, denn eben erst erlebten sie bei dem stählernen Koloss, der sich im Straßengraben festfuhr, das Gegenteil.

Trotzdem sind alle Kanoniere an den Geschützen ruhig und voller Zuversicht. Ihre Siegesgewissheit überträgt sich auf die Soldaten der Batterietrupps und Trosse, die an ihren Fahrzeugen bleiben müssen, um im Notfall Munition heranschleppen zu können.

Die eiserne Angriffswelle kommt immer näher. Noch ehe die Flakgeschütze feuern, beginnen die Sowjetpanzer aus ihren Kanonen zu schießen. Als der vorderste Panzerkampfwagen auf etwa neunhundert Meter herangekommen ist, sprechen unsere Flakgeschütze aus allen Rohren.

Mit ungeheurer Spannung beobachten wir die Wirkung der Treffer. Werden sie durchschlagen?

Der erste Panzer kommt trotz heftigen Beschusses auf zweihundert Meter heran, bleibt dann brennend liegen. Die Spannung auf den Gesichtern der Kanoniere löst sich. Erleichtert sehen sie, dass ihre Geschosse wirken.

Weiter geht der Kampf, wird von Minute zu Minute heftiger. Immer mehr Panzerkampfwagen rollen Feuer und Eisen speiend heran. Bis auf sechzig Meter jagt einer dieser Kolosse auf die Geschützstellungen zu, schießt in sie hinein.

Ein auf der Plattform seines Geschützes kniender Obergefreiter fällt. Mehrere Kanoniere werden verwundet. Ein weiterer Volltreffer setzt eine ganze Geschützbedienung außer Gefecht. Zwei Minuten später feuert das Geschütz wieder, bedient von dem Geschützführer und dem „K 1", die trotz ihrer Verwundung weiterschießen und schließlich das stählerne Ungetüm zur Strecke bringen.

So wie diese beiden kämpfen auch die Kameraden an den übrigen Geschützen. Panzer um Panzer wird anvisiert – ruhig, ganz ruhig –, wird dann zusammengeschossen.

Als zwanzig Panzerkampfwagen brennend vor unseren Stellungen liegen, geben die Bolschewisten den Angriff auf, ziehen sich mit dem Rest zurück.

Die Kanoniere zünden sich Zigaretten an, rauchen mit langen, tiefen Zügen. Beruhigen so die fiebernden Nerven. Sind nebenbei unbändig stolz! Auf ihre Waffe und den Erfolg ihres Kampfes, der den Stab unserer Panzerdivision und Nachschubkolonnen mit wertvoller Ladung vor der Vernichtung bewahrte.

Vor Rogatschew am Dnjepr liegen die Flakartilleristen des anderen Regimentes von der südlichen Rollbahn auf freiem Feld in Feuerstellung. Die feindliche Artillerie funkt laufend Störungsfeuer herüber.

Es ist der heißeste Tag in den ersten zwei Wochen des Ostfeldzuges. Zittriges Flimmern liegt in der Luft. Die Sonne brennt und blendet. Niemand findet den langentbehrten Schlaf. Wir sind hundemüde!

Der allenthalben sorgende „Spieß" lässt uns zwei große Wasserkannen voll Kaffee in die Feuerstellung bringen. Im Handumdrehen sind sie leer getrunken. So geht ein Tag dahin, zwischen Wachen, Dösen, Artilleriefeuer und Fliegeralarm.

Am nächsten Morgen ist es empfindlich kühl. Einen Tag später haben Regengüsse in der Nacht alles gründlich aufgeweicht. Den Sowjets sind die Sprengungen der Brücken über Prut und Dnjepr gelungen. Pioniere versuchen inzwischen, unter Umgehung der Stadt Rogatschew, in nördlicher

Außer Gefecht

Richtung durch die Prut-Niederung einen eineinhalb Kilometer langen Knüppeldamm mit zwei kleinen Brücken zu bauen.

Wir erhalten Befehl, an anderer Stelle über den Dnjepr zu setzen, stoßen in nördlicher Richtung auf Mogilew zur Bildung eines neuen Brückenkopfes vor.

Es ist eine wundervolle Fahrt durch weite Waldgebiete, aus denen würziger Brodem steigt. Durch dichte Baumwipfel spielen die Strahlen der sinkenden Abendsonne. Die Fahrzeuge rumpeln über knorrige Baumwurzeln.

Niemand von uns spricht ein Wort. Ein jeder ist aufgeschlossen für die Schönheiten der Natur. Welch klaffender Gegensatz zu Schmutz, Dreck und Elend in verfallenen Hütten und Behausungen!

Überall sind fieberhafte Vorbereitungen zum Durchbruch durch die Stalinlinie hinter dem Dnjepr im Gange. Hart am Ufer des breiten Flusses liegen die Batterien unserer Flak-Artillerie-Abteilung. Morgen früh soll der Brückenkopf gebildet werden. Die Nacht verläuft ruhig. Nur selten setzt die sowjetische Artillerie Störungsfeuer auf unsere Linien.

Es ist fünf Uhr morgens. Deutsche Kampf- und Jagdflugzeuge greifen an und geben damit unserer Artillerie das Zeichen zum Feuern. Pfeifend jagt Granate auf Granate gegen die feindlichen Stellungen jenseits des Dnjepr. Vorbereitende Tätigkeit im Großen. Ihr folgt die Miniaturarbeit: Zähes Niederkämpfen der einzelnen Widerstandsnester.

In diesen Stunden ist von der gegnerischen Luftwaffe nur wenig zu spüren. So unterstützen wir die Truppenteile des Heeres im Erdkampf.

Einige hundert Meter weit, durch einen Nebenarm des Dnjepr getrennt, sitzt eine sauber gedeckte Beobachtungsstelle der gegnerischen Artillerie, die auf uns einhämmert. Trotz gutliegenden Punktfeuers gelingt es nicht, die vorgeschobene Beobachtungsstelle der Bolschewisten auszuschalten.

„Freiwillige für ein Stoßtruppunternehmen vor!" Ein Oberfähnrich, ein Wachtmeister, ein Obergefreiter werden ausgesucht. Männer unserer Batterie, die sich aufeinander verlassen können. Sie setzen auf einem Floßsack ungesehen über den Fluss, arbeiten sich am jenseitigen Ufer durch Niederung und Dickicht vorsichtig an die B.-Stelle heran. Die letzten sechzig Meter sind ansteigendes, wenig Deckung bietendes Gelände.

Meter um Meter arbeitet sich der Spähtrupp den jenseitigen Hang hoch. Fünfzig Meter noch – dreißig – zwanzig. Bange Minuten vergehen. Dann liegen die dreizehn Meter vor dem Feind.

Jetzt ist der Augenblick gekommen! Drei Handgranaten fliegen in die Feuerleitstelle der Bolschewisten. Die Maschinenpistolen der Kameraden knattern um die Wette. Dann nehmen sie die letzten Meter im Sprung. Als sie über den Grabenrand setzen, sehen sie nichts als verdutzte, blöd dreinschauende Gesichter. Die Überraschung ist vollauf geglückt. Zwei Bolschewisten wälzen sich verwundet am Boden. Die vier anderen sind im Handumdrehen entwaffnet.

Mit Hilfe eines tragbaren Funksprechgerätes wurden der sowjetischen Artillerie von dieser Stelle aus die Feuerbefehle erteilt. Das Artilleriefeuer aus der Stalinlinie wird planloser, verstummt schließlich ganz.

An einer anderen Stelle des flachen Dnjepr-Ufers ist ein schweres Flakgeschütz, gut getarnt, in Stellung gebracht. Seine Aufgabe, auf größere Entfernungen feindliche Geschützstellungen und MG-Nester außer Gefecht zu setzen, löst es seit Stunden mit mathematischer Genauigkeit. Wo das schwere Geschütz hinhält, gibt es Tod und Verderben.

Beinahe hundert Schuss haben das Rohr verlassen. Bisher ist alles gut gegangen. Da haut es plötzlich links und rechts am Geschütz ein. Die vorgeschobene Stellung des Flakgeschützes ist vom Feind erkannt!

„In die Deckungsgräben!" Die Flakkanoniere können die schützenden Erdlöcher nicht mehr verlassen.

Da hat ein anderes Arbeitsgeschütz die feindliche Batterie erkannt, zerhackt mit hochgezogenen Sprengpunkten die Feuerstellung des Gegners, bringt die Batterie zum Schweigen. Bunker und Feldbefestigungen werden Zug um Zug zertrümmert, genommen. So brechen wir bis zu dreißig Kilometer tief in die Stalinlinie ein.

Nur langsam arbeiten sich unsere schweren Zugmaschinen auf den ausgefahrenen Sandwegen vorwärts. Brummend und heulend ziehen sie die Last der Flakgeschütze und Geräte hinter sich her.

Die Panzerspitze steht bei Krasnitza, hart bedrängt von starken feindlichen Kräften. Sie haben sich verschossen. Ein Aufatmen geht von Panzer zu Panzer, als die Flakkanonen in die vorderste Linie rollen und abprotzen.

Am Waldrand, in nur zweieinhalb bis drei Kilometer Entfernung, ist deutlich das Auffahren feindlicher Artillerie zu beobachten. Da halten wir hinein! Die Wirkung ist verheerend: Menschen- und Pferdeleiber, Wagen- und Geschützteile wirbeln durcheinander. Ein tolles Chaos!

Auf zwei Kilometer Breite wird der Waldrand systematisch abgekämmt. Immer neue Ziele tauchen auf. Stunden schon arbeiten die Kanoniere an den Geschützen. Da wird auch für uns die Lage kritisch.

Die Munition wird knapp und knapper. Der Bolschewist setzt zum Gegenangriff an.

Jedes Geschütz hat noch zwei oder drei Granaten.

„Sollen wir sie den Gesellen da drüben in die Rippen jagen? Jetzt oder nachher, ist wursht!"

In diesem Augenblick brüllt jemand:

„Der Muniwagen! Hurra, der Muniwagen!"

Tatsächlich, da torkelt der Munitionswagen über den ausgefahrenen, sandigen Weg, wie ein schwankes Boot auf wild bewegter See.

„Wäre ja auch das erste Mal gewesen, dass die Munitionsstaffel uns hier vorne im Stich gelassen hätte!"

Verdreckt und nassgeschwitzt kommen die Soldaten mit den roten Spiegeln an. Alle drei- bis vierhundert Meter mussten sie den Lastkraftwagen aus dem Sand buddeln.

Schweiß spart Blut der Kameraden!

Wir aber können den Bolschewisten wieder ohne Hemmungen zu Leibe, erweitern und vertiefen mit Panzern, Pionieren, Pak, Infanterie und Artillerie die Bresche, welche die Stalin-Linie spaltet, und durchbrechen dieses zähe Bollwerk und rollen weiter in östlicher Richtung ...

Am 10. Juli steht eine Abteilung unseres Flakkorps vor Orscha. Um die Stadt selbst, die der Dnjepr in zwei Teile schneidet, wird heftig gekämpft. Die Hauptkräfte westlich des Dnjepr sind zerschlagen. Aber jenseits des Flusses liegen – tiefgestaffelt, teilweise raffiniert angelegt – die Befestigungen und Feldstellungen der Stalin-Linie.

Hart neben dem Flugplatz, südwestlich der Stadt, gehen wir in Stellung. Hauptaufgabe ist die Sicherung des Luftraumes. Gleichzeitig ist Front gegen den Dnjepr hin gemacht, gegen eventuelle Durchbruchsversuche der Sowjets.

Die erste Nacht verläuft ruhig. Wir sind froh darüber. Sechzig Stunden lang haben wir kaum Schlaf mitbekommen, sind Tag und Nacht gerollt.

Am anderen Morgen weckt uns wieder eine herrlich strahlende Sonne. Klarblau ist der Himmel. Die Sport- oder Badehose ist unser einziges Kleidungsstück. Wir fühlen uns erfrischt. Haben uns vom Straßenstaub befreien, haben uns wieder einmal gründlich waschen können. Sind eben dabei, Kleider, Geräte, Waffen und Fahrzeuge zu reinigen, als es über uns in der Luft gurgelnd dahinzieht.

Von diesem Augenblick an liegen wir drei Tage lang unter schwerem Artilleriefeuer. Abgesehen von einigen kleineren Feuerpausen, beginnt das Konzert aus den Stellungen der uns gegenüberliegenden Stalin-Linie täglich mit den ersten Strahlen der frühaufstehenden Sonne. Und das Orgeln,

Pfeifen, Zischen und Krachen verstummt immer erst dann, wenn das Tagesgestirn am westlichen Horizont wieder verschwunden ist.

Nach dem keilartigen Durchstoß durch den Aufstellungsraum des Gegners gibt die einseitig frontale Lage dem Krieg ein ganz anderes Gesicht.

Wir bauen uns tiefe Splittergräben. Schaufel auf Schaufel wird aus dem Lößboden gehoben. Gräben und Wälle entstehen, die sich eng an die Geschützstellungen schmiegen. Wir haben gelernt, dass es das Leben bedeuten kann, einen Erdwall zwischen sich und den Gegner zu bringen.

Granate auf Granate pflügt das Gelände vor uns. Pfeifend ziehen schwere „Koffer" über uns hinweg. Und dann schlägt es wieder mal in unmittelbarer Nähe ein. Erdfontänen spritzen hoch auf. Eisen schwirrt durch die Luft. Köpfe einziehen!

Aber bald sind wir an dieses erste, länger anhaltende schwere Artilleriefeuer in diesem Feldzug gewöhnt. Schnell ist jedem eingegangen, wie er sich zu verhalten hat. Automatisch stellt sich das Gehör auf den Gesang der feindlichen Granaten ein.

Darüber hinaus aber verlässt sich jeder auf seinen Instinkt Dieses instinktive Fühlen und Handeln ist überhaupt eine Eigenart, die im Frontsoldaten geweckt wird. Instinkt, auf den er sich bisweilen traumwandlerisch sicher verlässt, wird beinahe zum sechsten Sinn …

In diesen Tagen haben wir Respekt vor der bolschewistischen Artillerie bekommen. Hier, an der Stalin-Linie, ist sie massiert eingesetzt. Sie ist aber nicht nur zahlenmäßig stark – sondern schießt auch verdammt gut.

Das Gelände, in dem wir Stellung bezogen haben, ist offenbar von den Sowjets genau vermessen worden. Überdies müssen die an den Dnjepr führenden Zufahrtswege, die das etwas abfallende Gelände durchschneiden, Beobachter der feindlichen Artillerie einsehen können. Eine andere Erklärung für die verteufelt gut liegenden Geschoß-Serien gibt es nicht.

Gegen den nordöstlichen Horizont hebt sich hell ein Turm ab, der die Gegend weithin beherrscht.

„Dort oben muss ein feindlicher Beobachter sitzen. Dem Burschen werden wir sein Handwerk schon legen!"

Der Chef unserer Flakbatterie erteilt entsprechende Befehle.

Langsam und bedächtig schwenken die Rohre in die befohlene Richtung, verharren eine Weile starr und drohend. Dann zucken die Mündungsfeuer. Gurgelnd streichen die Geschosse durch den Raum …

„Einen Strich links, dann muss es hinhauen!"

Gespannt verfolgen wir durch Ferngläser die Lage dieser Geschossserie … Da blitzt es drüben auf. Eine Qualmwolke umhüllt den Turm.

„Volltreffer!" Wie aus einem Mund kommt dieser Ruf.

Nun werden wir Ruhe haben – denken wir. Aber je mehr wir durch den Einsatz eigener Artillerie versuchen, auch auf diese Weise den Gegner jenseits des Dnjepr zum Schweigen zu bringen, umso ärger wird der Feuerzauber der Sowjets.

Wir gehen in Stellung

Planmäßig legen sie einen Sperrgürtel über die Zufahrtswege. Nur hin und wieder jagt ein Fahrzeug über das Gelände, durchbricht die Feuerwalze. Sofort verlegen die Bolschewisten das Feuer, hämmern auf diesen mutigen Einzelgänger ein.

Wer um Gottes willen lenkt das Feuer der Bolschewisten?

In der Stellung einer benachbarten Schwesterbatterie stolpert ein Kanonier, der sich im Gelände verkrümeln will, um seines Leibes Notdurft zu verrichten, über einen „Draht" – wie er sagt.

Fliegeralarm ist gegeben. Sechs rotbesternte Bomber greifen an, wollen den angrenzenden Flugplatz belegen.

Unsere Flakbatterien zersprengen den Verband. Gruppe auf Gruppe der 8,8-cm-Geschütze liegt so gut, dass die Sowjet-Vögel abdrehen müssen. Ein Flugzeug ist angekratzt, schleppt eine Rauchfahne hinter sich her und verschwindet jenseits des Dnjepr.

Gleichzeitig ziehen unsere Jäger hoch, jagen den Richtungsschüssen unserer Batterien nach. Zwei oder drei Abschüsse können wir noch beobachten. Dann sind die Martinbomber und ihre Verfolger außer Sichtweite.

Der Kanonier, der über den „Draht" gestolpert, gefallen ist und sich ein wenig die Nase beschunden hat, kommt zu spät an sein Geschütz. Ein Kamerad hat seine Bedienungsfunktion übernommen.

Der Geschützführer herrscht den Kanonier an, stellt ihn zur Rede ...

„So, Sie sind über einen Draht gestolpert und hingefallen. Erzählen Sie mir nur keine Märchen. In dieser gottverlassenen Gegend gibt es keinen Draht, es sei denn ... unser Batteriekabel. Und das geht an der anderen Seite lang!"

Der Kanonier aber bleibt hartnäckig bei seiner Aussage, an deren Richtigkeit schließlich auch der Unteroffizier nicht mehr zu zweifeln wagt. Indessen will er, gründlich, wie er als Vorgesetzter nun einmal ist, sich selbst überzeugen ...

„Mensch, das ist doch kein Draht. Das ist ein Kabel. Geht sicher zum Feldflughafen hinüber!"

Dann sieht sich der Unteroffizier die Laufrichtung des Kabels einmal genauer an ... „Kann eigentlich gar nicht den Fliegern da drüben gehören. Sonst liegt aber kein Truppenteil in nächster Nähe. Melden wir dem Alten!"

Der Unteroffizier teilt dem Batteriechef seine Wahrnehmung mit.

Gleich darauf macht sich ein mit Handgranaten, Karabinern und Maschinenpistolen ausgerüsteter Trupp auf den Weg, läuft das Kabel entlang.

Zweihundert Meter, fünfhundert Meter, achthundert Meter, tausend Meter. Das Kabel ist immer noch nicht zu Ende. Dann verliert es sich, teils in die Erde eingelegt, teils mit Gras getarnt, in einem Kusselwäldchen.

Langsamer kommen sie jetzt vorwärts. Die Strippe darf auf keinen Fall berührt werden, um den Gegner – wenn er sich tatsächlich am Ende der Leitung versteckt halten sollte – nicht frühzeitig aufzuscheuchen.

Behutsam geht es weiter. Fast zwei Kilometer sind zurückgelegt.

Da, auf einer freiliegenden Anhöhe ein verdächtiger Buckel. Langsam pirschen sich die Kanoniere heran.

Noch zehn Meter, noch fünf ... Und dann stehen sie tatsächlich vor dem gut getarnten Eingang eines Unterstandes.

Sie rufen hinein ... Keine Antwort.

„Sollen wir ...?"

Fragend blickt ein Kanonier den Unteroffizier an, eine wurfbereite Handgranate in der Faust.

„Wenn wirklich welche drin sind, wollen wir sie heil in die Finger bekommen!" Der Unteroffizier schiebt die Tarnung am Eingang des Unterstandes beiseite, kriecht als erster in die Erdhöhle hinein.

Seine Taschenlampe blitzt auf, erhellt eine dürftig abgestrebte Erdhöhle. In einer Ecke steht ein Zivilist, in der anderen ein Offizier der bolschewistischen Armee. Beide halten die Arme ohne Aufforderung hoch.

Also doch! Stumm, fanatischen Hass in den Augen, folgen die beiden Bolschewisten der Aufforderung des Unteroffiziers, sich an das Tageslicht zu begeben.

Ein Feldtelefon und zwei Pistolen sind die weitere Ausbeute dieser Unternehmung.

Im Übrigen aber sind damit, wie sich bei dem späteren Verhör herausstellt, die Linker des Feuerzaubers ausgeschaltet.

Eine Stunde noch verpufft die bolschewistische Artillerie ihre Munition. Dann tritt plötzlich Ruhe ein.

In den folgenden Tagen müssen wir zwar weiterhin Feuerüberfälle der feindlichen Artillerie hinnehmen. Sie haben aber an Planmäßigkeit und damit an Wirkung erheblich eingebüßt.

14. Juli 1941.

Noch hüllen die Fittiche der Nacht das Flusstal in schweigendes Dunkel. Lautlos arbeiten die Pioniere, bringen eine Fähre zu Wasser.

Unweit davon soll ein Brückenschlag die beiden Ufer miteinander verbinden. Voraussetzung dafür ist aber die Bildung eines Brückenkopfes auf der anderen Flussseite.

Die für dieses Unternehmen vorgesehenen Einheiten der einzelnen Waffengattungen stehen bereit. Die Fähre gleitet hin und her, von einem Ufer zum anderen. Der Fluss ist schmal. Sein Bett infolge der Sommerdürre von seinen Ufern zurückgedrängt. So ist nur ein verhältnismäßig kleiner Wasserarm zu überwinden.

Größere Schwierigkeiten ergeben sich schon beim Beladen und Ausladen der Fähre. Steilufer ragen zu beiden Seiten des Dnjepr.

Panzerkampfwagen, Geschütze und Kraftfahrzeuge gleiten und rutschen die Böschung hinab, poltern auf den hohlen Bretterbelag der Fähre, werden über das Wasser getragen und müssen drüben im Karacho den Steilhang wieder hoch.

Jedes Geräusch fällt wie Dröhnen in die Nacht, scheint das Dunkel ringsum auszufüllen, ehe es – weitergetragen – irgendwo in der Ferne erlischt.

Die angespannten Nerven, denen der Verstand immer wieder: „Leise, leise, ganz leise", zuflüstert, empfinden jedes Knacken, Schleifen und Quietschen wie einen Schlag. Darf doch der Bolschewist unter keinen Umständen merken, dass hier eine größere Aktion im Gange ist. Sonst …

Rutschen, Schieben, Schleifen, Fahren auf leisen Gummireifen. Unterdrückte Flüche, Murmeln und Zischeln der Wasser des Dnjepr, auf dem von Zeit zu Zeit wie ein Schemen die Fähre hin- und hergleitet. Peitschende Gewehrschüsse, ratternde Maschinengewehre, Leuchtkugeln, die die Nacht zum Tag machen: Nervenzerreißendes Spiel zwischen Gelingen oder Fehlschlag.

Und dann ist's geschafft.

Die Dämmerung löscht das Dunkel der Nacht. Dann kommt der Tag, lässt Wirkliches klar erkennen, macht Gegenständliches greifbar, gibt Übersicht und Sicherheit zurück.

Die Sonne steigt. Milchiger Brodem webt über dem Flusslauf.

Zwei Züge unserer Batterie haben das ostwärtige Ufer erreicht. Im Mannschaftszug sind die Geschütze am Steilufer hochgewuchtet worden, haben im Gelände Stellung bezogen.

Nicht lange dauert's, und der Bolschewist bemerkt, was sich in dieser Nacht, kurz vor seinem Befestigungsgürtel, der Stalin-Linie, ereignet hat.

Panzer, Pak und Kradschützen sind in den ostwärtigen Stadtteil vorgedrungen, fangen nun den ersten Stoß der sowjetischen Infanterie auf, die mit schweren Granatwerfern angerückt ist. Vergebens versuchen die Bolschewisten den Brückenkopf einzudrücken, unsere Truppen zum Aufgeben zu zwingen.

Auch am westlichen Ufer, etwas unterhalb des Flusslaufs, sitzt der Gegner noch mit erheblichen Kräften in einem größeren Kolchosbetrieb und im Wald hart am Fluss. Von dort aus nimmt er Fähre und Brückenschlag unter heftiges Feuer.

Alle Züge unserer Batterie beteiligen sich an der Bekämpfung der Sowjets, die am Waldrand in den Baumwipfeln sitzen und vorzügliche Scharfschützen sind, die von Schützennestern aus mit Maschinengewehren den Flussübergang laufend bestreichen.

Systematisch wird der Waldrand von unseren 2-cm-Geschützen mit gutliegendem Einzelfeuer abgekämmt. Und schließlich sieht sich der Gegner gezwungen, diese Stellung zu räumen.

Eben schwenken die Geschützrohre auf die Gebäude der Kolchose zu, um die aus Dachluken und Scheunen feuernden Einzelschützen zu vertreiben, als gegen sieben Uhr morgens Panzerwarnung kommt.

Meldung des zweiten Zuges:

„Feind greift vom Norden und Süden her den Brückenschlag mit fünf Panzerkampfwagen an!"

Deutlich hört man die Gleisketten der Feindpanzer durch die Straßen rasseln.

Hier aber stehen unsere Panzerabwehrkanonen. Sie nehmen die stählernen Kolosse des Gegners unter Feuer, während die Geschütze unserer Flakbatterie in die den Panzern folgenden Infanterieeinheiten der Sowjets hineinhalten.

Die bolschewistischen Tanks kurbeln wie verrückt durch die Straßen, werden von allen Seiten gefasst.

Die Granaten unserer 2-cm-Geschütze reißen nach jedem Feuerstoß klaffende Lücken in die Reihen der feindlichen Infanterie.

Der Brückenkopf speit Feuer, trägt Tod und Verderben in die Reihen des Gegners. Der sieht sein nutzloses Beginnen ein. Zieht sich zurück.

Nach sieben Minuten ist der Angriff abgeschlagen.

Kurz darauf melden sich die Geschütze aus der Stalin-Linie. Der Gegner überschüttet uns mit einem wahren Granathagel. Alle Kaliber setzt er ein, hält in die Stadt, in die erkannten Stellungen.

Schweres Feuer liegt auch auf der Fährstelle, an der ein Teil der Batterie aufgefahren ist. Eine Nervenprobe für die Kanoniere! Ohne eigene Gefechtstätigkeit dem unaufhörlichen Feuer ausgesetzt, müssen sie in ihren Deckungen aushalten, ständig bereit, einem Luftangriff, einem Vorstoß weiterer Panzerkampfwagen oder Infanteriekräften zu begegnen.

Um dreizehn Uhr setzt der Gegner zahlreiche Granatwerfer und schwere Maschinengewehre gegen Brückenschlag und Fährstelle ein. Sie zwingen die Pioniere, zunächst vorübergehend, ihre Arbeit einzustellen.

Ein Flakgeschütz wird vorgezogen, kämpft eine erkannte Granatwerferstellung nieder. Bald darauf tritt eine kurze Feuerpause ein.

Gegen fünfzehn Uhr entwickelt sich um den Brückenkopf abermals ein erbittertes Infanteriegefecht, in das unsere Flakartillerie wirkungsvoll eingreifen kann.

Gleichzeitig hat der Gegner von einer anderen Seite her Infanteriekräfte und Banden in die Stadt geworfen, die mit Granatwerfern und Maschinengewehren feuern. Brückenschlag und Fährstelle liegen jetzt von allen Seiten unter schwerstem Feuer.

Für die Pioniere ist es nunmehr unmöglich, die Arbeiten fortzusetzen. Der Fährbetrieb muss eingestellt werden. Beide Züge auf dem ostwärtigen Ufer haben keine sichere Verbindung mit der Batterie. Sie sind damit auch von der Munitions- und Verpflegungszufuhr abgeschnitten.

Ein Schlauchboot steht zur Verfügung. Es reicht zum Transport des Notwendigsten für die Kameraden auf der anderen Seite des Dnjepr aus.

„Freiwillige vor!"

Der Batteriechef sieht seine Soldaten an. Neun Kanoniere melden sich auf Anhieb.

„So viel brauche ich nicht. Aber prächtig Jungens, eure Haltung!"

Munition und Verpflegung sind verstaut. Das Schlauchboot ist zu Wasser gebracht. Mit einem Satz haben sich drei Kanoniere in das schwankende Fahrzeug aus Gummi geworfen. Warten eine Weile. Dann tauchen ihre Paddel in das Wasser. Langsam setzt sich das Boot vom Ufer ab.

Ein wütender Geschoßhagel ist die Antwort der Sowjets. Rings um die Gummiblase spritzt und klatscht es auf. Unbeirrt paddeln die Kanoniere weiter, halb liegend, halb sitzend. Schon hat das Boot einige Treffer abbekommen. Aber es schwimmt weiter.

Endlose Minuten vergehen. Mit fiebernden Augen verfolgen die Kameraden an beiden Ufern des Dnjepr die mutigen Einzelgänger. Sie schaffen's. Wie durch ein Wunder wird nicht einer von ihnen verwundet.

Auf dem Rückweg nehmen sie Verwundete mit und erreichen wiederum ungeschoren das Westufer.

Gott hilft dem Mutigen!

Der Gegner setzt immer stärkere Artilleriekräfte ein. Mit allen Kalibern – vom Ferngeschütz bis zur leichten Feldkanone – belegt er die Ufer des Flusses. Eine schwere Granate kracht mitten in die Stellung des ersten Zuges.

Im Laufe weniger Stunden hat die Batterie zehn Verwundete. Ein Teil der Geschütze ist durch Splitterwirkung ausgefallen. Und doch wollen und können unsere Flakkanoniere die Stellung nicht verlassen. Neben schwachen Artilleriekräften hat die Batterie die einzigen schweren Waffen, welche die am östlichen Ufer eingeschlossenen Kameraden entlasten können.

Endlos dehnen sich die Stunden. Der Gegner setzt Granate um Granate an den Fluss. Wieder haut es in eine Geschützstellung. Vier Verwundete. Ein weiteres Geschütz ist ausgefallen.

Unheimlich genau liegt das feindliche Artillerie- und Granatwerferfeuer. Der Gegner muss vorzügliche Beobachtungsstellen in nächster Nähe haben.

Auf der Feindseite überragt ein Wasserturm das Gelände. Er wird von den Geschützen der Batterie unter Feuer genommen und in Brand geschossen.

Eine feindwärts führende Hochspannungsleitung kann vom Gegner zur Nachrichtenübermittlung und Feuerleitung ausgenutzt werden. Die Nachrichtenstaffel geht heran, unterbricht die Leitung.

19.45 Uhr. Es ist der vereinbarte Zeitpunkt, an dem unsere Artillerie mit stärkeren Kräften in den wechselvollen Kampf eingreift. Schlagartig setzt das Feuer auf den vom Feind abermals besetzten Waldstreifen und die nicht feindfreien Ortsteile ein.

Die Geschütze unserer Batterie zwingen mit ihrem vernichtenden Feuer den Gegner, seine Stellungen am Waldrand abermals zu räumen. Mit gutgezieltem Einzelfeuer und Feuerstößen kämmen die Geschütze, verstärkt durch schwere Maschinengewehre, den Wald durch. Deutlich ist die Wirkung zu spüren. Die Sowjets antworten nicht mehr auf jede Bewegung mit ihren Maschinengewehren und Granatwerfern.

In diesem Augenblick erscheinen deutsche Zerstörerflugzeuge. Ihre Splitterbomben sausen in den Wald, belegen die Rückzugswege. Der Bolschewist ist mit einem Schlag in die Verteidigung gedrängt, muss sein ganzes Augenmerk auf die Abwehr richten. Dadurch lässt das Feuer, das auf der Fährstelle lag, nach.

Diese günstige Gelegenheit wird genutzt. Die Fähre ist wieder in vollem Betrieb. Sie pendelt hin und her und hin, setzt Infanterie und Pak über, die den Kameraden auf dem Ostufer fühlbar Entlastung bringen, den Brückenkopf verstärken.

Dann wieder schweres Artilleriefeuer auf Brückenschlag, Fährstelle und unsere Flakbatterie in unverminderter Stärke. Die inzwischen von allen übrigen Truppenteilen geräumte Stadt Orscha brennt lichterloh ...

Die Artilleriebeobachter der Sowjets, die das Feuer leiten, sind immer noch nicht ausgeschaltet. Da verrät einen die Dunkelheit der Nacht.

Ein Kanonier entdeckt es: „Von dem Kirchturm dort gehen Blinkzeichen zum Gegner hinüber!"

„Nicht lange mehr. Diese Selbstmordkandidaten werden wir bald runtergeholt haben!"

Unterstützt durch Panzerabwehrkanonen nimmt unsere Flakbatterie den Kirchturm unter Feuer. Der brennt kurz darauf. Und das schlechter liegende feindliche Feuer beweist, dass nunmehr eine wichtige Beobachtungsstelle vernichtet ist.

Die Nacht bricht herein. Es herrscht völlige Dunkelheit. Das Infanteriegefecht flaut ab, kommt schließlich ganz zum Stehen. Aber die bolschewistische Artillerie schüttet, wenn auch planloser, ihren Segen weiter über die Stadt Orscha und das Tal des Dnjepr aus.

Was macht es dem Gegner, einige tausend Granaten mehr oder weniger aus den Rohren seiner massiert in der Stalinlinie aufgefahrenen Geschütze zu jagen! Sie verfügen über genügend Material und Munition.

Trotzdem nehmen mit Büchsenlicht die Pioniere ihre Arbeit wieder auf. Sofort hämmert der Gegner in schnellerer Folge auf den Brückenschlag ein.

Starke eigene Artilleriekräfte antworten. Und so entspinnt sich ein Duell, in dem die Sowjets mehr und mehr erlahmen. Auch die Angriffskräfte des Feindes, seine Infanterie und Panzer, haben an Kampfkraft eingebüßt. Nur zögernd arbeiten sich einige Trupps an den Brückenkopf heran, bleiben aber dort im konzentrischen Feuer unserer Artillerie, der Flakartillerie, der Panzerabwehrgeschütze und der Infanteriewaffen liegen. Ziehen sich schließlich robbend zurück.

Einzelgänger, da und dort ein MG-Nest, die sich im Laufe der Nacht wieder vorgearbeitet haben, machen uns noch vom Waldrand her das Leben sauer.

Im Morgengrauen versuchen die Pioniere Pontons und Einzelteile der zu errichtenden Brücke stromaufwärts zu bewegen, um an einer anderen Stelle den Brückenschlag zu versuchen. Heftiges feindliches Maschinengewehrfeuer lässt aber die Bemühungen der Pioniere scheitern.

Da die Brückenbaustelle etwa achthundert Meter stromaufwärts vor der Stelle liegt, an der Versuche, die Brücke herzustellen, fehlgeschlagen sind, entschließen sich die Zugführer auf dem Ostufer des Dnjepr, ihre Züge wenn möglich dorthin zu verlegen.

An der Spitze eines Schützenspähtrupps erkundet einer den Anmarschweg für die Geschütze. Ein kleiner Umweg muss gemacht werden. Aber es haut hin.

Da keine Protzenfahrzeuge über den Fluss gebracht werden können, ziehen die Bedienungen ihre Geschütze mit dem notwendigen Gerät im Mannschaftszug. Eintausendfünfhundert Meter geht es über sandiges, hügeliges Gelände, dann durch ausgebrannte, noch schwelende oder hellbrennende Straßenzüge.

Aus allen Ecken und Enden knallt und pfeift es. Heckenschützen versuchen, uns den Weg zu verlegen. Wir können uns nicht um sie kümmern. Ziel ist die Brückenschlagstelle. Also weiter, weiter ..., durch, durch ...

Hundert Meter sind noch zurückzulegen. Da werden wir aus einer Querstraße vom westlichen Ufer her unter rasendes MG-Feuer genommen. Wir müssen in Deckung gehen. Den Pionieren, die immer wieder versuchen, ihre Arbeit aufzunehmen, geht es nicht besser. Verstärkungen müssen herangeholt werden, die die Flankendeckung übernehmen.

Ein Meldegänger geht zurück. Den Karabiner in der Faust schleicht, läuft, rennt und springt er, da verharrend, dort über brennende Trümmer hinwegsetzend, an jeder Ecke sichernd.

Selbst diesen einzelnen Mann nehmen die irgendwo hinter den brennenden Häuserfronten sitzenden Heckenschützen aufs Korn. Böse und hämisch zischt und pfeift es um ihn. Er weiß nicht, aus welcher Ecke es kommt. Geht ihn auch nichts an. Sein Auftrag ist, Verstärkung heranzuholen!

In Bächen rinnt ihm der Schweiß unter dem Stahlhelm hervor, durchzieht das rußige, verdreckte Gesicht mit Furchen, die einen wilden Zug in das junge Gesicht prägen.

Aber dann hat er es geschafft: „Verstärkung, Herr Oberleutnant!" Diese drei Worte preßt er eben noch aus sich heraus. Er weiß, dass es unter Umständen auf Sekunden ankommt. Dann steht er eine Weile schwer atmend da, keines Wortes mehr mächtig, bis die ausgepumpten Lungen wieder frische Luft geschöpft haben ...

Die Verstärkung wird herangeführt. Die Geschütze sind verteilt. Ungeachtet des starken Beschusses werden sie in kurzer Zeit feuerbereit gemacht.

Orscha brennt lichterloh

Und dann fetzen aus allen Rohren die Granaten. Überfallartig hat das Feuer auf den Nordausgang Orscha, insbesondere auf das westliche Ufer und die nach Osten gerichtete Biegung des Dnjepr, eingesetzt. Der Gegner antwortet mit wütendem, wildem Schießen.

Die Zugführer aber gehen ganz planmäßig vor. Ein Ziel nach dem anderen wird aufs Korn genommen und nicht eher losgelassen, bis die Sowjets die Antwort schuldig bleiben.

Dann greifen weiter entfernt liegende Infanteriekräfte der Bolschewisten in das Gefecht ein. Von Uferböschungen, aus Baumgruppen, Gebäuden und Türmen einer etwa eineinhalb Kilometer entfernt liegenden Ortschaft im Norden speien Blei und Eisen in unsere Geschützstellungen. Jede Feuerlücke ausschließend wird auch hier Ziel um Ziel mit Granaten bekämpft.

Dann wird die Munition knapp und knapper.

Wieder den Meldegänger zurück!

Und wenig später taucht der Munitionstransportwagen der Batterie auf. Der Meldegänger weist ihm, frei auf dem Trittbrett stehend, den Weg.

Der Kampf wird erbittert.

Abermals geht die Munition zu Ende. Nun schalten sich die Pioniere in die Munitionsversorgung ein.

Mit Sturmbooten kommen sie den Dnjepr hinaufgefahren, laden aus, hauen ab. Bringen wieder neue Munition heran. Auf keinen Fall darf eine Feuerpause entstehen!

Vor allem muss jedem Munitionsmangel vorgebeugt werden.

Unsere leichte Flakbatterie steht hier im Brennpunkt des Geschehens, das den Brückenschlag über den Dnjepr erzwingen und damit die Voraussetzung für einen Durchstoß durch die Stalinlinie schaffen will.

Weitere Verstärkung wird herangeholt. Ohne Pause halten unsere 2-cm-Geschütze den Gegner in Schach oder vernichten ihn.

Diesen Feuerschutz nutzen die Pioniere, um an beiden Ufern gleichzeitig ihre Arbeit zu beginnen.

Inzwischen haben mehrere unserer Geschütze ein alle übrigen Häuser überragendes Gebäude im Stadtteil am westlichen Ufer in Brand geschossen.

Kurz darauf kommen über die westliche Uferböschung zwei Sowjetsoldaten und ein Zivilist angestürzt, springen in einen bereitstehenden Kahn. Vergebens versuchen sie das Ostufer zu erreichen. Unter dem Feuer unserer Flakgeschütze sinkt der Kahn in Sekundenschnelle und reißt die drei Insassen mit sich in die Tiefe.

Eine weißrote Meßlatte steigt wieder hoch, wird an das Ufer gespült. Uns wird klar: Hier haben wir wiederum eine B-Stelle ausgeräuchert, die der Artillerie aus der vor uns liegenden Stalinlinie Wegweiser gewesen ist.

Unter dem Feuerschutz unserer Geschütze gelingt es den Pionieren in aufopferndem Einsatz, die Brücke innerhalb von zwei Stunden zu schließen. Damit ist das wichtigste Instrument für alle weiteren Aktionen in ostwärtiger Richtung geschaffen. Panzerkampfwagen und schwere Flakgeschütze rollen über die Brücke, durch die gänzlich eingeäscherten Straßenzüge Orschas hinaus ins freie Land, stemmen sich, unterstützt von Artillerie und motorisierter Infanterie, wie Rammblöcke gegen die Befestigungen der Stalinlinie. Schlagen eine Bresche in diesen stählernen Ring, der in den Flanken abgeschirmt und gesichert wird.

Der Durchbruch durch die Stalinlinie bei Orscha ist erkämpft!

Aus der Bresche heraus wird der Gegner in den Flanken gefasst. Gegen Bunker und Schützennester, Artillerie- und Granatwerferstellungen richtet sich der nunmehr seitlich geführte Stoß. Damit beginnt die Aufrollung der Stalinlinie. Grobe Hindernisse werden von Einheiten unserer Flakartillerie aus dem Weg geräumt. So ebnen sie der kämmenden, säubernden Infanterie die Bahn.

Währenddessen tritt unsere Batterie mit einem Panzerregiment den Vormarsch Richtung Smolensk an.

Es ist früher Morgen. Eitel Sonnenschein liegt über der Landschaft. Alles ringsum sieht so sauber, taufrisch-blank aus.

Wie Sonntagmorgen.

Im Summen der Motoren und Klirren der Gleisketten schwingt wie von ungefähr Gesang mit. Bilder aus der Heimat tauchen auf. Man muss nur eine Zeitlang die Augen schließen. In sich hineinhorchen. Verborgene Saiten werden angeschlagen. Stimmen singen. Und dann ist es ein ganzer Chor. Ein Männerchor, der eine liebe, alte Melodie aufklingen lässt:

„Sonntag ist's, ein heil'ger Friede ..."

Eine merkwürdig freudige, fast fröhliche Stimmung senkt sich in ein Soldatenherz. Hat dort Platz und gewinnt an Raum.

Wieso eigentlich?

Ringsum Krieg, ein grauenvoller Krieg.

Aber der Kanonier hört ihn nicht. Die Motoren summen, Gleisketten klirren über die Straße. Sie übertönen den Gesang der rasenden Kriegsfurie. Nun schon weit ab vom Vormarschweg.

Der strahlende Tag in seiner bezwingenden Schönheit, das taufrische Land, das heimatliche Lied.

Wer wollte sich nach Tagen des Kampfes und der Gefahr nicht einmal selbstvergessen dieser sonntäglichen Stimmung hingeben?

„Sonntag ist's, ein heil'ger Friede."

Der Kamerad auf der Zugmaschine summt die Melodie. Schließlich formt sich der Text wie von selbst dazu und er singt, singt dieses Lied, während der stählerne Verband der Panzerkampfwagen und Flakartillerie, der Kradschützen und Panzerabwehrkanonen feindwärts rollt.

„Was ist denn mit dir los?"

Der Nebenmann pufft den singenden Kanonier in die Rippen.

Der schaut seinen Nachbar zur Linken verständnislos an.

„Sonntag ...!"

Eine Weile noch steht Selbstvergessenheit in seinen Zügen. Dann hat er sich zurückgefunden zur rauhen Wirklichkeit.

Die Landschaft ist plötzlich gar nicht mehr sonntäglich. Wiesen und Felder, Straße und Wälder haben wieder ihr Alltagsgesicht angenommen. Es ist der gleiche klarblaue Himmel, an dem Wolken wie mächtige Wattebäusche dahinziehen. Es ist dieselbe strahlende Sonne von vorhin. Und trotzdem ist mit einem Schlag alles ganz, ganz anders geworden.

Es fragt sich eben, mit welchen Augen man seine Umgebung sieht.

Vorhin sind dem Kanonier die Rauch- und Qualmwolken, die Brände ringsum am Horizont, nicht aufgefallen. Er hat sie einfach nicht gesehen, weil Bilder und Stimmen der Heimat ihn für Minuten gefangen hielten – oder waren es nur Sekunden? Vor uns tauchen die ersten Häuser eines Dorfes auf. Dubrowno.

Alles scheint friedlich zu sein – dort vorne. Die Spitze ist schon über die Dorfmitte hinaus und strebt dem Ortsausgang zu.

Sollten sich die Sowjets zurückgezogen haben? Nach den Aufklärungsergebnissen müssten hier doch noch Kräfte der Bolschewisten stehen. Wenn nicht, umso besser. Aber man soll sich nie zu früh freuen.

Aus einem Wald kurz vor Dubrowno gibt es plötzlich Dunst für die Mitte und den hinteren Teil des marschierenden Regiments. Hart neben und auf der Straße schlagen die Geschosse leichter feindlicher Artillerie ein. Dazwischen blubbert naheliegendes Granatwerferfeuer.

Weiter. Wir haben keine Zeit. Ljady ist unser Tagesziel. Da wird es härtere Arbeit geben. Die nachstoßenden Verbände werden mit dem Gegner abseits der Straße schon fertig werden.

Die Fahrzeuge beschleunigen ihr Tempo. Auch unsere Batterie hat die ersten Häuser von Dubrowno erreicht. Dahinter klafft aber eine Lücke.

Die Sowjets legen einen Feuerriegel quer über die Straße. Es wäre unsinnig, hier durchbrechen zu wollen.

Abwarten, was der Gegner vorhat. Vielleicht gibt er angesichts des starken deutschen Verbandes sein Spiel bald auf.

Stattdessen setzt er weitere Artillerie und Granatwerfer ein. Legt das Feuer auch auf den Ortseingang.

Hier stehen wir mit unserer Batterie. Können nicht weiter, weil eine Brücke im Ort unter einem unserer schweren Panzerkampfwagen zusammengebrochen ist. Pioniere müssen heran, arbeiten fieberhaft an der Wiederherstellung der Brücke. Ausgerechnet in diesem Augenblick hämmert die Artillerie auf uns ein.

Wir sitzen ab. Sichern mit Karabinern und Maschinenpistolen den Dorfeingang gegen eventuelle Angriffe der sowjetischen Infanterie. Nehmen, so gut es geht, Deckung vor den schwirrenden Splittern.

Der Weg in das Dorf Dubrowno hinein führt ziemlich steil ab, rechts und links eingefaßt von drei bis vier Meter hohen Böschungen, an deren Rand sich die elenden Katen des Dorfes entlang ziehen.

Wir haben schon mancherlei Situationen und Überraschungen in diesem Land und mit seiner Bevölkerung erlebt. Was sich uns aber hier bietet, liegt an der Grenze des Faßbaren:

Die Bewohner der ersten Häuser sitzen, als sei tiefster Frieden, an den Böschungen und sehen zu uns herunter. Männer, Weiber, Kinder. Nichts rührt sie. Nicht die fremden Uniformen und Soldaten, nicht das Artilleriefeuer.

Stumpf und stier sind ihre Blicke – sie sehen und sehen doch nicht. Gleichgültig und ohne Bewegung ihre Haltung – sie rühren sich nicht vom Fleck, versuchen nicht einmal, Deckung zu nehmen, wenn eine Granate in nächster Nähe einschlägt, wenn heißes Eisen reißend, vernichtend durch die Luft schwirrt.

„Sind die verrückt, oder was ist mit ihnen?" Keiner von uns weiß auf diese Frage eine Antwort. Diese Menschen sind uns unbegreiflich. Noch unbegreiflicher aber werden sie uns, als eine Frau von Granatsplittern verletzt wird: Kein Schmerzensschrei.

Die Frau sieht auf ihr nacktes Bein, das sich schnell rot färbt. Durch die Bluse sickert Blut. Immer größer wird der dunkelrote Fleck. Sie hält die Hand darauf, richtet sich mühsam auf, wankt wie trunken über die Straße, kriecht ein Stück der jenseitigen Böschung hoch und bleibt dort seitlich angelehnt liegen.

Um sie herum Nachbarn, wenn nicht gar Verwandte, die stur zu der verletzten Frau hinschauen, aber keinerlei Anstalten machen, ihr zu helfen. Sie sehen und sehen doch nicht. Sie leben und können nur noch im Unterbewusstsein bewusstes Leben empfinden. Sie sind stumpf, völlig stumpf.

Sie können nicht mehr empfinden als jene Herde weidenden Viehs, in die eine Kugel sich verirrte und ein Opfer forderte. Auch das Vieh ging unbekümmert weiter, graste und fraß, kümmerte sich um das todwunde Wesen seinesgleichen nicht, weil dieser Herde das Begreifen fehlte.

Sonntag ist's

Das waren Tiere, denen der Verstand Grenzen des Begreifens gezogen hat. Hier aber haben wir Menschen vor uns, in deren Hirne der Schöpfer Sinn und Verstand gelegt, die dementsprechend denken und handeln müssten. Sind sie deswegen nicht noch geringer geworden als das Vieh? Kann ein Mensch mit seinen natürlichen Anlagen überhaupt bis zur Stufe eines Tieres herabsinken?

Wir müssen es glauben, so unbegreiflich, so unfasslich uns das auch erscheint. Das also hat der Bolschewismus in zweieinhalb Jahrzehnten fertig gebracht!

Und während noch das Artilleriefeuer auf Vormarschstraße und Dorf hämmert, während nachrückende Einheiten den Sowjets zu Leibe gehen, den Widerstand brechen und so den Weg endgültig freikämpfen, damit gleichzeitig auch den Bolschewismus aus diesem Landstrich wegradieren, rollen wir über Ljady, das ganz in Flammen aufgeht, auf Smolensk zu.

***

Um die Julimitte versucht der Bolschewist, unseren Vormarsch südlich von Orscha mit allen Mitteln aufzuhalten, vertraut hier auf seine Stalinlinie, ein den Gegebenheiten des Geländes angepaßtes Verteidigungserstem von Bunkern, Feldbefestigungen und Infanteriestellungen. Massiert darin überaus starke Kräfte und spickt diese Linie, die sich an den Dnjepr anlehnt, mit Artillerie aller Kaliber.

Tag und Nacht greift er besonders die Kriegsbrücke über den Dnjepr bei Kopys von der Erde und aus der Luft her an. Versucht, diese auf jeden Fall zu zerstören.

Wieder muss die Flakartillerie ran! Eine ganze Abteilung wird nach vorne geworfen, geht mit ihren leichten und schweren Batterien an den Brückenköpfen, vor dem Ort und an der Autostraße Kopys-Gorki in Stellung.

Am Vormittag schickt der Bolschewist als Einleitung dreimal seine Martinbomber. Von dem gutliegenden Gruppenfeuer einer schweren Flakbatterie erfasst, werden die Verbände gesprengt und in die Flucht geschlagen, ohne an der Brücke auch nur ein Teil verbogen zu haben.

Die Sowjetbomber haben abgedreht. Da setzt unvermittelt die Artillerie des Gegners ein. Trommelt eine halbe Stunde lang auf den Ort und das westliche Ufer des Dnjepr.

Am Scherenfernrohr beobachtet ein Batteriechef sich vor den Waldstücken ostwärts von Kopys zum Angriff bereitstellende feindliche Infanterie. Sofort schießt er mit seinen schweren und leichten Geschützen in die Bereitstellung hinein.

Die Sowjetinfanteristen arbeiten sich trotzdem immer näher ran, nützen jede Falte des Geländes aus. Es müssen erprobte alte Soldaten sein. Sie stürmen nicht wie so viele ihrer Genossen blind in das Feuer. Verschlagen, zäh und heimtückisch kämpfend, greifen sie die Batteriestellung an. Verzweifelt wehren sich die Kanoniere gegen die von allen Seiten anschleichenden Bolschewisten.

Als an den Geschützen die Munition ausgeht, greifen sie zu den Karabinern und Maschinenpistolen, wehren sich, bis eine Schwesterbatterie in den Kampf eingreift und Entlastung bringt. Diese fetzt in die erdfarbenen Schützenschleier, hält sie nieder, schießt sich dann in stundenlangem Duell mit einer schweren gegnerischen Batterie herum, bringt sie schließlich zum Schweigen.

Die Sowjets kommen in immer neuen Wellen, von Panzerkampfwagen unterstützt, aus den Wäldern, dringen in den Ort ein, klettern auf Dächer und Bäume, schießen von dort auf die ohne Deckung kämpfenden Kanoniere. Dazu kommt noch verstärkt einsetzendes Artilleriefeuer.

Die am Nordostrand von Kopys eingesetzte leichte Flakbatterie verschießt sich. Die Munition ist zu Ende, während die Bolschewisten inzwischen bis auf dreißig Meter herangekommen sind. Mit ihren Handfeuerwaffen, und unter Mitnahme aller Geschütze und Fahrzeuge, schlagen sich die Kanoniere dann bis zur Brücke durch.

Diese wird von, in der Flanke liegenden, schweren Maschinengewehren dauernd unter Feuer gehalten. Da die Bolschewisten von hinten nachdrängen, gibt es kein langes Überlegen. Unter Anleitung eines Leutnants jagen die Fahrzeuge mit den Geschützen über die Brücke, kommen wie durch ein Wunder mit heller Haut am jenseitigen Ufer an.

Erst als das letzte Fahrzeug über die Brücke gerast ist, verlässt der Leutnant den östlichen Brückenkopf. Schwimmt hinüber zu seinen Kameraden, die gemeinsam mit einer am Westufer stehenden Flakbatterie schon wieder das Feuer auf die sich der Brücke nähernden Sowjets eröffnet haben.

Eine schwere Batterie der Abteilung kämpft auf der östlichen Seite des Dnjepr weiter, hält südostwärts von Kopys den von Norden und Osten anstürmenden Gegner mit Geschütz- und Infanteriefeuer nieder.

Gegen Abend wird auch bei dieser Batterie die Munition knapp. Gerade als die Bolschewisten die Batteriestellung von Westen her zu umklammern versuchen, greifen deutsche Jagd- und Zerstörerverbände in den Kampf ein. Die Sowjets werden durch kühne Tiefangriffe in Deckung gezwungen.

Diese Kampfpause nutzend, macht die Batterie Stellungswechsel an den Südrand von Kopys, bildet mit versprengten Heeresangehörigen einen Igel und stellt Feldwachen für die Nacht aus. In der Dunkelheit wagen sich die Bolschewisten nicht an den waffenstarrenden Ring aufmerksamer Männer heran. So ist es möglich, die Verwundeten in einem Boot an die Westseite des Dnjepr zu bringen.

Durch Funk werden die Abgeschnittenen von ihren Kameraden laufend über die Lage unterrichtet.

Stoßtrupps schleichen hinüber nach Kopys und hinunter an die Brücke, erkunden und melden zurück an die am Westufer stehenden Einheiten, schaffen so die Voraussetzung für den Angriff der Vorausabteilung einer Infanteriedivision, die kurz vor Morgengrauen unter dem Feuerschutz der Flakgeschütze einen Brückenkopf am Ostufer bilden kann.

Nach heftigem Kampf werden die Bolschewisten schließlich geworfen und müssen die Brücke unversehrt zurücklassen und aus Kopys flüchten. Diesmal waren Kameraden vom Heer die Retter eingeschlossener Flakartilleristen. Sie wollen dafür keinen Dank, winken nur kurz ab:

„Ist doch klar, Kinders. Einer für den anderen. Nächstes Mal seid ihr wieder dran!"

Die Durchbruchskämpfe an der Stalinlinie im Orschaabschnitt fordern von allen Flakbatterien weiterhin stärksten Einsatz. Besonders bewähren sich einzelne Geschütze einer leichten Flakabteilung, die jeweils Marschgruppen des Heeres zugeteilt werden und dort sowohl als panzerbrechende Waffe als auch im Infanteriekampf und beim Beschuss feindlicher Stellungen oft entscheidend eingreifen können.

Kennzeichnend für den Geist der Flakkanoniere ist der Gefechtsbericht über die Kämpfe bei Ssyrokerenjes. Dort heißt es in der Meldung über einen durch Bauchschuss schwerverwundeten Obergefreiten:

Seine letzten Worte kurz vor dem Abtransport ins Lazarett waren: „Es lebe Deutschland!"

Nach dem Dnjeprübergang stoßen wir quer durch das Gelände weiter vor, benutzen hin und wieder versandete Feldwege, meistens fahren wir aber querfeldein. Aus ist es mit pausenloser Fahrt auf glatter Bahn. Wehmütig denken die Kanoniere an die Autostraße zurück.

Gegen Mittag ist die Sonne unerträglich heiß und sengend. Warme Luft flimmert vor den Augen. Die Erde ist trocken, knochenhart und rissig. Durch knietiefen Sand wälzen sich die Kolonnen. Jedes Fahrzeug unserer Batterie ist in Staubwolken gehüllt, durch die wir vergeblich nach dem Vordermann oder dem nachfolgenden Fahrzeug Ausschau halten.

Wir sehen nichts. Nicht zwei Meter weit!

Schemenhaft erkennt der Fahrer im letzten Augenblick einen zerschossenen Sowjetpanzer, reißt sein Fahrzeug gerade noch herum.

So muss es bei dichtem Nebel auf hoher See sein. Nur mit dem Unterschied: Dass der Ozean weit und leer, unsere Straße aber schmal und überfüllt ist, auf der Kolonnen hinter- und nebeneinander fahren, ja sogar noch Gegenverkehr von vorne kommt.

Die Männer an den Steuerrädern können nur nach Gefühl fahren. Instinktiv stoppen sie, fahren rechts heran, geben Gas oder weichen aus.

Apathisch hocken wir auf den Zugmaschinen, sind grau wie Müllersknechte. Längst haben wir den aussichtslosen Kampf gegen den alles durchdringenden Staub aufgegeben, wundern uns nur, dass bei dieser Blindfahrerei nichts passiert.

Mit dicken Staubschichten auf Gesicht und Uniform sitzen wir mit geschlossenen Augen. Sobald die Lider aufgehen, quillt der Dreck in die Augen, die zu jucken und zu tränen beginnen.

Wer eine Autobrille besitzt, gilt als beneidenswert reicher Mann. Aber nicht allzu lang erfreuen sich die Glücklichen ihres Besitzes. Bald ist der Staub auch hinter ihre Brillengläser gekrochen.

In einem Waldstück finden wir bei kurzer Rast Zehntausende von sowjetischen Gasmasken Ein einfallsreicher Kanonier holt sich eine dieser Masken, schneidet Mundstück und Kopfteil weg, behält nur das Mittelstück mit den Augengläsern, hat so eine tadellose enganliegende Schutzbrille. Sofort macht sich die gesamte Batterie über die Gasmasken her.

Als wir wieder auf unseren Fahrzeugen sitzen, eingehüllt in dichte Staubschleier, sehen wir mit den großen Gläsern vor den Augen wie Menschen einer anderen Welt aus.

„Wie die Marsbewohner", meint unser Geschützführer und zückt seinen Fotoapparat.

Schwieriges Gelände, hemmender Sand und gesprengte Brücken lassen die vordem so flotte Fahrt zu einem richtigen Trauermarsch werden. Manchmal schaffen wir in der Stunde nur einige Meter. Wenn zwei bis drei Kilometer daraus werden, sind wir schon froh über das „Tempo".

Am Nachmittag erreichen wir endlich einen sich lang hinziehenden Mischwald mit selten hohen, schönen Buchen.

... greifen zu den Karabinern

„Kinders, jetzt geht es vorwärts. Staub und Sand gibt es hier nicht!"

„Carratsch" hat schon Recht, aber von wegen schneller vorwärts? Schon nach zweihundert Metern Fahrt sitzen die ersten Fahrzeuge bis an die Achsen im Morast der sumpfigen Straße. Wieder stundenlanges Halten, stundenlange Arbeit. Dann fünf Kilometer langsamste Fahrt, erneutes Versacken!

In diesem ewigen Wechselspiel vergehen zwei Tage. Am ersten schaffen wir dreißig Kilometer in acht Stunden, für die gleiche Kilometerzahl benötigen wir am nächsten Tag zehn Stunden!

Wer von uns noch nicht Stoiker ist, wird es in diesen achtundvierzig Stunden.

Zuletzt ertragen wir alles: Staub, Schlamm, eingestürzte Brücken, stundenlanges Warten, Durst, Regen und Hunger mit fast orientalischem Fatalismus. Bei jedem unvorhergesehenen, unangenehmen Ereignis knurren die Kanoniere nur noch zwischen geschlossenen Kiefern: „Kann uns ja gar nicht mehr erschüttern!"

Nach vorn rasselnde Panzerkampfwagen werfen uns von ihren Ketten aufgewirbelten Staub und Dreck in die lachenden Gesichter, hemmen so für einige Zeit unseren Redefluss.

Jedem anderen Fahrzeug, das sich ebenso als Dreckschleuder betätigen würde, wären wir bitter böse. Unseren „Schwarzen Kameraden" aber nicht. Sie sind uns in den zurückliegenden Wochen im Guten und Bösen treue Freunde geworden, auf die wir uns verlassen können. Sie wissen das gleiche

Kampf um die Stalinlinie bei Kopys

von uns. Stets marschierten wir gemeinsam, teilten Freud und Leid. Und wie oft halfen uns die Männer in ihren rollenden Festungen aus, wenn die letzte Zigarette gekippt oder der letzte Kanten Brot in leere Mägen gewandert war.

Die Kameradschaft zwischen Offizier, Unteroffizier und Mann ist bei unseren Panzern vorbildlich. Immer hilfsbereit, verliert keiner von ihnen die gute Laune, was in ihren, bei der jetzigen Hitze, Brutöfen gleichenden, stählernen Kästen nicht ganz einfach ist.

Wahrhaftig, wenn es keine Flakartillerie gäbe, würden wir Panzersoldaten werden!

Gemeinsam mit ihnen stoßen wir gegen Mittag wieder auf die Autostraße vor, genießen die glatte Bahn wie ein köstliches Geschenk. Nach zwei Stunden zügiger Fahrt erreichen wir den Westrand von Cochlowo.

Als wir an die ersten Häuser des kleinen Nestes heranfahren, sehen wir Nachhuten der Sowjets fluchtartig in einem dahinterliegenden Waldstück verschwinden.

Aha, dicke Luft!

„Absitzen! Häuser durchsuchen! Handgranaten nicht vergessen!"

Wir sind gewitzigt von früheren Erlebnissen. Wissen, dass die Bolschewisten mit Vorliebe kleine Kommandos in harmlos aussehenden Häusern zurücklassen, um uns von dort ungesehen abknallen zu können.

Ein kräftiger Tritt öffnet die Tür der kleinen Kate. Eine Minute lang stehen wir lauernd an die Hauswand geschmiegt, die Handgranaten abzugsbereit in den Händen. Wehe, wenn auch nur ein Schuss aus dem Inneren fällt! Im nächsten Augenblick fliegen unsere Handgranaten hinein, zerreißen, was sich in den vier Wänden versteckt.

Nichts!

Mit einem Satz springen wir, die entsicherten Pistolen vorgehalten, in den halb dunklen Raum. Keine Menschenseele! So geht es uns in den meisten Häusern. Statt der Bolschewisten kommt uns aus den Zimmern ein unglaublicher Gestank entgegen. Aber den kennen wir ja. Er gehört zum sowjetrussischen Haus wie die entsicherte Pistole zum politischen Kommissar.

In einer kleinen Bude stöbern wir schließlich zwei alte Männer auf. Zerlumpt, schmutzig, die Füße mit Stoffresten umwickelt, begrüßt uns der Jüngere mit tiefer Verbeugung, während sein Nebenmann uns mit offenem Mund und Blicken voller Todesangst anstiert. Wir schätzen die elenden Gestalten auf etwa fünfzig und Mitte sechzig, tasten sie schnell nach versteckten Waffen ab.

„Wir nix schießen auf deutscher Soldat", radebrecht plötzlich der Jüngere. Ist ganz glücklich, als wir ihn verstehen und zum Weiterreden auffordern.

„Ich war im großen Krieg als Gefangener in Deutschland, arbeitete bei einem Bauern in der Nähe Stettins. O, es war ein sehr großer und reicher Bauer. Er hatte vier Kühe! Dort lernte ich Deutsch.

Als die Sowjets heute bei eurem Kommen fliehen mussten, haben wir uns versteckt. Sonst hätten sie uns mitgeschleppt. Die Bolschewisten sagten, ihr würdet alle Männer erschießen. Ich glaubte ihnen aber nicht, überredete auch diesen Alten hier neben mir zum Bleiben, der in die Wälder fliehen wollte."

Wir geben den beiden eine Zigarette, beruhigen so auch den Älteren, der uns immer noch etwas misstrauisch unter seinen buschigen Brauen anstarrt.

„Stalin kaputt, altes Glotzauge – was sagst du dazu?"

Es scheint, als ob der Obergefreite mit diesen schnell hingeworfenen Worten den beiden Zerlumpten erst richtig die Zunge gelöst hätte.

Hastig stecken sie die Köpfe zusammen, tuscheln eine Weile. Dann beginnen sie zu erzählen, begleiten ihre Worte mit lebhaften Handbewegungen. All das, was sie als ehemalige Bauern jahrelang an Demütigungen und Quälereien von den Bolschewisten schweigend erdulden mussten, steigt jetzt wieder vor ihnen auf. Mit heiseren Stimmen berichten sie von ihrer Leidenszeit seit der bolschewistischen Revolution, schildern, wie man ihnen Äcker und Vieh bis auf einen kümmerlichen Rest wegnahm, wie brutale Kommissare bei einer der „Befriedungsaktionen" zur Zeit der Kulakenverfolgungen in das Dorf einbrachen und sieben Bauern ohne Grund über den Haufen schossen.

... bis an die Achsen im Morast ...

Die schlimmste Zeit begann für die Bewohner Cochlowos jedoch erst vor vier Tagen, als sich zurückflutende Bolschewisten in ihren Häusern festsetzten. Die Soldaten Stalins benahmen sich wie die Schweine, benutzten die Zimmer als Toiletten, griffen nach Frauen und Mädchen, und stahlen, was ihnen unter die Finger kam.

Um der Vergewaltigung zu entgehen, nahmen daraufhin nachts Frauen und Mädchen die Kinder an die Hand, flüchteten in eine nahe gelegene, dichtbewachsene Schlucht und versteckten sich dort in einer schwer auffindbaren, mit Buschwerk umstandenen Mulde.

Am anderen Morgen bemerkten die Bolschewisten die Flucht der Frauen und Kinder. Sie fingen an zu toben, misshandelten die Männer. Als sie gerade das Dorf in Brand stecken wollten, erschienen wir in letzter Minute.

... geben den beiden eine Zigarette ...

Die Banditen flüchteten, schleppten fünf Einwohner mit sich ...

Durch lebhafte Gesten fordern uns die beiden Alten auf, mit ihnen zu den Frauen und Kindern zu gehen. Als wir die Büsche vor der Mulde zurückstreifen und von den am Boden kauernden Flüchtlingen bemerkt werden, springen diese entsetzt auf, fallen auf die Knie, heben flehend die Arme, jammern und schreien. Besonders die Mütter sind fürchterlich erregt. Sie reißen laut weinend ihre Kleinsten in die Arme, pressen sie fest an sich.

Wir bleiben betroffen stehen, können uns dieses panikartige Entsetzen gar nicht erklären. Nach aufklärenden Worten des alten Bauern wird uns alles klar: Die Bolschewisten verbreiteten im Dorf die Lüge, wir Deutschen würden alle Kinder erschlagen, die Frauen zu Tode quälen. Und nun glauben die Frauen, ihr letztes Stündlein sei gekommen. Wollen wenigstens für ihre Kinder um Mitleid bitten ...

So behutsam wie möglich beruhigen wir die Mütter, schicken sie mit ihren, noch immer laut weinenden Kindern nach Hause.

Als wir langsam zum Dorf zurückgehen, erschüttert von dem Elend dieser unschuldigen Menschen, kommt uns eine Frau jammernd entgegengelaufen, weist voller Entsetzen auf eine abseits gelegene Hütte.

Mit schussbereiten Pistolen dringen wir in den muffigen Raum ein, finden auf dem Boden liegend ein halb entkleidetes, etwa zwölf Jahre altes Mädchen. Es ist tot.

Aus ihren verzerrten Gesichtszügen zu schließen, muss sie fürchterlich gequält worden sein. Die Bolschewisten haben sie aus Rache für die Flucht der Frauen vergewaltigt, dann mit einem Schuss in die Brust getötet. Neben der Leiche liegen eine nagelneue sowjetrussische Gasmaske und ein Brotbeutel, zurückgelassene Ausrüstungsgegenstände der bolschewistischen Verbrecher.

Wir müssen uns überwinden, um dieses grauenerregende Bild auf den Film zu bannen, zum Beweis für die Schandtaten der Soldaten, für die heute in englischen Kirchen gebetet wird …

Am anderen Morgen machen wir in aller Frühe unsere Wagen startklar.

Die Bewohner des Dorfes geraten daraufhin in eine uns unerklärliche Erregung. Männer greifen zu den Spaten, heben in ihren Gärten metertiefe Gruben aus, während Frauen Nahrungsmittel und ihre kümmerlichen Habseligkeiten schweißtriefend im Laufschritt heranschleppen.

Als wir sie nach dem Grund dieses seltsamen Gebarens fragen, antworten sie, höllische Furcht in den Augen, dass nach unserem Abzug wohl die Bolschewisten wiederkommen würden, um ihnen das Letzte zu nehmen. Darum vergrüben sie schnell noch das zum Leben Notwendigste.

Unsere lachenden Gesichter überzeugen sie schließlich mehr als unsere Versicherungen, dass die bolschewistischen Mordbrenner für immer fort sind und wir jetzt zu ihrer Verfolgung aufbrechen.

Bald haben sie sich wieder beruhigt, reichen uns zum Abschied einige sorgfältig gehütete Eier in die Wagen.

Als wir das kleine Dorf verlassen, um auf der Autostraße nach Smolensk vorzustoßen, begleiten uns Segenswünsche, wie sie inbrünstiger Menschen kaum darbringen können…

Smolensk!

„Smolensk" stampfen und schnaufen die Motoren unserer Zugmaschinen.

„Smolensk" klirren die Ketten der Panzer bei rastloser Fahrt auf steiniger Straße, und „Smolensk" jubeln unsere Herzen am Morgen des 16. Juli.

Der Name dieser russischen Großstadt hat den Landser auf unserer Autobahn gepackt, lässt ihn nicht los, treibt ihn immer wieder zur Eile an.

Wichtigster Straßen- und Verkehrsknotenpunkt vor Moskau. Stadt von zweihundertachtzigtausend Einwohnern. Uralte Niederlassung an den Ufern des Dnjepr. Festung gegen die von Osten anstürmenden Tataren. Lodernde Fackel und Vorbote der Niederlage für den großen Korsen. Blutgetränkter Boden im ewigen Wechsel der Geschichte: Das ist Smolensk!

In der Chronik dieser Stadt wird an diesem sonnenklaren Sommermorgen eine neue Seite aufgeschlagen und mit kräftigen Strichen gezeichnet. Die Hand, die ruhig und fest kühne Schriftzeichen einträgt, ist die deutsche Wehrmacht. Es sind die Soldaten der motorisierten Infanterie, die Kradschützen, Panzer und Flakbatterien, alle, die heute auf der steinigen Straße, über halbmetertiefe Schlaglöcher und schwankende Notbrücken der Stadt am Dnjepr zustreben.

Der Weg dorthin ist beschwerlich, zeigt den Heranstürmenden ein feindliches Gesicht. Kusseln und halbhohes Strauchwerk drängen bis an die Vormarschstraße heran. Sie sind ein ideales Verteidigungsgelände. In diesem Gebüsch legten die Bolschewisten ihre Infanteriestellungen an, hoben hinter jedem Strauchwerk Schützenlöcher aus.

Diese Verteidigungssysteme sind vorbildlich. Sowohl in der Anlage, nach Gesichtspunkten der Tarnung, als auch in der Berechnung des günstigsten Schusswinkels.

Sich eingraben und tarnen, das können die Bolschewisten meisterhaft wie alle primitiven Naturmenschen. Wir erkennen es neidlos an.

Doch nützen den Sowjets alle Tarnung und zähe Verteidigung auch hier nichts. Aufgebrochen von der starken Faust unserer Panzer, liegen die raffiniert angelegten Stellungen verlassen da. In ihren Gräben, auf den Wällen und zwischen den Sträuchern türmen sich die toten Bolschewisten in ihren erdfarbenen Uniformen, zusammengeschlagen und vernichtet von den Panzergranaten und dem sengenden Strahl der Flammenwerfer.

An brennenden Sowjetpanzern, zusammengeschossenen Pak- und leichten Feldgeschützen vorbei wälzen wir uns in der langen feldgrauen Schlange Smolensk entgegen.

Aufgedunsene Leiber verendeter Pferde und tote Bolschewisten, die auf der Flucht von unseren Geschossen erwischt wurden, säumen mit ihren zerfetzten Körpern, über denen sich schon Krähenschwärme schreiend zum Mahl sammeln, den Weg zur Stadt.

In den Straßen von Smolensk kämpfen seit heute morgen unsere Infanteristen, unterstützt von Panzerkampfwagen, leichten und schweren Geschützen der Flakartillerie der Luftwaffe.

Verbissen und todesmutig stürmt unsere unvergleichliche Infanterie. Entreißt den sich bis zur letzten Patrone verteidigenden Bolschewisten Haus um Haus, Straßenzug um Straßenzug.

Die Geschütze der Flakartillerie fahren mitten auf der Straße auf, unterstützen mit ihrem unheimlich präzisen und durchschlagenden Feuer die Kameraden des Heeres. Wo sich der Widerstand versteift, wo Pak- oder MG.-Nester das Vordringen unserer Infanteristen aufzuhalten versuchen, schlagen die Flakgranaten hinein, zerfetzen und zerreißen den Gegner.

Der harte Klang ihrer Abschüsse mischt sich mit dem heiseren Bellen der Panzerabwehrgeschütze, dem Rattern der Maschinengewehre, dem dumpfen Knall der Handgranaten. Gewehrkugeln singen als Querschläger ihr heimtückisches Lied, Pistolenschüsse peitschen, während kurze Feuerstöße das Wirken der Maschinenpistolen anzeigen.

In dieses verderbenkündende Tongemälde, das noch ergänzt wird vom Schreien der Verwundeten, spielen die heranorgelnden Granaten der Sowjetartillerie den todbringenden Bass.

Unaufhörlich schlagen die „schweren Koffer" in die Häuser, in die Straßen. Mauern wanken, Dächer brechen zusammen. Meterhohe Wände fallen um, wie Teile eines Kartenhauses. Bald brennen ganze Straßenzüge. Flammen züngeln gierig und springen mit rasender Schnelligkeit von einem Holzdach zum anderen. Auf den von Menschen leer gefegten Straßen liegen die Glassplitter gesprungener Fensterscheiben neben weggeworfenen Ausrüstungsgegenständen der Bolschewisten. Zusammengeschossene Panzerkampfwagen und ausgebrannte Lastkraftwagen der Sowjets sperren mit heruntergerissenen Telefondrähten die Durchfahrt. Dazwischen immer wieder die Leichen gefallener Muschiks, tote Pferde, halbverbrannte Zivilisten.

Schwarze Rauchfahnen stehen wie Trauerzeichen über dieser Stätte unerbittlichen Kampfes und rasender Vernichtung. Wie die Verheißung einer besseren Welt leuchten die weiß-gold abgesetzten Zwiebeltürme der Smolensker Kathedrale durch Rauchschwaden und rotzüngelnde Flammen.

Ihr helles Mauerwerk ist uns Wegweiser für die Richtung des Angriffs. Denn zu ihren Füßen windet sich der Dnjepr, Scheide zwischen Nord- und Südteil der Stadt. An sein Ufer müssen wir unbedingt vorstoßen, den Bolschewisten über den Fluss jagen. Dann wäre halb Smolensk unser.

Bis an das Ende der steil zum Dnjepr hinabführenden Hauptstraße kommen unsere Infanteristen vor. Weiter geht es nicht. Der Straßenzug, der von den gegenüberliegenden Höhen hinter dem Nordufer des Flusses genau einzusehen ist, wird von schweren Maschinengewehren dauernd unter Feuer gehalten. Da kommt keine Maus, viel weniger noch ein Mensch unverletzt durch.

Der Angriff droht ins Stocken zu geraten, wenn die feindlichen Maschinengewehre nicht niedergehalten werden können. Unsere leichte Flakbatterie erhält den Auftrag, diese MG-Nester zu vernichten. In schneller Fahrt jagen die Fahrzeuge mit den leichten Geschützen über die unter Feuer liegende Straße. Ehe sie von den MG-Garben gefasst werden können, biegen sie nach rechts in einen stark ansteigenden Weg ein, dessen Häuserreihen vor Beobachtung und MG-Beschuss Sicherheit geben.

Wir haben jedoch nicht mit der sowjetischen Artillerie gerechnet. Gurgelnd sausen ihre Granaten in und über die Straße. Schleudern Eisensplitter zwischen unsere Batterie.

Wir haben Tote und Verwundete. Weiter! Die Straße hinauf, an deren Ende, auf einem Hügel die Kathedrale liegt. Unterhalb ihres starken Gemäuers gehen die 2-cm-Geschütze in Feuerstellung. Die Troßfahrzeuge fahren in den Hof eines dahinter liegenden Gebäudes in Deckung.

Wie ein Panorama liegen das Dnjeprtal und der dahinter ansteigende Nordteil der Stadt vor uns. Deutlich erkennen wir die Stellungen der Bolschewisten. Sehen, wie Verstärkungen auf Lastkraftwagen herangeschafft und wie im Güterbahnhof Truppen und Munition ausgeladen werden.

Unterhalb ihres starken Gemäuers ... in Feuerstellung

Es sind so viel lohnende Ziele für unsere Kanonen, dass wir im Augenblick gar nicht wissen, welche zuerst aufs Korn nehmen.

Unsere Hauptaufgabe ist jedoch, den schwer ringenden Infanteristen Entlastung zu schaffen.

So jagen wir Minuten später hämmernde Feuerstöße auf die sowjetischen Maschinengewehr- und Granatwerferstellungen, die nach kurzer Gegenwehr schweigen. Sie sind entweder auseinandergeschlagen oder zum Stellungswechsel gezwungen worden.

Diesen Augenblick der Feuerruhe benutzen unsere Infanteristen, um in die zum Dnjepr hinunterführende Hauptstraße vorzudringen. Deutlich hören wir hier oben, am Südhang des Tals das Peitschen ihrer Karabiner und Maschinenpistolen, das Geratter der Maschinengewehre.

Wir schießen uns während dieser Zeit mit bolschewistischer Pak herum, die unsere Stellungen beharkt, gleichzeitig auf die sich an die Dnjeprbrücke vorarbeitenden Infanteristen feuert.

Es ist gerade zehn Uhr morgens, als unsere Infanteristen Ufer und Brücke erreichen, die im letzten Augenblick in die Luft geht. Damit ist der Südteil von Smolensk fest in deutscher Hand!

Pioniere werden nach vorne gezogen.

Todesmutig versuchen sie unter dem Hagel des bolschewistischen Abwehrfeuers eine Brücke über den Dnjepr zu schlagen. Immer wieder werden sie von dem rasenden Feuer in Deckung gezwungen, kommen bis zum Mittag nicht vorwärts.

Wieder führen die Sowjets neue Verstärkungen auf Lastkraftwagen heran. Wollen den Dnjepr als Verteidigungslinie unbedingt halten.

Wir nehmen uns die deutlich sichtbaren Wagen vor. Schießen einen nach dem anderen in Brand.

Die Sowjets werden gewitzigt, schicken nur noch einzelne Lastkraftwagen los, die in toller Fahrt über die von uns einzusehende Straße jagen.

Wir erwischen die Einzelgänger genauso! Wenn sie das erste Geschütz nicht trifft, werden sie von dem nächsten unter Feuer genommen. Im Notfall sogar noch an das dritte Geschütz weiter gereicht: Erledigt werden sie aber auf jeden Fall.

Die Sowjets vertrauen bei diesen „Durchbruchsfahrten" zu sehr auf die Geschwindigkeit ihrer Wagen. Sie wissen anscheinend nicht, dass Flakartillerie ihnen gegenübersteht, die gewöhnlich auf noch viel schnellere Ziele schießen muss ... Wir möchten zwanzig Kanonen haben, um alles bekämpfen zu können, was sich uns bietet.

Da rast wieder ein Wagen heran. Aus der linken Flanke helfen Pakgeschütze. Vom Nordrand des Dnjeprtals melden sich MG-Nester. Auf dem Güterbahnhof schleichen Sowjets an die Züge heran.

Unsere Kanoniere schießen fast pausenlos. Trotzdem schaffen sie nicht alles. Der Gegner ist zu stark an Zahl und Material. Da entdeckt ein Gefreiter ein verlassenes sowjetisches Pakgeschütz.

„Her mit der Kanone!" Gemeinsam mit einem Kameraden bringt er das grünlichbraun angestrichene Geschütz in Stellung. Schießt mit den letzten sechs russischen Pakgranaten ein bolschewistisches, leichtes Feldgeschütz zusammen. So schaffen wir der Infanterie langsam, aber sicher, Luft.

Um 16 Uhr setzen deren Stoßtrupps mit Schlauchbooten über den Dnjepr, stürmen das ansteigende Ufer empor. Noch einmal flammt der Straßenkampf in alter Heftigkeit auf.

Wir greifen von unserer beherrschenden Höhe aus in die stundenlang währenden Gefechte ein. Können trotz dauerndem Artilleriebeschuss den Kameraden am anderen Ufer wertvolle Unterstützung leisten.

Teile der Bolschewisten versuchen, mit zwei unter Dampf stehenden Güterzügen zu entkommen. Sie wollen gerade anfahren, als die Lokomotiven von unseren Granaten erwischt werden.

Aus ist es mit der Flucht!

Die Lokomotiven speien weißen Rauch. Liegen bewegungsunfähig. Die Wagen fangen an zu brennen. Munition explodiert. Schleudert Menschen und Wagenteile mit in die Luft.

So werden die Sowjets überall auf dem nördlichen Dnjeprufer gefasst, geschlagen, vernichtet. Als der Abend des 16. Juli naht, ist fast das gesamte Stadtgebiet diesseits und jenseits des Dnjepr in unserem Besitz!

Erschöpft sinken die am Kampf beteiligten Landser nach der Bestattung ihrer Toten ins Gras oder auf das holprige Straßenpflaster. Schlafen sofort ein, wie sie sich fallen lassen. Schöpfen frische Kraft zu neuem Kampf um die leidgeprüften Mauern von Smolensk, der noch lange nicht beendet ist.

Übernächtigte Augenpaare bewachen ihren Schlaf, starren in die Dämmerung, in deren Schutz sich bolschewistische Trupps heranschleichen, aus dem Hinterhalt feuern.

Bei Beginn der Dunkelheit stehen wir auf der Ostseite von Smolensk, die durch eine tiefe Schlucht von dem Häusergewirr getrennt ist.

Gemeinsam mit den Kameraden einer schweren Flakbatterie, die heute morgen hier in Stellung gegangen ist, zur Abwehr sowjetischer Angriffe aus der Luft und von der Erde aus, beobachten wir, wie sich der glühende Sonnenball im Westen immer tiefer neigt. Letztes Licht ausschüttet über die Ränder des tief in das Gelände einschneidenden Dnjeprtals.

Schneller als bei uns in der Heimat folgt die Nacht den letzten Strahlen der Sonne. Bald ist es völlig dunkel auf unserer Höhe. Wir finden aber keinen Schlaf. Starren wie gebannt hinunter ins Tal und auf die gegenüberliegenden Höhen. Ein überwältigendes Bild bietet sich unseren Augen, das man wunderschön nennen müsste, wenn es nicht so grausig wäre:

Smolensk brennt!

Blutrot steigen aus dem Tal die Flammen empor. Sie fressen sich immer weiter. Springen von First zu First der leicht entzündlichen Holzhäuser an den Rändern der Stadt, greifen auf die Steinbauten an den Höhen über. Tageshelle schwebt über dem Dnjeprtal, durchdringt die Schatten der Nacht so stark, dass wir in die brennenden Häuser am jenseitigen Hang hineinsehen können.

Wie von Scheinwerfern angestrahlt, leuchten über dem züngelnden Flammenmeer die roten Backsteinwälle des uralten Tatarenwalls, der meterdicken Stadtmauer von Smolensk. Wie breitschultrige, untersetzte Bauern ragen ihre Wachttürme in die glühende Nacht. Sie mussten in ihrer jahrhundertealten Geschichte schon auf manchen Brand zu ihren Füßen herabsehen!

Über den starken Wällen ist der Himmel blutrot gefärbt. Zu ihm steigen lange, schwarze Rauchsäulen senkrecht auf, wie Opferfeuer heidnischer Völker, die durch den Rauch die Absichten der Götter zu erfragen hoffen. In mehreren hundert Meter Höhe verbinden sich die Spitzen der Rauchsäulen mit den Purpurwolken zu einem Blassrosa, das, den Schatten der Nacht zuneigend, in ein milchiges Grau verdämmert.

In diese Orgie von Farben und Schatten schlagen die Granaten der bolschewistischen Artillerie, die fortwährend auf die Stadt trommelt, frische Wunden reißt und neue Fackeln entzündet.

Stundenlang hocken wir auf unserer Höhe. Blicken hinüber zu dem grausigen Feuerwerk. Können uns trotz bleierner Schwere in den Gliedern nicht von diesem gigantischen Bild der Zerstörung losreißen.

Sinnend, in Gedanken verloren, starrt mancher Kamerad in die Flammen. Ahnt er in dieser Nacht mit dem wachen Instinkt des Soldaten, dass ihm diese Stadt zum Schicksal wird?

Das Heulen der Granaten singt uns spät nach Mitternacht in Schlaf. Es weckt uns mit orgelndem Ton wieder beim Heraufziehen des neuen Tages. Wir wissen an diesem Morgen noch nicht, dass es über zwei Wochen lang unsere Begleitmusik sein wird.

Durch Überläufer erfahren wir, dass auf Befehl Stalins Smolensk unbedingt zurückerobert werden soll.

Timoschenko versucht, diesen Befehl in die Tat umzusetzen. Er jagt seine Divisionen immer wieder gegen die Höhen von Smolensk vor, verspricht seinen Offizieren für den Fall des Gelingens den höchsten bolschewistischen Orden, eine hohe Geldprämie.

Vom ersten Tageslicht bis zum Nahen der Nacht stürmen die Sowjetregimenter gegen unsere schwachen Linien am Nordrand der Stadt an. Listig und verschlagen versuchen die Bolschewisten unter Ausnützung des Geländes uns zu überrumpeln, werden aber immer wieder zurückgeschlagen und lassen Berge von Toten und Verwundeten zurück.

Jeder Soldat in Smolensk weiß, um was es geht, weicht nicht von seinem Platz. Auch die pausenlos schießende sowjetische Artillerie und die in Verbänden von bis zu achtzehn Maschinen anfliegenden Martin-Bomber können den deutschen Widerstandswillen nicht erschüttern. Verbissen schießen die Flakbatterien unserer Abteilung auf die Flugzeuge mit dem Sowjetstern, hindern sie durch gut liegendes Feuer immer wieder am gezielten Bombenwurf.

Sobald die 8,8-cm-Kanonen ihre Rohre zur Flugabwehr richten, werden sie von sowjetischen Artilleriebeobachtern erkannt, die in der Nähe ausgezeichnete Beobachtungsstellen haben müssen. Sie schicken uns das Feuer ihrer Batterien auf den Hals, die drüben, nördlich der Stadt, in ungeheurer Anzahl und mit Geschützen aller Kaliber massiert sein müssen.

Wir buddeln uns in die Erde ein, wie die Maulwürfe, heben tiefe Gräben aus, überdecken sie mit Baumstämmen, häufen Erde darauf und schaffen uns so einen Schutz vor den Sprengstücken, die wild durch unsere Stellungen rasen, die Wände der Kraftfahrzeuge durchschlagen und unsere Zelte samt den Schlafdecken zerfetzen. Nächtelang können wir nur sitzend, mit angezogenen Beinen, in den Gräben schlafen, da die Sowjetartillerie auch des Nachts keine Ruhe gibt.

Doch nicht immer können wir in Deckung bleiben. Müssen hinaus an die Kanonen, an die Kraftfahrzeuge. Das ist jedesmal ein Spiel mit dem Leben. Kameraden fallen. Kameraden werden verwundet. Die Verschontgebliebenen aber werden noch härter in ihrem Trotz und im Willen zum Durchhalten.

Eine Stunde vor Sonnenuntergang legt die sowjetische Artillerie eine längere Pause ein.

Wir nutzen sie, um unsere Toten zu begraben.

Smolensk brennt

Auf die Höhe ostwärts des Dnjeprtals gebettet, leuchten die Kreuze in der sinkenden Abendsonne hinüber zu den Flakkameraden am Fuß der Kathedrale, die dort dicht neben dem Eingang ihre letzte Ruhestätte gefunden haben.

Während im nördlichen Teil der Stadt nun schon zwei Tage heiß um jeden Meter Boden, um jedes Haus, um jede Straßenzeile gekämpft wird, rückt ein Panzerregiment von Ljadi kommend im Eiltempo auf Smolensk zu.

Der Weg geht über eine sanft ansteigende Höhe. Und jenseits der Senke, die in zwei Hügelketten eingebettet liegt, schimmern durch den regenschweren Dunst helle Dächer. Smolensk. Hier erfahren wir, dass die Stadt, nur wenige Kilometer vor uns, schon in deutscher Hand ist.

Wir sind aufgehalten durch Gefechte mit größeren abgesprengten Verbänden der Sowjets – zu spät gekommen, um diesen Angelpunkt der Operationen auf dem Weg gegen das Herz der Sowjetunion mit erobern zu helfen.

„Schade!", meint ein Flakkanonier. „Schade!", pflanzt es sich von Mund zu Mund in unserer Flakbatterie fort. Dann halten wir.

„Geschütze aus dem Verband ausscheren! Tross geht im Kornfeld zweihundert Meter weiter an der rechten Straßenseite in Stellung!"

Was ist los? Die Geschütze brausen die Straße hinunter. Schwenken hinter Kradschützen und einer Panzergruppe in einen südöstlich verlaufenden Weg ein. Eine zweite Panzergruppe folgt.

Dann bestätigt sich unsere Vermutung: Der Raum südlich von Smolensk muss gesäubert werden!

Motoren heulen, stampfen im Gleichtakt der Ventile. Ziehen unermüdlich klirrende Raupenketten um die Längsachse der schweren stählernen Kolosse, die schneller und schneller werdend vorwärtsstürmen.

Ein Dorf ist erreicht. Elende Katen, wie überall in diesem „Paradies der Bauern und Arbeiter". Am Dorfausgang eine Gruppe höherer Offiziere. In ihrer Mitte ein General – unser Panzergeneral. Er grüßt seine Soldaten in der schwarzen Uniform, grüßt sie, die Husaren des modernen Krieges. Nimmt seine Hand zum Gruß an die Mütze, als die wieselflinken Kradschützen an ihm vorbeibrausen, hebt abermals grüßend den Arm, als wir Graublauen der Flakartillerie mit unseren schweren und leichten Geschützen vorüberfahren.

Unwillkürlich geht ein Ruck durch die Besatzungen der Zugkraftwagen. Ohne ein Kommandowort fliegen die Augen nach rechts, straffen sich die Gestalten. Ein Leuchten erhellt die Gesichter der Kameraden. Hier vorne also, hart am Feind, steht der Kommandierende General unserer Panzerarmee. Er, der in vielen Schlachten erprobt, nicht weniger oft seine Mannen zum Sieg geführt hat.

Hier in vorderster Front! Was das für den Landser bedeutet, vermag nur der zu ermessen, der selbst einmal angesichts des Gegners seinem General in die Augen gesehen hat. Eine solche Begegnung wird zum Erlebnis.

Die Augen sind wieder vorwärts gerichtet. Weiter ... weiter ... Die ersten Maschinengewehre der Sowjets rattern in abgehackten Stößen.

Unser Verband entwickelt sich. Panzerkampfwagen stoßen vor. Kradschützen sichern. Unsere Flakgeschütze hängen sich flankierend an. Das geht wie auf dem Exerzierplatz.

Vorgeschobene Schützen- und Maschinengewehrnester der Bolschewisten werden überrannt. Andere MG-Trupps des Gegners ziehen es vor, sich fluchtartig aus dem Staub zu machen.

Schneller ... schneller ... Ran an den Feind! Über Äcker und Wiesen, durch Kornfelder, Kusseln und Waldeinschnitte geht es querfeldein. Das ist ein Gelände! Wie geschaffen für die sattsam bekannten Methoden der verschlagen kämpfenden Sowjets.

Weiter ... weiter ... Natürliche Hindernisse, Gräben, sumpfiger Moorboden und Waldstücke verlangsamen das Tempo. Sie werden überwunden, gewalzt. Aufhalten können sie uns nicht.

Dann haben wir eine flache, breitausladende Mulde erreicht. Plötzlich knallt und spuckt es von allen Seiten her. Feuerüberfall der feindlichen Artillerie und Panzerabwehrkanonen! Erdfontänen spritzen hochauf. Granatsplitter schwirren durch die Luft. Mit dumpfem Schlag bohren sich Panzergeschosse in zähschwarzen Boden. Verwundete stöhnen, Kameraden fallen.

Wir sind abgesessen. Nur langsam rollt der Zugkraftwagen vorwärts, dem Muldenausgang zu. Immer wieder müssen wir, flach gegen die Erde gepreßt, Deckung vor dem schwirrenden Eisen nehmen ... Endlich ist die Ebene wieder erreicht.

Wo aber sitzt die feindliche Pak, wo die Artillerie? Kein Mündungsfeuer zeigt sich. Nirgendwo vor uns auch nur die Andeutung einer Stellung des Gegners. Sie wissen die Vorteile des Geländes unheimlich gut zu nutzen.

Mühsam, unendlich mühsam kommen wir vorwärts – im Inferno des trommelnden Feuers.

Wieder steigt das Gelände leicht an. Dort oben, vom Scheitelpunkt der Höhe aus, ist vielleicht mehr zu erkennen. Die Ferngläser an die Augen gepreßt, suchen wir im weiten Rund. Nichts, gar nichts ist auszumachen. Aber hinter einer Baumgruppe lugt der Giebel eines Hauses hervor.

... richtet sich das Rohr gegen das Ziel

Eine Beobachtungsstelle des Feindes? Wir müssen es annehmen, denn dieser Hausgiebel beherrscht das Gelände weithin. Lange Zeit beobachten wir. Können durch ein Scherenfernrohr jede Bewegung dort drüben wahrnehmen. Aber nichts Verdächtiges zeigt sich. Trotzdem gibt der Batteriechef den Befehl, diesen Giebel wegzuputzen.

Im Hagel der Granaten wird ein Geschütz vorgezogen. Schnell ist abgeprotzt, getarnt, horizontiert. Langsam richtet sich das Rohr gegen das Ziel. Der erste Schuss geht hinüber. Ein zweiter, dritter und vierter folgt. Schwelender Rauch. Dann eine hochausschlagende Flamme ...

Die Sowjetbatterien aber haben sich eingeschossen. Eine wahre Feuerwalze dringt auf uns ein ...

Langsam umflort die Dämmerung alles Gegenständliche. Grellauf zucken die Blitze der einschlagenden Granaten. Dann ist es Nacht. Die bolschewistischen Batterien schweigen ...

Noch sind die Glieder schwer und müde. Vom frühen Morgen an ging gestern unser Marsch, dem acht Stunden Kampf und Marsch, Marsch und Kampf, in schwerstem Artilleriefeuer folgten.

Seit Hellwerden liegen wir nun wieder unter den unaufhörlich hämmernden Schlägen der feindlichen Batterien, deren Stellungen nicht auszumachen sind. Jedem ist klar, dass hiergegen etwas unternommen werden muss.

Ein kräftiges Frühstück weckt die Lebensgeister. Lässt die Müdigkeit vergessen. Es ist 7.30 Uhr. In einer halben Stunde sind die Batteriechefs zum Abteilungskommandeur befohlen.

8.20 Uhr. Der Chef unserer Flakbatterie versammelt seine Offiziere und Zugführer um sich, gibt Anweisungen über den Einsatz der Geschütze, über eine eventuelle Verteidigung der jetzt bezogenen Stellung. Er selbst begleitet mit einem Flakkampftrupp und einem Munitionswagen den Unterstützungsangriff des Panzerregiments zur Entlastung des Korpsgefechtsstandes.

Westlich von Smolensk haben sich nämlich die Bolschewisten im Laufe der vergangenen Nacht bis an die Vormarschstraße Ljadi – Smolensk herangearbeitet. Bedrängen hier hart den Gefechtsstand unseres Korps, das in einem Wald östlich der Rollbahn Stellung bezogen hat.

Höchste Eile ist geboten. Punkt neun Uhr rollen wir im stählernen Verband der Panzer feindwärts. Die Gleisketten stampfen sich ihren Weg ... In weit ausholendem Bogen wird der Gegner umfasst. Mit einer Schwenkung nach Osten entwickelt sich die Kampfgruppe zur Gefechtsformation.

Wieder rollt dieses Bild exakter Linienführung vor uns ab, die Gegenwirkungen des Feindes blockiert, gleichzeitig aber Spielraum genug lässt, um die eigene volle Bewegungsfreiheit zu sichern.

Vorgeschobene Sowjetschützen rühren sich. In der Luft liegt böses Pfeifen. Maschinengewehre tacken. Von der Flanke der Angriffsrichtung her stößt eigene Fußinfanterie auf uns zu. In langen Schützenlinien kämmt sie Kornfelder und Kusselflächen durch.

Drüben liegt ein Dorf. Einige Panzer scheren aus der Gefechtsformation aus, fahren bis auf wenige hundert Meter an die Häuser heran. Heiser bellen ihre Kanonen. Das Dorf fängt zu brennen an und steht schließlich in hellen Flammen.

Wie aufgescheuchte Hasen rennen Bolschewisten, teils ohne Waffen, ohne Stahlhelm, teils noch in voller Ausrüstung, in hellen Scharen aus den glutigen Dorfstraßen. Sie rennen um ihr Leben, müssen über freies, leichtansteigendes Gelände. Jede einzelne der erdfarbenen Gestalten bietet sich als Zielscheibe dar. Sie heben sich merkwürdig scharf von dem mit Gras bewachsenen dunkelgrünen Untergrund des Hanges ab.

Granaten reißen immer wieder neue Lücken in die ungeordnet dahinziehenden Haufen, die – jedes Widerstandswillens bar – nicht einmal mehr den Versuch machen, sich zu verteidigen, andererseits aber auch keinerlei Absichten verraten, sich zu ergeben.

Von unserem Zugkraftwagen ... abgestiegen

Diese regellose Flucht ist ein Wettlauf mit dem Tod, dem die Sowjets dadurch zu entgehen hoffen, dass sie jenseits der Höhe für uns unsichtbar und damit gerettet sein werden.

Aber bald hat unser unaufhaltsam vorwärtsstürmender Verband auch diese Anhöhe erklommen. Hier stoßen wir auf die erste massierte Schützenlinie. Kurz dahinter liegen gut ausgebaute Infanterie- und Pakstellungen.

Sie müssen im Nahkampf genommen werden. Von unseren Zugkraftwagen sind wir längst abgestiegen. Maschinenpistolen und Karabiner in den Fäusten, zeigen Flaksoldaten, dass sie es ihren Kameraden im grauen Rock des deutschen Infanteristen gleichtun können.

Hämisches Pfeifen, böses Zischen der Geschosse ist die Begleitmusik des Nahkampfes. Dazwischen krachen die Schläge berstender Handgranaten. Ein Verteidigungsnest nach dem anderen wird ausgehoben oder ausgeräuchert.

Wieder ist es eine gut ausgebaute Stellung, von der aus wir pausenlos Dunst bekommen. Sie liegt am Rande eines Kornfeldes. Wird umstellt. Die Panzer sind schon durch. Das hier ist eine Aufgabe für die säubernde Infanterie.

Etwa zehn Meter vor dem Erdwall, aus dem es nach allen Seiten hin schießt, sind Löcher für Einzelschützen gebuddelt, mit denen wir zuerst fertig werden müssen. Aus zwanzig bis dreißig Meter Entfernung wird Schützenloch um Schützenloch mit Handgranaten bepflastert, bis sich nichts mehr rührt. Keiner der Bolschewisten gibt den Kampf vorzeitig auf.

Oder doch einer? Tatsächlich – zwei Arme recken sich aus der Erde ... „Feuer stopfen!"

Mit einem Schlag ist, hier wie drüben, das Feuer eingestellt. Ein graugrüner Stahlhelm wird sichtbar, dann Kopf und Oberkörper eines ... ja wirklich, eines sowjetischen Offiziers.

Er trägt keine Waffe in der Hand. Kommt auf uns zu. Wir nehmen ihm das in der Pistolentasche steckende Schießeisen ab. Durchsuchen ihn nach weiteren Waffen. Nichts! Dann bedeuten wir dem jungen Leutnant, hinüber zu der hinter dem Erdwall liegenden Stellung zu gehen und seine Leute aufzufordern, herauszukommen, sich zu ergeben. Es ist eine etwas schwierige Verständigung. Aber dann begreift der Bolschewist, geht gelassen die vierzig Meter bis zu der Stellung hin. Verschwindet hinter dem Wall.

Noch keine halbe Minute ist vergangen, da spritzen uns Geschosse wütend belfernder Maschinengewehre entgegen. Zwei, drei Mann werden verwundet.

Nun ist es aber um die Langmut der deutschen Soldaten geschehen. Von allen Seiten robben sie sich bis kurz vor den Erdwall heran. Werfen Handgranaten und geballte Ladungen hinein. Räuchern das Nest in wenigen Minuten aus.

„Sammeln!"

Eine Zigarette. Und dann geht es weiter, den Panzerkampfwagen nach.

Gefangene kommen uns entgegen. Angst, unbeschreibliche Angst steht in ihren Gesichtern. Wir bleiben stehen, sehen uns diese müden, hoffnungslosen Gesichter an. Durch unmissverständliche Gebärden fragen sie uns, was nun mit ihnen würde. Ob wir ihnen Hände oder Füße abhacken, die Augen ausstechen oder gar den Hals abschneiden werden.

Als wir ihnen aber mit einigen Brocken ihrer Landessprache deuten, dass nichts von dem geschehe, dass sie Gefangene seien und als solche behandelt werden, hellen sich ihre Gesichtszüge merklich auf.

Einer von ihnen, dem ein gutherziger Landser eine Zigarette gibt, kann sich vor Freude kaum fassen. Er klopft dem Flaksoldaten auf die Schulter, strahlt über die ganze Breite seines slawischen Gesichts, beteuert seinen Mitgefangenen, wie gut es ihnen nun ginge, und dass „Soldat Germanski gudd, gudd, särr gudd" seien. Es ist ein Unaufhörlicher Wortschwall, untermalt von lebhaften Gesten der Dankbarkeit. Über den trostlosen Gesichtern von vorhin liegt eitel Sonnenschein ...

Wir müssen weiter! An brennenden, einzeln in der Landschaft stehenden Holzhäusern geht es vorbei. Unsere Zugmaschine rumpelt über einen schmalen Weg, der an diesen Katen vorbeiführt.

Plötzlich recken sich uns aus der Erde, flehend, Arme – Frauenarme entgegen.

Wir verstehen. Sie haben sich angesichts der drohenden Kriegsgefahr einen Unterstand gebaut, als Zufluchtsstätte für sich und ihre Kinder. Und nun kommen wir mit dem schweren Gleiskettenfahrzeug angerollt, das diese Erdhöhle eindrückt, wenn wir sie überfahren würden.

Eine Artilleriestellung ist erreicht. Die Panzer haben sie in weitem Bogen umstellt. Eine ganze Anzahl der Geschützbedienungen ist schon außer Gefecht gesetzt. Und wo sich noch Widerstand zeigt, wird er gebrochen.

Vorsichtig geht eine Infanteriegruppe auf ein noch feuerndes Geschütz zu. Sie ist bis auf zehn Meter heran, jeder Widerstand der Sowjets gänzlich sinnlos geworden.

In diesem Augenblick zieht der einzige Überlebende dieser Geschützbedienung an der Abzugsleine. Jagt stur einen Schuss aus dem Rohr. Irgendwohin in die Gegend. Dann steht er kerzengerade. Wartet, wie ihm der Kommissar seiner Artillerieabteilung vorausgesagt, auf sein Massaker.

Ein kräftiger Kolbenstoß bringt diesen Weltverlorenen wieder zu sich. Zunächst weiß er nicht, wie die Armbewegung des deutschen Soldaten zu deuten ist. Erst einige herzhafte Landserworte lassen ihn ganz wach werden.

Denn plötzlich rennt er, was er nur rennen kann, den übrigen waffenlosen, barhäuptigen, erdfarbenen Gestalten nach. Er wirft seinen Stahlhelm fort, schaut sich noch einmal zweifelnd um und geht dann mit den zurückflutenden Bolschewisten in die Gefangenschaft.

Vier Batterien sind zum Schweigen gebracht, zwölf Geschütze in unserer Hand.

Weiter südlich liegt aber das Gros der feindlichen Artillerie. Eine Anzahl Pakstellungen wird noch ausgeschaltet, eine schwere Flakbatterie unschädlich gemacht. Dann tritt eine Gefechtspause ein.

Mit dem Auftrag, die weiter südlich liegenden Feindstellungen zu erkunden, stößt eine Aufklärungsstaffel vor.

Es geht dem Abend zu. Die Lage vor uns ist geklärt. Aber wir schaffen es heute nicht mehr. Der Gegner drüben ist über Erwarten stark. So beziehen wir nach kurzem Marsch eine Igelstellung.

Jetzt erst merken wir, wie hungrig wir sind. Hungrig und müde. Ein Kanten trockenes Brot, dazu Büchsenfleisch, den Rest aus der Feldflasche.

Dann strecken wir unsere Glieder auf filzigen, weichen Waldboden, empfinden nun erst ihre bleierne Schwere. Aber ehe noch dieses Gefühl sich breit machen kann, hat der Schlaf unsere Augenlider geschlossen.

Was kümmert es uns schon, dass wir mitten im Feindgebiet liegen! Wir wissen: An unserem feuerspeienden Igel wird der Bolschewist, wenn er Gegenangriffsabsichten haben sollte, sich blutige Köpfe holen.

So schlafen wir traumlos fest, besser als bisweilen in den weichen Federbetten zu Hause. Kameraden halten Wacht, bis wir sie ablösen und ihren Schlaf beschützen.

Während der Nacht versuchen Sowjetbomber, durch Abwurf von Magnesiumfackeln unseren Igel ausfindig zu machen. Zwei, dreimal überblendet das fallende, grelle Licht unser stählernes Biwak, über das der Wald schütiend seine Zweige gebreitet hat. Schließlich aber wird den rotbesternten Vögeln das Suchen zu lang. Ihrer Last wollen sie sich indessen entledigen. So krachen weitab von uns die Bomben ins Gelände.

Fahles Morgenlicht ringt mit dem Dunkel der Nacht. Die ersten Panzerkampfwagen rollen an, und ehe noch der Tag zu steter Helle geworden, ist der Verband wieder am Feind.

Stundenlang geht ein erbittertes Ringen, in das sich nunmehr auch eine unserer leichten Flakbatterien einschaltet. Zug um Zug werden die Stellungen der feindlichen Artillerie bei Schlapaki angegriffen, seitlich aufgerollt und erobert.

Die Bolschewisten geben sich indessen nicht eher geschlagen, bis sie von unseren Panzern über den Haufen gerannt, von den Granaten der Flakartillerie vernichtet oder von den Kradschützen im Nahkampf erledigt worden sind.

In direktem Beschuss versuchen die Geschützbedienungen der ersten Stellungen, unseren Sturm aufzuhalten. Die weiter dahinter liegenden Einheiten sehen aber schließlich die Zwecklosigkeit auch dieses letzten Mittels ein. Dann sind sechzehn Batterien in unserer Hand! Siebenundvierzig Geschütze sind die Beute. Damit ist der Feindsektor, der sich südlich um Smolensk spannte, ausgeschaltet. Lange erdfarbene Kolonnen wandern Richtung Smolensk in die Gefangenschaft – eintausendzweihundert Mann.

Schweigend stehen wir vor den frischen Hügeln unserer gefallenen Kameraden, schmücken ihre Gräber mit Feldblumen.

Der Blick aber geht vorwärts.

Was das Feuer in Smolensk verschont hat, wird in den folgenden Tagen von den Granaten der sowjetischen Artillerie zerstört. Bald gibt es kaum noch ein unversehrtes Haus in der Stadt, keine ganze Fensterscheibe.

Das mag für eine Großstadt von zweihundertachtzigtausend Einwohnern unglaublich klingen. Vor allem dann, wenn man meint, Smolensk in Anlage und Ausdehnung mit einer Stadt gleicher Kopfzahl im Reich vergleichen zu können. Bei einer unserer Städte in der Größe von Smolensk wäre es unmöglich, innerhalb so kurzer Zeit fast jedes Haus von Artillerie zu zerstören, da das bebaute Gelände zu groß und die massiven Gebäude zu zahlreich sind.

In der Stadt am Dnjeprufer ist das anders. Auf kleinem Raum zusammengedrängt, wohnen mindestens sechzig Prozent der arbeitenden Bevölkerung in qualvoller Enge. In kleinen, einstöckigen Holzhäusern. Genau wie in den anderen Großstädten der Sowjetunion, deren Wohnraumbedarf mit der – im Zeichen der rücksichtslosen Industrialisierung – einsetzenden Bevölkerungszunahme ins Riesenhafte gestiegen ist.

Doch was kümmert es die Sowjetregierung, wo und wie die angeblich in ihrem Staat herrschende Arbeiterklasse wohnt: Es ist ihr gänzlich gleichgültig. Denn sonst würde sie nicht drei bis vier Familien in einem Raum hausen lassen. Daneben aber riesige Steinbauten für die bolschewistischen Organisationen errichten.

In den meisten Städten Sowjet-Russlands sind nur die Kasernen und Parteihäuser wirklich massiv gebaut. Vielleicht auch noch das Theater oder die Universität, die dann auf jeder Postkarte oder in den Zeitungen als Paradepferde herhalten müssen. Das Volk vegetiert in Bretterbuden und Holzverschlägen.

Smolensk ist ein Schulbeispiel für diese bolschewistische Politik. Fährt man vom Westen her über eine holprige Steinstraße zur Stadt, lenken zuerst große rote Kasernenblöcke die Blicke auf sich. Nach hundert Metern Ödland beginnen die Reihen niedriger Holzhäuser mit wackligen Zäunen und kümmerlichen Gärten.

Dann reißt bei der Einfahrt in den Molotow-Platz, in dessen Mitte ein mit Wegeschildern behängter Sowjetpanzer steht, die Steinstraße jäh ab. Geht in eine tadellose Asphaltbahn über. Zu beiden Seiten des Platzes stehen mehrstöckige, hellgetünchte Steinbauten mit flachen Dächern: Warenhäuser. Vor dem Eingang des Hauses zur Rechten zwei Gipsfiguren: Ein Junge und ein Mädel in der Tracht der Komsomolzen.

An der Stirnseite des Platzes ein großes Gebäude mit breiten Fenstern und protzigem Aufgang: Das Molotow-Hotel. Daneben leuchten jenseits der Straße die roten Backsteine eines Teilstücks der alten Stadtmauer, an der vorbei Straßenbahnschienen ins Innere der Stadt führen.

Molotow-Platz in Smolensk

Das Ganze macht infolge des unvermittelten Nebeneinanders jahrhundertealter Wälle und „modernster" Zweckbauten einen zwar etwas kitschigen, aber doch großzügigen Eindruck, der auch durch die Zerstörung kaum beeinträchtigt wird.

Die deutschen Soldaten nicken trotz der beschädigten Gebäude befriedigt mit den Köpfen: „Das ist doch wenigstens etwas. Sieht schon fast wie Großstadt aus." Ja, man wird bescheiden in Sowjet-Russland!

Am meisten freuen wir uns über die Asphaltstraße, auf der unsere Fahrzeuge so lautlos dahinrollen. Doch die Freude dauert nicht lange.

So plötzlich, wie der Asphalt an der Einfahrt zum Molotow-Platz die holprige Steinstraße ablöst, so jäh verschwindet er wieder, als wir weiter in die Stadt hineinrollen wollen.

Nach wenigen Metern ist er zu Ende. Geht in ein miserables Kopfsteinpflaster über, das an den Seiten in ungepflasterten, mit Staub und Schmutz bedeckten Feldwegen endet. Diese führen zu den Hütten der Bevölkerung, die zum großen Teil auf das Land geflüchtet ist oder in den Kellern der massiven Gebäude – deren Bewohner, Kommissare und andere bolschewistische Größen, schon vor Tagen mit Kind und Kegel in Richtung Moskau ausgerissen sind – Schutz vor den Granaten der sowjetischen Artillerie sucht.

Die zwischen den Trümmern herumschleichenden Männer, Frauen und Kinder machen einen völlig apathischen Eindruck, werden nur lebhaft, wenn sie etwas zum Stehlen entdecken, scheuen dann auch das dickste Artilleriefeuer nicht.

Das Schicksal von Smolensk ist ihnen offenkundig gleichgültig. Es regt sie nicht weiter auf.

Wozu auch!

Ihre abgebrannten oder beschädigten Holzhäuser sind schnell wieder zusammengeschlagen. Weiter können sie nichts verlieren, da sie nichts besitzen.

Warum also trauern? Etwa über die Zerstörung der großen Steinpaläste? Die interessieren sie überhaupt nicht. Sind ja nicht ihr Eigentum. Dazu haben sie keinerlei innere Beziehungen.

Blinzelnd stehen Männer, die Hände in den Hosentaschen, vor den rauchenden Steinkästen. Lassen sie ausbrennen, ohne auch nur einen Finger krumm zu machen. Gehen achselzuckend weiter.

Die Geschäfte sind restlos ausgeplündert, die Verkäufer geflohen. Nur in einer Lebensmittelkooperative herrscht noch Betrieb. Gierig räubern dort zerlumpte Frauen die Lager aus. Schleppen Mehl und Gurken weg. Halbwüchsige prügeln sich um Wodkaflaschen. Der grauhaarige „Inhaber" des Ladens sieht lachend zu.

Unsere Landser finden das unverständlich. Können nicht begreifen, dass ein Kaufmann der Plünderung seines Geschäfts tatenlos zusieht. Sie fragen ihn ...

„Wozu soll das Zeug hier noch länger herumliegen. Es verdirbt und macht mir nur Arbeit und Scherereien. Immer weg damit!"

„Aber das ist doch Ihr Eigentum! Wenn es weg ist, können Sie doch nichts verkaufen, nichts mehr verdienen?"

„Eigentum? – Und Verdienen?

Dieser Laden ist nicht mein Eigentum. So etwas gibt es in Sowjet-Russland nicht. Ich verdiene auch nichts an den Waren, ob ich sie verkaufe oder nicht. Ich bin lediglich Verkäufer, werde vom Staat dafür bezahlt. Da es jetzt mit dem Gehalt aus ist, geht mich der Laden nichts mehr an.

Ja, wenn es noch mein eigenes Geschäft wäre, wie vor der Revolution, aber so ...?"

Nach diesen gleichgültigen Worten wird unseren Soldaten klar, warum sie in Sowjet-Russland bisher noch nie Auslagen in einem Schaufenster, ein sauberes Geschäft oder ein einladendes Lokal gefunden haben.

In Deutschland muss sich der Kaufmann in Friedenszeiten um seine Kunden bemühen, muss sie durch geschmackvolle Dekoration seiner Schaufenster zu fesseln versuchen, muss sie höflich und zuvorkommend behandeln.

Hier rührt der Verkäufer für seine Kunden keinen Finger, ist froh, wenn möglichst wenig Besucher in seinen Laden kommen, denn sie bringen ihm ja nur Arbeit: Und sich dabei anstrengen? Hat gar keinen Zweck. Denn deshalb verdient der Verkäufer in den Läden der Sowjetrepublik doch keine Kopeke mehr!

Neben der Lieblosigkeit und Dürftigkeit ihrer Einrichtungen fallen uns in allen Läden und Büros vor allem die „Rechenmaschinen" auf. Wir kennen sie alle aus unserer Kinderzeit:

Ein Holzrahmen. Darin mehrere Stangen in regelmäßigem Abstand voneinander. Und hieran aufgereiht, bunte Holzkugeln.

Damit machen bei uns in Deutschland die angehenden ABC-Schützen ihre ersten Zählversuche.

In Sowjet-Russland sind sie ein unentbehrliches Requisit der Erwachsenen. Und zwar in allen Berufen. Wir finden eine derartige „Rechenmaschine" sogar im zerstörten Allerheiligsten des Direktors der Smolensker Oper!

Dieses pompöse Gebäude – an dessen „Marmorsäulen" man allerdings nicht klopfen darf, weil sonst der Gips darunter zum Vorschein kommt – besitzt sogar eine ganz moderne, nach amerikanischem Vorbild angefertigte Drehbühne mit raffinierten Beleuchtungsanlagen.

Wie uns der alte Pförtner erzählt, ist diese Drehbühne aber höchst selten in Bewegung gesetzt worden, da sie meistens entzwei war und kein Mensch sie reparieren konnte. Genauso wie die Smolensker Straßenbahn, von der zwar einige Schienen und Wagen vorhanden sind, die aber seit Jahren nicht mehr gefahren ist. Trotzdem lassen die bolschewistischen „Stadtväter" die Schienen ruhig in der Erde verrosten. Berauschen sich daran, damit den Anschluss der Stadt an die Technik dokumentieren zu können.

Ihre primitiven Hirne glauben, eine Oper mit Drehbühne und eine Straßenbahn gehören nun mal zu einer Großstadt. Dass sie einwandfrei funktionieren, ist halb so wichtig.

Wahrhaftig, was der selige Potemkin seiner Katharina vorflunkerte, ist kindliche Stümperei gegen den blauen Dunst, den die bolschewistischen Oberen ihren Untertanen und sich selbst vormachen!

Solange diese ihren Verstand nur an den Kugeln der „Rechenmaschinen" schärfen, ist allerdings keine Gefahr vorhanden, dass sie einmal hinter die Kulissen schauen. Stalin hat dies klar erkannt. Darum erklärte er vor Jahren auf einem Lehrerkongress:

„Bildung ist der größte Feind des sozialistischen Aufbaus."

Einen Teilausschnitt dieses „Aufbaus" erleben wir beim Besichtigen der durch Artillerietreffer beschädigten Smolensker Kathedrale.

An zwei alten Riesentanks aus dem Weltkrieg vorbei treten wir in den hohen Vorraum. Wo früher wahrscheinlich ein Opferstock stand, ist jetzt eine kleine Bretterbunde mit einem Schiebefenster in der Mitte aufgestellt. Darüber ein Schild:

„Kasse!"

Neugierig treten wir näher.

Am Eingang zu dem prunkvollen, uns sehr überladen vorkommenden Innenraum grinst uns zur Begrüßung ein überlebensgroßer Kopf Lenins an. Daneben liegt ein heruntergerissenes Heiligenbild. Sie leiten die kommunistische Propagandaausstellung ein, deren Bilder, Zeichnungen, Fahnen und Statistiken an die linke Innenwand der Kirche genagelt sind.

In heldischer Pose sehen wir Lenin bei der Ausrufung der Revolution in Petersburg, Stalin an der Spitze der Revolutionäre beim Marsch auf Zaryzin. Brutale Kosaken, die „arme Bolschewisten" massenweise an die Galgen hängen. Als Schluss in blutrünstigen Farben dargestellt: Die Bewaffnung des „Volkes".

Anschließend Bilder vom „Aufbau":

Väterlich lächelnd hält Genosse Stalin ein pralles Bauernkind in den Armen. Arbeiter in sauberen Kleidern essen in einer feudal mit Palmen drapierten Kantine. Kolchosbäuerinnen tanzen in bunten Trachten Volkstänze, derweil ihre Kinder von weißgekleideten Hortnerinnen betreut werden.

Wir sind sprachlos über so viel Frechheit, die es wagt, ihrem Volk solche Bilder vorzusetzen. Obwohl jeder, auch der überzeugte Bolschewist, weiß, dass diese Photomontagen „Muster"-Betriebe zeigen, deren Hauptzweck es ist, den mit „Intourist" herangeschleppten Ausländern Sand in die Augen zu streuen.

Zum weiteren Beweis des Aufbaues werden endlose Statistiken gezeigt, für welche die Bolschewisten eine eigentümliche Vorliebe haben.

An diese Schau schließt sich eine Werbeausstellung des Gottlosenverbandes an. Hier wird all das in Wort und Bild in den Schmutz gezogen, was jahrhundertelang den Völkern des Russischen Reiches heilig war. Daneben große Stapel kommunistischer Broschüren, Plakate.

Der Clou des Ganzen ist aber ein in die aufgerissene Wand des linken Querflügels eingebautes sogenanntes „Panorama". Einer der Vorläufer des Kintopps, mit dem man bei uns in Deutschland vor Jahren auf Rummelplätzen „Sensatiönchen" gruselnd nachempfinden konnte.

Hier zeigt uns ein Blick durch die Gläser aber ganz andere Sachen! Angebliche Bilder aus der russischen Kirchengeschichte: Priester vergewaltigen Nonnen und Nonnen treublickende Bauernjungen. Popen mit Verbrechergesichtern reden wohlwollend mit elenden Arbeitergestalten, denen sie dann hintenrum das Geld aus den Taschen stehlen, usw. Alles, was eine perverse Phantasie sich auszudenken vermag, kann hier durch die Gläser plastisch betrachtet werden.

Den Bolschewisten war das aber alles noch nicht genug:

Auf ein Bretterpodium stellten sie die lebensgroße Wachsfigur eines Popen, der mit listigem Gesicht einem ebenfalls aus Wachs gefertigten, blöde zu ihm aufschauenden Bauern etwas vorpredigt.

Auf der Erde liegen wertvolle alte Heiligenbilder. Sie sind bis zur Unkenntlichkeit zerkratzt, mit gemeinen Zeichnungen beschmiert. Daneben zerschlagene Kreuze, Kruzifixe, aus denen der Schmuck herausgebrochen ist. Zerrissene Kirchenfahnen, geistliche Gewänder, Statuen und Bilder von Christus, dem man die Augen ausgestochen hat.

In der Grabkammer, wo ehemalige hohe Geistliche dieser Kirche in Steinsärgen begraben liegen: Ein ebenso wüstes Durcheinander. Die Grabplatten sind zur Seite gewälzt. Der Inhalt der Gräber ist herausgerissen, auf die Erde geworfen.

Fürwahr, ein feines Zeugnis für die Ehrlichkeit der bolschewistischen Versuche, jetzt beim Nahen der Vergeltung von einigen übriggebliebehen Popen Bittgottesdienste veranstalten zu lassen.

Um dieser Schau des Wahnsinns ein wissenschaftliches Mäntelchen umhängen zu können, haben die Sowjets oben auf der Empore eine Art Völkerkundemuseum mehr als dürftigen Inhalts eingerichtet.

Mehrere nebeneinanderliegende Telefondrähte führen uns schließlich in die unterirdischen Räume der Kathedrale. Sie enden in einem mit Ledermöbeln ausgestatteten Zimmer: der GPU-Zentrale von Smolensk!

Kopf Lenins ... heruntergerissene Heiligenbilder

In noch vorhandenen Heften wurde hier über die Gesinnung jeden Einwohners Buch geführt. Ein roter Querstrich durch einen Fragebogen, dazu der abgeheftete Pass des Betreffenden, zeigen an, dass er von den Herren dieser Räume „liquidiert" wurde. Daneben liegen Kammern ohne Licht und Luft. Sie dienten als Gefängnis für die unglücklichen Opfer der GPU. Hier hocken jetzt dichtgedrängt Frauen und Kinder, die Zuflucht vor der ihr Feuer wieder verstärkenden Sowjetartillerie suchen.

Nach der Flugbahn und dem Klang der Geschosse zu schließen, setzen die Bolschewisten in immer stärkerem Maße Steilfeuergeschütze schweren Kalibers ein. Ihre Granaten gurgeln aus Norden, Nordwesten und dem Osten heran wie aufgestörte Hornissen.

Unsere zahlenmäßig schwachen Artilleriebatterien, die tapfer und verbissen dem weitüberlegenen Gegner antworten, müssen ihre Geschütze dauernd wenden. Mal in die, mal in jene Himmelsrichtung feuern. Denn überall – ausgenommen den südlichen Abschnitt – steht der Bolschewist. Er hat sogar die Straße, auf der wir überraschend nach Smolensk vorstießen, zeitweilig wieder in Besitz nehmen können.

Wir sitzen also regelrecht in der Falle.

Unsere Landser wissen oder ahnen aber, dass wir aus taktischen Gründen in diese „Falle" gegangen sind. Ganz bewusst, und dass es nur darauf ankommt, Smolensk so lange zu halten, den Feind zu binden, bis unsere nachstoßenden Verbände heran sind. Denn hier handelt es sich um den Besitz eines strategisch wichtigen Verkehrsknotenpunkts, dessen Verbindungslinien von nachrückenden Kräften endgültig durchschnitten werden sollen.

Darum halten unsere Soldaten aus. Eisern und unerschütterlich. Auch als wir aus einem aufgefangenen Funkspruch der Sowjets erfahren, dass sie in den folgenden Tagen mit verstärkten Kräften angreifen wollen, bleiben alle Soldaten ruhig und voller Zuversicht.

„Immer kommen lassen", ist in diesen schweren Stunden unser aller Leitspruch. Die Bolschewisten lassen nicht lange auf sich warten. Mit fanatischem „Urräh-Geschrei" stürmen die erdfarbenen Gestalten vom Morgen bis in die Nacht gegen den Nordteil der Stadt an. Sie werden reihenweise niedergemäht von unseren Infanteristen, die auch dort den Gegner nicht loslassen, wo er in unsere Stellungen einbrechen kann.

Bei diesen schweren Abwehrkämpfen sind ihnen die Kanoniere der Flakartillerie wieder treue Helfer: Durch gutliegendes Feuer vernichten sie eine starke Feindgruppe, die in den Nordwestteil der Stadt eingedrungen ist, schießen Unterkunftshallen in Brand und erledigen eine B-Stelle.

Der Kampf wird von Stunde zu Stunde härter, erbitterter. Die Bolschewisten stürmen wie die zaristische Infanterie des Weltkrieges. Stur, in großen Massen blindlings ins Feuer laufend, ohne einen Blick nach links oder rechts.

Unsere Soldaten, die den sowjetischen Infanteristen bisher als einen verschlagen und zäh kämpfenden Gegner kennengelernt haben, können sich dies sinnlose Anstürmen nicht erklären.

Sie beschließen, sich Klarheit darüber zu verschaffen. Lassen bei einem Angriff die Sowjets besonders nahe herankommen, ehe sie ihr Vernichtungsfeuer beginnen. Sehen dabei, wie hinter den ersten Wellen Kommissare mit Peitschen und Pistolen laufen, ihre Leute förmlich in das Feuer hineinprügeln.

Gefangene und Überläufer bestätigen diese Beobachtungen. Seit Tagen ist es den politischen Kommissaren nur durch diese barbarische Antreiberei möglich, die völlig demoralisierte Sowjetinfanterie zum Angriff auf die Beine zu bringen. Wer von den Sowjetsoldaten nur mit der Wimper zuckt, wird von den Politruks sofort erschossen, ebenso die Offiziere, die sich gegen diesen militärischen Wahnsinn wenden.

An Terror und Knute gewöhnt, lässt sich die Masse der Bolschewisten willenlos ins Feuer jagen. Nur einige, in unserem Abschnitt überlaufende Soldaten drehen vorher ihre Gewehre um, erschießen die Kommissare, ehe sie den rettenden Sprung zur deutschen Linie wagen.

Kaum haben sich diese Gefangenen einigermaßen erholt, als sie sich wie ausgehungerte Wölfe auf ein im Staub liegendes Stück Brot stürzen, sich darum prügeln.

Wir geben ihnen zu essen, erfahren von den verwahrlosten Kerlen, dass sie seit drei Tagen keinen Bissen mehr bekommen haben. Dass ihnen von den Kommissaren immer wieder erklärt worden ist: Erst holt Smolensk zurück, dann bekommt ihr Brot! Nach diesen Aussagen wird uns das tierhaftsture Anrennen der Bolschewisten in den letzten Tagen verständlich, das wir in dieser Form bisher nirgends erlebten:

In den Eingeweiden quälenden Hunger, winkt vor ihnen Brot in Massen. Hinter ihnen dagegen drohen nur Knuten und Pistolen der Kommissare.

Unter diesen Bedingungen greifen die Sowjets an, fallen in ganzen Haufen, steigen über die Toten und Verwundeten, immer den Blick auf die Türme von Smolensk gerichtet, wo ihnen Sättigung winkt.

Einer verdurstenden Viehherde gleich, die, alles niedertrampelnd, zur Quelle drängt! Doch auch mit diesen, wahrhaft teuflischen Methoden erreichen die bolschewistischen Anführer ihr Ziel nicht. Alle Angriffe brechen im Feuer der Infanterie und Flakartillerie zusammen.

Am vierten Tag dieses blutigen Kampfes versuchen die Sowjets es mit einem letzten Trick. Sie schicken Parlamentäre mit der Aufforderung, die Stadt zu übergeben, da sie uns umzingelt hätten.

Unsere Führung weiß besser, wer von wem bedrängt wird oder gerade im Begriff steht, aus dem Feld geschlagen zu werden. Sie schickt die, ihre Aufforderung mit jüdischer Unverschämtheit vortragenden Kommissare lachend wieder zurück.

Nach dem Fehlschlag dieses plumpen Manövers scheint der Angriffswille der Bolschewisten endgültig gebrochen zu sein. Ihre Infanterie zieht sich zurück. Nur die sowjetische Artillerie funkt noch tagelang in die Stadt, planlos und wütend, als wolle sie sich an deren Boden für die Nutzlosigkeit fast vierzehntägiger ununterbrochener Angriffe rächen.

Für uns Flakartilleristen schlägt Ende Juli die Abschiedsstunde von Smolensk, der Stadt, um die wir mitkämpfen halfen, auf deren Höhen unsere toten Kameraden ruhen, und die wir nie vergessen werden.

Nach ihrem Namen wurde die Schlacht genannt, in deren Brennpunkt wir standen, bis die aufrückenden Panzer- und Infanteriedivisionen den Gegner aus dem Raum um Smolensk warfen. Der Bolschewist hat einen hohen Preis zahlen müssen und doch nichts erreicht:

Dreihundertzehntausend Gefangene, dreitausendzweihundertfünf Panzerkampfwagen. Dreitausendeinhundertzwanzig Geschütze und eintausendachtunddeunzig Flugzeuge hat die sowjetische Armee in der Schlacht von Smolensk eingebüßt.

Südlich von Smolensk gehen die Batterien des Flakkorps Anfang August zur Flugabwehr in Stellung und bewachen die Rastpause der Panzerdivisionen, die ihre stählernen Festungen zu weiterem Einsatz klar machen.

Wir können diese Atempause gut gebrauchen, überholen wie die Panzermänner auch unsere Fahrzeuge, reinigen die Kanonen gründlich, beseitigen Schäden und empfangen Ersatzmaterial.

Nachdem unsere Waffen und Fahrzeuge voll intakt sind, können wir auch mal an uns selbst denken. Genießerisch liegen die Kanoniere tagsüber in der Augustsonne, waschen sich gründlich an schnell aufgespürten Brunnen oder kümmerlichen, von der Sonne ausgebrannten Bachläufen. Und als wir einige Kilometer südlich unseres Standortes sogar einen Fluss mit spiegelklarem Wasser und feinkörnigem Sand entdecken, erfasst uns ein fast beseligendes Urlaubsgefühl.

Solch ein Bad in fließendem, sauberen Wasser ist das schönste Geschenk für uns Landser, das uns Allmutter Natur in Russland machen kann. Wir dachten sehnsüchtig daran, als wir in Wolken von Staub eingehüllt auf den Zugmaschinen saßen, mit den Fingernägeln den Dreck aus den Augenwinkeln, von den Lippen kratzten. Träumten davon, wenn wir nachts mit durchschwitzter und vom Dreck verklebter Wäsche in den Zelten lagen. Wünschten es herbei, wenn wir uns mit dem ersten Morgenlicht zum Weitermarsch rüsten mussten, ohne die Gesichter von der fahlen Schminke sowjetrussischer Straßen befreien zu können.

Oh, wir wussten bis zu Beginn dieses Feldzuges noch gar nicht, wie sehr sich ein Mensch auf all die kleinen Annehmlichkeiten freuen kann, die in der Heimat selbstverständlich sind. Wir genießen sie mit einer Inbrunst, die uns glücklich macht.

Die uns den Mund öffnet, singen und jubeln lehrt. Um sich so freuen zu können wie wir, müsste man zu Friedenszeiten zumindest das große Los gezogen haben. Hier wird überschäumendes Glück vom Anblick eines sauberen, klaren Flusses ausgelöst!

An seinen Ufern werden wir zu übermütigen Kindern. Mit den ins Gras fliegenden, grauschwarzen Hemden und Hosen werfen wir die Erinnerung an wochenlangen Staub und Dreck mit über Bord. Und als die kühlen Wellen über unseren verschmierten Köpfen zusammenschlagen, haben wir den größten Teil von dem vergessen, was seit dem Bugübergang hinter uns liegt.

Wir leben nur dem Augenblick, der uns ganz ausfüllt. Genießen die Reinheit und Kühle des Wassers, das in alle staubverstopften Poren dringt, kreischen, johlen, brüllen und bespritzen uns vor Wonne. Dieser Rausch dauert, je nach Temperament, bei dem einen Kanonier nur fünf Minuten, bei dem anderen eine halbe Stunde.

Und dann beginnt das „Großreinemachen". Wieder und wieder seifen wir uns von Kopf bis Fuß ein. Lassen uns vom Nebenmann den Rücken „beasen", um dann unterzutauchen.

Anschließend nehmen wir uns die schmutzigen Hemden, Hosen, Strümpfe, Halsbinden und Krätzchen vor. Müssen eine wahre „Seiforgie" veranstalten, ehe sie wieder Farbe bekommen. Wir schaffen es aber in verhältnismäßig kurzer Zeit. Machen es mit der Wäsche so wie die russischen Frauen: Schlagen sie mit kleinen Knüppeln. Legen sie auf große abgeplattete Steine und trampeln mit den nackten Füßen darauf herum. Eine etwas radikale, aber gutwirkende „Große Wäsche", die wir unseren Hausfrauen allerdings nicht empfehlen möchten!

Danach halten wir „Siesta"! Wohlig recken wir unsere sauberen Körper der Sonne entgegen, lassen uns stundenlang schmoren, dösen und genießen diesen Dämmerzustand zwischen Schlaf und Wachsein, bei dem alle Geräusche, wie von weit her, aus tiefen Schächten aufzusteigen scheinen und einlullendes Flimmern über den geschlossenen Augen liegt.

Schwelende Trümmer vor der Smolensker Kathedrale

Ab und zu rauchen wir eine Zigarette, richten den Oberkörper auf, fühlen die neben uns im Gras bleichende Wäsche, wollen feststellen, ob sie trocken ist.

Einige unruhige Geister gehen auf Fischfang aus. Im flachen Wasser bauen sie aus dem feinkörnigen Flusssand kleine Dämme, schleichen sich an die nur wenige Zentimeter langen Fischchen heran und versuchen, sie schwarmweise in die künstlichen Becken zu treiben. Sind dann nach halbstündigem Bemühen einige der kleinen, durchsichtigen Wesen in die Falle gegangen, verbauen die „kühnen Fischer" unter lautem Triumphgeschrei mit schnell aufgehäuftem Sand den Eingang und zählen ihre Beute mit den Mienen erfahrener Großwildjäger.

Als es kocht ...

„Carratsch", unser Feinschmecker, blickt geringschätzig auf diese „unproduktive" Jagd. Mit Argusaugen sucht er im flachen Wasser, an den Uferrändern, nach den hier besonders dicken Flussmuscheln, sammelt in einer Stunde einen ganzen Eimer voll dieser Schalentiere, schrubbt sie in einer weiteren Stunde sauber und erzählt zwischendurch seinen interessiert zuschauenden Kameraden, welch köstliches Mahl er sich bereiten werde.

Am anderen Morgen zündet Carratsch ein kräftiges Feuer an, hängt einen Topf mit Wasser darüber. Als es kocht, schüttet er die Miesmuscheln hinein und gibt etwas Salz zu.

Es sind mindestens zwei Pfund Muscheln, die jetzt im kochenden Wasser ihre Schalen öffnen. Neugierig umstehen die Kameraden den dampfenden Kessel. Sie sind eingeladen. Wollen auch mitessen.

Unter allgemeiner Aufmerksamkeit ergreift der stolze Koch die erste Muschel, schiebt ihren gelb ausschauenden Inhalt genießerisch in den Mund, um ihn gleich darauf laut fluchend wieder auszuspucken. Zwischen den Zähnen knirschen Sandkörner, die unerwünschte Beigabe der Miesmuschelnahrung.

Mutige Kameraden probieren ebenfalls. Mit dem gleichen Erfolg. Unter dem Gespött der von Anbeginn Skeptischen und den Flüchen der geprellten Leckermäuler werden die Schalentiere, deren Sammlung und Zubereitung über vier Stunden Zeit forderten, in ein Loch geworfen, mit Erde zugedeckt.

Ja, Miesmuscheln „fangen" ist nicht schwer. Sie zu kochen auch nicht. Aber dann kommt der Knalleffekt: Man muss sie vor dem Kochen lange genug wässern lassen. So lange, bis sie ihren sandigen Inhalt restlos von sich gegeben haben. Dann schmecken die Muscheln gut. Bei zu kurzer Wässerung dagegen kommen die „Sandbonbons" heraus, die unser aller Abscheu bei der ersten Muschelmahlzeit weit im Inneren Russlands erregten.

Nach der Säuberung von Körper und Wäsche fühlen wir uns wie neugeboren, sind als der Zivilisation Wiedergeschenkte auch nicht mehr mit unseren kleinen, aus vier Planen geknüpften Zelten zufrieden Einige Kameraden entwickeln sich zu richtiggehenden Stegreifarchitekten, bauen aus acht, zwölf, ja sechzehn Planen die abenteuerlichsten Zelte unter die schattenspendenden Bäume. Einige sehen aus wie die Jurten von Nomaden, andere wie die von Karl May oft beschriebenen Behausungen der Rothäute. Die größten ähneln den Wurstbuden, wie sie bei uns auf Jahrmärkten stehen. Natürlich wird jedes „individualistisch" gebaut. Das eine bekommt ein Giebeldach, das andere ein flaches. Keine Kunst für die Baubesessenen, da ja der Werkstoff, Planen, Strippen und Stöcke, in ausreichender Anzahl zur Verfügung steht.

Unsere Landser kennen auf die Dauer kein „dolce far niente", können nicht tagelang völlig untätig herumliegen, ohne ein Glied zu rühren. Nach kaum vierundzwanzig Stunden Ruhe suchen sie sich selbst Arbeit, basteln oder bauen, wie jetzt in unserer Ruhestellung. Das ist bei unseren Jungs kein Wunder, sondern Veranlagung. Sie sind nicht umsonst die gesunden Söhne eines fleißigen, arbeitsamen Volkes.

Gegen Abend beginnt für einen Teil der dienstfreien Kanoniere der übliche „Skatverein". Mit Kontra, R6, Hirsch und Bock wird in der pfeifeschmauchenden Runde genau so jongliert wie mit Null Ouvert, Farbespiel, Grand Hand und Schieberamsch.

Andere Kameraden verdrücken sich still, schreiben Briefe nach Hause, während in den Abendhimmel hinein die Lieder der Sangesfrohen klingen. Begleitet von der Mundharmonika des Batteriemusikus, der auf dem „Klavier des kleinen Mannes" Sarasate oder Haydn genau so meisterhaft spielen kann wie Märsche und Schlager.

Unsere Jungs singen alle gern, besonders aber hier in Sowjet-Russland, wenn sie abends beisammensitzen. Dann singen sie sich mit alten Volksliedern, die von Liebe, Tod, der Mühle am

Zur Feierstunde ...

Bach oder dem Rosenstock vor dem Elternhaus sprechen, ihre Sehnsucht nach der Heimat vom Herzen.

Regelmäßig versammelt sich alles um den Rundfunkapparat, um wenigstens die aus dem Äther kommenden Grüße von daheim zu hören. Gespannt lauschen die Kameraden dem Wehrmachtbericht, den militärischen und politischen Nachrichten. Belustigt vernehmen wir, dass der feindliche Rundfunk unsere ganze Panzerarmee schon mehrmals als umzingelt, aufgerieben oder gefangengenommen gemeldet hat. Und dass die Sender von Moskau immer noch stur behaupten, Smolensk sei nach wie vor in bolschewistischer Hand.

Diese Lügerei ärgert die „Intelligenzbestien" unserer Einheit. Heimlich stecken sie die Köpfe zusammen. Tuscheln und beraten wohl eine Stunde. Dann gehen sie zum Hauptmann, tragen ihm ihren Plan vor. Er ist einverstanden ...

In einem Kübelwagen fahren sie nach Smolensk hinein. Hinauf zur halbzerstörten Musikhochschule am Nordrand der Stadt, wühlen stundenlang in den Noten, bis sie das ihnen Zusagende gefunden haben. Spielen die Stücke gleich auf dem Flügel, einem erstklassigen Instrument – deutsches Fabrikat –, herunter. Ein Stück Heimat, wenige hundert Kilometer vor Moskau!

In den Häusern der zerstörten Stadt wird dann nach einem Raum gesucht. Sie finden ihn endlich in einem Kino mit orientalisch anmutender Fassade, schleppen den Flügel auf die Bühne, laden die Kameraden ein, am nächsten Tag in diesen Saal zu kommen.

Gegen Mittag steigen wir in die Wagen. Wieder keuchen ihre Motoren „Smolensk, Smolensk". Wie vor drei Wochen, als wir uns von Westen her der Stadt näherten. Aber diesmal klingt ihr Name anders im Rollen der Räder. Nicht so tatenhungrig und fordernd wie am Morgen des 16. Juli, sondern dumpf, fast klagend ...

Oh, wir haben es nicht vergessen, dieses Smolensk! Weder bei frohem Spiel noch bei hartem Dienst. Es stand immer vor uns, begleitete uns, ob auf einsamem Postengang oder im Taumel alpdruckartiger Träume, bei unruhigem Schlaf in engem Zelt.

Vor drei Wochen drangen wir mit der Waffe in der Faust in seine glutschwelenden Häuserreihen ein, kämpften uns von Straßenzeile zu Straßenzeile, von Haus zu Haus. Verbissen und fanatisch wie kaum zuvor sprangen wir den sich zäh und heimtückisch wehrenden Gegner an. Als der Abend nahte, war Smolensk in unserer Hand.

Wir konnten diese Stadt einfach nicht vergessen. So oft wir es auch versuchten. Sie begleitete uns auf Schritt und Tritt. Ihre elenden Hütten, die ausgemergelte Bevölkerung, die stillosen Mammutbauten der bolschewistischen Machthaber, die geschändeten Kirchen, der heiß umkämpfte Dnjepr – die Gräber unserer Kameraden.

Und nun kommen wir nach drei Wochen wieder in diese Stadt, deren Brandgeruch wir noch nicht richtig losgeworden sind. Fahren durch saubere, aufgeräumte Straßen, vorbei an freundlich dreinschauenden Männern und Frauen, an spielenden Kindern, gehen in einen mit Tannengrün und der Reichskriegsflagge geschmückten Saal. Wir wagen nicht, laut aufzutreten auf den frischgescheuerten Dielen, setzen uns still in eine Ecke. Aufrüttelnd spricht die klare Stimme eines Obergefreiten zu uns: „In diesem Raum, der noch vor Monatsfrist ein Tummelplatz der Lüge und Zersetzung, ein Instrument der Unterwelt von Moskau, die einem armen Volk die Seele raubte, habt Ihr Euch jetzt versammelt, Kameraden, zu einer Feierstunde deutscher Kunst, wie's Sitte bei uns ist von alters her.

Und während noch der rote Kreml funkt: „Smolensk in unsrer Hand!", da haben wir von dieser Stadt, die schon vier Wochen lang in unserem Besitz, nun geistig auch Besitz ergriffen.

Der Plan war schnell gefasst, doch kurz die Zeit: Es galt, in zweimal vierundzwanzig Stunden alles zu schaffen. Darum, Kameraden, übt Nachsicht mit den Künstlern! Was wir Euch heut bringen, ist bescheiden, doch es kommt aus ehrlichem Soldatenherzen. Nehmt das reine Wollen für die Tat. Und wenn es uns gelingt, vor neuem schweren Kampf Euch aus dem Wunderborn der deutschen Kunst ein Tröpfchen Seelenstärkung mitzugeben, sind wir belohnt, ist unser Ziel erreicht." Nach diesem Vorspruch quellen Töne auf, füllen den Raum. Beethovens „Die Himmel rühmen des Ewigen Ehre" packt uns, lässt uns nicht wieder los. Wir Landser in unseren abgetragenen Uniformen sind bereits nach den ersten Klängen wie verzaubert, fühlen uns wie im Märchen.

Was dann kommt, nehmen wir hin wie eine Offenbarung. Gibt es das in diesem Land der Barbarei überhaupt? Es sind Klänge von Schubert, Beethoven und Puccini. Lieder von Mozart, Verse von Walter Flex. Dargebracht von Frontsoldaten für Frontsoldaten. Wir Flaksoldaten in diesem Raum, ob Major, ob Kanonier, sehen nicht die kahlen Wände des ehemaligen Kinosaals, nicht seine geschmacklose Ausstattung.

Wir blicken in uns hinein, sehen die Heimat, ihre Dörfer und Fluren, die Geliebte, das Elternhaus, lachende Kinder. Deutschland ist zu uns gekommen, über Tausende von Kilometern! Erst in diesen

Minuten der inneren Einkehr erfassen wir den Begriff „Deutschland" in seiner Tiefe wieder ganz. Ahnen, was er umschließt, und wissen, was er uns ist. Auch der letzte Soldat im Saal begreift in dieser Stunde deutscher Kunst die Unversöhnlichkeit zwischen unserer Art und der bolschewistischen Doktrin.

Hier drinnen und dort draußen stehen sich zwei Welten gegenüber: Die Welt des schöpferischen deutschen Menschen mit all seinen Persönlichkeitswerten, und das jüdisch-nihilistische Chaos mit seiner Vermassung und Verneinung alles Edlen.

Frontsoldaten für Frontsoldaten

Ein Schubertliedchen genügte, um uns Männern, die wir seit Monaten nur Elend und Tod gekannt haben, den Panzer von der Seele zu nehmen. Es genügte aber auch, um uns Soldaten unsere Mission in diesem Land noch einmal vor Augen zu führen. Dieser Mission bis zum Letzten zu dienen ist unser Schwur, als wir, noch still vom Erleben, den Saal verlassen. Auf unseren Wagen rollen wir wieder schnell aus Smolensk hinaus. Einst die Stadt unseres Kampfes und nun die Stätte unserer Erbauung.

An diesem Abend sitzen wir noch lange zusammen, sprechen von Smolensk, von der Feierstunde und der Freude, die uns unsere Kameraden damit bereitet haben, schreiben Briefe nach Hause, in denen wir unseren Lieben mitteilen, dass wir bei dieser Feierstunde – die von dem Rundfunkwagen unserer Kriegsberichter aufgenommen und am Abend des 17. August über alle deutschen Sender gespielt wurde, zum Beweis für die Lügen des Moskauer und Londoner Rundfunks – mit dabei waren und darin ihrer gedachten.

Zwischen heute und morgen

Inzwischen kämpft sich der Südflügel mühsam, unendlich mühsam nach Osten hin vorwärts. Sumpf, tiefer Sand, zerstörte Brücken ...

Die Straßenbrücken hinter Propoisk werden nach kurzem Gefecht genommen. Das Gelände ist unübersichtlich. Windmühlen stehen hier und dort. Schwere und leichte Flakartillerie liegen weit auseinandergezogen in Feuerstellung. Die wenigen intakten oder wiederhergestellten Brücken müssen stark gesichert werden.

In den Mittagsstunden verstärkt sich das feindliche Artilleriefeuer auf die Brückenübergänge. Der gut geleitete, immer heftiger werdende Beschuss lässt erkennen, dass irgendwo vorgeschobene Artilleriebeobachter liegen müssen.

Mit der scharfen Optik unseres Kommandogerätes wird das weitläufige Gelände immer von neuem systematisch beobachtet. Dem Mann am Entfernungsmesser tränen vom intensiven Hinsehen schon die Augen. Da, eine verdächtige Bewegung am Fuß einer Windmühle. Von diesem Punkt aus ist das Vormarschgelände aus südlicher Richtung vom Feind her einzusehen. Gespannt sucht der E-Messer die baufällige Mühle von oben bis unten ab. Im Dunkel eingefallener Bretter der Windmühlenverkleidung erkennt er ...

„Herr Leutnant!"

Der Messoffizier springt auf, bohrt seine Augen förmlich in die Optik des Entfernungsmessers.

„Ja, klar, feindlicher Artilleriebeobachter! Unter dem Dach ist deutlich ein Scherenfernrohr zu erkennen, dahinter ein Kopf. Los, genau anmessen!"

Der E-Messer dreht sein Messrädchen. Die Entfernung liegt an: „2.130 Meter!"

„Berta", die zweite schwere Flakkanone, steht in der Feuerstellung am günstigsten. Schießt. Der zweite Schuss sitzt im Ziel!

Der leichte Holzaufbau der Mühle splittert in Fetzen auseinander. Einer der feindlichen Beobachter wirbelt in hohem Bogen durch die Luft.

Die Einschläge der gegnerischen Artillerie bleiben aus. Erst nach einiger Zeit rummst es wieder – zielloses Störungsfeuer. Bald verstummt aber auch dieses sinnlose Ballern.

Im Norden der Autostraße steht eine Gruppe hochaufragender Bäume wie verloren in der Landschaft. Ein Zug leichter Flakgeschütze ist nördlich der Vormarschstraße zur Flankensicherung herausgezogen. Das Gelände zwischen dieser Baumgruppe und einem dahinter liegenden Wald wird sorgfältig mit dem Scherenfernrohr beobachtet.

„Passt mir auf diese Gegend besonders gut auf!", ermahnt unser Zugführer, der irgendeine dunkle Ahnung hat – Instinkt des Soldaten ... Plötzlich tauchen zwischen Baumgruppe und Wald fünf Gestalten auf, schieben sich langsam vorwärts. Sie führen – deutlich erkennbar – ein Scherenfernrohr, Funkgerät und eine Fernsprechtrommel mit sich. Also gleich doppelte Ausrüstung: Funk- und Drahtverbindung zu ihrer Batterie.

„Nur Ruhe, Jungs!", mahnt der Zugführer. Nur nicht zu früh „auf den Knopf drücken"!

Der feindliche Trupp verschwindet unter den Bäumen. Taucht an einem der vordersten wieder auf. Beginnt, sich dort einzunisten. Sie hängen wie reife Pflaumen im Geäst. Jetzt ist der richtige Augenblick gekommen! An zwei Geschützen treten die Richtkanoniere gleichzeitig auf den Abzug.

Gut liegende Feuerstöße fegen in die Baumkrone. Lassen nur noch kahle Äste übrig. Die Sowjets fallen als leblose Klumpen herunter oder bleiben zerfetzt im Geäst hängen. Weiter geht es. Tscherikow ist schon in unserer Hand. Wir wollen hindurch, auf Kritschew zu. Hier hat der Bolschewist die Brücke am Shosh gesprengt, über welche die Rollbahn führt.

Der Fluss ist an dieser Stelle – durch eine Schleusenanlage aufgestaut – seenartig verbreitert. Im Schleusenhaus entdecken wir eine primitive Fernsprechanlage. Nehmen den Hörer in die Hand. Drehen ein paarmal an der Kurbel. Nach einer Weile sind von der anderen Seite des Kabels aufgeregte Stimmen zu hören. Wir verstehen kein Wort. Schade!

Pioniere, die Stunden später zum Brückenbau in Kritschew eintreffen, kurbeln ebenfalls. Einer ihrer Männer, der die russische Sprache beherrscht, führt dabei ein Gespräch mit dem noch ganz verdutzten Wärter einer Schleusenanlage unterhalb des Shoshabschnittes. Er solle ruhig an Ort und Stelle bleiben, sagt er ihm, es geschähe ihm nichts.

Dicht neben unserer Feuerstellung ist eine 21-cm-Mörser-Batterie aufgefahren. Wir schimpfen ein wenig auf sie. Alle halbe Stunde pfeffern sie den Sowjets einen schweren Brocken hinüber. An Schlaf ist in dieser Nacht nicht zu denken. Wenn diese kompakten Kanonen schießen, fährt auch das größte Murmeltier unter uns hoch.

Am nächsten Morgen liegt schweres Artilleriefeuer auf der eigenen Stellung. Vormittags greifen die Bolschewisten mit Schlachtfliegern im Tiefflug an, werfen Zeitzünderbomben, um aus ihrer Reichweite zu kommen, ehe sie detonieren.

Kritschew ist mehr und mehr zu einem ausgesprochenen Flakschwerpunkt geworden. Mehrere Batterien liegen in Feuerstellung. Hinter uns ist die Straße an einigen Stellen von den Sowjets durchbrochen. Nur schwerste Panzerkampfwagen können es wagen, nach hinten durchzustoßen. Aber niemand regt sich über diese Lage auf. Wir erleben sie nicht zum erstenmal. Erfahrungsgemäß dauert es nur Stunden, vielleicht ein oder zwei Tage, bis die Verbindung wiederhergestellt ist.

Schwere Angriffe tragen die Sowjets gegen die Autostraße Propoisk-Roslawl vor. Unsere Gegenangriffe kommen vor allem dort zum Stehen, wo sie mit ihren Panzerzügen angreifen. Da erhalten wir einen Funkspruch der Abteilung: „Batterie stellt sofort ein Arbeitsgeschütz zur Niederkämpfung eines Panzerzuges an der Bahnlinie nach Unetscha ab!"

Im Augenblick ist die Müdigkeit der letzten Tage überwunden. Alle körperlichen Anstrengungen sind vergessen. In den Gesichtern der Soldaten auf der Zugmaschine steht Gespanntheit, brennendes Interesse an diesem Sonderunternehmen. Ein fetter Brocken, so ein Panzerzug. „Mensch, wenn uns das gelingt, den Burschen zu fassen", meint jemand. Und jeder drückt heimlich für sich den Daumen.

Stundenlang geht die Fahrt ins Ungewisse. Nach der Karte sind es nur wenige Kilometer – Luftlinie. Aber das Gelände! Sumpf – Sand. Um jedes Stück des Wegs muss gerungen werden.

Die Kanoniere schwitzen jämmerlich. Fluchen, dass sich die Balken biegen. Immer wieder muss kehrt gemacht, ein anderer Weg gesucht werden. Dabei haben wir noch Glück. Die Sowjets lassen uns ungeschoren.

Schließlich sind wir heran. Der Batteriechef ist vorausgefahren, hat die Feuerstellung erkundet. Sie liegt fünfhundert Meter vor der Infanterielinie. Noch bei Dunkelheit zieht unsere brave Zugmaschine das schwere Flakgeschütz nach vorn. Als Selbstschutz folgt eine 2-cm-Kanone.

In verspielten Windungen zieht sich die Bahnlinie nach Unetscha durch den weiten Raum. Verschwindet zwischen zwei Böschungen und wird erst wieder weit hinten am Horizont ein wenig sichtbar.

Der Panzerzug kam gestern nur für kurze Zeit aus dem Bahneinschnitt heraus, feuerte wie wild aus allen Rohren und verkroch sich dann.

„Hoffentlich bequemt er sich heute wieder dazu, damit wir ihm eins verpassen können", meint der Batteriechef.

Wir sollten nicht allzulange darauf warten müssen. Aus dem Bahneinschnitt quellen kleine weiße und graue Wölkchen, die nur von einer Lokomotive stammen können. Und da ... wirklich ... da taucht vorsichtig, Meter um Meter, das rollende Ungetüm aus der Senke auf. Feuert sofort. Dicht neben unserer Kanone schlägt es ein.

Es ist ein ungleicher Kampf. Der Panzerzug besitzt eine vielfach überlegene Feuerkraft. Verfügt über stärkere Kaliber. Aber Panzergranate auf Panzergranate jagt ihm unsere 8,8-cm-Kanone in die Breitseite, dass es zwischen den stählernen Platten nur so kracht.

Ein Geschoss reißt der in der Mitte fahrenden Panzerlokomotive den Kessel auf. In weißen Strahlen entweicht nach allen Seiten zischender Wasserdampf.

„Noch eine Granate hinein!" Rußiger Qualm steigt hoch, der das schneeige Gewölk rings um die Lokomotive schnell verfärbt. Dazwischen züngeln gierig leckende Flammen.

„Sie brennt!"

„Das wäre geschafft!"

Der Panzerzug ist bewegungsunfähig. Aber noch schießt die Besatzung weiter. Die Geschosse unseres 8,8-cm-Geschützes bohren sich in den ehernen Leib. Bis die Sowjets den Kampf aufgeben. Der Rest der Bedienungsmannschaften rennt in wilder Flucht davon.

Nicht besser geht es zwei weiteren Panzerzügen südlich von Roslawl. Hier erfüllt sich ihr Schicksal. Vergeblich versuchen sie, dem Würgegriff deutscher Sturzkampfflugzeuge zu entgehen.

Hinter den Hütten eines dicht am Bahndamm liegenden Dorfes gibt einer dieser Panzerzüge eine merkwürdige Kulisse ab. Der Luftdruck deutscher Stukabomben hat diese rollende Festung aus den Gleisen gehoben, hat einige Wagen einfach umgeworfen. Den Bahndamm entlang reiht sich Bombenkrater an Bombenkrater.

Zwei Offiziere, die den Stukaangriff mitflogen, nehmen den Ort ihres Wirkens selbst in Augenschein. Wir treffen sie dort. Sie erzählen uns: „Als wir wie Habichte über dem Panzerzug kreisten, setzt die Lokomotive Dampf auf die Zylinder. Ausreißen hilft aber nicht mehr. Die Beute ist uns sicher. Eine Bombe wird wenige hundert Meter vor den fahrenden Zug geworfen. Sie zwingt ihn, sofort zu stoppen. Im wütenden Abwehrfeuer stürzen die nachfolgenden Maschinen. Sie setzen ihre Bomben knapp neben den Zug, ziehen wieder hoch. Stürzen noch einmal. Dann reicht's!"

Dem zweiten Panzerzug ergeht es nicht besser. Die Panzerung hat weder den Flakgranaten noch den Bombensplittern standhalten können. Eine Verstärkung der Stahlwandungen war aber unmöglich, weil die Panzerzüge dadurch so schwer geworden wären, dass der schlechte Eisenbahnunterbau sie nicht mehr getragen hätte.

... hier erfüllt sich ihr Schicksal

Vierundzwanzig Stunden später sind deutsche Eisenbahnpioniere zur Stelle, ziehen das Gleis etwas seitlich heraus. Nach drei Tagen ist die Strecke wieder befahrbar. Die „Fein-"Arbeit unserer Sturzkampfflugzeuge hat nicht mehr als notwendige Beschädigungen am Bahnkörper angerichtet ...

Im Inneren des Zuges liegt alles wirr durcheinander: Verbogene Stahlplatten, unförmiges Gerät, Granaten, Patronen, Hülsen.

Die Enden der rollenden Festung sind durch kuppelartige Aufbauten überhöht. Schwerkalibrige Geschütze beherrschen von hier aus weithin alle nur sichtbaren Ziele. Wir sehen uns diese achtunggebietenden Waffen näher an. Finden heraus, dass sie französischer Herkunft sind.

Weiter geht der Kampf gegen einen unheimlich gut gerüsteten Gegner, gegen Weite und Unwegsamkeit.

Unterwegs begegnen wir den Nachrichtenmännern unseres Flakkorps. Sie liegen in einem Wald, in dem es nach Harz und Tannennadeln duftet. Auch bei ihnen, ja bei ihnen besonders, ist es ein hartnäckiger Kampf mit dem Raum.

Schon ein flüchtiger Blick hinter die Kulissen ihrer Tätigkeit lässt sehr bald erkennen, was diese Soldaten mit den braunen Spiegeln Tag und Nacht leisten müssen.

Unsere Nachrichtentruppe ist ein wesentlicher Bestandteil in diesem riesigen Bewegungskrieg auf der mehrere tausend Kilometer langen Front vom Eismeer bis an die Gestade des Schwarzen Meeres.

Sie weiß ein Lied über ihre Arbeit zu singen. Ein Lied, zu dem klappernde Fernschreibmaschinen, rasselnde Fernsprecher, tickende Morsetasten den Takt angeben. Aus der stillen Abgeschiedenheit ihrer Wirkungsstätten hinter Wagen- und Zeltwänden dringt dieser nervenzehrende Rhythmus nur selten bis an die Ohren der anderen Soldaten.

Die Arbeit unserer Nachrichtenmänner wird meist als Selbstverständlichkeit hingenommen. Von den letzten Geheimnissen ihrer Tätigkeit darf nur wenig nach außen dringen, damit der Feind das Spiel der Kräfte, die in diesem Nervenzentrum zusammenwachsen, nicht zu durchschauen vermag.

Die Verantwortung jedes einzelnen an Fernschreiber, Telephon oder Morsetaste ist groß. Von seiner zuverlässigen, blitzschnellen Arbeit hängt oft Gelingen oder Missraten einer Unternehmung, hängt Leben oder Tod der unmittelbar am Feind stehenden Kameraden ab.

Unsere Funker arbeiten gleichsam in höheren Dimensionen. Sie reden ihre Sprache, nach eigenen, im Morsealphabet verankerten Gesetzen. Dieses rhythmische Funktasten mit geheimnisvollen Partnern kennzeichnet ihre Arbeit und die Verantwortung hierfür. Mit beinahe lässig anmutender Leichtigkeit, die ahnen lässt, wie könnerisch sie ihr Gerät beherrschen, spielen sie auf der Funktaste ihre Sprüche herunter. Dabei hat das Gehirn eine – wenn auch gewohnte – Denk- und Umformarbeit von Buchstaben in Punkte und Striche zu leisten.

Unverschlüsselte Funksprüche können vom Feind mit abgehört werden. Um das zu verhindern, gibt es einfache und hochkomplizierte Chiffrierverfahren, Verschlüsselungssysteme, die eine Entzifferung für den Gegner überhaupt nicht mehr gestatten.

Die Männer an der Strippe, unsere vielgeplagten Fernsprecher, müssen wieder aus ganz anderem Holz geschnitzt sein. Sie müssen vor allem einen breiten Buckel, ein dickes Fell haben. Manchmal ist eine Verbindung aus irgendeinem Grund eben nicht herzustellen. Ein andermal wieder ist sie schlecht, eine Verständigung nur schwer möglich. Nicht jeder Fernsprechteilnehmer bringt unter solchen Umständen ein wenig Geduld auf. Das ist verständlich. Denn er bedient sich der Nachrichtenmittel meist dann, wenn es erforderlich, d. h. eilig und dringend ist. So meldet sich an irgendeinem Ende der Strippe häufig die personifizierte Ungeduld, die fluchend oder befehlend fordert, was eben manches Mal nicht zu erreichen ist. Dabei überlegt sich niemand, dass telefonische Verbindungen bisweilen geradezu nachrichtenmäßige Wunderwerke sind. Geht aber alles glatt, dann wird das als Selbstverständlichkeit hingenommen.

Unsere Telefonisten haben schon gute Nerven und eine ebenso gute Mischung ruhigen Blutes in sich.

Die Wunder der Nachrichtentechnik sind jedem dann offenbar geworden, wenn er erfahren hat, dass von irgendeiner Stelle an der Vormarschstraße aus selbst mit der Reichshauptstadt eine fernmündliche Verbindung hergestellt worden ist. Man überlege sich das einmal! Von einer Front, die dauernd in Bewegung ist, über mehr als zweitausend Kilometer ein Telefongespräch mit einer Dienststelle in der Heimat führen zu können ...!

Zu den großen militärischen Erfolgen haben die Bautrupps einen guten Teil beigetragen. Diese Männer der Nachrichtentruppe leisten seit Wochen Tag und Nacht eine Arbeit, die nicht hoch genug veranschlagt werden kann. Wenn hinter der vorstoßenden Panzerspitze alles nach vorne drängt, dürfen sie sich unter keinen Umständen abdrängen lassen. Während der Verband marschiert, verlegen sie parallel zur Vormarschstraße ihre Kabel, ziehen ihre Drähte.

Als an einer Stelle des Dnjepr eine Kabelverbindung geschaffen werden musste und kein Boot zur Stelle war, sprang ein Unteroffizier in den unter Feindbeschuss liegenden Fluss, durchschwamm ihn mit einer langen Leine, an der das Kabel nachgeholt werden konnte.

Die Bautrupps haben wenig ruhige Minuten.

Bei den schlechten Vormarschwegen schert manch Fahrzeug auf der Suche nach einem besseren Weg seitlich aus, und schon ist das Kabel, ohne dass der Fahrer davon etwas merkt, zerrissen, die Verbindung unterbrochen.

Mitunter zerstören in unserem Rücken stehende, noch nicht ausgekämmte Feindkräfte, Kabel und Leitungen. Sabotieren organisierte Banden das Werk unserer Nachrichtenmänner. Dann heißt es: „Bautrupp, nun hilf du!"

Ein Stellungswechsel jagt den anderen.

Immer und überall, heute hier, morgen dort, müssen schnellste Nachrichtenverbindungen geschaffen werden.

Wir kennen nur einen einzigen Fall in diesen bewegten Wochen und Monaten des Ostfeldzuges, wo eine Nachrichtenverbindung fehlte.

Der Batteriechef will an den etwa 4 km entfernt liegenden Abteilungsgefechtsstand eine wichtige Meldung durchgeben. Die miserablen Wege machen eine Benutzung von Kraftwagen oder Krad unmöglich. Der Funkwagen der Batterie ist irgendwo versackt und nicht zur Stelle. Aber bald ist Rat geschafft. Zum schnellsten Nachrichtenüberbringer wird ein herrenloses Kosakenpferd. Auf seinem Rücken galoppiert der Batteriechef kurz entschlossen zu seinem Abteilungskommandeur, der sich über seinen Oberleutnant hoch zu Roß nicht weniger gefreut hat, als über den Inhalt der Meldung ...

Eine kleine Stadt taucht vor uns auf.

Bisher haben wir vergeblich nach einem geschlossenen Stadtgebilde gesucht, wie wir es bei uns in Deutschland kennen.

Nach mehr als zwei Jahrzehnten bolschewistischer Herrschaft müssten irgendwo Ansätze einer baulichen Neugestaltung der Städte festzustellen sein.

Nichts haben wir gefunden. Ausgenommen die Parteibauten in Minsk und Smolensk, die sich charakterlos über dunkle, morsche, zerfallene Häuserzeilen erheben.

In Russland gibt es wunderschöne Waldgebiete. Indessen scheint es ein besonderes Kennzeichen des Ostens zu sein, dass Dörfer und Städte meist nackt und kahl in der Weite des Raumes stehen. Nur selten umschließt das Grün der Bäume menschliche Siedlungen.

Selbst den Städten an Beresina, Dnjepr und anderen Flüssen fehlt jede bauliche Note. Die belebende Wirkung, die ein Flusslauf in eine Stadt trägt, hat baulich nirgendwo Rückwirkungen in Linien oder Formen ausgelöst. Tot, wie angeschwemmtes Strandgut, liegen Häuser und Hütten an den Flussbetten.

Was hätte ein deutscher Städtebauer aus diesen hügeligen, leicht welligen Stadtlagen mit nur wenigen Mitteln gemacht!

Biegt man von der Hauptstraße in eine der Nebengassen ein, so hört die Pflasterung auf. Wege beginnen, die jeder Beschreibung spotten. Kleine Rinnsale und Bäche, die irgendwo im Fluss münden, führen stinkenden Unrat mit sich.

Kanalisation und Wasserversorgung, die Grundvoraussetzungen für hygienische Verhältnisse, sind in einigen Großstädten und auch dort nur in einzelnen Stadtteilen zu finden.

Die Häuserfassaden sind schmutzig. Und eine häßlicher als die andere.

Marktplätze – in deutschen Städten die Mittelpunkte des Geschehens und dementsprechend baulich gestaltet – stellen in Sowjet-Russland das Ödeste dar, was überhaupt denkbar ist:

Ein verwahrloster, leerer Platz. Kaum ein Baum. Keine Bank. Wüsteneien oder grundlos morastige Flächen. Alles wirkt ohne jede Beziehungen und Wechselwirkungen zum lebendigen, blutvollen Leben. Alles scheint gleichgültig, dumpf und tot.

Tag und Nacht rollen auf der großen, von Smolensk nach Süden führenden Autostraße unabsehbare Kolonnen. Unter ihnen die Männer des NSKK.

Sie bringen riesige Mengen an Nachschub, von der Granate bis zum Spritfass. Es ist keine Kleinigkeit, eine ganze Panzerarmee mit dem zu versorgen, was sie zu weiterem Kampf braucht.

Smolensk wird in diesen Tagen zum großen Nachschublager der kämpfenden Einheiten.

Die Sowjets konzentrieren ihre Luftangriffe auf diese Straße. Versuchen, durch überraschende Luftüberfälle die Kolonnen zu zersprengen, sie in Brand zu werfen, das Material zu vernichten.

Unsere Flakbatterien werden längs der Straße eingesetzt. Erhalten den Auftrag, jeden Luftangriff auf die Kolonnen abzuwehren.

Das bedingt unaufhörliche Wachsamkeit. Stete Bereitschaft der Geschützbedienungen. Der Bolschewist kommt entweder mit dem ersten Morgengrauen. Jagt im Tiefflug über die Bäume.

Stete Wachsamkeit der Geschützbedienungen

Oder versucht am Tag seine Bomben zu werfen. Die Sowjets scheinen es besonders auf unseren Abschnitt abgesehen zu haben, denn sie lassen uns kaum einen Morgen von selbst aufwachen.

Gegen drei Uhr in der Frühe werden wir entweder vom Ruf „Fliegeralarm", oder dem kurzen Hämmern der 2-cm-Flakgeschütze, dem Krachen der Bomben, dem bösartigen Tacken der Bordwaffen geweckt.

Wir kennen die Brüder allmählich schon, nennen sie unsere „Bomber vom Dienst".

Blitzschnell müssen die Kanoniere bei diesen Überfällen ran an die Kanonen, müssen sofort zu feuern beginnen.

Der tieffliegende Gegner kann nur mit den 2-cm-Geschützen bekämpft werden. Ihre Bedienungen haben in diesen Tagen keinen leichten Stand.

Schutzlos stehen sie neben und an den Kanonen, müssen aufrecht und ohne Deckung einem Feind gegenübertreten, der mit unheimlicher Geschwindigkeit angejagt kommt, Splitterbomben wirft, aus Bordkanonen und Maschinengewehren auf die unbewegliche Ziele darstellenden Männer feuert.

Tag für Tag verjagen unsere Kanoniere die Bolschewisten. Vertreiben sie, schützen die Nachschubkolonnen vor der Vernichtung. Sie müssen dafür auch Opfer bringen. Sprengstücke von den Granaten der Bordkanonen verwunden Kameraden, beschädigen Fahrzeuge und Waffen.

Die unversehrten Geschützbedienungen stehen am nächsten Morgen wieder an den Kanonen, erwarten den Feind. Sie können ihm nicht ausweichen, müssen in der gleichen Stellung bleiben, die der Bolschewist nun schon genau kennt und von Mal zu Mal geschickter anfliegt.

Dieses Wartenmüssen und Angegriffenwerden von einem überlegenen Gegner erzieht zu ganzen Kerlen, die kaltblütig der Gefahr entgegenblicken. Das mag auch der psychologische Grund für die von unseren Flakkanonieren im Erdkampf gezeigte Haltung sein, deren Standhaftigkeit und eiserne Ruhe den Kameraden vom Heer – die als bewegliche Kämpfer gewöhnt sind auszuweichen und den Gegner an seiner schwächsten Stelle zu fassen – manchmal geradezu unbegreiflich erscheint.

In zwölf- bis fünfzehnhundert Meter Höhe ziehen an einem wolkenlosen Nachmittag zwölf Martinbomber östlich von uns nach Süden. Richtung Schatalowka, dessen Flughafen unseren fliegenden Verbänden als Absprungbasis dient und den die sowjetische Luftwaffe durch dauernde Anflüge zu zerstören versucht. Rings um diesen großen Flughafen stehen wie eiserne Wächter die schweren Flakbatterien unseres Korps, schützen Leben und Waffen der Kameraden mit den gelben Spiegeln.

„Fliegeralarm!" Trillerpfeifen schrillen.

Kanoniere rasen zu den Geschützen. Rohre schwenken in die Schussrichtung, Augenpaare starren auf die Messgeräte.

„Feuerüberfall! – Feuern!"

Feuerglocken rasseln. Mit ohrzerreißendem Knall verlassen die ersten Granaten gleichzeitig die Rohre, zaubern weiße Sprengwolken um den Verband der stur geradeausfliegenden Sowjetvögel. Als die Kanoniere die zweite Gruppe hinaufjagen wollen, brüllt ein Flugmeldeposten:

„Eigene Jäger von hinten!"

Tatsächlich. Drei unserer schnittigen Me 109 jagen hinter den dicken Brummern her. Wie gierige Haie beim Stoß auf die Beute.

Aufeinander eingespielt, arbeiten wir hier am Boden mit den Kameraden dort oben zusammen, wie ein Rudel hungriger Wölfe, die sich gegenseitig die Beute zutreiben, Sekunden später sind die drei Jagdflugzeuge heran. Stürzen sich zwischen die Bomber, die durch unser gut liegendes Flakfeuer inzwischen auseinandergetrieben worden sind. Einen hat es bereits erwischt, er verliert an Höhe und die Besatzung steigt aus.

In kurzen Abständen hämmern die Bordkanonen und Maschinengewehre der Me 109. Drei Sowjetbomber stellen sich sofort auf den Kopf, sausen mit schwarzer Rauchfahne in die Tiefe. Zwei andere torkeln, halten sich noch eine Weile, gehen dann in Trudelbewegungen über, stürzen hinterher.

Wir können gar nicht so flink die Köpfe nach den jetzt weitverzweigt kämpfenden Jägern drehen, so schnell erledigen sie weitere fünf Bomber. Die Kanoniere schreien vor Erregung, stampfen mit den Füßen, fuchteln mit den Armen, führen einen richtigen Kriegstanz auf.

Wieder brennen Maschinen, stehen schwarze Rauchfahnen in der Luft, wanken Martinbomber wie Betrunkene, ehe sie, feurigen Kometen gleich, zur Erde rasen, segeln weiße Fallschirme mit daranhängenden dunklen Punkten wie unschuldige kleine Lämmerwölkchen am blauen Himmel dahin.

Zwei der zwölf Sowjetbomber sind bis jetzt dem Verderben entgangen. Einer versucht, im Gleitflug wegzudrücken. Sofort verbauen ihm die Jäger den Weg, knallen ihn wie eine Tontaube auf dem Schießstand zusammen. Brennend folgt er seinen Genossen in die Tiefe.

Der letzte Bomber fliegt jetzt, unbehelligt von den Jägern, über unsere Stellung nach Süden.

Wir jagen eine Gruppe hinauf.

„Treffer, Herr Oberleutnant! Treffer!"

Dem dicken Burschen ist die rechte Tragfläche zerschossen! Sekunden später montiert die Fläche ab. Der Martinbomber trudelt.

Die Vernichtung der Flugzeuge dauerte kaum drei Minuten. Zwölf wertvolle Maschinen verloren die Sowjets an diesem Nachmittag auf einen Schlag.

Es war der erregendste Luftkampf, den wir Flakartilleristen, die wir schon oft mit unseren Jägern zusammengearbeitet haben, je erleben konnten!

Die vernichtende Niederlage der zwölf Martinbomber hat den bolschewistischen Fliegern wohl die Lust zu weiteren Angriffen auf den Flugplatz von Schatalowka und die Autostraße genommen, denn von heute nachmittag an lassen sie unseren Abschnitt in Ruhe.

Etwa einen Kilometer hinter unserer Stellung liegt ein Dorf. Vor ihm eine einzelne, strohgedeckte Kate. Sie steht wie verloren in der unendlichen Weite des russischen Landes, duckt sich förmlich in die angrenzenden Felder und Wiesen, als fürchte sie sich vor dem lastenden blauen Himmel über ihr, dessen Unendlichkeit auch auf unsere Gemüter drückt.

Die Hütte gehört dem Kolchosbauern Mischa Dechenko. Ihre Wände sind aus roh behauenen Baumstämmen gefügt, die Lücken mit Moos verstopft. Innen teilt sie sich in zwei Räume: Rechts der Tür liegt die Familienstube, links ist der Viehstall. Kein Garten vor dem Haus, kein die Dürftigkeit seiner Front mildernder Zaun.

Mischa Dechenko, ein untersetzter Fünfziger mit rötlichblondem Christusbart, Vater von sieben Kindern, führt uns in sein kümmerliches Anwesen, lacht, freut sich wie ein Kind, als wir ihm erklären, dass die Bolschewisten für immer fort sind.

Er beginnt zu erzählen, lebhaft, sich fast übersprudelnd:

Er war schon unter dem Zaren Bauer.

Hatte von seinem Vater eine kleine Wirtschaft mit fünfundvierzig Morgen Land, fünf Kühen und einem Pferd übernommen.

Aus deutscher Kriegsgefangenschaft heimgekehrt, ließen ihn die Bolschewisten zunächst ungeschoren. Nach Jahren erschienen jedoch die Kommissare, schrieben ihm seine Arbeit vor, genau wie Millionen anderen Bauern auch.

Die von keiner Sachkenntnis getrübten Arbeits- und Anbauvorschriften mussten von den Bauern blindlings durchgeführt werden. Das hatte einen plötzlichen Ertragsrückgang zur Folge. Die bescheidenen Höfe waren nicht mehr rationell. Die Ernte wurde schlechter und schlechter. Eine furchtbare Hungersnot ist in diesem, neben Kanada getreidereichsten Land der Welt die Quittung für diese „revolutionäre Agrarwirtschaft" gewesen. Sie raffte in den Jahren 1929/30 Millionen Menschen dahin.

Statt ihren wahnsinnigen Methoden die Schuld zu geben, organisierten die Bolschewisten in der ganzen Sowjetunion zur Ablenkung der Volkswut eine Bauernverfolgung größten Stils. Sie benutzten die Krise, um den Bauern das letzte Land und Vieh zu stehlen.

Wer Knecht oder Magd hatte, wie unser Mischa Dechenko, galt als „Kulak", als Kapitalist. Er wurde entweder ermordet oder deportiert.

Mischa hatte „Glück", kam mit dem Leben davon.

Die Bolschewisten pressten ihn in eine der neugegründeten Kollektivwirtschaften, sogenannte „Kolchosen", in denen alle Bauern zusammengepfercht wurden, um das vom Staat gestohlene Land für den gleichen Staat zu bebauen.

Neunundneunzig Prozent des in der Sowjetunion bebauten Landes wurde von diesen Kolchosen bzw. Sowchosen erfasst. Dreiundneunzig Prozent der Bauernwirtschaften, mehr als achtzehn Millionen, wurden zu zweihundertfünfzigtausend Kollektivwirtschaften zusammengeschlossen.

Wie seine anderen Leidensgefährten erhielt Mischa Dechenko fünf Morgen Acker zur Ernährung für sich und seine Familie. Es war zuviel zum Sterben, reichte nicht zum Leben, da die Bauern mit ihrer ganzen Familie tagsüber in den Kollektivwirtschaften arbeiten mussten, für die Bestellung ihrer kümmerlichen Äcker also keine Zeit mehr hatten.

So verelendete die Landbevölkerung, die dreiundachtzig Prozent der Gesamteinwohnerschaft der Sowjetunion umfasst, von Jahr zu Jahr immer mehr.

In Mischa Dechenkos Haus bekommen wir jetzt einen Einblick in die Lebensweise dieser zahlenmäßig weitaus stärksten Schicht innerhalb der Völkerschaften Sowjet-Russlands.

Mischa besitzt als Bett, für sich und seine Frau, eine mit Lumpen bedeckte Matratze. Die Kinder schlafen teils auf dem breiten, selbstgebauten Ofen, teils auf der Erde.

Die Zimmereinrichtung besteht aus einem Kleiderhaken, einem wackligen Tisch mit roh zusammengezimmerten Hockern, einem Brett für Geschirr, das sich aus drei gesprungenen Tellern und einer Blechbüchse zusammensetzt, einem eifersüchtig gehüteten Scherben von einem Spiegel und den wieder zu Ehren gekommenen Heiligenbildern, die Mischas abgearbeitete Frau aus Mangel an Stoff mit einem Umhang aus Zeitungspapier geschmückt hat.

Zeitungspapier ist überhaupt das einzige, was die Sowjets den Bauern zukommen ließen. Freilich nicht aus Gutmütigkeit, sondern aus rein agitatorischen Gründen. Es dient hier als Tapete und Bilderersatz an Decke und Wänden.

Was Mischa und seine Familie an Kleidung und Wäsche besitzen, tragen sie am Leib. Es sind Lumpen. Neue Kleidungsstücke konnte Mischa nicht kaufen, da die Preise unerschwinglich hoch waren und er kaum bares Geld besaß.

Auf dem wackligen Tisch, der noch nie eine Decke sah, steht in einer aus Lehm geformten Schüssel das Mittagsmahl. Es besteht aus trockenen, mit Salz gemischten Graupen und einem Tassenkopf voll Wasser als flüssiger Beigabe.

Im Viehstall unter dem gleichen Dach grunzen zwei mit Rotlauf behaftete hochbeinige Ferkel. Sie sind zusammen mit einer alten, unterernährten Kuh und sechs Hühnern der gesamte Viehbestand des Kolchosbauern Mischa Dechenko.

Kolchosbauer Mischa Dechenko

Wir schenken dem zum Abschied wieder tief die speckige Mütze ziehenden Alten ein Päckchen Tabak, das wir eigentlich gegen Milch eintauschen wollten. Hier ist aber selbst unser sonst so gern handelnder Carratsch still geworden – vor Mitleid.

Das Schicksal dieses Kollektivbauern ist aber keineswegs eine Ausnahme. Millionen anderen Bauern in der Sowjetunion geht es ebenso.

Wir finden das aufs Neue bestätigt, als der Weg uns in das zehn Minuten entfernt liegende Dorf führt. Mit all seinen Einwohnern ist die Siedlung eine einzige Kolchose, die den Namen „Oktoberrevolution" trägt, zur Erinnerung an den Beginn der bolschewistischen Ära vor vierundzwanzig Jahren.

In den niedrigen Häusern sehen wir dasselbe Bild wie in der Hütte Dechenkos: Wacklige Tische. Alte Pritschen. Halbzerschlagenes Geschirr. In Lumpen gehüllte Männer, Frauen und Kinder. Unterernährtes, verkümmertes Vieh. Nur ein größeres, weißgetünchtes Haus hebt sich von den Katen durch sein, in dieser Umgebung wohlhabend wirkendes Aussehen ab.

„Wer wohnt hier?"

„Der Kolchosverwalter, Pan. Ein Jude. Ist bereits vor vierzehn Tagen mit der Kasse und einem Teil der Vorräte geflohen."

„Womit?"

„Mit dem Auto, Pan. Stalin-Auto!"

Das ist der einzige Personenwagen, der in Sowjet-Russland in großen Mengen hergestellt wird, und jedem Parteifunktionär oder Kommissar zur Verfügung steht. „Stalin-Wagen" dürfen nur von Bolschewisten benutzt werden. Ein Nicht-Parteimitglied erhält – abgesehen davon, dass es hierzu finanziell gar nicht in der Lage wäre – grundsätzlich keine Genehmigung zum Kauf eines Kraftwagens.

Die Erwachsenen des Dorfes grüßen uns ehrerbietig, mustern uns neugierig, kommen langsam näher. Eine junge Frau mit einem Säugling an der Brust befühlt plötzlich den Stoff unserer Uniformen. Stößt dann Rufe des Entzückens aus. Sofort sind wir von den anderen Frauen umringt, die nun ebenfalls unsere Uniformen betasten. Die sich nicht genug wundern können über die Güte des Stoffs, dessen Besitz seit zwanzig Jahren ihr aller Traum ist.

Begehrlich funkeln ihre Augen für Sekunden. Dann resignieren sie, zeigen mit trauriger Gebärde auf ihre Lumpen, wollen sich in diesem Aufzug nicht fotografieren lassen, schämen sich vor uns.

Wahrhaftig, die Frauen dieses Ortes haben sich noch ein Stück weiblichen Gefühls bewahrt. Im Gegensatz zu vielen Frauen in den Städten und Dörfern, denen der nivellierende Bolschewismus den Sinn für die äußere Erscheinung und die natürliche Freude hieran genommen hat. Die gar nicht mehr fühlen, dass sie in Lumpen einherlaufen, denen ihr Aussehen völlig gleichgültig ist.

Diese Frauen hier sind noch in ihrem Elend auf ihr Äußeres bedacht, fahren sich schnell durch das Haar, ehe sie zu uns kommen; binden ihre Kopftücher um.

In respektvoller Entfernung begleiten uns ihre zerlumpten Kinder die ausgefahrene, sandige Dorfstraße entlang, hinunter zu einem größeren Platz, in dessen Mitte eine kleine Kirche mit eingefallenem Zwiebelturm steht. Ihre Türen sind offen. Am Haupteingang finden wir eine hölzerne Kastenwaage. Daneben liegen aus Weiden geflochtene Körbe. Die Kirche wurde auf Anordnung des Kolchosverwalters als Stapelraum für Rüben und Kartoffeln verwandt ...

Die langen Schuppen an der Querseite des Kirchplatzes beherbergen Ställe und Geräte der Kolchose. Davor liegen in wüstem Durcheinander Wracks landwirtschaftlicher Maschinen, defekte Motorpflüge, zerbrochene Rechmaschinen, abmontierte Traktoren.

Wir fragen einen gebückt daherschleichenden alten Mann, woher dieser Schrott stammt. Mit hoher Fistelstimme gibt uns dieser ehemalige Dorflehrer, der wegen mangelnder „revolutionärer Aktivität" seines Postens enthoben und zur Pferdewartung in die Kolchose kommandiert wurde, Auskunft:

„Diese Maschinen machten unser Unglück voll, Pan. Vor acht Jahren kamen sie plötzlich an. Dazu ein Schreiben der Landwirtschaftlichen Kontrollkommission. Darin hieß es, mit diesen Geräten sei nun auch unser Kolchos zu einer ‚Motorisierten Stoßbrigade der kollektiven Arbeit' geworden. Die Prüfungen des Planungsamtes hätten ergeben, dass mit ihrer Hilfe der vierfache bisherige Ernteertrag erreicht werden könnte. Diese Norm müssten wir jetzt unbedingt einhalten, ja noch überbieten.

Nun, unsere Kollektivbauern waren am Anfang von diesen, ihnen fremdartigen Maschinen ganz begeistert, hofften, ihre schlechte Lage bessern zu können.

Doch das Elend begann bereits am nächsten Tag, als die Traktoren eingesetzt werden sollten. Kein Mensch konnte sie bedienen. Der Kolchos forderte zwei Traktoristen an. Sie kamen auch nach vier Wochen, frisch von einem Kursus. Eine Weile ging alles gut. Dann wollte erst der eine, dann der zweite Traktor nicht mehr. Ihre Fahrer konnten sie nicht reparieren. So blieben sie liegen, genauso wie die anderen Maschinen.

Unsere Bauern nahmen wieder Pferde zur Arbeit, die sie besser verstehen als seelenlose Traktoren. Damit schafften sie jedoch die vorgeschriebene Arbeitsleistung nicht. Die Kontrollkommission kümmerte sich nicht um den Zustand der Maschinen, forderte nur immer die Erreichung der auf dem Papier, unter Berücksichtigung des vollen Maschineneinsatzes errechneten Höchstnorm.

Die Bauernfamilien arbeiteten Tag und Nacht, konnten es mit ihrer und der Kraft ihrer Pferde trotzdem nicht schaffen, erhielten infolgedessen auch nicht den kümmerlichen Lohn in Naturalien. Überanstrengt und verhungert, ließen ihre Leistungen nach.

Da kam im Herbst eine Abteilung der ‚GPU zu besonderer Verwendung', erschoss sechs Bauern auf der Stelle wegen ‚Sabotage am sozialistischen Aufbau', nahm über die Hälfte der männlichen Einwohner mit. Sie wurden zu lebenslänglicher Zwangsarbeit in die Waldgebiete des Urals verschickt. Die Maschinen aber blieben weiterhin liegen."

Unsere Soldaten lachen nach diesen Worten nur grimmig. Wundern können sie sich über solche Methoden nicht mehr. Das haben sie in diesem Staat des organisierten Wahnsinns längst verlernt.

Allmählich haben wir durch diesen täglichen Anschauungsunterricht begriffen, dass all diese unhaltbaren Umstände in den Dörfern keine Zufälligkeiten oder auf den russischen Schlendrian zurückzuführen sind. Diese ewigen Reibungspunkte wurden von oben bewusst provoziert, um einen Grund für die physische Vernichtung des gesamten Bauerntums zu finden, das in seiner Naturverbundenheit nie die Schlagworte von einer nebelhaften „Internationale" oder der „Weltrevolution" begriffen oder sich zu eigen gemacht hätte.

Die Bolschewisten wussten das. Ihr einziges Ziel war daher die Dezimierung und völlige Entwurzelung der Landbevölkerung. Mochten auch Millionen dabei zugrunde gehen und weitere Millionen unschuldigerMenschen in tiefstes Elend gestürzt werden.

Darauf kam es ja gerade an! Nur in einem entwurzelten Proletariat konnten die klassenkämpferischen Parolen und die Bereitschaft zur Erzwingung der Weltrevolution Wurzeln schlagen.

Die Bauern der Sowjetunion mussten ihre Unterstützung der Revolution in den ersten Jahren nach dem Weltkrieg später wahrhaft teuer bezahlen. Begeistert folgte damals der größte Teil der Kleinbauern und Pächter der neuen Fahne, unter der ihnen Land, unangetastete Selbstverwaltung ihrer Völkerschaften und Befreiung vom drückenden Joch ihrer brutalen Herren versprochen wurde.

Was hätte der Staat mit diesen, auf eine neue Zeit hoffenden und aufrichtig dienenden Menschen alles erreichen können, wenn er es ehrlich gemeint hätte! Denn die Bauern Russlands suchten ja nach etwas Neuem, bejahten die Revolution, deren Notwendigkeit auch heute kein Mensch in der Sowjetunion ableugnet, mag er im Gegensatz zur Vorkriegszeit auch jetzt in noch so elenden Verhältnissen leben.

... beginnen Dorfbewohner bereits mit der Wiederherstellung ihrer Kirche

In den ersten Jahren nach der Revolution schien es, als ob die Bolschewisten hielten, was sie einst versprachen. Der Großgrundbesitz wurde unter die kleinen Bauern aufgeteilt. Die Völker wurden autonome Sowjetrepubliken. Die Folge davon war ein rasch ansteigender Wohlstand der Bauern, ein Aufblühen von Handel und Gewerbe.

Der damals herrschende Lenin war klug genug, diese Entwicklung, die im Jahr 1923 ungefähr ihren Höhepunkt erreicht hatte, nicht zu stören. Er förderte sie sogar, nannte sie seine „neue ökonomische Politik".

Doch Zufriedenheit und Wohlstand erziehen nicht zur permanenten Revolution, der Hauptforderung des Bolschewismus. Daher setzte eine sich von Jahr zu Jahr steigernde Terrorisierung der Landbevölkerung ein. Stalin verfügte auf das Drängen des Juden Trotzki die Kollektivierung, d. h. Enteignung aller Bauern in Sowjet-Russland. Die Kulakenverfolgungen der Jahre 1929/30, in denen Millionen von ihnen erschlagen, deportiert oder erschossen wurden, sind der blutige Abschluss dieses größten Diebstahls aller Zeiten.

So sieht die Quittung aus, welche die Landbevölkerung von Stalin für ihre Opfer zur Durchführung und Festigung des Revolutionsgedankens erhielt:

Statt ihres kümmerlichen Besitzes aus der Zarenzeit haben sie heute überhaupt kein Eigentum mehr. Die brutalen Herren von früher sind durch noch viel grausamere Despoten ersetzt worden. Selbst die sonntägliche Arbeitsruhe, einziger Tag der Erholung und Freude des Bauern unter dem Zarenadler, ist dahin. Heute gibt es keinen, ehedem so geliebten Sonntag mehr. Jedes Familienmitglied hat einen bestimmten, wechselnden Tag in der Woche, „Sonntag". Niemals kann daher die Familie oder die gesamte Dorfbevölkerung zusammen Rast halten. Jene von natürlicher Lebensfreude überschäumenden Feste feiern, die vor dem Bolschewismus in den Dörfern des „Mütterchen Russland" trotz der nicht beneidenswerten Lage ihrer Einwohner allen Bauern die verdiente Entspannung und neuen Lebensmut gaben.

Bis heute war das Leben der Landbewohner der Sowjetunion ein einzig mühseliger, durch Hunger, Misshandlung und Rechtlosigkeit gekennzeichneter Weg in eine trostlose Zukunft, deren Dunkel kein Hoffnungsschimmer oder Strahl der Freude erhellte.

Wir bringen in ihre Dörfer das Wissen um ein Ende ihrer Qualen mit. Die Bauern ahnen es nur zum Teil, sind daher meist zurückhaltend, haben auch Angst, dass die Bolschewisten wiederkommen, sie dann ihrer Deutschfreundlichkeit wegen strafen werden. Bisweilen aber ist kindliches Vertrauen zu uns schon im ersten Augenblick da. Ihm folgt, wie in diesem Dorf, offener Hass gegen die ehemaligen Unterdrücker.

Als wir den kleinen Ort verlassen, um zu unserer Batterie zurückzukehren, liegen von verarbeiteten Bauernhänden zerrissene Stalinbilder im Staub der Straßen, beginnen Dorfbewohner bereits mit der Wiederherstellung ihrer Kirche.

***

Um die Augustmitte versucht Marschall Timoschenko südöstlich von Smolensk mit der Hauptmasse seiner Truppen frontal durchzubrechen, um einen Keil in die deutsche Front zu treiben, der – verbreitert – zu einer Aufrollbewegung führen soll. Er glaubt, an dieser Linie mit dem östlichen Drehpunkt Jelnja, die sich in einem großen Halbkreis in die bolschewistische Front spannt, eine schwache Stelle in unseren Linien entdeckt zu haben. Hier hofft der sowjetische Oberkommandierende Mitte, noch einmal das Kriegsglück auf seine Seite zwingen zu können, das er bei den Kämpfen um Smolensk vergeblich an sich zu reißen versuchte.

Der Einsatz gewaltiger Mittel kennzeichnet das Ausmaß dieser Hoffnungen. Moskauer Elitedivisionen werden rücksichtslos in den Kampf geworfen, schwerste Panzer eingesetzt, auf verhältnismäßig kleinem Raum ungeheuer starke Artilleriekräfte massiert. Das Schwergewicht der sowjetischen Luftstreitkräfte ist auf den Abschnitt um die Stadt Jelnja konzentriert.

Zusammen mit je einer bekannten Division des Heeres und der Waffen-SS halten hier Batterien unseres Flakkorps diesen wichtigen Teil unserer Front gegen alle Angriffe der Sowjets.

Der Marsch in den Raum um Jelnja ist schon Vorbote dessen, was uns dort erwartet. Bei stundenlanger Fahrt durch weite, von Kieferngruppen unterbrochene Felder, über versandete Dorfstraßen, sind unsere Staub aufwirbelnden Kolonnen ein weithin sichtbares Angriffsziel für die dauernd über der Rollbahn auftauchenden Sowjetflugzeuge.

Wie auf dem Präsentierteller müssen wir uns in dem offenen Gelände den bolschewistischen Fliegern darbieten, die uns im Tiefflug mit Splitterbomben und Bordwaffen angreifen. Es gibt nichts Unangenehmeres als diese Tieffliegerangriffe, wenn man ihnen auf freiem Feld schutzlos ohne Tarnungsmöglichkeiten ausgeliefert ist.

Immer wieder blicken die Kanoniere bei jedem Angriff, den sie im Sand liegend über sich ergehen lassen müssen, auf ihre Kanonen. Herrgott, wenn man den Brüdern jetzt damit zu Leib gehen, sich wenigstens wehren könnte! Aber dazu ist keine Zeit. Dort vorn bei Jelnja werden wir noch dringender gebraucht.

Es scheint, als ob das Schicksal genauso denkt. Denn es lässt uns diese von Bomben gesegnete Fahrt gut überstehen. Mit Ausnahme von einigen Fahrzeugen, die wir als Trümmerhaufen oder ausgebrannte Wracks zurücklassen müssen.

Westlich von Jelnja nimmt uns endlich herrlicher, alter Laubwald auf. Gott sei Dank, die Fliegergefahr ist damit überwunden. Dafür kommen wir aber in den Wirkungsbereich der sowjetischen Artillerie, die systematisch zur vordersten Linie führende Waldschneisen und Straßen belegt. Wieder spielen wir Katze und Maus mit Gevatter Tod. Können ihn auch hier überlisten. Unverletzt kommen Menschen und Fahrzeuge durch den Feuergürtel ...

In einem Kusselfeld gehen wir mit einsetzender Dunkelheit hinter einer Bahnlinie nördlich von Jelnja in Stellung. Angetrieben von unaufhörlich in den Waldrand hinter uns einschlagenden Sowjetgranaten bauen wir als erstes schmale, tiefe Deckungsgräben. Holen uns vom Bahndamm Bohlen. Decken sie darüber. Erst als wir die Gräben fertig haben, schlagen wir in völliger Dunkelheit die Zelte auf.

Einzelne 8,8-cm-Kanonen der bei Jelnja eingesetzten Batterien werden in der Nacht vor die vorderste Linie gezogen. Werden, gut getarnt, als panzerbrechende Waffe in Stellung gebracht.

Die Kanoniere bauen sich geräumige Unterstände. Tag und Nacht hocken sie darin. Dürfen den Kopf nicht über die Brüstung stecken. Sofort pfeifen die Geschosse der ausgezeichneten bolschewistischen Scharfschützen, jagen die das Gelände beherrschenden schweren Maschinengewehre ihre Garben auf Unvorsichtige oder Neugierige. Über freies Feld müssen sich die Essenträger zu diesen Kameraden vorrobben.

Vom frühen Morgen bis zum Anbruch der Dunkelheit gurgeln über die Köpfe der Flaksoldaten im Vorfeld die Granaten der Sowjetartillerie. Von ihrem Ausguck aus erkennen sie mit bloßen Augen das Mündungsfeuer der feindlichen Geschütze, die, eins neben dem anderen, in einem wenige hundert Meter entfernten Waldstück stehen.

Es juckt den Kanonieren förmlich in den Fingerspitzen, diese so wunderbar anzurichtenden Ziele unter Feuer zu nehmen. Aber sie dürfen nicht. Ihr Auftrag lautet, feindliche Panzerangriffe abzuwehren.

Wenn sie diese Artilleriestellungen beharken würden, wäre ihr Standort sofort erkannt. Innerhalb weniger Minuten würden sie restlos zusammengeschossen sein.

Ginge es ihnen denn bei der Abwehr eines Panzerangriffs aber nicht genauso? Gewiss, auch dann würde ihre Stellung vom Gegner erkannt werden. Die feindliche Artillerie müsste sich jedoch Zügel anlegen, um nicht eigene Panzer zu treffen.

Wie sie bei einem Panzerangriff heil an ihre Geschütze herankommen sollen, wissen die Kanoniere allerdings nicht. Die Scharfschützen! Die vorzüglich getarnten schweren Maschinengewehrnester auf der Gegenseite! Aber darüber machen sie sich weiter keine Kopfschmerzen. Erst sollen die Panzer mal kommen. Dann wird sich auch ein Weg finden.

... über versandete Dorfstraßen ...

Statt ihrer arbeiten sich nachts bolschewistische Infanteristen an ein Flakgeschütz heran. Sofort liegen die Kanoniere mit ihren Karabinern, Maschinenpistolen und einem MG. auf den Wällen ihres Unterstandes, zwingen die Sowjets durch gut gezieltes Feuer zum Rückzug.

Gegen Morgen kann ein 8,8-cm-Flakgeschütz in den Gang der Ereignisse eingreifen, als in nur sechzehnhundert Meter Entfernung eine lange bespannte Kolonne ungedeckt – so eine Frechheit! – auf der Straße dahinzieht. Mit ihren Granaten tragen sie Tod und Verderben in die dicht hintereinander fahrende Wagenreihe.

Nun sind unsere Kanoniere einmal im Zug. In direktem Beschuss bekämpfen sie eine bolschewistische Batterie, die den Kameraden hinter ihnen schon lange das Leben sauer machte, zerstören ein Geschütz vollständig. Zwingen die drei übrigen Kanonen zum Stellungswechsel.

Dann nehmen sie sich MG-Nester vor! Sie kennen ihre heimtückischen Verstecke aus eigener Beobachtung, schalten sie innerhalb weniger Minuten aus. Plötzlich setzt die bolschewistische Artillerie mit einem Feuerüberfall ein, jagt vierzig Schuss auf die Geschützstellung. Ein Volltreffer schlägt genau vor die Kanone. Zwei Mann sind leicht verwundet. Auch der Materialschaden ist unerheblich. Glück muss der Soldat haben! Kurz darauf schweigt das Feuer. Aus einem Funkspruch, der aufgefangen wird, erfahren wir, dass die Bolschewisten unser Geschütz als durch Volltreffer vernichtet gemeldet haben.

Um die Mittagszeit robben sich die Essenträger an das Geschütz heran. Sie werden von drüben erkannt. Ein erneuter Feuerüberfall ist die Folge. Bis zum Eintritt der Dunkelheit legen die Bolschewisten jetzt Störungsfeuer auf das Gelände hinter dem Geschütz. Sie sind sich ihrer Sache offenbar doch nicht so sicher, wie sie es in ihrem Funkspruch zu sein schienen.

Den Kanonieren ist es unmöglich, die Deckungsgräben zu verlassen, um das beschädigte Geschütz zurückzuziehen, solange auch nur ein Schein des Tageslichts über den hoch aufragenden Baumwipfeln steht. Erst gegen Mitternacht können sie ihre Gräben verlassen, ziehen das Geschütz achthundert Meter zurück, machen es noch in derselben Nacht wieder gefechtsklar.

Und als der neue Morgen dämmert, steht dasselbe Geschütz wieder feuerbereit und gut getarnt in einer anderen, nur hundert Meter von der alten Stellung entfernten Baumgruppe. Die hinter diesen Geschützen liegenden Batterien haben währenddessen Fliegerangriff auf Fliegerangriff abzuwehren. Besonders die 2-cm-Kanonen müssen hier einem gefährlichen Gegner gegenübertreten: Der unheimlich wendigen Vultee. Ein stark gepanzertes und gut bewaffnetes Flugzeug der Sowjets, das sie hier in Massen einsetzen.

Tagelang dauern diese erbitterten Abwehrkämpfe im Jelnjabogen an. Wieder liegt so mancher Flak-Kanonier neben den Kameraden vom Heer in einer Reihe stummer Grabhügel. Zerschossene Panzer, vernichtete Kolonnen und Trümmer abgeschossener Flugzeuge geben Zeugnis vom Kampf der hier eingesetzten Flakbatterien.

Jelnja selbst, durch dessen Straßen wechselvolle Kämpfe tobten, und dessen weißgetünchte Häuser ein beliebtes Ziel bolschewistischer Artillerieüberfälle sind, ist nur noch ein Trümmerhaufen.

Die Angriffe der Sowjets nehmen an Heftigkeit zu. Immer wieder werden neue Divisionen von Timoschenko in unser Abwehrfeuer gejagt, verbluten nutz- und sinnlos. Denn die deutsche Front steht eisern. Mögen auch zahlenmäßig noch so überlegene Kräfte gegen sie anbranden.

Ende August werden die Jelnjakämpfer von Fußtruppen des Heeres, die inzwischen herangekommen sind, abgelöst.

Wir stehen für neue Aufgaben bereit, bei deren Lösung unsere Beweglichkeit besser genutzt werden kann als im erstarrten Abwehrkampf.

***

Wochenlang liegt unser Generalkommando nun schon in dem kleinen Wäldchen bei Dankowo, etwa sechzig Kilometer südlich von Smolensk. Ein Sommeridyll.

Abgesehen von den täglichen Angriffen der sowjetischen Luftwaffe ist vom Krieg nur wenig zu spüren. Jelnja, um das heiß gerungen wird, ist siebzig Kilometer entfernt. Auch die weiter südlich verlaufende Front ist so weit vorgetrieben, dass ihrer Waffen Sprache hier nicht mehr vernommen werden kann.

Lagerleben in würziger Waldluft, bei Sonnenschein. Laue Nächte – unter dem unergründlichen östlichen Himmel. Atempause!

... Fußtruppen des Heeres

Und doch empfindet selbst der Außenstehende, dass trotz scheinbarer Ruhe über dem Zeltlager des Generalkommandos immer so etwas wie eine Atmosphäre voller Spannung, Erwartung und Sprungbereitschaft lagert. Das erfühlt er mehr, als dass er es erfassen könnte.

Ein heranbrausender Kradmelder ... Ein Kraftwagen, der mit höheren Offizieren davonjagt ... Ein Kurierflugzeug, das in der Nähe landet, Befehle vermittelt oder entgegennimmt ... Zackige Meldungen ... Telefongerassel, das irgendwo aus einem Strauchwerk kommt – seltsam diese heimatliche Schreibtischmusik in dieser Umgebung. Und dann wieder Ruhe.

Alles Übrige spielt sich in den Zelten oder im Befehlswagen des Kommandierenden Generals ab, im engsten Kreis der Offiziere des Stabes; fernab unberufener Augen und Ohren.

Dieser oberflächliche Eindruck kann uns allzu schnell völlig falsche Vorstellungen vom Wirken eines Generalkommandos geben.

Manch einer sieht in der Tätigkeit eines höheren Stabes schwarze Kunst oder Geheimnisse. Mancher wiederum will hier Bürokratie und Etappe entdecken, die von den Sorgen, Nöten und Kämpfen der Truppe keine Ahnung haben. Eines ist so falsch wie das andere.

Die neuartige Form der Führung in diesem Krieg, die Luftbedrohung, insbesondere aber die Kampfesweise der schnellen Verbände, die bewusst eine Gefährdung der rückwärtigen Verbindungen in Kauf nimmt, geben auch dem Einsatz und der Arbeitsform eines Generalstabes ihr Gepräge.

Der alles beseelende „Drang nach vorn" ist heute auch Kennzeichen der Haltung eines jeden Stabes. Er ist beweglich, wendig, weitgehend unabhängig von äußeren Bedingungen und darauf eingerichtet, unter feldmäßigen, das heißt zum Teil primitivsten Verhältnissen zu arbeiten.

Sein Zweck ist keinesfalls seelenloser „Papierkrieg".

Die Truppe erkämpft den Erfolg. Ihr dazu Mittel und Voraussetzungen zu schaffen, ihre Leistungen nach oben hin zu vertreten, ist Aufgabe des Stabes.

Indessen sind nicht nüchterne Meldungen allein, sondern persönliche Fühlung mit der Truppe die Quellen, aus denen der Führungsstab die Grundlagen seiner Arbeiten schöpft. Nicht auf kalter Zirkelarbeit an der Karte baut sich ein Befehl auf. Vielmehr ist entscheidend hierbei der persönliche Eindruck vom Verlauf der Kämpfe. Der Befehl aber ist alles in allem die Frucht sorgfältiger Überlegung, getragen vom Bewusstsein der Verantwortung für das Wohl und Wehe der Truppe.

Gerade in diesem Feldzug gegen Sowjet-Russland hat der Landser immer wieder aus eigener Anschauung feststellen können, wie sehr die Stäbe und an ihrer Spitze die Generale Führung und Führer sind. Wie oft sind wir selbst in vorderster Linie auf einen deutschen General gestoßen:

Es war an einem der ersten Tage des Feldzuges gegen den Bolschewismus. Wir sind abgeschnitten. Eine verteufelt heikle Situation. Auf unserer Seite ein kleiner, gemischter Marschverband. Drüben eine vielfache Übermacht. Die Dämmerung lässt alles Gegenständliche nur noch schemenhaft erkennen.

Ein Panzerspähwagen kommt fauchend die Straße entlang, hält an. Zwei, drei Offiziere klettern aus dem Wagen. Setzen sich an den Straßenrand. Ihre Köpfe beugen sich über Kartenmaterial, das eine abgedunkelte Taschenlampe spärlich erhellt. Eine kurze Besprechung nur. Dann werden die Einheitsführer zusammengerufen. In knappen Sätzen gibt ein Major seine Befehle.

Hinter ihr steht ein Offizier in weitem Wettermantel. Seine Rangabzeichen sind bei der Dunkelheit nicht auszumachen. Sicherheit, Ruhe und Gelassenheit gehen von dieser Erscheinung aus, die das Feuer rings um den Abschnitt nicht im Geringsten zu beeindrucken scheint. Und als vor Abschluss der Besprechung dieser Offizier einige Worte sagt, da bedarf es für uns kaum noch der Bestätigung durch das „Jawohl, Herr General!" des Majors, um zu wissen: Das ist ein deutscher General.

Wenige Augenblicke später rollt der Panzerspähwagen zurück. Er ist, wie wir hinterher erfahren haben, glücklich durch das Sperrfeuer gekommen. Ebenso wie wir nach einem der härtesten Nachtgefechte am anderen Morgen den Vormarsch fortsetzen können.

Einen Tag später liegen wir mit unserer Flakbatterie nur wenige Kilometer vom Ort dieser Nachtgefechte entfernt, hart an der Vormarschstraße. Tag und Nacht spuckt und kracht es aus Kornfeldern, Kusseln und Waldstücken.

Für die Geschütze ist eben Feuerpause befohlen. Auch der Gegner schweigt. Aber nur für Augenblicke. Heftiger als zuvor setzt wieder Infanteriefeuer aus dem unübersichtlichen Gelände vor uns ein.

Eben in diesem Augenblick kommt ein Panzerspähwagen die Straße hochgekrochen – ganz bedächtig. Aus dem Turm des Wagens schaut, bis zur Brust völlig unbedeckt, ein Panzermann. Mit einem Fernglas sucht er, ohne sich um das Infanteriefeuer auch nur im Geringsten zu kümmern, die Gegend rundum ab. Vor unserer Batterie hält der Panzerspähwagen plötzlich an.

„Na, macht euch Spaß, das Schießen, wie!?"

„Jawohl, Herr ... Herr General!"

Im letzten Augenblick erst haben wir an den Schulterstücken den Rang dieses Offiziers ablesen können. Noch ehe wir uns recht von unserem Staunen erholen können, rollt der Wagen auf den Befehl des Generals „Panzer, marsch!" weiter.

Noch am gleichen Abend brechen die Sowjets durch und schließen die vor uns liegende Stadt ein. Hier hatte inzwischen der Kommandierende General unserer Panzerarmeegruppe, ein Generaloberst, mit seinem Stab Quartier bezogen. Am anderen Morgen kann die Lage schnell bereinigt, der Bolschewist verjagt oder vernichtet werden.

Mit den in die Ausgangsstellung zurückkehrenden Einheiten verbreitet sich schnell die Kunde, dass der Generaloberst und sein Stab sich der besten Gesundheit erfreuen. Den Kommandierenden habe die Affäre der vergangenen Nacht nicht beeindrucken können. Die einzige Antwort auf eine besorgte Äußerung hin sei die gewesen, ein gutes Abendbrot richten zu lassen. Selten zuvor habe man den Generalobersten mit so großem Appetit und soviel Humor bei Tisch gesehen.

Einige Wochen später sehen wir den Generaloberst in vorderster Linie. Kurz vor den ersten vorgeschobenen Schützennestern der Sowjets steht dieser erste Offizier seiner Panzerarmeegruppe und grüßt den feindwärts walzenden Panzer-Flakverband.

Häufiger aber sind wir „unserem" General begegnet. Wir haben ihn in den Feuerstellungen seiner Batterien erlebt, ihn auf seinem Gefechtsstand wirken sehen. Wir kennen ihn aber auch außerdienstlich durch Gespräche über alle nur möglichen Fragen aus den verschiedenen Gebieten der Kunst und Wissenschaft, Wirtschaft und Politik. Wie aufgelockert, wie kameradschaftlich, wie menschlich ist die Atmosphäre während solcher Stunden. Immer tiefer hat sich bei all diesen Gelegenheiten in uns das Bild des deutschen Generals geprägt.

Was episodenhaft lebendig geworden, wie der Soldat seine höchsten Vorgesetzten durch den Zufall des Augenblicks sieht, das hat sich in dieser Persönlichkeit für uns zu einem großen Ganzen geformt. Dabei liegen die hervortretenden Wesensmerkmale des soldatischen sowohl als auch des menschlichen Denkens und Handelns in allen Fällen auf einer Linie.

Diese Führernaturen eigenen Kräfte, die das Gesetz des Soldatischen bis zur Vollendung beherrschen, lösen ebenso gleichgewichtende und anspornende Wirkungen aus wie der Wesenszug natürlicher Menschlichkeit, mit der der Vorgesetzte seinen Untergebenen begegnet.

General mit Chef des Stabes

Wie schnell haben unsere Landser jegliche Hemmungen verloren, wenn der General sie in ein Gespräch zieht. Dabei würden sie nie vergessen können, mit wem sie sprechen.

Das aber ist eines der Geheimnisse des Erfolges der deutschen Wehrmacht: Vertrauen! Ein Vertrauensverhältnis zwischen General und Truppe, zwischen Offizier und Mann, das im Fronteinsatz größer und tiefer empfunden wird. Kein Krieg, kein Feldzug verläuft ohne Reibungen. Sie müssen beseitigt werden. Vorausplanende Organisation und Hilfsmittel müssen Schwierigkeiten so überbrücken, dass sie sich bei der kämpfenden Truppe möglichst gar nicht, zumindest aber nicht nachteilig auswirken. Dafür ist der Stab da.

So ist auch das Generalkommando unseres Flakkorps den Regimentern dichtauf gefolgt. Auf den gleichen Wegen, durch den gleichen Staub, Dreck und Schlamm. Der Wald und später irgendein verwohntes, unsauberes Haus sind die Quartiere. Wochenlang sind Wagen und Zelt

Schlafraum und Geschäftszimmer, in denen Maschinenpistolen und Gewehre stets griffbereit liegen. Mal sind es sowjetische Artillerie oder Tiefflieger, die beim Stellungswechsel die Kolonne des Generalkommandos beaasen. Mal heißt es, den Gegner, der auf den Straßen durchgebrochen ist, mit der Waffe in der Hand abzuwehren.

Und wenn nachts auf der Vormarschstraße der endlose Zug rollender Kolonnen zu kurzer Rast übergeht, dann klappern beim Schein einer Notbeleuchtung in den Wagen die Schreibmaschinen, eilen Funksprüche mit den Tagesmeldungen durch den Äther, klopfen Morsetasten die Befehle an die unterstellten Einheiten für den Einsatz und Nachschub des kommenden Tages, und werden Verbindungsoffiziere und Melder abgefertigt, während draußen im Dunkel der Nacht die auf- und abgehenden Wachen sich leise das Kennwort zurufen.

So ist es Tag für Tag, Woche um Woche, Monat für Monat. Stets das gleiche Getriebe, unterbrochen nur durch die Stellungswechsel zum neuen Gefechtsstand.

Es gibt wohl keinen unter den Angehörigen des Generalkommandos, der nicht mit heißem Herzen Kämpfe und Erfolge miterlebt, der nicht lieber auch bei einer Batterie mit dabei wäre. Aber jeder weiß, dass er dort seine Pflicht zu tun hat, wo das Vaterland ihn hinstellt.

Der Truppe ist Ruhm und Erfolg beschieden. Der Stab hat keinen Namen. Sein Lohn ist, wie unser Kommandierender General selbst einmal gesagt hat, das Bewusstsein erfüllter Pflicht.

***

An der großen Nordsüdstraße gehen unsere Batterien hinter Roslawl für einige Tage in Stellung. Uns scheint, dass es eine letzte Atempause ist vor neuem entscheidendem Einsatz. Wir wissen es nicht, ahnen es aber mit dem Instinkt des Landsers.

Die Kanoniere unserer Batterie sind nicht böse über die zu erwartenden Kämpfe, fiebern genau so danach wie am ersten Tag vor dem Bugübergang. Man merkt es ihnen jetzt nur nicht so an. In den zurückliegenden Monaten wurden sie alle zu „alten Kriegern". Als solche haben sie gelernt, ihre Gefühle im Zaum zu halten, ihr Herz nicht auf der Zunge zu tragen. Sie lassen sich durch nichts verblüffen. Durch kein unvorhergesehenes Ereignis aus der Ruhe bringen.

Alte Soldaten reden nicht gerne über ihre Erlebnisse und Erfolge, sind aber trotzdem unbändig stolz darauf. Und mit Recht!

Vernichtete doch eine einzige Batterie vom Bugübergang bis Smolensk einundvierzig zum Teil schwerste Panzerkampfwagen, zwölf Panzerabwehr-, sieben schwere und leichte Feldgeschütze, zehn Maschinengewehre, zweiundzwanzig Lastkraftwagen samt ihrer Infanteriebesatzung. Schoss vier Sowjetbomber ab und beschädigte zahlreiche weitere. Zertrümmerte drei Bunker, fünf Feldbefestigungen und drei ausgebaute Infanteriestellungen.

Das sind bestätigte Erfolge. Errungen im Zeitraum von fünfundzwanzig Tagen! Wieviel aber konnten nicht mehr festgestellt werden, da Zeit oder Gelände es nicht zuließen! Wahrhaftig, solche Ergebnisse machen stolz und geben Vertrauen zu den Waffen, mit denen sie errungen wurden. Darum pflegen unsere Kanoniere auch ihre Kanonen wie lebende Wesen. Denken erst an ihr Wohlergehen, ehe sie sich um eigene Bedürfnisse kümmern.

... waschen hier wie zünftige Hausfrauen

Dieser kleinen Nöte des Landsers nimmt sich hier bei Roslawl in vorbildlicher Weise die „Motorisierte Wäscherei- und Bekleidungskolonne" unseres Flakkorps an. Sie ist gewissermaßen die „Fliegende Verbindungsstelle" zwischen den vordersten Einheiten und dem Bekleidungslager des Korps. Auf Lastwagen führt sie all die Geräte und Gefäße mit sich, die zum Waschen Tausender Bekleidungsstücke notwendig sind. Außerdem verfügt sie über eintausendfünfhundert neue Uniformen, die auf Lastkraftwagen in eingebauten Bekleidungsschränken transportiert werden.

Als die Bekleidungskolonne in unsere Nähe kommt, jubeln wir. Endlich hat sie nun auch uns erreicht, nachdem sie fast alle anderen Batterien und Abteilungen des Korps „verarzten" konnte.

Im Nu kramen wir unsere schmutzigen Hemden, Unterhosen, Schlafsäcke und Halsbinden hervor. Numeriert werden sie auf einen Lastwagen verladen, zur Wäschereikolonne gefahren. Ein zweiter Lastkraftwagen folgt, auf dem zerrissene Stiefel, von Granatsplittern zerfetzte Uniformen, Zeltbahnen, durchlöcherte Feldflaschen und Brotbeutel liegen. All diese notwendigen Ausrüstungsgegenstände kann jeder Soldat des Korps bei der Bekleidungskolonne empfangen oder umtauschen.

An einem Waldrand abseits der Straße hat die Kolonne ihre „Heimstätte" aufgeschlagen. Auf der Lichtung, durch die sich ein Bach mit selten klarem Wasser windet, stehen die großen Kochkessel für die Wäsche. Daneben riesige Bottiche zum Einweichen und Spülen. In einerReihe dahinter Wringmaschinen und Mangeln. Soldaten, lange Schürzen umgebunden, die Ärmel aufgekrempelt, werken hier wie zünftige Hausfrauen. Am Waldrand sind Tische aufgebaut, auf denen die getrocknete Wäsche fachmännisch gelegt wird. Einige Schritte weiter in den Wald hinein hängen an langen Leinen Hunderte von Unterhosen und Hemden zum Trocknen. Sie sind blütenweiß, müssen daher sorgfältig unter dem breiten Geäst der Bäume gegen Fliegersicht getarnt werden.

In knapp achtundvierzig Stunden wird von den Kameraden unserer Wäschereikolonne die gesamte schmutzige Wäsche von etwa tausend Mann gewaschen, getrocknet und zum Abholen zusammengelegt. Mit dieser transportablen Anlage; die bisher einzig in unserer Wehrmacht dasteht und ohne Vorbild entwickelt werden musste, wird in wenigen Wochen die Wäsche aller Angehörigen unseres Flakkorps gewaschen.

Das sind Leistungen, die sich sehen lassen können! Vor allem, wenn man bedenkt, welche schwierigen Wege, oft unter Feindbedrohung, zu überwinden sind, um unsere in den Panzerspitzen marschierenden Batterien zu erreichen. Und dann immer den richtigen Arbeitsplatz zu finden! Denn überall dort, wo die Kolonne ihre Zelte aufschlägt, muss genügend Wasser in der Nähe vorhanden sein. Außerdem genügend gegen Sicht getarnte Trockenfläche.

Vor zwei Lastkraftwagen drängen sich Kanoniere verschiedener Batterien unserer Abteilung. Sie tauschen dort alte zerrissene Wäsche oder Uniformstücke um. Fachmännisch betreut von dem „motorisierten Kammerbullen", der keinen Kameraden mit leeren Händen wegschickt. Die zerrissenen Uniformstücke, bei denen eine Reparatur noch möglich ist, wandern nach der Wäsche sofort zur Schneiderei. Ihr Dach ist hier der blaue Himmel. Ihre Wände bilden hell leuchtende Buchenstämme, zwischen denen fünf Nähmaschinen ihr surrendes Lied singen. Hämmernde Schläge aus der zwanzig Meter entfernt liegenden Schusterei schlagen den Takt dazu. Hier können in zwei Tagen mit durch menschliche Kraft getriebenen Maschinen zweihundertfünfzig Paar Stiefel besohlt werden. In zwei Minuten wird ein Paar Stiefelsohlen geheftet. In drei Minuten aufgenäht.

„Das nennt man Dienst am Kunden", sagt Carratsch anerkennend, als er nach fünf Minuten seinen Stiefel heil erhält, der vorher im Schaft nach links und rechts auseinanderstrebte. Wahrhaftig, „Dienst" im strengen Sinn des Soldaten ist das bestimmt, was die Männer unserer Bekleidungs- und Wäschereikolonne hier mitten in Russland leisten. Dass sie nicht nur als Fachleute zu gebrauchen, sondern im Ernstfall auch einsatzbereite Soldaten sind, zeigen die griffbereit neben ihren Arbeitsplätzen stehenden Karabiner und Stahlhelme.

Dieser Lagerplatz unserer Kolonne bei Roslawl ist uns wie ein Stück Heimat, verkörpert er doch deutsche Organisation und Leistung in einem Land, in dem Unsauberkeit und Unordnung zum Lebenselement gehören.

***

„Kinders, es geht los! Und zwar nach Süden. Mensch, ich sehe uns schon im Schwarzen Meer baden und Kaviar essen."

„Kaviar? Wollen wir nicht. Aber guten Krimwein, mit dem wir endlich mal anständig einen verlöten können."

„Ihr Optimisten. Als ob es solch ‚bürgerliche Sachen' noch im ‚Arbeiter- und Bauernparadies' gibt!"

„Klar, warum nicht? Meinste, Stalin und seine Genossen lieben die ‚proletarische Einfachheit'? Nur theoretisch, mein Lieber, nur theoretisch!" „Hast Recht, Hans. Aber hin wie her, auf jeden Fall geht es nach Süden. Der ‚Russischen Riviera' entgegen."

Hier können in zwei Tagen 250 Paar Stiefel besohlt werden

„Du, die brauchen dort noch ein paar nichtzahlende Kurgäste." „Wäre schon prima! Kämen gerade zum Beginn der Herbstsaison zurecht." So ruft es in unserem Haufen an einem schönen Sommertag Ende August durcheinander. Eben kam der Batteriechef von einer Besprechung beim Abteilungsstab zurück. Versammelte die Batterie um sich. Teilte den gespannt horchenden Kanonieren mit, dass die Panzergruppe und wir mit ihr erneut zum Angriff antreten. Stoßrichtung: Süden.

Obwohl der Oberleutnant noch hinzufügte, wir könnten uns dabei auf mancherlei Strapazen gefasst machen, jubeln wir nach Schluss der Besprechung wie Wilde beim Tanz um den Festbraten. Das Wort „Süden" ist Musik für unsere Ohren. Es lässt uns lachen und Pläne schmieden. Wir vergessen darüber die angekündigten Strapazen.

Das ist gut so. Denn als wir sorglos auf der Autostraße in Richtung Brjansk rollen, fahren wir Tagen und Wochen harter Anstrengung und heißer Kämpfe entgegen ...

Die Deutsche von Klinzy

Es ist später Abend. Gegen die rötlich-gelbe Fläche am unteren Rand des Westhimmels zeichnen sich die ersten Häuser der Stadt dunkel ab: Schiefe Holzbauten, wacklige Hütten. Wir kennen sie nun schon zur Genüge.

Die Straße ist breit, so breit, dass gut drei Fahrbahnen nebeneinander herlaufen könnten. Aber nur ein schmaler Streifen, der sich wie ein gewundenes Band über die Straße hinzieht, ist wirklich befahrbar. Große Wasserlachen, in denen sich das letzte Licht des Abendhimmels spiegelt, müssen umfahren werden. Dann stehen wir auf einem Platz. Eine kleine Wüstenei, durch die kreuz und quer Wagenspuren führen. Aus der Dunkelheit der Straße kommt ein Landser an unseren Wagen.

„Ja, das hier ist Klinzy. Zur Ortskommandantur kommen Sie, wenn Sie diesen Weg entlang fahren."

Wir biegen rechts ein. Plötzlich macht der Wagen einen Sprung nach oben und holpert über Kopfsteinpflaster. Mitten auf der Straße steht, wie ein schwarzes Ungetüm, eine von den Sowjets zurückgelassene Zugmaschine. Dann schimmert aus dem eintönigen Grau der Häuserfront ein langes, hell gestrichenes Gebäude.

Davor steht, hart an der Straße, ein Sockel mit den Hosen des Herrn Lenin. Neben dem Denkmalsunterbau liegt als unförmiger Klumpen die obere Hälfte des ehemaligen Kreml-Beherrschers. Wir Soldaten haben uns an dieses Bild längst gewöhnt. Sind inzwischen auch dahinter gekommen, warum diese Figuren immer an der gleichen Stelle abbrechen:

Die „Konfektionsdenkmäler" Lenins und Stalins entstammen alle den gleichen Gußformen. Bei der fabrikmäßigen Massenherstellung ist die Versteifung natürlicherweise ebenfalls überall gleich. Wenn nun die Bevölkerung oder unsere Soldaten diese Denkmäler stürzen, bleibt eben bei Herrn Lenin immer wieder nur die schlottrige Hose, bleiben bei Herrn Stalin nicht viel mehr als dessen Schaftstiefel stehen.

Das holprige Pflaster hat aufgehört. Wieder mahlen die Räder im Sand. Rechts und links tauchen Zäune, dahinter Wiesen auf. Wir müssen die vierzigtausend Einwohner zählende Stadt schon durchfahren haben. Also wenden!

Wieder Kopfsteinpflaster. Die Straße steigt an. Der Wagen neigt sich mal nach rechts, mal der anderen Seite zu. Wir überqueren mehrere Kreuzungen, halten vor einem hochhausartigen Gebäude. Gegenüber stehen niedrige Holzbuden. Im Dunkeln versuchen wir, über die Straße auf den Bürgersteig zu gelangen. Als wir vermeinen, den Fuß auf den Bordstein setzen zu können, treten wir ins Leere und fallen in einen Straßengraben. Einen ganz gewöhnlichen, mit Gras bewachsenen Straßengraben, dessen Grund eine übelriechende Schlammbrühe ausfüllt.

Hochhaus hinterm Straßengraben! Warum auch nicht? Wir wundern uns über gar nichts mehr! Klettern aus dem tiefen Graben und – setzen unsere verdreckten Stiefel auf Asphalt, richtigen glatten Asphalt. Hinüber zu dem Posten vor dem Gebäude.

Der gibt Auskunft: „Ist das Stadthaus. Hier liegt ein Restkommando der Ortskommandantur. Quartier gibt es bestimmt."

Der Fahrer holt mit dem Wagen weit aus. Fährt vorsichtig über die hölzerne Grabenüberfahrt. Sie hält, Gott sei Dank, rollt auf den Hof des Rathauses. Im städtischen Gästehaus, in dem bisher Sowjetbonzen abgestiegen sind, beziehen wir Quartier.

Am Morgen wecken uns gleichmäßig tackende Geräusche einer laufenden Maschinenanlage, hell klingende Hammerschläge aus einer Schmiede. Wir müssen uns erst besinnen. Wo sind wir eigentlich? Ein herrliches Glücksgefühl überströmt uns. Schaffen, Werken, laufende Motoren, surrende Räder, Hämmern, Schmieden – Heimat!

Eine Weile lassen wir uns von dieser Stimmung einfangen, schließen die Augen, wollen nicht wissen, dass nun schon beinahe zweitausend Kilometer uns von unserem Zuhause trennen, dass Krieg ist. Aber dann haben wir uns wieder gefangen. Was wollten wir eigentlich hier in Klinzy?

Richtig! Schon nach knapp hundert Kilometern Marsch in südlicher Richtung wollte unser Fahrzeug nicht mehr mittun. Die Reparaturwerkstätten an der Autostrecke sind überlastet. Wir lassen uns eine Weile schleppen. Dann gibt uns der Schirrmeister den Rat, abseits von der großen Vormarschstraße in einer Werkstatt unser Glück zu versuchen.

„Da können Sie die Reparatur gewiß schneller ausführen lassen!"

Das letzte Stück Weg haben wir uns mit eigener Kraft bis Klinzy hingeschleppt. Und nun zur Reparaturwerkstatt!

Unser Fahrzeug ist aber stärker mitgenommen, als es für uns den Anschein hatte. Es wird Tage dauern, bis der Karren wieder läuft.

Wir haben Zeit und Muße, Klinzy und seine Menschen einmal näher in Augenschein zu nehmen:

Vor dem Treppenaufgang des hohen, nüchternen Zweckbaues, als der sich das Rathaus darbietet, drängt sich ein bunt gemischtes Völkchen. Sie studieren Anschläge, sitzen auf den Steinstufen.

Wer regiert hier? Was haben all die Menschen, meist ärmlich gekleidete Männer und Frauen, für Anliegen? Wem werden sie ihre Nöte vortragen können? Wer wird ihnen helfen?

Wir steigen zwischen den Wartenden die Rathaustreppen hinauf, versuchen über ihre Köpfe hinweg die Anschläge zu entziffern, können sie nicht lesen. Sie sind mit Maschine in kyrillischen Schriftzeichen geschrieben. Über den Anschlägen aber hängt, aus einer deutschen illustrierten Zeitung herausgeschnitten, das gerahmte Bild des Führers.

Im Vorraum, in den Gängen, auf den Treppen im Inneren des Rathauses: Überall Menschen, geduldig harrende Männer und Frauen, Arbeiter und Bauern, in abgerissenen, zerlumpten Kleidern. Wo wir vorbeikommen, stockt die Unterhaltung. Ungezählte Augenpaare schauen uns an. Es ist ein Gemisch von Ängstlichsein, Zweifeln, Staunen und Ehrfurcht, das sich in diesen Gesichtern abzeichnet.

Vor einem Zimmer im ersten Stock steht schwarz und unruhig wie ein Bienenschwarm, der sich eben gesetzt hat, abermals eine Menschentraube. Wir zwängen uns da hindurch.

... sitzen auf den Steinstufen

Wollen eben nach der Klinke fassen, als sich uns die Tür mit den höflichen Worten „Spassibo, Pan – Bitte, Herr!" öffnet. Wir treten in einen Raum, der ebenfalls voll von Menschen ist.

Ein Volksdeutscher steht am Eingang zum Nebenzimmer. Macht eine einladende Handbewegung. „Hier ist der Bürgermeister!" Öffnet die Tür. Schließt sie hinter uns.

Der Bürgermeister, ein guter Vierziger – schätzen wir – mit schmalem, zerfurchtem Gesicht, steht hinter dem Schreibtisch, spricht mit einigen Männern. Als er uns eintreten sieht, lädt er uns in gutem Deutsch ein, Platz zu nehmen. Wendet sich dann wieder denen zu, die seinen Schreibtisch umstehen. Mit klaren Handbewegungen unterstreicht er plastisch seine Worte. Fügt – wie ein Baumeister Stein auf Stein setzt – die Gedanken zusammen und stellt sie vor die Männer hin. So sieht es aus. Zum Schluss streckt er eine Hand flach aus, blickt über die Reihe der vor ihm Stehenden, als ob er sagen wollte: „So wünsche ich das. Nehmt es zur Kenntnis und richtet euch danach!"

Die Männer verabschieden sich und gehen. Das Stadtoberhaupt wendet sich uns zu, begrüßt uns mit dem „Deutschen Gruß", wartet auf unser Anliegen.

„Wieso sprechen Sie so gut deutsch?" Der Mann hinter dem Schreibtisch lacht kurz auf.

„Ja, meine Herren, ich bin der Sohn baltendeutscher Eltern, in Kurland aufgewachsen. In Windau habe ich die Realschule besucht und dann am Polytechnikum in Riga studiert, um mich als Ingenieur dem Eisenbahnbau zu widmen. Viele Jahre hindurch habe ich nicht deutsch sprechen dürfen.

Erst im Mai 1941 bin ich aus einer fünfjährigen Verbannung von der Eismeerküste zurückgekehrt. Meiner deutschen Abstammung wegen hat man mich dorthin zur Zwangsarbeit geschickt."

Wir merken, dass dieser Mann uns viel zu erzählen hat. Aber es ist Dienstzeit. Und draußen warten die Bittsteller zu Dutzenden.

Damit wir die Nöte und Sorgen kennenlernen, und zugleich einen Einblick in die Arbeit des Bürgermeisters nehmen können, werden wir eingeladen, zu bleiben. Der Bürgermeister lässt eine Dolmetscherin, eine Volksdeutsche aus Schwaben, herbeirufen, die uns den Gang der Verhandlungen übersetzt.

Die Kriegswelle, die über das Land geflutet ist, hat die Menschen ordentlich durchgeschüttelt. Bisher geltende Begriffe sind umgestoßen worden. Neue noch nicht an ihre Stelle getreten. Da gibt es viele Wunden zu heilen und tausend Fragen zu klären.

Ein alter, bärtiger Arbeiter tritt ein. Die Dolmetscherin kennt ihn gut. Jahrelang hat sie mit ihm zusammen in der gleichen Tuchfabrik gearbeitet. Er sieht aus wie ein Waldgeist. Über seine Schultern hängt lose eine Jacke. Eigentlich nicht mehr als der Rest einer Jacke. Ein Fetzen, an dessen Formen sich das Kleidungsstück von ehedem noch gerade so erkennen lässt.

Der Alte spricht weit vorgebeugt mit leiser Stimme. Die Dolmetscherin muss scharf hinhören, um seine Worte zu verstehen:

Auf seinem zehn Kilometer weiten Anmarschweg zur Fabrik, in der er seit dem Aufruf des Bürgermeisters wieder arbeitet, wird dieser Alte täglich von Banden bedroht, die die Gegend ringsum terrorisieren. Diese hinterhältigen Schützen tragen Waffen bei sich. Die letzten Tage hat er sich nicht mehr getraut, nach Hause zu gehen, ist in der Stadt geblieben. Und nun sind Frau und Kinder ohne Brot.

Der Bürgermeister gibt ihm zur Antwort, er möge nachmittags wiederkommen. Zu uns gewendet, sagt er, am Nachmittag werde der Einheitsführer der deutschen Feldgendarmerie bei ihm sein und die Säuberung des Stadtkreises von Banden mit ihm besprechen.

Da schrillt der Fernsprecher.

Wir sind erstaunt. Es ist das erste Ziviltelefon, das wir in Sowjet-Russland in Betrieb sehen.

Der Chef des neu aufgestellten zivilen Ordnungsdienstes ruft an: Man könne dort kein Deutsch verstehen und brauche einen Dolmetscher, um sich mit den deutschen Dienststellen verständigen zu können.

Der Bürgermeister gibt kurz die eindeutige Antwort: Wenn er nicht fähig sei, sich selbst einen der Volksdeutschen als Dolmetscher zu besorgen, dann werde er wohl einen anderen mit der Führung der Ordnungspolizei betrauen müssen.

Inzwischen ist ein Bauer ins Zimmer getreten. Breitet einen bedruckten Zettel auf den Tisch, den er vorher mühsam mit seinen dicken Fingern auseinandergefaltet hat. Es ist ein Flugblatt. Eines von den vielen, das von Sowjetflugzeugen in der Nähe der Stadt abgeworfen worden ist. Sein Inhalt besagt, die Sowjetaufklärer hätten beobachtet, dass in Klinzy die Fabriken schon wieder in Betrieb genommen worden seien und für die deutsche Wehrmacht arbeiteten. Zu einem bestimmten Zeitpunkt würde die bolschewistische Armee nach Klinzy vorstoßen, die Deutschen aus der Stadt jagen und alle Einwohner, die zu den Nazis gehalten hätten, erschießen.

Der Bürgermeister lacht. „Lass sie mal kommen. Dann können wir sie wenigstens fragen, wohin sie die fehlenden Maschinen aus unseren Fabriken geschleppt haben."

Die Sicherheit des Bürgermeisters und sein Humor geben dem Bauern wieder Mut. Voller Zuversicht zieht er ab.

Der Alte spricht weit vorgebeugt mit leiser Stimme

Eine junge Frau tritt ein. Sie sieht furchtbar heruntergekommen aus. Den leeren rechten Ärmel ihrer Jacke hält sie mit der linken Hand über der Brust fest, damit das Kleidungsstück nicht von der Schulter gleitet. Während der Arbeit in der Fabrik ist ihr von einer Maschine der rechte Arm abgerissen worden. Nun bittet sie um Weiterzahlung der Invalidenrente.

Der Bürgermeister notiert sich ihren Namen und verspricht zu helfen. Nachdem sie gegangen ist, sagt er zu uns:

„Es ist ein Elend mit diesen armen Menschen. Die Kommissare haben alles Geld aus den städtischen Kassen mitgenommen. Als ich hier die Geschäfte übernahm, fand ich ganze sechs Rubel vor. Jetzt haben wir schon mehr als eine Million. Wir brauchen viel Geld, um alle Fabriken wieder in Betrieb nehmen zu können!"

Eine Jüdin ist die nächste. Sie trägt ein schlafendes Kind auf dem Arm. Noch ehe sie ihr Anliegen vorgebracht hat, fragt sie der Bürgermeister:

„Wo hast du deine Armbinde? Weißt du nicht, dass ihr Juden eine weiße Binde mit dem Stern zu tragen habt?" Die Jüdin nickt. „Geh nach Hause und lege die Binde an. Komme mir ohne sie nicht wieder unter die Augen. Und wenn du etwas vorzubringen hast, dann sage es dem Ältesten aus deinem Bezirk. Der wird dir dann helfen oder es mir vortragen."

Bei den energischen Worten war die Jüdin Schritt für Schritt vom Schreibtisch zurückgewichen. An der Tür macht sie jetzt schnell kehrt und huscht schlürfend hinaus.

Dem Bürgermeister bleibt kein Augenblick zum Verschnaufen. Wieder steht ein Bauer vor ihm. Ein Abgesandter eines der ehemaligen Kollektivbetriebe, die zur Stadt gehören. Er bittet um Fett für die Bauern seines Kolchos.

Die Stirn des Bürgermeisters legt sich in Falten.

„Wo ist das Fett wohl näher, bei euch draußen oder bei mir hier in der Stadt? Die Betriebe sollen sich gegenseitig aushelfen. Dann habt ihr, was ihr braucht. Wenn ihr nicht einig werden könnt, müsst ihr die Kartoffeln eben ohne Fett essen!"

Dem Kolchosbauern scheint der Bescheid zu genügen. Er wendet sich und geht. Wie zu seiner Entschuldigung meint der Bürgermeister: „Durch das Sowjetsystem ist den Menschen das Selbstvertrauen genommen worden. Denn selbständig Entschlüsse fassen und danach handeln war ein Verbrechen, stand unter Strafe. Sie hatten nur zu schuften, vom frühen Morgen bis in die Nacht. Ohne Freude am Schaffen, ohne Vertrauen, ohne ein eigenes Ziel, immer bedrängt, unsicher, haltlos – seelenlos!"

Der nächste, der eintritt, ist der Verwalter der städtischen Fischereigewässer. Noch ehe er die Tür hinter sich geschlossen, fragt ihn der Bürgermeister:

„Nun, wie geht es mit den Fischen?"

„Fische gibt es. Aber die Banden haben beim Fischen auf uns geschossen. Und dann brauchen wir langschäftige Gummistiefel. Das Wasser ist schon kalt!"

„Stiefel sollt ihr bekommen. Aber erst müsst ihr mir Fische bringen. Und wenn Banden auf euch schießen, dann bekommt ihr von mir eben Gewehre, damit ihr zurückschießen könnt. Fische müssen her! Viele, viele Fische!" Dann schickt er den Fischereiverwalter zur deutschen Feldgendarmerie.

So kommt und geht einer nach dem anderen. Da tritt der Inspektor einer neueingerichteten Feldkommandantur ins Arbeitszimmer. Der Bürgermeister unterbricht seine Sprechstunde. Fragen werden besprochen, welche die Neuordnung der Stadtverwaltung zum Gegenstand haben.

Es ist das Bestreben der deutschen Militärbehörde, dass der Ablauf der Dinge sobald wie möglich seinen geordneten Gang nimmt. Gesprochen wird auch über die Herausgabe einer deutschen Zeitung für die Zivilbevölkerung. Diese Zeitung soll zunächst einmal den Gerüchten über angebliche Niederlagen der deutschen Truppen, Besetzung der Stadt durch die Bolschewisten usw., die von Juden ausgestreut werden, begegnen. Die Inbetriebnahme weiterer Fabriken wird erörtert, damit alle aufbauwilligen Kräfte in Arbeit und Brot kommen, und damit endlich dem Elend gesteuert werden kann. Sogar die Kräfte am Theater der Stadt sollen wieder Arbeit erhalten, sollen vor deutschen Soldaten und der Zivilbevölkerung spielen.

Der Inspektor, der im Zivilleben Gemeindevorsteher ist, gibt dem Bürgermeister den Rat, sich durch einen Mann im Vorzimmer die Bittsteller vom Hals zu halten, sie entsprechenden Sachbearbeitern zuweisen zu lassen.

Der Bürgermeister ist aber nicht seiner Meinung:

„Früher saß hier ein Bolschewist als Bürgermeister. Juden gingen ein und aus. Diese Menschen, die jetzt vor meiner Tür warten, sind nicht zu ihm gekommen. Jetzt aber kommen sie, und das ist gut so. Sie haben Vertrauen, oder ich schaffe Vertrauen! Sie wissen freilich noch nicht, wie sie sich zu benehmen haben. Aber auch das werden sie lernen. Und unter den wohlgesinnten Männern der Stadt werde ich sicherlich fähige Köpfe zur Bearbeitung der einzelnen Sachgebiete finden."

Und – nachdem sich der Inspektor verabschiedet hat – zu uns:

„Sie dürfen uns nicht mit deutschem Maßstab messen. Wir haben eine schwere und finstere Vergangenheit hinter uns. Wir beginnen ein neues Leben. Das weiß ich und fühle es auch. Die allerwenigsten sind sich der Größe dieser Zeitwende bewusst. Sie denken vorerst nur an ihre kleinen Nöte. Woher sollten sie es schließlich auch wissen. Die Grenzen des Sowjetreichs haben uns von der übrigen Welt getrennt. Wir lebten wie in einem Gefängnis!"

Wir sehen den Bürgermeister an. Sehen in zerfurchte, verhärmte, gemarterte Züge, die ein furchtbares Dasein in dieses Gesicht geprägt hat. Dieses Mannes Ausdruck unterscheidet sich von dem seiner Landsleute, die heute hier ein- und ausgegangen sind, nur darin, dass die Augen wieder hellgeworden, und bisweilen ein Lachen die Schatten der Vergangenheit aus dem Gesicht scheucht.

Das Gesicht ist der Spiegel der Seele. Namentlich in den Gesichtszügen der Älteren haben wir selten anderes denn Leid gelesen. Unsägliches Leid, Zerrissenheit, Stumpfheit – in der Verzerrung erstarrtes Leben: Auswirkungen einer jahrelangen Schreckensherrschaft, während der es nur Entbehrungen gegeben hat. Selbst das Allernotwendigste fehlte. Der Hunger zehrte die Menschen aus. Seuchen rafften Millionen dahin. Was dann noch lebensfähig war, musste gewärtig sein, eines Tages einem grausamen Schicksal in Fron und Verbannung anheimzufallen.

Heute sind all die, die aus dem bolschewistischen Regime Nutzen gezogen – reiche Juden, Kommissare und andere Funktionäre – nicht mehr da. Sie haben sich rechtzeitig aus dem Staub gemacht. Zurückgeblieben sind ausgebeutete Bauern und Arbeiter, der spärliche Rest einer heruntergekommenen, verarmten, sogenannten „Aristokratie".

An einem der nächsten Abende besuchen wir die Volksdeutsche, die uns im Amtszimmer des Bürgermeisters als Dolmetscherin half.

Ihre Stube, die sie mit ihren drei Buben in einem Arbeiterwohnhaus der „Lenin-Tuchfabrik" bewohnt, trägt über der Tür die Nummer 1. Als wir eintreten, sehen wir vorerst nicht mehr, als quer durch das Zimmer zum Trocknen aufgehängte Soldatenwäsche.

Unsere Dolmetscherin kniet auf dem Fußboden und schrubbt in Ermangelung eines genügend großen Tisches auf den blankgetretenen Dielen eine Soldatendrillichjacke.

Die Wäsche soll über Nacht trocknen, denn die Soldaten fahren bald weiter. Darum will sie ihre Arbeit erst noch zu Ende bringen. Ihre Erzählungen lassen erkennen, dass sie in den wenigen Tagen seit Einrücken der deutschen Truppen eine richtige Soldatenmutter geworden ist. Sie arbeitet und sorgt, wäscht, flickt und bügelt, soviel sie neben ihrem Dolmetscherdienst nur schaffen kann.

„Dann reicht der Tag wohl gar nicht aus?", fragen wir sie.

„Ich bin es gewohnt, in der Nacht zu schaffen. Die Soldaten müssen doch wieder saubere Wäsche bekommen!", sagt sie lachend. Dabei legt sich ihr abgehärmtes, ausgemergeltes Gesicht in viele kleine Falten.

Wenn wir diese Gesichtszüge betrachten, schlägt sich vor uns ein Buch auf, aus dem wir das Schicksal dieser Frau in Sowjet-Russland ablesen können. Obwohl sie kaum die Vierzig überschritten hat, erinnert uns ihr Gesicht an das Bildnis, das Albrecht Dürer von seiner alten, vielgeprüften Mutter gezeichnet hat.

Während die Frau weiterarbeitet, haben wir Muße, uns in der Stube umzusehen: Entlang der einen Zimmerwand stehen hintereinander ein eisernes Feldbett, ein Reisekorb, auf dem mit Brettern eine Liegestatt gebaut ist, und am Fenster ein zweites Bett. Hier schläft der fünfjährige Peter, ihr jüngster Sohn.

Zwischen den beiden kahlen Fenstern steht ein kleiner Tisch. Die andere Zimmerhälfte ist auffallend leer. Die helleren Rechtecke auf den Fußbodendielen und an der Wand lassen erkennen, dass hier lange Zeit Möbel gestanden haben.

„Sie wundern sich, dass diese Seite des Zimmers so leer ist. Gestern ist eine Frau mit ihren beiden Kindern ausgezogen, welche die ganzen Jahre hindurch mit mir und meinen drei Buben dieses Zimmer bewohnt hat. Sie ist in die Wohnung einer geflohenen jüdischen Familie übergesiedelt. Nun haben wir endlich die Stube für uns allein. Das Zusammenleben war oft nicht leicht, da ich an deutsche Sauberkeit gewöhnt bin. Meine Buben haben nicht das beste Vorbild gehabt. Ich besitze keine Möbel, um die Wand da auszufüllen. Habe keinen Schrank und keinen richtigen Tisch. Die beiden Hocker dort sind die einzigen Sitzgelegenheiten."

„Wo kochen Sie denn eigentlich?"

Da hält unsere Deutsche in ihrer Arbeit inne. Sieht lächelnd zu uns herauf.

„Die zweiundvierzig Familien dieses Hauses kochen alle in einer Küche, auf einem Herd. Das müssen Sie sich am Vormittag mal ansehen, wie in vielen kleinen Tontöpfen und alten Konservenbüchsen ein Mittagessen zubereitet wird. Immer gibt es da Streit um den besten Platz. Der Kampf auf der Herdplatte beginnt schon morgens um drei Uhr. Um diese Zeit werden die ersten Plätze belegt. Wenn man um fünf Uhr nachsehen kommt, dann kann es einem passieren, dass der ganze Herd mit Töpfen bestellt ist und man den eigenen, der zuerst dastand, am Rande der Platte wiederfindet."

„Es dürfte doch nicht schwer fallen, aus der Notwendigkeit des Zusammenlebens eine vernünftige und gerechte Ordnung zu finden?"

„So sollte man meinen. Aber von sich aus können die Menschen hier das einfach nicht."

„Übrigens muss es ja eine herrliche Mischung von Düften sein, die sich in der Küche zusammenballt, wenn zweiundvierzig Mahlzeiten zur gleichen Zeit gekocht werden."

„Das ist nicht einmal so schlimm. Alle kochen nämlich das gleiche: Kartoffeln!"

„Dann könnten doch alle, wenn sie schon auf dem gleichen Herd das gleiche kochen, einen großen Topf benutzen. Jeder hätte weniger Arbeit. Zeit würde gespart. Außerdem wären Zankereien und Ärger aus der Welt geschafft."

„Glauben Sie ja nicht, dass das Gemeinschaftsgefühl so weit geht. Jeder würde glauben, der andere sei der Bevorzugte, wenn er ein Bröckel mehr bekommt."

Wir haben uns am nächsten Vormittag die „Gemeinschaftsküche" angesehen: Ein kahler Raum. An den Seiten zwei Tische. In der Mitte der Herd. Darüber aus Blech ein schwarzer Rauchfang.

Es herrscht reger Betrieb. Als wir eintreten und die Frauen deutsche Soldaten sehen, verstummt schlagartig lärmendes Geschwätz.

Unsere Deutsche ist wieder Dolmetscherin, erklärt den Frauen, dass wir sehen möchten, was für gute Sachen im „Sowjetparadies" gekocht werden. Da lachen sie, heben die Deckel von den Töpfen. Wir können hineinsehen: Wasser, Kartoffeln, ein paar Tomaten, etwas Grünzeug. Das ist alles.

„Der Inhalt dieser Töpfe sieht nicht nur jetzt, im Krieg, so aus. Höchst selten, dass mal eine von uns ein Stück Fleisch im Topf gehabt hat. Wenn die Kartoffeln im Frühjahr knapp geworden sind, dann haben die einen die Kartoffelschalen gegessen, die vom Tisch anderer, besser gestellter Familien übriggeblieben sind!"

Die Frauen fragen über unsere Dolmetscherin, ob wir in Deutschland Besseres zu kochen hätten.

„In Friedenszeiten kann man bei uns alles kaufen. Die Löhne der Arbeiter sind so gehalten, dass sich jeder anständig nähren und kleiden, überdies noch etwas sparen kann. Gleich zu Beginn des Krieges sind die wichtigsten Lebensmittel rationiert worden, um Hamsterkäufe zu verhindern. So bekommt jeder in Deutschland, ob arm oder reich, auf seine Lebensmittelkarten gleich viel. Die vorhandenen Rationen reichen für alle aus. Schwerarbeiter und stillende Mütter erhalten außerdem Sonderzuteilungen."

Die Volksdeutsche übersetzt unsere Worte. Ungläubig sehen uns die Frauen an und geben zur Antwort:

„In unseren Zeitungen hat man aber geschrieben, die Kommissare haben es im Übrigen auch immer wieder gepredigt: In Deutschland und in den anderen Ländern herrscht bittere Not. Die Menschen sterben dort vor Hunger. Am besten ist es bei uns in Sowjet-Russland. Und es wird immer besser werden."

„Das ist alles Schwindel! Ihr habt nicht einmal ausreichend Brot zur Verfügung, geschweige denn Belag für das Brot."

Da sieht uns selbst die Volksdeutsche erstaunt an.

„Was aufs Brot legen?"

„Ja, Butter, Wurst, Schinken, Käse ..."

„In Sowjet-Russland kennt das weder Arbeiter noch Bauer. Seit Deutschland habe ich kein belegtes Brot mehr gegessen", gibt sie zur Antwort und wendet sich ...

Wir sitzen wieder in der Stube Nummer 1. Es ist dämmerig geworden. Wir haben eine Kerze mitgebracht. Ihr flackerndes Licht huscht unruhig über das Gesicht von Martha Antonowna. Groß und verzerrt hebt sich ihr Schatten von der hinteren Wand ab. Sie nimmt die Kerze, stellt sie ganz dicht an das Stück Wand zwischen den Fenstern, damit sie von draußen nicht gesehen werden kann.

Wir müssen eine Frage stellen, die uns schon lange auf den Lippen liegt. Immer wieder aber haben wir uns davor gedrückt. Denn wir wissen, dass wir damit eine wunde Stelle berühren. Martha Antonowna scheint es zu ahnen, wartet mit versteinertem Gesicht auf unsere Fragen:

... heben die Deckel von den Töpfen

„Was hat Sie bewogen, aus Ihrer gesegneten süddeutschen Heimat in diese Hölle zu fahren, aus der Sie kaum jemals wieder freigekommen wären, wenn ...?"

Ohne Bewegung hört sie die Frage an. Erzählt dann in schwäbischem Dialekt ihre Lebensgeschichte:

„Mein Mann, den ich nach unserer Ankunft in Russland heiratete, war zu Beginn des Weltkriegs als Kriegsgefangener nach Deutschland gekommen. 1918 ist er entlassen worden und hat von da ab in Frankfurt-Main als Autogenschweißer gearbeitet. 1921 lernte ich ihn dort kennen. Er verlegte den Arbeitsplatz in meine schwäbische Heimatstadt. Noch im gleichen Jahr verlobten wir uns, und er zog mit ins elterliche Haus.

Um heiraten zu können, fehlten einige Papiere meines Mannes. Er hat nach Sowjet-Russland geschrieben. Aber niemals haben die Sowjetbehörden die Dokumente geschickt, die er zu unserem Aufgebot brauchte. Es waren lange Jahre des Wartens.

1922 gebar ich eine Tochter. Sie lebt jetzt bei meinen Eltern in Deutschland. 1926 wurde Konstantin geboren. Ein Jahr später Paul. Und wir waren noch immer nicht getraut.

Die Leute in meiner Heimat sahen in diesem Zustand eine große Schande für mich. Ich war in aller Munde, wurde immer mehr Gegenstand des Ortsklatsches. Ein auf die Dauer unerträglicher Zustand. Als ich dann 1928 wusste, dass ich wieder guter Hoffnung war, packte mich die Verzweiflung.

Ich überredete meinen Mann, mit mir nach Sowjet-Russland zu fahren, damit wir endlich getraut werden könnten. Ich wollte meinen Kindern das Leben in Ehren schenken. Wohl hat mich mein Mann gewarnt. Er hat mir immer wieder gesagt, dass ich mich in die dortigen Lebensverhältnisse nicht einfinden würde. Mir aber war alles gleich.

So fuhren wir mit meinen beiden sechs- und achtzehn Monate alten Buben nach Sowjet-Russland. Alle meine Möbel musste ich zurücklassen. Von der übrigen Aussteuer konnte ich nur einen kleinen Teil mitnehmen.

Die Fahrt ging über Berlin weiter nach Osten, durch Polen. In einer Nacht überschritten wir die polnisch-sowjetrussische Grenze. Ich habe damals nicht im Geringsten geahnt, was dieser Grenzübertritt für mein Leben bedeuten würde.

Schon als ich die ersten Holzhäuser sah, bin ich recht klein geworden. In Ssurash – die Stadt liegt 35 km nördlich von Klinzy – verließen wir nach fünf Tagen Fahrt die Eisenbahn.

Hier stand ich nun mit den beiden Kindern, dem Schließkorb, dem Kinderwagen, den Koffern und Betten. Ich sah, wie die Menschen mit ihren langschäftigen Stiefeln bis zur Hälfte in den Schlamm sanken und Not hatten, dass sie nicht stecken blieben. Wie wollte ich auf diesen Straßen mit meinen Halbschuhen gehen können?

Mein Mann war in den Ort gegangen, kam mit einem Fuhrwerk zurück. Ich reichte ihm die Kinder zu. Zuletzt legte er ein Brett über den schlammigen Grund. Ich kam so trockenen Fußes zum Wagen.

Nachdem wir eine Weile zwischen kleinen, windschiefen Holzhäusern hingefahren waren, fragte ich:

‚Fängt nun bald die Stadt an?'

‚Wir sind schon bald durch', entgegnete mein Mann. ‚Gleich kommen wir nach Kalinki, wo die Eltern wohnen.'

Wir fuhren in das Dorf hinein. Noch niedrigere Häuser mit noch kleineren Fenstern. Bei uns daheim sind die Fenster im Viehstall größer. Wieder fragte ich:

‚Wann kommen die Häuser, wo Leute wohnen?'

‚Das sind die Wohnungen der Leute', gab er zur Antwort.

Die Dorfstraße war grundlos. Matsch und Schnee. An einem Teich stand eine Frau barfüßig, aber in einem Mantel, und plantschte im Wasser.

‚Ist das normal?', fragte ich.

‚Ja, ganz normal. Die wäscht.'

Ich kroch ganz zusammen. Mich schauderte. Da hielt der Wagen vor einer der kleinen Hütten.

‚Wir sind zu Hause!'

Er ging hinein. Ich blieb auf dem Wagen sitzen und rührte mich nicht. Dann kam er wieder heraus und nahm mir die Kinder ab. Ich musste nun wohl oder übel auch herunter vom Wagen. In mir sträubte sich alles.

Gebückt betrat ich durch die niedere Tür den Vorraum der Hütte. Festgestampfter Lehmboden. Eine weitere Tür führte in die Stube.

Mein Mann sprach lange Zeit mit seinen Eltern und Geschwistern. Ich verstand kein Wort. So stand ich da – mutterseelenallein. Ich kam mir völlig verlassen vor. Die Angehörigen meines Mannes musterten mich neugierig.

Schnell hatte sich das Ereignis im Dorf herumgesprochen. Bald war die Stube voll Menschen, die mich alle anstaunten, meine Sachen betasteten. So was hatten sie noch nicht gesehen.

Dann holte die betagte Mutter meines Mannes eine Schüssel aus dem Backofen. Stellte sie auf den Tisch. Brachte Brot und legte hölzerne Löffel dazu.

Mein Mann beugte sich zu seiner Mutter hinüber und sprach auf sie ein. Darauf nahm sie einen Holzlöffel wieder weg, brachte Blechlöffel und Teller. Die Schüssel enthielt eine Suppe.

‚Die ist ja ganz sauer!', habe ich zu meinem Mann gesagt. ‚Sauer gewordene Suppe kann man doch nicht essen!'

‚Das ist Borscht. Gibt es fast jeden Tag. Diese Suppe wird so zubereitet. Jetzt, acht Tage vor Ostern, fasten die Bauern hier noch. Darum haben sie kein Fett dazu genommen.'

Noch immer stand die Stube voll fremder Menschen, die alles sehen und betasten wollten, was ich aus Deutschland mitgebracht hatte. Sie wunderten sich, dass meine Kleider aus Wolle waren. Meine mit Daunen gefüllten Betten interessierten sie besonders. Sie waren so weich und leicht!

Später habe ich dann gesehen, was die Menschen hier in ihren Federbetten haben. Die stopfen sie mit allen möglichen Federn voll – wahllos.

Nach der Suppe wurden gekochte Kartoffeln auf den Tisch gestellt. Sie kamen aus dem Backofen, waren schon rot geworden. Ich konnte sie ebensowenig essen wie die Suppe. Als die Mutter meines Mannes sah, dass ich wieder nicht zugriff, legte sie zwei Ziegelsteine in die offene Feuerung, stellte einen Tiegel darauf und briet Spiegeleier für mich. Sie schmeckten nach Rauch. Ich habe nur wenig davon gegessen. Meinen Kindern kochte ich Milch ab. Gab ihnen Zwieback dazu, der noch aus den Reisevorräten stammte.

Als es dunkelte und die Petroleumlampe angezündet wurde, gingen die Nachbarn noch immer nicht nach Hause. Manche fanden es so unterhaltsam, dass sie nach dem Abendbrot wiederkamen. Sie redeten mit meinem Mann und seinen Eltern.

Später legten sich Schwiegermutter und Schwiegertochter zur Ruhe – oberhalb des Backofens. Der Schwiegervater bereitete sich sein Lager auf einer Bank.

‚Die Schlafstube für uns?', fragte ich meinen Mann.

‚Hier!'
Er ging hinaus, brachte ein paar Bretter, legte sie vom Fenstersims zum Backofen hinüber. Ich musste meine Betten hier drauf legen. Sie waren schneeweiß, als ich sie aus dem Bettsack herauszog ...

Nun sollte ich schlafen gehen. Aber ich war es nicht gewohnt, mich vor den Augen fremder Menschen auszuziehen. Da hat mein Mann an der Decke im Winkel zwei Schnüre gezogen und ein paar Tücher, die von mir stammten, darüber gehängt. So stand mein Bett wie in einer kleinen Kammer.

Als die Nachbarn nun nichts mehr sehen konnten, sagte die Mutter vom Backofen, sie könnten nun gehen und morgen wiederkommen, wenn sie wollten.

Ich habe in dieser Nacht nicht geschlafen. Kurz nach vier Uhr standen Mutter und Tochter auf, heizten den Ofen an. Bald waren auch die neugierigen Nachbarn wieder da. Es war ein Kommen und Gehen wie im Taubenschlag. Die Fremden begannen auf mich einzureden. Ich verstand sie nicht. Kümmerte mich nicht um sie.

Weil ich auch an den folgenden Tagen nicht essen konnte, kaufte mein Mann mir eine eiserne Herdplatte, nahm aus einem Anbau des Backofens ein paar Steine heraus, setzte dafür die Platte ein. So konnte ich nun kochen, wie ich es zu Hause in Deutschland gewohnt war.

Meinen russischen Verwandten schmeckten die nach schwäbischer Art zubereiteten Speisen besser als ihr eigenes Essen. Ich habe dann die Küche für die gesamte Familie übernommen, während die anderen auf dem Feld arbeiteten.

Der Vater meines Mannes rechnete zu den Großbauern, den ‚Kulaken' des Dorfes. Er besaß damals eine Anzahl Morgen Land, Haus, Stall und eine große Scheune. Dazu drei Pferde, zwei Kühe, sieben Schweine, neun Schafe, dreißig Hühner und viele Bienenvölker. Die gesamte Familie arbeitete von früh bis spät. Was von den Erzeugnissen des Hofes nicht für den eigenen Haushalt benötigt wurde, kam auf den Markt nach Ssurash, wurde dort verkauft.

Das tägliche Leben spielte sich in sehr einfachen Formen ab. Die Arbeitsweise war primitiv. In ewiger Gleichförmigkeit gingen die Tage dahin. Den einzigen Glanz und den Schein einer höheren Welt vermittelte der Kirchenbesuch. Das Heiligenbild in der Stube war Sinnbild des mystischen Glaubens. Ja, es wurde wie Gott selbst verehrt.

Kurz nach Ostern haben wir geheiratet. Zur standesamtlichen Trauung mussten wir nach Ssurash. Schweigend saß ich im Heu des niederen Gefährts meines Onkels, das zwei Panjegäule zogen. Eine Verständigung mit den Verwandten war nicht möglich.

Mein Mann war schon zu Fuß nach Ssurash vorausgegangen, um dort Trauzeugen zu beschaffen. Es begann zu regnen. Aus meinen nicht sehr zuversichtlichen Gedanken wurde ich plötzlich aufgeschreckt. Der Wagen neigte sich zur Seite, schlug mit der Achse auf die Erde und blieb ruckartig stehen. Ein Rad war gebrochen. Der Onkel ging in die Stadt, um Ersatz zu beschaffen.

Ich blieb beim Fuhrwerk und wartete im Regen. Wenn ich heute darüber nachdenke, so könnte ich diesen Zwischenfall als trübes Vorzeichen für die kommenden Jahre ansehen. Der Onkel kam mit einem neuen Wagenrad zurück. Wir konnten die Fahrt zum Standesamt fortsetzen.

Gottesdienst

Im Rathaus war inzwischen alles soweit vorbereitet, dass ich nur meinen Namen unter ein Schriftstück zu setzen hatte. Danach wurde ich wieder allein nach Kalinki zurückgefahren. Mein Mann folgte mit den Trauzeugen zu Fuß.

Im Haus des Onkels war die Hochzeitstafel bereitet: Ein Tisch gedeckt mit Brot, Kartoffeln, Schüsseln mit Hirsebrei und Borscht, Salzgurken, die mit Honig zusammen gegessen werden, Butter, dicke Flinsen aus Bucheckernmehl, Schnaps, Krüge mit Wasser.

Im Samowar, der blankgeputzt das Prunkstück fast jeden Hauses ist, dampfte das Teewasser. An meinem Platz stand wieder ein Teller. Die anderen aßen, wie sie es gewohnt waren.

Von allen Seiten wurde ich aufgefordert, tüchtig zu essen und zu trinken. Mein Mann übersetzte mir hin und wieder einige Worte aus den Tischgesprächen. Indessen hatte er seinen Verwandten, die alle zusammengekommen waren, soviel aus Deutschland zu erzählen, dass ihm wenig Zeit dazu blieb.

Wie lange der Hochzeitsschmaus gedauert, weiß ich nicht. Ich musste bald zu meinen Kindern hinüber, sie füttern und zu Bett bringen. Bin danach auch nicht wieder zur Hochzeitsgesellschaft zurückgekehrt.

An das Zusammenleben mit den Angehörigen meines Mannes unter diesen primitiven Verhältnissen konnte ich mich nicht gewöhnen. Ich wurde mit der Zeit ganz krank. So kaufte mein Mann ein altes, kleines Holzhaus. Brach den Backofen heraus und zog mit den so gewonnenen Steinen eine Trennungswand durch die Stube. Verstärkte die schon morschen Außenwände mit einer Lage Backsteine. Weißte alles schön sauber. Damit hatten wir wenigstens unser eigenes Heim mit Wohn- und Schlafraum. Hier konnte ich mit meiner Familie nach deutscher Sitte und Ordnung leben. Das ging so lange, bis mein Mann nach und nach wieder dem primitiven russischen Leben verfiel ...

In dem kleinen Garten vor dem Haus habe ich Samen gesät, den ich mir aus Deutschland mitbrachte: Bohnen, Kopfsalat, Blaukraut, Wirsing, Rosenkohl, Schlangengurken und noch andere – alles Gemüsearten, die hier unbekannt sind. Als ich später einmal zwischen den Blättern die noch grünen Bohnen abpflückte, sah mir meine Nachbarin kopfschüttelnd zu. Sie erzählte, nachdem mein Mann von seiner Arbeitsstätte heimgekommen war, welchen Schaden ich angerichtet hätte, die grünen Bohnen abzupflücken, noch ehe sie ausgereift sind.

‚Lass sie nur. Sie weiß schon, was sie tut!', war die Antwort meines Mannes, der ja die Vielfältigkeit der deutschen Küche kannte.

Die Frauen hier in dieser Gegend verstehen es nicht, Gemüse zu kochen. Sie haben auch keine Ahnung, dass durch Einwecken Vorrat für den Winter angelegt werden kann. In der ersten Zeit habe ich ab und zu beobachtet, dass Waldbeeren, dick mit Zucker eingekocht, in Flaschen abgefüllt wurden. Zucker gibt es aber schon lange nicht mehr, wenigstens für uns Arbeiter nicht. Die wenigen Zentner, die in die Stadt kamen, haben die Juden, die Geschäftsführer der staatlichen Magazine, unter sich, an die Kommissare und ihre Freunde verteilt.

Obst und Gemüse werden hierzulande im Backofen gedörrt und damit für längere Zeit eßbar erhalten. Gurken und Tomaten legt man in Salzlauge ein.

Um meinen kleinen Garten recht auszunutzen, habe ich jedesmal, wenn ein Teil der Kartoffeln geerntet war, gleich wieder Radieschen gesät. Als am 17. Oktober 1932 – ich weiß den Tag noch ganz genau – frühmorgens der erste Schnee gefallen war, habe ich schnell die letzten Radieschen aus dem Boden gezogen.

Oftmals hörte ich Vorübergehende sagen: ‚Sie hat nur so ein kleines Gärtchen. Und doch hat sie den ganzen Sommer von allem!'

In einer Sommernacht des Jahres 1930 pochte es plötzlich bei meinen Schwiegereltern an die Tür. Männer standen vor dem Haus. Unbekannte, sie waren mit einem Fuhrwerk vorgefahren. Der Schwiegervater, der sie einlassen wollte, wurde ohne Erklärungen festgenommen, an das Fuhrwerk gebracht.

Die Fremden durchsuchten das Haus, führten alles Vieh aus dem Stall. Sie beschlagnahmten die Hälfte der Hütte mit allem, was darin war, verboten der zurückbleibenden alten Frau und ihren beiden Töchtern, Keller und Scheuer zu betreten. Dann fuhren sie davon. Ließen fassungslose Frauen, leere Ställe, ein gänzlich durchwühltes, zur Hälfte enteignetes Haus zurück.

Warum das alles? Was hatte der alte Mann getan? All die Jahre hindurch begann sein Tagewerk mit dem Hahnenschrei und endete spät abends. Sein Besitztum hatte er sich durch ehrliche Arbeit erworben!

‚Verbotener Reichtum!', so sagten die Bolschewisten. Deswegen wurde er verhaftet und weggeführt. Wohin?

Aufziehendes Gewitter

Keiner konnte darüber etwas erfahren. Würde er wieder entlassen werden? Die Kommunisten wussten es selbst nicht. Sein Leben war ganz der Willkür einer Verbrechergesellschaft ausgeliefert.

Der Landbesitz wurde bis auf den Garten enteignet. Alles Vieh war weggetrieben. Die Vorräte in Scheuer und Keller vereinnahmt. Die Hälfte des Hauses, das nur aus zwei Räumen bestand, enteignet. Nach wenigen Monaten musste meine Schwiegermutter auch den ihr belassenen Teil des Hauses räumen. Die jüngere Tochter starb bald. Die ältere heiratete zum zweitenmal und zog fort.

Andere ‚Großbauern' im Dorf ereilte das gleiche Schicksal. Heute traf es diesen, morgen einen anderen. Sie wurden über Nacht zu Bettlern. Kommunisten aus der Stadt führten die Kollektivwirtschaft ein, errichteten ein Kolchos (Kollektiwnichosaistwo). Das Vieh der Kulaken wurde zu einer großen Herde zusammengetrieben. Die freien Bauern mussten sich auf dem Kolchos einschreiben und von nun an als Arbeiter das zu riesigen Äckern vereinigte Land bestellen.

Wie Strafgefangene mussten Männer und Frauen von früh bis spät im Kolchos schuften. Für ein Familienleben blieb keine Zeit mehr. Die Häuser verfielen. Bald hingen die Kleider nur noch in Fetzen an den ausgemergelten Körpern. Kein geregelter Feiertag. Kein Kirchgang. Die Ikone (Heiligenbild) in der Stube musste aus dem ‚Lichten Winkel' verschwinden. Keine Freude. Kein Lichtblick.

So verlumpten sie. Wurden gleichgültig und stumpf. Wenn jemand zu spät zur Arbeit kam, wurde er auf mehrere Monate zur Zwangsarbeit verschickt. Gleichgültig, ob Mann oder Frau, ob Kinder zu versorgen waren oder nicht.

Die Jugend, die unter solchen Verhältnissen heranwuchs, verkam und verwahrloste. Sie kannte es schließlich nicht anders und nahm diese Verkommenheit als gegebenen Normalzustand.

Meine Schwiegermutter, die ohne irgendwelche Mittel auf die Straße gesetzt worden war, durften wir nicht bei uns aufnehmen oder unterstützen. Sonst wären auch wir noch aus dem Haus gejagt worden, zumal die Kommunisten wussten, dass ich eine Deutsche bin. In entfernteren Dörfern hat sie dann Aufnahme gefunden, hat eine Zeitlang bei der einen oder anderen Familie geholfen, hat Kinder gehütet und die Hauswirtschaft in Ordnung gehalten, während die Erwachsenen im Kolchos arbeiteten. So hat sie Jahr für Jahr ihr Leben gefristet.

1935 kehrte ihr Mann in sein Heimatdorf zurück: Krumm, abgemagert, nur noch mit Fetzen behängt. Keiner hat ihn wiedererkannt. Am nördlichen Eismeer bei Murmansk hatte er mit vielen Tausenden zusammen als Zwangsarbeiter fünf Jahre lang beim Bau einer Eisenbahnlinie unter den menschenunwürdigsten Verhältnissen Frondienst leisten müssen. Nach seiner Entlassung war er fast zweitausend Kilometer zu Fuß gegangen. Mancher seiner Weggenossen ist unterwegs zusammengebrochen und liegen geblieben.

Die beiden Alten – er zählte nunmehr siebzig, sie fünfundsechzig Jahre – wollten in Kalinki nicht wieder ansässig werden. Sie versuchten, in Klinzy ein neues Leben zu beginnen. Dem Bruder meines Mannes, der in der Papierfabrik ‚Proletaria' als Sattler arbeitete, ist es nicht so arg ergangen wie seinen Eltern. Er betrieb nebenbei noch eine kleine Bauernwirtschaft mit einer Kuh, einem Schwein und mehreren Hühnern.

Zu ihm kam eines Tages der Präzetatel (Vorstand) des Kolchoses und erklärte: Für ihn und seine siebenköpfige Familie sei in einer Stube seines Hauses Platz genug. Die andere müsse er dem Kolchos abtreten.

Am nächsten Morgen erschienen Männer mit Beil und Säge. Teilten die Kate vom Dachfirst bis zu den Grundbalken. Den Vorraum, in der Mitte des Hauses, von dem man nach rechts und links in die beiden Stuben ging, rechneten sie mit zu dem überzähligen Raum, sägten also von den noch verbliebenen auch die vierte Wand ab. So blieben vom ganzen Haus nur die drei Außenwände einer Stube stehen. Mehr konnten sie nicht nehmen, sonst wäre alles zusammengefallen.

Der Abriss ging sehr schnell. Es ist ja nichts genagelt. Die Balken sind nur aufeinandergelegt und durch Holzdübel verbunden, die schnell herausgeschlagen sind.

Am Abend stand der verpflanzte Teil des Hauses schon fertig im Kolchos aufgebaut. Die fehlende vierte Wand musste mein Schwager nun wieder aufrichten. Er kaufte sich in der Fabrik Schwartenbretter, nagelte sie zusammen und setzte eine Tür hinein. Damit im Winter der Schnee abgehalten und die Stube einigermaßen gewärmt werden konnte, hat er sich aus dicht zusammengelegten Ästen und dünnen Stämmen eine mit Brettern gedeckte Laube gezimmert. Das Haus steht noch heute so.

Mein Mann arbeitete in Ssurash in der gleichen Papierfabrik wie sein Bruder. Er war Heizer. Sein Monatslohn betrug zu Anfang 65 Rubel, erhöhte sich von 1928 bis 1934 auf 100 Rubel. Obwohl ich den ganzen Sommer über Gemüse aus meinem Garten hatte, das ich auch für den Winter konservierte, reichte der Lohn gerade so zum Leben. Für Kleidung und Schuhwerk blieb von dem Verdienst kaum etwas übrig. Mein Mann hat sich damit, dass er nach der Arbeit zu Hause für die Bauern Stiefel besohlte, noch nebenher ein paar Rubel verdient.

In einer Nacht im Februar 1931 kamen Männer der GPU, weckten uns und nahmen meinen Mann fest. Während er sich anzog, wurde mir verboten, mit ihm zu sprechen. In dieser Nacht sind aus unserem kleinen Dorf siebzehn Männer – Bauern und Arbeiter – verhaftet worden. In Ssurash waren es vierzig.

Warum? Was hatte mein Mann sich zuschulden kommen lassen? Niemand konnte mir Antwort geben.

Wovon sollten wir leben? Danach fragten die Sowjets nicht. Ich musste sehen, wie ich mich mit meinen beiden Kindern allein durchschlug. Aus meinem Garten war vorerst nichts zu holen. Es lag noch Schnee. Da habe ich in den Nächten für die Bauern Handschuhe und Strümpfe gestrickt. Habe junge Bauernmädchen im Stricken unterwiesen. Sie haben mit Nahrungsmitteln bezahlt. Es war eine schlimme Zeit für uns!

Am 6. Mai kam mein Mann zurück. Er war nach Starodub ins Gefängnis gebracht worden, weil er mehrmals mit unseren beiden Buben in Ssurash die Kirche besucht hatte. Bei seiner Entlassung drohte man ihm, dass er bei Wiederholung dieses ‚Verbrechens' auf zehn Jahre zur Zwangsarbeit verschickt werden würde.

Die beiden Kirchen in Ssurash wurden bald geschlossen. Den genauen Zeitpunkt kann ich nicht angeben. In der großen Steinkirche oben im Ort richteten die Bolschewisten ein Getreidelager ein, das kurze Zeit später abgebrannt ist. Heute steht dort ein Kino.

Schon im Sommer 1932 begann das Kollektivwirtschaftssystem sich dahin auszuwirken, dass nicht mehr soviel landwirtschaftliche Erzeugnisse wie bisher zu kaufen waren. Der weitaus größte Teil der Ernte aus den Kolchosen musste abgeliefert und sofort nach Moskau, Leningrad, Minsk oder anderen großen Städten verladen werden.

Je mehr aber die Kollektivisierung der Landwirtschaft um sich griff, umso geringer wurde das Angebot.

Umso weniger konnte man in den Magazinen, den staatlichen Lebensmittelgeschäften der kleinen Städte kaufen. Das Brot wurde knapp. Die guten Brotsorten immer seltener. Bis es zuletzt nur noch einfaches Schwarzbrot zu kaufen gab. Und schon dafür musste man sich in die Reihe stellen. Mein

Flüchtlingselend

Mann bekam für die Reparatur der Stiefel von den Bauern oft Mehl und Kartoffeln. So konnte ich selbst Brot backen.

Im Frühjahr 1933 gab es so wenig zu essen, dass wir die Blätter von roten Rüben, von Brennesseln und Mehltau sammelten, und Suppe daraus gekocht haben. Fett hatten wir schon lange nicht mehr. Mehltau habe ich damals auch getrocknet, mit Kleie vermengt und davon auf der Herdplatte Flinsen gebacken. Kartoffeln waren schon seit Beginn des Jahres nicht mehr zu haben.

Als im Sommer infolge großer Hitze und langanhaltender Trockenheit das Korn auf dem Halm ausbrannte, war die Hungersnot da! Die Preise für die wenigen Lebensmittel stiegen ins Uferlose. Ich habe all meinen Schmuck, meine silberne Uhr, die ich zur Konfirmation bekommen hatte, unsere Eheringe, sechs silberne Eßbestecke und andere Wertsachen auf dem Markt in Ssurash in Brot eingetauscht. Bis das letzte Stück weggegeben war.

Natürlich waren es Juden, die diese Tauschgeschäfte machten. Von ihnen konnte man auch in diesen Hungerjahren für teures Geld, für Gold und Silber, alles kaufen, was zum Leben notwendig war. Für einen silbernen Löffel zum Beispiel bekam ich damals nicht ganz ein Kilo Schwarzbrot.

Im Herbst 1934 zogen wir nach Klinzy Mein Mann hatte in der „Lenin-Tuchfabrik" eine besser bezahlte Arbeitsstelle bekommen. Sein Monatslohn betrug zu Anfang 125 Rubel und stieg bis 1937 auf 200 Rubel. Bei der allgemeinen Teuerung reichte indessen das Geld für unsere vierköpfige Familie nicht hin noch her.

Ich musste mir Arbeit suchen. Wurde ebenfalls in der „Lenin-Tuchfabrik" beschäftigt und erhielt als Anfangslohn 75 Rubel. So hatten wir anfangs zusammen ein monatliches Einkommen von 200 Rubel. Das entsprach einer Kaufkraft, in deutsche Währung umgerechnet, von etwa vierzig Reichsmark. In der Fabrik wurde in drei Schichten gearbeitet. Jede Woche war Schichtwechsel.

Im Sommer 1936 wurde unser dritter Bub geboren. Einen Monat vor und zwei Monate nach der Entbindung brauchte ich nicht arbeiten zu gehen. Der Lohn für diese Zeit wurde mir weitergezahlt. Meinen zwei Monate alten Peter habe ich dann, wenn ich zur Fabrik ging, mitgenommen und in dem, diesem Werk angeschlossenen Kinderheim abgegeben. Nach der Arbeit holte ich ihn wieder ab: Bei Frühschicht, mittags um zwei. Oder abends um zehn, nach Beendigung der Mittagsschicht. Oder nach der Nachtschicht, frühmorgens um sechs Uhr. Oft habe ich ihn aus dem Schlaf reißen und durch Nacht, Kälte und Regen nach Hause tragen müssen. Für seine Unterkunft im Kinderheim hatten wir, entsprechend unserem Einkommen, monatlich 17 Rubel zu zahlen. Die beiden älteren Buben – sie zählten damals neun und zehn Jahre – besuchten die Schule.

So haben wir uns durchgeschlagen. Im Sommer 1937 ging wieder eine Welle der Verhaftung über Stadt und Land. Ein dumpfer Druck lastete auf den Menschen. Zu der Not kam nun noch die Angst.

Am 22. November morgens um sieben Uhr klopfte es an unsere Tür: ‚Aufmachen! Polizei.' Ich öffnete.

‚Wo ist Ihr Mann?!'
Mein Mann war gerade von der Nachtschicht nach Hause gekommen und hatte sich schlafen gelegt.

‚Wecken Sie ihn!'
Er stand auf. Kleidete sich an.

‚Ihr Pass ist nicht in Ordnung! Kommen Sie mit!'

Zu mir sagten sie: ‚Sie brauchen keine Angst zu haben. Bis zehn Uhr ist Ihr Mann wieder zu Hause.'

Er kam aber an diesem Tag nicht mehr. Ich wartete ... wartete ... wartete ... Er ist bis heute noch nicht zurückgekehrt.

In dieser Nacht wurden in Klinzy hundertfünfzig Männer verhaftet und ins Gefängnis geworfen. Am Tag zuvor war auch der 72 Jahre alte Vater meines Mannes, der erst vor zwei Jahren aus dem Zwangsarbeitslager am nördlichen Eismeer zurückgekommen war, wieder von der GPU verhaftet worden. Kein einziger der in dieser Nacht Inhaftierten ist jemals wieder gesehen worden!

Auch meinen Pass hatten die GPU-Männer bei der Verhaftung meines Mannes mitgenommen. Ich war den ganzen Winter über ohne jeden Ausweis. Im März 1938 wurde ich auf das GPU-Büro bestellt. Dort ist mir der Pass wieder ausgehändigt worden. Ich fragte den Beamten, wo sich mein Mann befinde.

‚Das ist nicht Ihre Sache. Gehen Sie nach Hause und warten Sie dort auf Ihren Mann!'

Heute warte ich nicht mehr ...

Nun musste ich allein versuchen, unser Leben zu bestreiten. Während ich am Tag in der Fabrik arbeitete, suchten meine großen Buben im Wald Holz und Tannenzapfen. Der Vorrat an Brennholz, den wir im Laufe des Sommers nach Hause getragen hatten, war schon recht zusammengeschrumpft.

Wenn ich von der Arbeit heimkam, habe ich für die Kinder genäht und gekocht. Alle meine Bettücher, die ich aus Deutschland mitbrachte, sind so, eines nach dem anderen, zu Hemden und Hosen verarbeitet worden. Ein einziges habe ich noch zurückbehalten.

Seitdem ich in Sowjet-Russland lebe, habe ich einmal Stoff kaufen können. Das war am 1. Mai 1939. Ich nähte Hosen aus dem weißen Bettuch. Ließ sie von Arbeitsgenossen in der Tuchfabrik schwarz färben. So trugen die Kleidungsstücke immer eine einheitliche Farbe und man merkte nicht so sehr, dass alles aus Flicken zusammengesetzt war. Die alten Hosen, die nicht mehr auszubessern waren, haben meine Buben als Unterhosen getragen. Aber das einfache Leinen war zu dünn für die kalten russischen Winter. So trugen sie drei oder vier Hosen übereinander – die beste immer zuoberst.

Ähnlich war es mit den Hemden. Die alten, schwarz gefärbten Oberhemden wurden später als Unterhemden aufgetragen. Alles, was meine Kinder trugen, war schwarz. An Kleidungsstücken besaßen meine Buben nicht mehr als das, was sie auf dem Leib hatten.

Wenn ich in der Nachtschicht, das war jede dritte Woche, arbeitete, steckte ich an drei Tagen immer einen der Jungen ins Bett, nahm seine schmutzigen Kleider mit in die Fabrik und habe sie dort gewaschen. In der Färberei hatte ich genügend heißes Wasser und Seife. Bis zum Morgen waren die Kleidungsstücke im Trockenraum getrocknet. Ein Bub konnte so wieder frische Wäsche und saubere Hosen anziehen.

Im Vergleich zu den übrigen Arbeiterkindern haben meine Jungens immer gut gekleidet und ordentlich ausgesehen. In Deutschland allerdings würde man Kinder nicht so herumlaufen lassen.

Im Mai 1938 war ich gesundheitlich erledigt. Vor Entbehrungen und Sorgen wurde ich so krank, dass ich in der Fabrik kaum mehr schaffen konnte. Das merkte der Meister. Er fragte mich, was mir fehle und ließ nicht eher locker, bis ich ihm gestand, wie es um mich und meine drei Buben aussah. Er setzte sich bei der Fabrikleitung für mich ein. Und nach drei Tagen bekam ich dieses Zimmer hier im Arbeiterwohnhaus.

Einschließlich Licht und Heizung hatte ich hierfür durchschnittlich 20 Rubel im Monat zu zahlen. Diese Wohnung, in der Nähe der Fabrik, bedeutete für mich viel. Ich brauchte nicht mehr den eine Stunde weiten Weg durch die Stadt zu gehen. Namentlich im Winter, bei Kälte, Schnee und Dunkelheit – Sie wissen, dass es hier keine Straßenbeleuchtung gibt –, mit meinem kleinen Peter auf dem Arm, war der Weg von und zur Arbeitsstätte sehr mühevoll, darum aber auch zeitraubend. Obwohl ich mit einer anderen Familie in einem Raum zusammenleben musste, erschien mir die neue Wohnung doch als beträchtlicher Fortschritt.

Um die geistige Entwicklung meiner Buben habe ich mich leider nur wenig kümmern können. Es fehlte mir einfach die Zeit dazu. Die Erziehung in der Schule war einseitig bolschewistisch. Die Bücher, die Paul, der Älteste, mit nach Hause brachte, strotzten von plumper Sowjetpropaganda. Es war mir unmöglich, irgendwie Stellung dazu zu nehmen. Ein von den Kindern unbedacht ausgeplaudertes Wort konnte für uns alle das Ende bedeuten.

So habe ich unter den größten Entbehrungen für meine Jungens gesorgt, so gut es in meinen Kräften stand. Mit blutendem Herzen habe ich zusehen müssen, wie sie sich immer mehr von deutscher Art entfernten. Wenn ich dabei an die Kinder in Deutschland dachte, war ich jedesmal dem Verzweifeln nahe.

Sowjet-Jugend

Die Kindheit meiner Buben ist bisher hart und trübe gewesen. Das Schönste und Erstrebenswerteste war für sie, sich an einem Teller Grütze satt essen zu können. Sie haben in ihrem Leben noch nie ein Stück Kuchen genossen, nicht den einfachsten weißen Striezel.

In den ersten Tagen, nachdem die deutschen Soldaten hier einmarschiert waren, hat ein Hauptmann meinem Peter ein Stück Schokolade geschenkt. Er wusste aber nichts damit anzufangen, drehte es mit seinen Fingern hin und her. Als ich ihm sagte, das sei Zucker, sah er mich ungläubig an:

‚Der ist doch nicht schwarz!'

Dann hat er den ‚schwarzen Zucker' doch versucht und ist schmatzend dahintergekommen, wie Schokolade schmeckt.

Meine Kinder kannten es nicht anders, als dass der Kauf irgendwelcher Lebensmittel mit stundenlangem Anstehen vor Magazinen verbunden war. Im Winter 1939 hat Konstantin, der zweite meiner Jungens, fast in jeder Nacht nach einem Kilo Brot für uns Schlange stehen müssen. Er war damals zwölf Jahre alt. Manches Mal ist er schon abends um acht oder neun Uhr fortgegangen. Oft kam er am nächsten Morgen ohne Brot nach Hause. Die Kinder wurden von den Erwachsenen zurückgedrängt.

Wenn ich im Winter abends um zehn Uhr am Magazin vorbei zur Nachtschicht gegangen bin, habe ich nie gewusst, ob ich den Jungen am anderen Morgen noch lebend wiederfinden würde. Denn es war sehr kalt in diesem Winter. Bis zu zweiundvierzig Grad sank das Thermometer. Konstantin hatte nur aus Bettuch genähte Hosen und eine alte Joppe meines Mannes an. Seine Strümpfe und Schuhe waren sehr schlecht. Wasser und Schnee drangen sofort durch. Um sich vor der Kälte zu schützen, hat er alte Lappen um die Beine und Füße gewickelt. Aber das half auch nicht viel.

Wer Filzstiefel hatte, einen Schafspelz und eine dicke Fellmütze, konnte es schon aushalten. Manchmal war in der Nacht soviel Schnee gefallen, hatte es so stark geweht, dass die kauernden Menschen entlang der Hauswand völlig eingeschneit waren.

Wenn ich früh um sechs Uhr von der Arbeit kam, habe ich meinen Buben nach Hause ins Bett geschickt, habe an seiner Stelle weitergestanden, bis das Magazin geöffnet wurde: Das geschah nicht etwa immer zur gleichen Zeit. Je nachdem, wann das Brot aus der Fabrik ankam.

Wenn der Wagen geöffnet wurde, stieg eine weiße Dampfwolke hoch. So heiß waren die Brote noch.

Sobald sich die Tür des Magazins öffnete, gab es jedesmal ein wüstes Gedränge und Geschrei. Wer die Ellenbogen am besten gebrauchen konnte, bekam am ehesten Brot. Die Männer, die von der Nachtschicht kamen, sind gleich nach vorne hingegangen.

‚Was, wir sollen uns hinten anstellen, wo wir die ganze Nacht gearbeitet haben! Da müssten wir ja verrückt sein!'

Was konnten wir Frauen und Kinder dagegen machen? Schließlich waren wir nach stundenlangem Warten froh, wenn wir überhaupt noch Brot bekamen.

Auch Bauern aus den umliegenden Dörfern kamen in die Stadt und standen mit uns die ganze Nacht nach Brot an. Nie habe ich Juden vor einem Magazin anstehen sehen."

Konstantin, der eine Weile zugehört hatte, warf ein:

„Die Juden kamen erst morgens, wenn das Magazin schon geöffnet war. Sie bekamen sofort Brot. Die Verkäufer waren ja auch Juden!"

„Ebensowenig haben Kommissare oder deren Frauen jemals anzustehen brauchen!", fährt Martha Antonowna fort. „Sie hatten ihre eigenen Magazine. Dort gab es von allem genügend zu niedrigen Preisen. Ja, den hohen Herren wurden die Waren sogar noch ins Haus gebracht."

Wir fragen Konstantin, ob er denn sehr gefroren habe.

„Wir Buben sind herumgerannt, wenn uns zu kalt wurde. Ab und zu bin ich schnell nach Hause gelaufen und habe mich in der Küche an dem großen Herd aufgewärmt. Dabei bin ich aber manchmal eingeschlafen. Morgens, wenn die ersten Mieter in die Küche kamen, erwachte ich. Schnell bin ich dann zum Magazin hinübergelaufen. Die Leute haben mich aber nicht mehr auf meinen alten Platz gelassen. So brauchte ich mich nicht erst wieder anzustellen. Für die letzten gab es gewöhnlich kein Brot mehr."

Erblindeter Bettler

„Was habt ihr denn gegessen, wenn du ohne Brot nach Hause gekommen bist?"

„Graupen oder Kartoffeln. Nach Graupen musste man ebenfalls anstehen, auch nachts. Kartoffeln hat es mehr gegeben. Da stellten wir uns erst morgens in die Reihe!"

„Und was habt ihr getrunken?"

„Wasser! Es gab in den Magazinen auch Kaffeesatz zu kaufen. Aber wozu das Zeug trinken!"

„In der Lenin-Tuchfabrik", fügt Martha Antonowna hinzu, „war ein alter Mann angestellt, der für die Arbeiter heißes Trinkwasser bereithielt, Brot, etwas Salz und heißes Wasser: Das war die Vesper der Arbeiter. Ich habe das Salz nie aufs Brot gestreut, sondern es ins Wasser getan. So hat es mir besser geschmeckt.

Vom Krieg Deutschlands mit Polen, Frankreich und England erfuhren wir durch die öffentliche Radioanlage vor dem Rathaus. In der Zeitung stand, dass die deutschen Städte von den englischen Fliegern zerstört werden.

Am 22. Juni 1941 wurde plötzlich bekanntgegeben, dass nun auch Krieg zwischen Deutschland und der Sowjetunion ausgebrochen sei. Ich wollte es gar nicht glauben. Sofort stürzten sich die Leute auf alles, was in den Magazinen noch gekauft werden konnte. Salz war schon am ersten Tag ausverkauft. Nach Ablauf von drei Tagen waren sämtliche Magazine ohne irgendwelche Lebensmittel. Als ich meinen Wochenlohn ausbezahlt bekam, war nichts mehr zu haben.

Die Nachrichten vom Verlauf der Kämpfe sprachen nur über Siege der Sowjets. Als Bauersfrauen aus Kulage – 15 km von hier – auf dem Markt von Klinzy erzählten, dass die Deutschen schon Ssurash genommen hätten, berichtete unsere Zeitung immer noch über Siege der Bolschewisten.

Trotzdem rüsteten die Direktoren der ‚Lenin-Tuchfabrik', die Kommissare und die Juden zum Aufbruch. Die meisten fuhren bald mit der Bahn, andere mit Personenautos und Lastwagen davon. Aus den Kinderheimen wurden die Kleinen, aus einem Internat die Schulpflichtigen weggebracht. Ihre Eltern wissen bis heute noch nicht, wo sie geblieben sind.

Aus einer Fabrik sind alle Maschinen ausgebaut worden. Sämtliche Arbeiter und deren Familien wurden mit der Bahn weiter nach Osten, ins Innere des Landes, verschickt. Auch die ‚Lenin-Tuchfabrik' stellte die Arbeit ein. Auf Anordnung der Direktoren sind die Maschinen auseinandergenommen und zum größten Teil auf Eisenbahnwagen verladen worden. Heute noch liegen auf dem Fabrikhof ganze Haufen von Maschinenteilen, die nicht mehr rechtzeitig weggeschafft werden konnten.

Die Bewohner der Stadt waren in großer Aufregung. Viele kamen zu mir. Fragten immer wieder:

‚Ist es wahr, dass die deutschen Soldaten alle Zivilisten ermorden, Frauen und Mädchen furchtbar misshandeln? Du musst es doch wissen. Du bist doch eine Deutsche. Du kannst froh sein, wenn sie jetzt kommen!'

‚Froh oder nicht froh. Fragt doch die, die während des Weltkrieges in deutscher Gefangenschaft waren. Denen werdet ihr eher glauben als mir!'

Ich musste ja sehr vorsichtig sein mit meinen Worten. Aber deshalb, weil ich eine Deutsche bin, hat mir niemals jemand ein böses Wort gesagt. Ich glaube, sie haben mich eher um mein Deutschtum beneidet.

Am 18. und 19. August kamen viele Sowjetsoldaten durch Klinzy. Sie erzählten: Wir werden abgelöst. Andere wieder: Wir fahren auf Urlaub. Man sah ihnen aber an, dass sie auf dem Rückzug waren.

Die meisten Einwohner der Stadt schnürten ihr Bündel und zogen hinaus in die südlich gelegenen Dörfer, in den Wald, oder gruben sich am Rand der Stadt Erdlöcher, in denen sie die Nächte verbrachten. In unserem Arbeiterwohnhaus blieb ich mit meinem kleinen Peter allein zurück. Sogar Paul, mein ältester Bub, traute den deutschen Soldaten nicht und floh mit anderen Familien in ein nahegelegenes Dorf. Konstantin war schon seit mehreren Wochen bei Verwandten meines Mannes in Ssurash. Dort gab es noch Kartoffeln zu essen.

Für den Fall, dass die Stadt beschossen wurde, hatte ich vorgesorgt. In aller Heimlichkeit grub ich abwechselnd mit meinem Jungen im Holzschuppen ein zwei Meter tiefes Loch. Nachts haben wir meine Betten und den Schließkorb hinübergetragen, in die Grube gesenkt, sie dann wieder zugeschüttet. Selbst wenn der Schuppen abbrennen sollte, würden unsere vergrabenen Sachen keinen Schaden nehmen können.

Im Keller unter dem Wohnhaus hatte ich die Tür zu meinem Verschlag ausgehängt. Beil, Brechstange und einen Eimer mit Wasser zurechtgestellt, damit wir uns wieder befreien könnten, wenn das Haus über uns einstürzen sollte.

Am 19. August, gegen Abend, gab es eine kurze Schießerei im Nordteil der Stadt. Als die bolschewistischen Soldaten merkten, dass die Deutschen ihnen so nahe auf den Fersen waren, flohen sie Hals über Kopf nach Süden zu. Die vorbereiteten Sprengungen konnten sie nicht mehr ausführen.

Ein wolgadeutscher Arbeiter aus der ‚Lenin-Tuchfabrik' kam in der Nacht zu mir, mit der Nachricht, dass die ganze Stadt von sowjetrussischem Militär frei sei.

Ich legte mich nicht mehr nieder. Setzte mich an das Fenster meiner Wohnung. Guckte mir die Augen nach deutschen Soldaten aus. Fieberte förmlich. Aber die Nacht über blieb es still. Nur Peterles ruhige Atemzüge waren zu hören. Kein Schuss, keine Schritte.

Langsam begann es zu dämmern. Der Tag brach an. Es war der 20. August. Tag unserer Befreiung oder unseres Untergangs?

Gegen drei Uhr hörte ich von fern das Knattern von Motorrädern. Das konnten nur Deutsche sein. In Sowjet-Russland habe ich nie Motorräder gesehen.

Das Geräusch wurde leiser und verstummte. Ich horchte angestrengt hinaus. Wieder war es deutlich – und schon näher zu hören. Da schlich ich mich aus der Stube.

Und wie ich aus der Haustür trat, sah ich zwei deutsche Soldaten auf Motorrädern mit umgehängtem Gewehr von den Feldern her vorsichtig auf unseren Hof zufahren. Ich bin ihnen, so schnell ich konnte, entgegengelaufen. Habe ihnen erzählt, dass die Stadt frei von bolschewistischen Soldaten sei, dass sie getrost in den Ort hineinfahren könnten.

Sie fragten mich, wieso ich deutsch spreche.

‚Kinder, ich bin ja eine Deutsche, Württembergerin!'

Als die beiden wieder in entgegengesetzter Richtung zurückfahren, um Meldung zu machen, packt es mich. Schüttelt mich durch. Meine Knie werden weich. Ich falle zur Erde. Schluchze, weine, weine ...

Seit Jahren wieder, zum erstenmal."

Durchstoß zur Ukraine

Um Brjansk stehen sehr starke Kräfte der Bolschewisten. Marschall Timoschenko kennt die Bedeutung dieser Stadt als Straßen- und Eisenbahnknotenpunkt, sichert sie daher mit seinen Panzerdivisionen, massiert Infanterieregiment um Infanterieregiment an der von Roslawl nach Brjansk führenden Autostraße, in der Umgebung der Stadt.

Die Sowjets graben sich ein, schaffen binnen kurzem eine überaus starke Abwehrfront, deren Aufrollung unsere Kräfte auf längere Zeit binden würde, führen außerdem von Osten immer neue Verstärkungen heran.

Der Bolschewist hofft, dass wir uns an seiner, von ihm für unüberwindlich gehaltenen Stellung den Schädel einrennen. Denkt, dass unser neuer Angriff in Richtung Brjansk geführt wird. Zieht daher auch von weiter südlich und westlich liegenden Frontabschnitten Truppen in den bedrohten Raum.

Doch unsere Führung geht auf Marschall Timoschenkos Absichten nicht ein, ihn dort anzugreifen, wo es für ihn am günstigsten ist. Sie lässt ihn ruhig in seinem Nest sitzen, sich in Sicherheit wiegen, um ihn dann später, von ganz anderer Richtung kommend, schnell und sicher auszuheben.

Nein, Herr Timoschenko interessiert uns jetzt herzlich wenig. Wir haben ganz andere Sachen vor!

So biegt die Spitze unserer Panzerdivision lange vor Brjansk von der Autostraße nach rechts ab, kämpft sich quer durch das Gelände, über Feldwege und sandige Pfade, nach Süden vor.

Wir von der Flakartillerie sind wieder mit von der Partie, freuen uns, aufs Neue mit den Kameraden von der Panzerwaffe marschieren zu können.

Die Motoren unserer Fahrzeuge teilen diese Begeisterung nicht. Denn mit den Panzerkampfwagen Schritt zu halten, die alle Schwierigkeiten des Geländes überrollen, erfordert von ihnen ungeheure Anstrengungen. Sie können nur zum Erfolg führen, wenn sie das Letzte aus sich herausholen.

Schon die ersten Kilometer nach Verlassen der festen Straße geben eine Kostprobe davon, was uns erwartet.

Wieder nimmt uns der Staub in seine, alles durchdringenden Arme. So gründlich und fest, dass uns die Augen schmerzen. Fahrzeuge, Waffen und Uniformen werden unablässig von einer riesigen Quaste gepudert. Staubschicht legt sich auf Staubschicht.

Tiefe Sandfelder hemmen bald unseren Marsch. Halten Wagen und Kräder mit ihrer nachgebenden Oberfläche fest, die nirgends zu fassen ist, so oft und schnell die Räder auch nach ihr greifen. Kettenfahrzeuge und die Kraft muskulöser Soldaten schleppen und schieben sie schließlich heraus.

Nach einer halben Stunde beginnt das gleiche Spiel von Neuem ...

Zur Abwechslung halten uns danach sumpfige Wiesen auf. Gesprengte oder unter der Last unserer Panzer zusammengebrochene Brücken gebieten stundenlang Halt.

Während Pioniere an ihrer Fertigstellung arbeiten, wird die Schlange der vor ihnen wartenden Kolonnen immer länger und breiter. Dichtgedrängt steht Wagen neben Wagen, Kanone hinter Kanone, Panzer neben Panzer.

Diesen riesigen Staub nehmen sich die bolschewistischen Flieger zum Ziel. Aus großer Höhe oder im Tiefflug über die Wälder springend, belegen sie uns mit Bomben. Schießen mit ihren Bordwaffen. Während Fahrzeugbesatzungen im Gelände Deckung nehmen, Schutz vor den Splittern der Bomben suchen, stehen die Bedienungen der leichten, zum Schutz der Übergangsstellen eingeteilten Flakgeschütze an ihren Kanonen, jagen den Sowjetmaschinen ihre Feuerstöße entgegen, hindern sie immer wieder am gezielten Bombenabwurf, vertreiben sie, ehe ihre Bomben, Bordkanonen und Maschinengewehre Schaden anrichten können.

Besonders erfolgreich sind bei diesen Abwehrkämpfen die Vierlingsgeschütze einer Flakbatterie unseres Korps. Kein im Tiefflug heranrasender Sowjetvogel kommt ungerupft davon. Keiner kann seine „Eier" ins Ziel legen. Dafür treffen sie die auf den Plattformen der Geschützwagen stehenden Kanoniere.

Als wir nach Potschep, einer kleinen Stadt am Südost, hineinfahren, sehen wir rechts der Straße Soldaten der Vierlingsbatterie mit Spaten in den Händen. Sie heben die Gräber für ihre bei der Abwehr eines Tieffliegerangriffs gefallenen Kameraden aus, die nun still und stumm, in Zeltplanen gehüllt, im Gras liegen.

In Potschep hat der Krieg bis jetzt kaum nennenswerte Spuren hinterlassen. Unsere Panzerspitze drang so schnell in die Straßen ein, dass die Bolschewisten sich nur durch eilige Flucht retten konnten, ohne ihre Theorie der „Verbrannten Erde" in die Tat umzusetzen. Wer von ihnen nicht nach Osten entkam, wurde gefangengenommen.

Neugierig mustern die Einwohner unseren, über die holprigen Straßen ratternden Verband, zeigen mit dreckigen Fingern staunend auf die schweren Zugmaschinen, die daranhängenden großen Geschütze.

Auf dem Marktplatz lenken sofort die weißgetünchten Mauern einer Kirche die Augen auf sich. Sie diente als Vorratsgebäude, die Sakristei als Museum. Ihr großer Garten, der hieran anschließt, als Kulturpark. Auf einem danebenliegenden Grundstück drängen sich jetzt über tausend gefangene Bolschewisten. Teils hocken sie erschöpft auf der Erde oder streiten sich vor dem Brunnen um einen verrosteten Eimer. Teils stehen sie an der Umzäunung und betteln die vorübergehenden Einwohner um etwas Essbares an. Die kümmern sich aber nicht um ihre Genossen. Nur einige alte Frauen spähen mit kurzsichtigen Augen in die erdfarbene Masse Mensch. Suchen darin ihre Söhne.

In kurzen Abständen kommen immer neue Trupps Gefangener an, oft ohne Bewachung. Der Hunger treibt sie aus den Verstecken in den Wäldern. Ihre Angst vor den deutschen Soldaten war in dem Augenblick verschwunden, als ihnen die Frauen in den Dörfern – in die sie sich nachts schlichen, um Nahrung zu erbetteln – erzählten, dass Gefangenen kein Haar gekrümmt wird, dass sie nach Potschep ins Gefangenenlager kommen. So machen sich viele der Sowjets selbst auf den Weg zur Stadt, um sich hier vor der Kirche zu melden.

Diese Gefangenen, große Gestalten mit bärtigen, rissigen Gesichtern, sind anders als ihre Genossen, die wir im bisherigen Verlauf des Feldzuges sahen. Von Fanatismus keine Spur, gehen sie, uns zuwinkend, in die Gefangenschaft. Sind vom ersten Augenblick an zutraulich. Betteln uns gleich um Zigaretten an. Es sind Angehörige bolschewistischer Reserveeinheiten, meist Landbewohner, die aus der weiteren Umgebung von Potschep stammen. Sie wurden vor wenigen Wochen überstürzt einberufen, kaum ausgebildet und in die Lücken gestopft, welche die aktiven Einheiten beim Abzug nach Brjansk hinterließen.

Seit dieser Zeit stecken sie in den Wäldern, benutzen nach unserem Auftauchen die erstbeste Gelegenheit, um zu uns überzulaufen.

Gefangene marschieren, die Geräte geschultert, ins Lager zurück

Man merkt ihnen an, dass sie noch nicht lange unter dem Druck der Kommissare standen. Sonst wären sie nicht so schnell zu Überläufern geworden, hätten dann auch bis zur eigenen Vernichtung kämpfen müssen.

Auf jeden Fall sind die zerlumpten Gestalten froh, dass für sie der Krieg zu Ende ist. Geben es uns immer wieder durch lebhafte Gesten und langen Redeschwall zu verstehen. Willig melden sie sich zur Straßenarbeit, werden in Gruppen zu zwanzig Mann außerhalb des Lagers unter Aufsicht weniger deutscher Landser eingesetzt und marschieren abends, die Geräte geschultert, wieder in voller Ordnung ins Lager zurück.

Wahrhaftig, diese Bauern ziehen fast die Gefangenschaft dem „freien Leben" in ihrem „Paradies" vor!

Südostwärts von Potschep gehen wir am Nachmittag in Stellung, während andere Teile unserer Division weiter nach Süden vorstoßen. Wir haben den Auftrag, Potscheps Ostflanke zu decken und den Ort selbst gegen alle Angriffe zu halten.

Nur eine Vorsichtsmaßnahme? Nein! Sondern verfluchter, sich aus der militärischen Lage ergebender Ernst. Denn die Bolschewisten arbeiten sich mit starken Kräften von Osten her an Potschep heran, wollen es unbedingt wieder in ihre Hand bekommen, um unseren Einheiten, die über den Südost hinaus vorgestoßen sind, den Nachschub abzuschneiden.

Aufmerksam starren die Posten, die Ferngläser vor den Augen, über das mäßig ansteigende, von kleinen Schluchten zerschnittene Gelände nach Osten, das fern am Horizont vom Kranz dunkler Wälder eingerahmt wird.

Gegen Abend quellen aus den Waldrändern unzählige kleine Punkte, die sich auf uns zu bewegen. Angreifende Sowjetinfanterie!

„Alarm!"

Ruhig stehen die Kanoniere hinter ihren schweren und leichten Geschützen, warten auf den Feuerbefehl. Einige Meter von der Geschützstellung abgesetzt, liegen die übrigen Angehörigen der Gefechtsbatterie mit leichten Maschinengewehren und Karabinern. Wir müssen, wie schon so oft, unsere eigene Infanterie sein, weil die Kameraden vom Heer nicht zur Stelle sein können.

Die Punkte werden größer und größer, bewegen sich immer schneller auf uns zu: Eine erdrückende Übermacht.

Der Batteriechef lässt sie bis auf tausend Meter herankommen. Als sie über ein freies Feld laufen, das wie ein Präsentierteller vor uns liegt, befiehlt er den Beginn des Abwehrfeuers.
Nach dem Einschlag der ersten Granaten, die mitten in ihre erdfarbenen Reihen fetzen, werfen sich die Sowjets zu Boden, liegen eine Weile eng an die Stoppeln des Feldes gepresst, beginnen dann, sich sprungweise vorzuarbeiten. Immer drei, vier Sprünge, und schon liegen sie wieder auf der Erde. Blitzschnell! Warten, bis die Genossen am anderen Ende der Angriffslinie springen, um gleichfalls wieder emporzuschnellen.

„Aha, alte erfahrene Infanteristen. Na, kann ja ganz nett werden!"

Der Oberleutnant spricht es halblaut vor sich hin. Die Kanoniere hören es aber, werden nur noch härter in ihrem Abwehrwillen, wissen, dass es keinen Pardon gibt, wenn die Sowjets bis an ihre Stellungen herankommen können.

Die feindlichen Infanteristen springen wie im Manöver, lassen sich auch nicht aufhalten, wenn ganze Gruppen neben oder hinter ihnen von Splittern unserer Granaten gefasst werden, als braune Kleckse auf dem gelben Grund des Stoppelfeldes liegen bleiben. Neue füllen die Lücken. Springen, nehmen Deckung, springen, bis auch sie von einem todbringenden Geschoss erreicht werden, die Arme in die Höhe werfen, das Gewehr fallen lassen, zusammenknicken.

Doch nicht alle fallen. Dazu ist die Masse der Angreifer zu groß. Immer näher kommen die Schützenschleier an unsere Stellung heran. Die Kanoniere laden, schießen, laden, schießen. Es ist ein verzweifelter Kampf gegen die Zeit. Gegen die Vielzahl des Gegners. Wir wissen, dass jede Sekunde kostbar ist. Dass mit jeder Granate soundsoviel Bolschewisten ausgeschaltet werden müssen, wenn sie nicht bis an unsere Geschütze gelangen sollen.

Als die Bolschewisten bis auf wenige hundert Meter heran sind, greifen unsere Maschinengewehrtrupps in den Kampf ein. Minuten später auch die Kanoniere mit den Karabinern.

Im zusammengefassten Feuer aller Waffen der Batterie bleiben die Sowjets endlich liegen. Wir blicken auf die Uhr:

Zwei Stunden lang währte dieser Kampf. Uns schien es, als ob er noch keine Viertelstunde gedauert hätte.

Gegen Abend meldet sich die bolschewistische Artillerie. Schießt Punktfeuer auf unsere Troß- und Feuerstellung. Verwundete!

Verdammt, die Kerle müssen über ausgezeichnete in der Nähe sitzende Beobachter verfügen.

Ein Fahnden nach ihnen verbietet die schnell hereinbrechende Dämmerung. In ihrem Schutz können weitere Sowjets heranschleichen.

Um vor unliebsamen Überraschungen in der Nacht sicher zu sein, stellt unser Oberleutnant die Batterie in einem Panzergraben zur Nahverteidigung auf.

Unsere Männer haben ein unsicheres Gefühl. Nicht wegen der drohenden Übermacht. Nicht, weil es um ihr Leben geht. Sondern weil sie genau wissen, dass sie allein die Stadt vor einem umfassenden Angriff nicht schützen können.

Denn die Straßen ringsum liegen, unsere Seite ausgenommen, vollkommen offen und ungeschützt vor den Bolschewisten, deren Annäherung nicht festgestellt werden kann, da dort keine deutschen Posten auf Wache stehen.

Erleichtert nehmen die Kanoniere darum die Nachricht auf, dass vierzehn Mann der Feldgendarmerie die Sicherung des Ortes übernehmen. Kurz vor Mitternacht trifft noch ein Zug Infanterie ein. Er wird ebenfalls sofort zur Abwehr eingesetzt.

Doch die Nacht verläuft wider Erwarten ruhig.

Kurz nach Sonnenaufgang bringen zwei Kanoniere einen Gefangenen an, der sich hinter einer Getreidehocke in der Nähe der Batteriestellung versteckt hatte. Während er mit heftigen Zügen eine Zigarette raucht, erklärt der ausgehungerte Bursche, dass gestern auf unserem Abschnitt ein vollständiges sowjetisches Infanterieregiment angegriffen hätte, mit dem Befehl, Potschep unbedingt bis zum Abend zu nehmen, und dass heute mit verstärkten Kräften erneut angegriffen würde.

Wie zur Bestätigung dieser Aussagen schlagen wenig später die ersten Granaten der Sowjetartillerie vor uns in das Stoppelfeld. Die Vorboten des kommenden Angriffs ...

Sofort lässt der Batteriechef auf einer Anhöhe vor den Geschützen eine Beobachtungsstelle einrichten. Sicher ist sicher!

Noch eine halbe Stunde streut die Artillerie. Dann tritt die sowjetische Infanterie erneut an.

Wieder beginnt das Spiel der Vortage. Springen, hinlegen, springen. Doch diesmal wollen die Kommissare unbedingt zum Ziel kommen. Sie haben anscheinend schonungslosen Masseneinsatz befohlen. Denn plötzlich springen alle Bolschewisten gleichzeitig auf, stürmen mit wildem Urrähgebrüll auf Potschep zu.

Unsere Granaten reißen Lücke auf Lücke in den anstürmenden Menschenhaufen. In direktem Beschuss jagen wir unsere Geschosse in die Reihen der Sowjets. Die Wirkung ist furchtbar. Ganze Knäuel von Leibern türmen sich auf dem Stoppelfeld, werden immer zahlreicher. Nach einer Stunde sind die Angreifer zum großen Teil erledigt, liegen tot oder verwundet auf dem Grund des in der Sonne hellgelb leuchtenden Getreidefeldes. Wer von den Bolschewisten noch lebt, macht kehrt. Sucht sein Heil in der Flucht.

Sofort setzt ein Stoßtrupp der Batterie nach, nimmt einen ganzen Zug Infanteristen gefangen, und erbeutet schwere und leichte Maschinengewehre.

Gegen acht Uhr rollen eigene Panzerkampfwagen an, fassen die Reste der Bolschewisten in der Flanke, überwalzen sie. Jetzt erst ist, für heute, die Angriffsgefahr endgültig beseitigt.

Bis zum Einbruch der Dunkelheit bepflastern uns nun die Sowjets mit Artillerie, schießen so einen Teil der Stadt zusammen, die sie im offenen Kampf nicht nehmen konnten.

Als wir durch die Straßen fahren, um den schon weit vorausliegenden Einheiten zu folgen, stürzen uns die Insassen des Gefangenenlagers wie eine wildgewordene Viehherde entgegen, rennen an uns vorbei nach Norden, von wo jetzt unsere Nachschubkolonnen anrollen.

Die gefangenen Sowjets bringen sich vor den Granaten ihrer Artillerie in Sicherheit. Nein, jetzt wo sie heil in Gefangenschaft geraten sind, wollen sie nicht zu guter Letzt von eigenen Geschossen erwischt werden. Und so laufen sie, als ob ihnen der Tod schon im Genick säße, laufen so schnell, dass die deutschen Wachtposten, die fluchend nebenher traben müssen, anständig in Schweiß geraten.

Mit einer motorisierten Infanteriedivision sind inzwischen die Kameraden einer anderen Batterie unseres Flakkorps durch die südlich an Potschep grenzenden Wälder gestoßen. Ein tolles Husarenstück, da die Wälder voll von zahlenmäßig überlegenen Feindkräften stecken. Dank der Hilfe einer Stukastaffel, die durch dauernde Angriffe die Sowjets niederhält, gelingt es ohne nennenswerte Verluste.

Das Glück bleibt den Verwegenen auch auf dem weiteren Marsch zur Desna hin treu. Bei Cjuibiez, Ssagutjewa und Slynka vernichtet ein einziges 8,8-cm-Geschütz bespannte Kolonnen, Infanteriegeschütze. Wehrt ein angreifendes Infanteriebataillon ab.

Südwestlich von Filatowka flammen um den Monatswechsel heftige Kämpfe auf. Die Bolschewisten setzen hier überlegene Panzerkräfte und Artillerieeinheiten an, um den Ort und das Gelände wieder in Besitz zu bekommen. Ihnen stehen nur schwache eigene Infanterieformationen und einige Artilleriebatterien gegenüber.

Sofort werden eine leichte und eine schwere Batterie nach Filatowka geworfen. Andere Einheiten stehen nicht zur Verfügung. Kommen bei den unglaublichen Wegeverhältnissen nicht so schnell nach. Also muss die Flakartillerie wieder vor. Tatsächlich ... „Mädchen für alles" ...!

Die Geschütze der leichten Batterie wollen gerade südostwärts des Ortes in Stellung gehen, als vier sowjetische Kavallerieschwadronen mit Pakgeschützen gemeldet werden. Sie reiten auf die Stellungen unserer Artillerie zu, wollen sie überfallen, über den Haufen reiten.

Das ist etwas für unsere Flakkanoniere! Mit ihren leichten Geschützen und einem MG-Trupp stellen sie sich bei der B-Stelle der Artillerie auf. Fiebernd warten sie auf den Feind.

Gegen Kavallerie kämpfen die Jungs alle gern. Bei diesen schnell beweglichen Zielen können sie zeigen, wie genau sie zu schießen vermögen, wie eingespielt sie mit ihren kleinen Kanonen sind, die in Sekundenschnelle herumgerissen werden müssen, wenn mehrere hundert Reiter auf breitem Raum gegen ihre Stellungen jagen.

Am jenseitigen Waldrand wirbeln plötzlich Staubwolken auf. Ferngläser fliegen an die Augen. Wahrhaftig, sie sind es!

„Ruhig bleiben, Jungs! Nicht zu früh schießen!"

„Jawohl, Herr Leutnant!"

In scharfem Trab reiten die Bolschewisten, Schwadron hinter Schwadron, auf die Artilleriestellung in der Senke zu. Hinter ihnen schaukeln die Troßfahrzeuge über das unebene Gelände. Springen die gummibereiften Pakgeschütze über Löcher und Steine.

Als die staubumwallte Kavalkade auf etwa tausend Meter herangekommen ist, teilt sie sich plötzlich nach einem grellen Signal:

Die Schwadronen entwickeln sich zur Attacke.

Im Galopp, die Säbel über den buschigen Köpfen schwingend, jagen die Bolschewisten mit gellenden Schreien auf die Artilleriestellungen zu.

Ein hinreißendes Bild, in dem noch etwas von alter Reiterromantik und den wilden Gesetzen der Steppe lebt. Reiten können die Burschen wie die Cowboys! Das müssen wir ihnen lassen. Hat sich die alte Kosakentradition also doch noch in die sowjetische Armee hinübergerettet, obwohl die Kosaken als fanatische Kämpfer in den Armeen Denikins, Wrangels und des Admirals Koltschak nach Gelingen der Revolution den tödlichen Hass der Bolschewisten zu spüren bekamen.

Tollkühne Reiterangriffe mit blitzenden Säbeln haben jedoch im Zeitalter der Maschinenwaffen höchstens noch als Schaustücke Wert. Oder als Spannungsmoment im Film. Nur die Polen waren so wahnsinnig, im September 1939 in der Tucheler Heide ihre Kavallerieregimenter mit dem Säbel in der Faust gegen angeblich aus Pappe gebaute deutsche Tanks anreiten zu lassen. Das fürchterliche Ende dieses Versuchs ist heute in der ganzen Welt bekannt. Nur in SowjetRussland nicht. Denn die Schwadronen vor uns reiten Attacke wie die schnellen Scharen Dschingis-Khans.

Bis auf sechshundert Meter lässt der Leutnant die schreiende, schnaubende Welle von Mensch und Tier auf uns zukommen. Dann gibt er den Feuerbefehl.

Trocken bellen die kurzen Feuerstöße der 2-cm-Kanonen, knattern die leichten Maschinengewehre.

Nach den ersten Schüssen wälzen sich bereits Reiter und Pferde am Boden, laufen herrenlose Gäule wie wahnsinnig im Kreis herum. Ununterbrochen feuern die Flakgeschütze unter die Galoppierenden, deren Reihen sich von Meter zu Meter mehr lichten.

Der Reitertod, den die Kosaken in ihren alten Liedern so oft am nächtlichen Lagerfeuer besungen haben, ist jetzt wie ein Sturmwind unter sie gefahren. Rafft sie samt ihren kleinen, struppigen Gäulen dahin. Hält überreiche Ernte.

So haben sich die Sowjetkosaken den Tod nicht vorgestellt. Den Reiterkampf von Mann zu Mann fürchten sie nicht. Aber hier, wo sie von ihren, jeder militärischen Logik baren Führern in die Salven automatischer Feuerwaffen gejagt werden, ist er ihnen unheimlich.

Blitzschnell lassen sie sich unter den Bauch ihrer Gäule rutschen, versuchen noch einmal, uns aus dieser Lage mit ihren Kugeln zu erreichen. Doch der hämmernde Tod ist übermächtig. So reißen sie ihre flinken Pferde herum. Preschen in wilder Flucht nach Osten zurück. Unsere Granaten hinterher ...

Vor zehn Minuten ritten vier stolze Schwadronen auf den Feldern vor uns zur Attacke an. Staub wirbelte unter jagenden Hufen. Schreie trunkener Reiterfreude klangen zu uns herüber, vermischten sich mit dem Schnauben schweißtriefender Gäule.

Jetzt ist alles still dort drüben. Zuckende Pferdeleiber wälzen sich am Boden. Verwundete kriechen auf allen vieren aus dem Bereich der Hufe im Todeskampf um sich schlagender Pferde. Ab und zu nur klingt der markerschütternde Todesschrei einer gequälten, unschuldigen Kreatur herüber, dessen Klang uns erschauern lässt. Dann herrscht vollkommene Stille über dem Kampffeld, Grabesstille!

Doch die Sowjets geben noch keine Ruhe.

Nach einer Stunde schicken sie starke Infanteriespähtrupps vor. Sie werden schon am Ortsausgang von Usha durch unsere Granaten gefasst, vernichtet, verwundet oder in die Flucht geschlagen.

Ein Offizierspähtrupp der Sowjets schleicht sich nördlich Filatowka an den Ort heran, wird von unserem, dort stehenden Gefechtstroß bemerkt, sofort mit Infanteriewaffen angegriffen, im Nahkampf zersprengt. Ein Oberleutnant, ein Leutnant und ein Mann bleiben als Gefangene in der Hand der Flaksoldaten.

Nach eingehendem Verhör erfahren wir von dem stupid blickenden Oberleutnant, dass er einen Vormarschweg für seine Division erkunden sollte.

Alle Wetter, eine ganze Division! Uns wird nach dieser Mitteilung doch etwas plümerant zumute. „Wenn die jetzt alle ..."

„Quatsch nicht, Hans. Haben uns schon oft mit den Sowjets herumgeschossen und wussten nicht, dass es sich dabei um die Spitzen ganzer Divisionen handelte. Denk doch an Slonim! Wenn die vordersten Teile gleich anständig Kattun bekommen, verleiden wir den hinter ihnen Stehenden am schnellsten den Angriff. Nee, nee, bange machen gilt nicht!"

„Hast schon Recht! Aber trotzdem ..."

Der Ruf „Fliegeralarm" schneidet die Diskussion der beiden ab. Mit wenigen Sätzen sind sie an ihren Kanonen, schwenken die Rohre fast senkrecht gen Himmel.

Drüben über dem Waldrand sehen sie, wie sich vier Ratas auf einen deutschen Nahaufklärer, die gute alte Henschel 126, stürzen. Der Aufklärer versucht, im Sturzflug den wie Kletten an ihm hängenden Jägern zu entgehen. Er kann die wendigen, schnellen Maschinen aber nicht abschütteln. Höchste Zeit für uns, in den ungleichen Kampf einzugreifen!

Ununterbrochen feuern die Flakgeschütze unter die Galoppierenden

Mit Leuchtspurgeschossen gehen die Kanoniere den kleinen, gedrungenen Maschinen zu Leibe. Innerhalb weniger Minuten haben zwei Jäger Treffer im Rumpf und Leitwerk. Der dritten Rata wird ein Stück aus der Tragfläche geschossen. Das reicht den Sowjets offenbar. So schnell wie sie gekommen sind, machen sie sich wieder aus dem Staub.

Wir freuen uns ehrlich, dass wir die HS 126 vor diesen gierigen Gesellen retten konnten. Seit dem ersten Kriegstag in der Sowjetunion ist dieser brave Hochdecker der ständige Begleiter unserer Spitzeneinheiten. Bei jedem Wetter sind die HS zur Stelle. Klären unermüdlich das unbekannte

Gelände auf. Kümmern sich dabei einen Dreck um das Abwehrfeuer der Bolschewisten. Gehen bis unter hundert Meter herunter, wenn es ihr Auftrag und die Sicherheit der Kameraden auf der Erde verlangen.

Wie oft konnte uns ein Aufklärer durch eine abgeworfene Meldung von drohender Gefahr berichten! Uns den einfachsten Weg durch unbekanntes Gelände beschreiben oder die Bewegungen des Gegners mitteilen.

Heute war es uns möglich, einem dieser guten Kameraden den Dank für ihre Hilfe abzustatten. Das freut uns mehr als der dickste Flugzeug- oder Panzerabschuss.

Aber auch Panzer sollten wir heute noch knacken!

Wir haben gerade unseren Schlag Mittagessen verdrückt, als dreißig sowjetrussische Panzer, aus Südosten kommend, in etwa vierzehnhundert Meter Entfernung an uns vorbeirollen.

„Panzeralarm!"

Wir feuern auf die rollenden Festungen, was aus den Rohren geht, können trotz großer Entfernung zwei der Kolosse zum Stehen bringen.

Das nennt man Jagdglück! In knapp zehn Stunden haben wir sowjetische Infanterie zusammengeschossen, vier Schwadronen Kavallerie vernichtet, drei Jäger beschädigt und vertrieben, Maschinengewehre erbeutet, Gefangene gemacht, zwei Panzer außer Gefecht gesetzt. Und das mit unseren kleinen 2-cm-Kanonen! Es sind Ergebnisse, die für sich sprechen. Für sich und die vielfältigen Einsatzmöglichkeiten unserer Waffe.

Die achtundzwanzig Sowjetpanzer sind inzwischen weiter auf Filatowka zu gerollt. In weiten Abständen marschierend, geraten sie dabei in den Feuerbereich eines schweren Flakgeschützes einer Schwesterbatterie unserer Abteilung. Mit sechs Panzergranaten vernichtet dessen Bedienung innerhalb weniger Minuten zwei der rollenden Festungen mittlerer Größe.

Plötzlich wird das Geschütz von gutliegenden Granaten eingedeckt. Die Kanoniere wissen nach den ersten Schüssen nicht, woher sie kommen. Erst als ein Geschoss zwölf Meter hinter ihnen in die Erde fährt, erkennen sie die Abschussstelle:

Am jenseitigen Hang blitzte es aus einem großen Getreidehocken auf. Dahinter steht ein vorzüglich getarnter Panzer. Bereits nach dem ersten Schuss auf die Kornbündel wird es hinter ihnen lebendig. Sie geraten plötzlich ins Wanken, kippen schließlich um, fallen auf die Erde. Dahinter aber kommt ein 52-Tonnen-Panzer zum Vorschein, der jetzt, seiner Tarnung ledig, mit hoher Fahrt in das Dorf hineinrollt.

Zwischen zwei Häusern, durch davorstehende Bäume wieder gut gedeckt, eröffnet der Riese erneut das Feuer auf unser Geschütz. Doch diesmal hilft ihm die Tarnung nichts! Mit fünf Panzergranaten schießen wir ihn in Brand. Währenddessen versuchen zwei weitere Sowjetpanzer uns im Verein mit ihrer Artillerie endgültig zu erledigen. In kurzen Abständen schlagen fünf Granaten um unser Geschütz ein.

„Nichts passiert?"

„Nichts, Herr Leutnant!"

„Dann ran an die Brüder!"

Wir lassen uns das nicht zweimal sagen. In hartem Feuerduell vernichten wir auch diese zwei Panzer.

Kurz darauf orgelt ein Artillerievolltreffer in unsere Geschützstellung. Vier Kameraden sind sofort tot, zwei weitere schwer verwundet. Die unversehrt gebliebenen Kanoniere aber sind sofort wieder auf den Beinen, schleppen die Verwundeten heran, verbinden sie notdürftig. Der größte Teil von ihnen wird auf der Zugmaschine nach hinten gefahren.

Als die restlichen Verwundeten und Toten geborgen werden sollen, rollt aus dem Dorf ein 52-Tonnen-Panzer auf unser Geschütz zu. Der hat uns noch gefehlt! Jetzt wird mit uns wohl endgültig „Feierabend" sein.

In riesigem Satz springt unser Leutnant an ein in der Nähe stehendes 5-cm-Pakgeschütz, dessen Bedienung vergeblich versucht, den Panzer unter Feuer zu nehmen. Verdammt, die Lafette lässt sich nicht schwenken. Zwischen die Lafettenfüße haben sich Strohballen geklemmt, die vorher zur Tarnung dienten.

Doch was ist das?

Mit klopfenden Herzen sehen die Männer an ihrem Pakgeschütz, wie der 52-Tonner zehn Meter vor ihrer Stellung wendet. Er kann seinen Turm nicht drehen. Versucht nun, das Geschütz von hinten anzugreifen.

Die Männer erkennen in Bruchteilen einer Sekunde diese letzte Chance. Jetzt kommt es nur darauf an, wer schneller ist. Sie oder der Panzer!

Blitzschnell reißen sie ihre Kanone herum. Jagen Schuss auf Schuss in den stählernen Leib des in ganz kurzer Entfernung um sie herumfahrenden Giganten. Trotz mehrerer Treffer rollt er noch dreißig Meter weiter. Dann beginnt er zu qualmen. Bleibt bewegungsunfähig liegen. Die Besatzung steigt aus, flieht in das Dorf.

Die Männer an dem Pakgeschütz lassen sie laufen. Wischen sich den Schweiß von den Stirnen. Holen einmal tief Atem. Sagen dann nur:

„Schwein gehabt!"

Kramen danach in den Taschen ihrer abgetragenen Uniformen nach einem Zigarettenstummel.

Unsere Batterie fährt inzwischen auf der westlichen Autostraße weiter nach Süden.

„Autostraße" klingt schön. Wer das Wort in der Heimat hört, glaubt, dass damit eine gerade, gute Bahn gekennzeichnet werden soll, auf der die Fahrzeuge nur so „dahinflitzen". Die unsrige führt über Felder, Wiesen, durch versumpfte Wälder, über sandige Dorfstraßen, um danach wieder in weg- und stegloses, unheimlich weiträumiges Gelände zu münden. Dort müssen die vordersten Einheiten sich die gangbarsten Wege selbst suchen, ohne dabei von der befohlenen Stoßrichtung abzukommen.

So sehen unsere „Autostraßen" in Wirklichkeit aus!

Zu Beginn der Fahrt geht es noch ganz gut vorwärts. Wir können ausgefahrene Feldwege benutzen. Doch die Herrlichkeit dauert nicht lange.

Stundenlange Regenfälle verwandeln die ungepflasterten Straßen in unergründlichen Morast, den die Ketten unserer Panzer wieder und wieder aufwühlen, tiefe Spuren zurücklassend, die sich mit

Wasser füllen. Werden so unsichtbar und zu heimtückischen Fallen für die Räderfahrzeuge. Alle paar Meter versacken sie darin. Müssen in stundenlanger Arbeit flott gemacht werden. Achsenbrüche sind an der Tagesordnung.

Es ist ein Kampf des Menschen gegen das ihm feindliche Gelände, gegen die Unbilden des Wetters, der hier fast ans Heroische grenzt.

Vom ersten Schimmer des Tageslichts bis spät in die Nacht hinein sitzen die Fahrer am Steuer ihrer Kraftwagen. Jede halbe Stunde müssen sie halten, die Achsen freischaufeln, kleine Knüppeldämme über die sumpfigen Stellen bauen, die ein Passieren überhaupt unmöglich machen, Kerzen auswechseln, Treibstoff nachfüllen, Reifen flicken, den versagenden Motor nachsehen, und immer wieder: Fahren, fahren und nochmals fahren!

Seit Tagen schon ohne Schlaf, gönnen sich die Männer der Spritkolonnen, die vorne dringend von den Panzern erwartet werden, nicht einmal nachts mehr als ein kleines Nickerchen. Fahren auch in der Dunkelheit weiter. Immer die brennenden, vor Müdigkeit schmerzenden Augen auf den unbeschreiblichen, kaum erkennbaren Weg vor sich gerichtet, von dessen Hauptspur sie auf keinen Fall abkommen dürfen, da rechts und links der Straße Minen lauern. Eine Fahrt über sie hinweg bedeutet eine Freikarte für die unmittelbar folgende Reise ins Jenseits.

Bis jetzt hat noch kein Mensch Zeit gefunden, die sowjetrussischen Minenfelder zu beseitigen. Sie sind zum Teil mit kleinen weißen Bändern eingezäunt und warten auf die Pioniere, die sie beseitigen werden.

Doch wie soll man in der Nacht die weißen Bänder entdecken! Es ist ausgeschlossen. Nur genaues Spurfahren, das meistens gleichbedeutend mit Steckenbleiben ist, kann Unheil verhüten.

Besonders schwer haben es die Kradfahrer. Dauernd bleiben ihre Maschinen im Sand oder Morast stecken. Müssen stundenlang von den oft bis zu den Knien im Dreck versinkenden Soldaten geschoben werden, ehe sie sich wieder einige Kilometer durch eigene Kraft fortbewegen können.

Was diese Jungs in ihren langen Übermänteln leisten, ist nicht mit Worten zu beschreiben. Trotz Regen, Schlamm, Sand und Wasser kämpfen sie sich mit wichtigen Meldungen immer wieder zu den Einheiten vor, zu den Stäben zurück, sitzen stundenlang in der Nacht allein auf einsamer Straße fest, an deren Seiten noch der Bolschewist lauert. Manchen Kradfahrer ereilt hier die Kugel aus dem Hinterhalt, während er nichtsahnend einen Schlauch flickt oder einen Reifen wechselt.

Wie der Meldefahrer sich in diesen Tagen selbst übertrifft, so vollbringen auch die Kradschützen fast übermenschliche Leistung. Stundenlang schleppen sie ihre schwerbeladenen Kräder mit den auf ihren Beiwagen befestigten Maschinengewehren durch Schlamm und Sand. Manch einem bleibt bei diesem anstrengenden Schieben, Ziehen und Stemmen der Stiefel im Morast stecken, manch einem versagen die Kräfte fast den Dienst.

Doch sie lassen nicht nach, werden nicht weich, bleiben am Feind, treiben ihn unablässig, lassen ihn nicht zur Ruhe kommen, und wenn sie die Kräder hinter ihm herschieben müssen. Wahrhaftig, es sind alles Kerle, die den Namen „Motorisierte Husaren" mit Recht und in Ehren tragen.

Hoch klingt in diesen schweren Tagen das Lied des Kraftfahrers. Es wird zu einer Legende, die von Männern kündet, welche kraft ihres Soldatentums unüberwindlich geltende Schwierigkeiten meistern, totem Material, Hemmnissen der Natur, ihren Willen aufzwingen. Vor nichts, aber auch gar nichts die Flinte ins Korn werfen, niemals kapitulieren!

Das sind unsere Männer an Steuer und Lenkstange! In weniger als einer Woche legen sie trotz allergrößter Geländeschwierigkeiten über achthundert Kilometer zurück. Auf sogenannten Straßen, bei deren Anblick jeder Kraftfahrer in der Welt entsetzt abgewinkt hätte. Mit Fahrzeugen, die allein in Sowjet-Russland schon über eineinhalbtausend Kilometer gelaufen sind, unter stärkster Beanspruchung von Motor und Fahrgestell.

... müssen in stundenlanger Arbeit wieder flott gemacht werden

Die Nachschubkolonnen müssen die unbeschreiblichen Wege sogar noch öfter fahren, mit Material vor zu den kämpfenden Einheiten, dann wieder zurück zur Auslieferungsstelle, um aufs Neue beladen zu den Kameraden an der Spitze zu starten.

Nie haben uns die Munitions- und Nachschubkolonnen unseres Korps enttäuscht. Sie waren immer zur Stelle, wenn Munition oder Sprit knapp wurden, kamen oft in letzter Minute, kämpften sich mit der Waffe in der Hand zu uns nach vorne. Mancher Kamerad dieser Kolonnen musste bei plötzlichen Überfällen der Bolschewisten auf die beuteverheißenden Fahrzeuge sein Leben lassen. Und es ist bestimmt kein angenehmes Gefühl, mit hochexplosiver Munition hinter sich tagelang schutzlos auf Straßen zu fahren, die dauernd von sowjetischen Tiefliegern angegriffen werden.

Mit wahrhaft virtuoser Geschicklichkeit mogeln sich die Kolonnenführer, deren schneidigster ein über fünfzig Jahre alter weißhaariger Hauptmann ist, mit den Fahrzeugen durch die langen Ketten anderer Nachschubkolonnen nach vorne.

Wenn auch die Verkehrsposten schimpfen ... sie nehmen es gerne in Kauf, wenn sie den kämpfenden Einheiten nur rechtzeitig zu Hilfe kommen können.

Das sind aber aus der Not des Augenblicks geborene Situationen. Im allgemeinen halten die Kolonnenführer auf strengste Fahrdisziplin, sorgen dafür, dass die Anordnungen der Verkehrsposten befolgt werden, unterstützen die Männer mit den weißroten Winkerkellen bei ihrer schweren Aufgabe.

Sie zu erfüllen, für den reibungslosen Ablauf des riesenhaften Verkehrs auf den Vormarschstraßen zu sorgen, die Kennzeichnung der Strecken vorzunehmen, ist Sache der Feldgendarmerie und der Verkehrsregelungs-Bataillone.

Die Männer haben es bei Gott nicht leicht. Sie müssen fünfzig, achtzig, ja hundert Kilometer lange Kolonnen mit Tausenden von Fahrzeugen über schlechte Wegstrecken, schwankende Brücken, unübersichtliche Straßenkreuzungen hinweglotsen. Dafür sorgen, dass keine Stockung eintritt, dass die Straße nicht von mehreren nebeneinanderfahrenden Kolonnen verstopft wird und so von vorne kommende Wagen – meist Sanitätsfahrzeuge, die sehr schnell zurück müssen, um Verwundete ins Feldlazarett zu bringen – hoffnungslos festgekeilt werden.

Viele Kilometer vom nächsten Posten entfernt, tut der Mann mit der weißroten Winkerkelle seine Pflicht. Zwischen ihm und den anderen Posten pendeln motorisierte Verkehrskontrollen. Sie alle aber unterstehen dem für eine bestimmte Wegstrecke eingesetzten Straßen- bzw. Abschnittskommandanten.

Häufig müssen die Verkehrsposten bei eingestürzten Brücken oder unpassierbar werdenden Strecken Umgehungen erkunden. Das bedingt, mit wenigen Leuten in unbekanntes Gelände vorzustoßen, welches noch nicht vom Feinde gesäubert werden konnte. Mancher Feldgendarm oder Soldat eines Verkehrsregelungsbataillons fiel bei diesen Erkundungen. Manches Streifenfahrzeug verließ seine Einheit und – kam nie an seinem Bestimmungsort an. Vermisst ... verschollen!

Eine der Hauptsorgen der Männer mit dem Metallschild auf der Brust – als Zeichen ihrer Dienstobliegenheit an einer um den Hals geschlungenen Kette getragen – ist die einwandfreie Beschilderung der Wege. Die sowjetischen Straßentafeln sind, wie alles in diesem Land, hoffnungsloser Bruch. Auf ein rohes Brett malten ungelenke Hände mit Wasserfarbe oder Tinte den Namen, nagelten das Machwerk an einen in der Nähe stehenden Baum, an einen Zaun, wo die Schrift innerhalb kurzer Zeit vom Regen abgewaschen wurde. Unsere Landser können sie daher beim besten Willen nicht entziffern, auch dann nicht, wenn sie statt in kyrillischer Schrift in Fraktur gemalt wäre.

So müssen die Verkehrsregelungs-Einheiten selbst für einwandfreie Schilder sorgen, sie überall aufstellen, wo es zur Orientierung wegeunkundiger Fahrer notwendig ist. An einen Telegraphenmast oder an einen in den Boden gerammten Pfahl genagelt, weisen die großen, in Pfeilform gesägten Schilder mit ihrer schwarzen Schrift auf gelbem Grund dem Kraftfahrer wie in der Heimat den Weg.

Die unbeschreiblichen Wege ...

Bald gesellen sich zu ihnen noch weitere Tafeln: Die taktischen Zeichen der Einheiten, die auf dieser Straße marschieren oder etwas abseits von ihr Stellung bezogen haben.

Bei der Wahl dieser Erkennungszeichen waren der Phantasie keine Schranken gesetzt. So sieht man denn auch die verschiedensten Figuren und Köpfe: Den seligen Neville Chamberlain mit seinem traditionellen Regenschirm, Hundeköpfe, Löwen, Hirschgeweihe, einen von scharfem Dolch durchbohrten Plutokratenzylinder, einen Bogenschützen, ja sogar die Umrisse der Breslauer Jahrhunderthalle, die aus Schlesien stammende Angehörige einer unserer Nachschubkolonnen zu ihrem Zeichen erwählt haben.

Ein farbenprächtiges, vielseitiges Bild, so ein Schilderpfosten! Oft knobeln wir beim Passieren eines derartigen Wegweisers, womit er eigentlich zu vergleichen wäre. Einige Kameraden meinen, er sehe – wenn man ihn aus einiger Entfernung mit halbgeschlossenen Augen betrachte – wie eine mit bunten Bändern geschmückte Teufelsgeige aus. Andere wollen in ihm ein Indianertotem erkennen können ...

Die einheimische Bevölkerung steht oft kopfschüttelnd vor diesen „geheimnisvollen" Schildern und ist verwundert, dass diese Deutschen sich nach ihnen orientieren, sich so gut in dem wildfremden Gelände zurechtfinden, alle seine Schwierigkeiten überwinden.

Hierbei sind uns, je mehr wir uns der versumpften Desnaniederung nähern, die Männer des Reichsarbeitsdienstes und der Organisation Todt treue und immerbereite Helfer. Sie bauen Knüppeldämme über morastigem Grund, planieren die von unzähligen Reifen und Ketten immer wieder aufgewühlten, zerfahrenen Straßendecken, bessern Brücken aus. Legen sofort mit Hand an, wenn Fahrzeug oder Geschütz im Sand, im Schlamm versacken.

Das geschieht heute alle zehn Minuten. Seit frühmorgens um drei bis abends um sieben Uhr haben wir sechzig Kilometer geschafft. Nicht mal so schlecht für sowjetische Verhältnisse. Wir sind sogar stolz darüber. Gab es doch schon Tage in diesem Feldzug, an denen wir nur zwanzig Kilometer vorwärts kamen. Ein passionierter Rennfahrer, dem Tempo alles ist, würde bei dieser Würgerei seelisch zugrunde gehen.

Wir geben heute auch gegen Abend noch keine Ruhe. Fahren, schieben, stemmen, graben und waten stundenlang weiter, obwohl die Nacht das Tageslicht längst vertrieben hat. Hunderte von Fahrzeugen kämpfen sich in der Dunkelheit durch Schlamm, Sand und tiefe Löcher weiter nach Süden. Hunderte von Männern halten mit muskelverkrampften Armen schütternde Steuerräder, stapfen mit bleiernen Füßen durch knietiefen Morast, schieben mit schmerzenden Schultern eingesackte Wagen aus dem Dreck, starren mit vor Müdigkeit blinzelnden Augen auf den Weg vor sich.

Um 22 Uhr hält endlich die lange, sich mühsam vorwärtsbewegende Schlange ... wieder geht ein Tag im „Sowjetparadies" zu Ende ...

Mitternacht ist vorüber.

Die Kolonnen stehen dicht aufgerückt. Fahrzeug hinter Fahrzeug. Tiefe Stille lastet über dem weiten Land. In den Gräben beiderseits der Straße liegen wir Landser, schlafen fest nach nerven- und kraftforderndem Tageswerk.

Plötzlich nähert sich aus einem rechts an die Straße grenzenden Wäldchen Motorengeräusch, erreicht die Straße, die Fahrzeuge.

Für Sekunden ist es wieder still.

Dann flammt es auf, erleuchtet die Wagenreihen. Sofort hellwach, sehen wir: Die Bolschewisten haben einen Tankwagen zwischen die Kolonnen gefahren, zündeten ihn an.

Im gleichen Augenblick sitzen die Fahrer auch schon an den Steuerrädern, ziehen ihre Wagen aus dem Bereich der schnell um sich greifenden Flammen.

Da, ein zweiter Lastwagen kommt aus dem Wäldchen. Rast auf die Straße. Von ihm schießt es wie wild in die Straßengräben.

Zusammengekauert erwartet im Graben ein Unteroffizier der Batterie das eisenspeiende Ungetüm. Als es heran ist, hebt er leicht den Oberkörper, wirft – eine – zwei – drei Handgranaten. In die Räder, auf den Wagen.

Knall! Schreie – der Wagen steht!

Herunter springen die Überlebenden. Es sind Bolschewisten mit Weibern und Kindern. Banden! Sie wollten im Schein des brennenden Tankwagens die überraschten Landser nach bewährter Bürgerkriegstaktik zusammenschießen.

Drei Handgranaten genügten, um diesen Plan zu vereiteln.

Minuten später wickeln sich die Landser schon wieder in ihre Decken, schlafen weiter. In gesundem Schnarchen versinkt die Erinnerung an diesen Höllenspuk auf nächtlicher Landstraße in Sowjet-Russland.

Gleißendes Sonnenlicht weckt uns. Sein heller, ernüchternder Schein lässt uns die Ereignisse der Nacht für eine Ausgeburt übermüdeter Nerven halten.

Zerfetzte Leichen, ausgebrannte Wagen sind indessen Zeugen wirklichen Geschehens.

Wir wenden uns angeekelt ab. Fahren, schleppen, schieben, holpern weiter: Wie in den hinter uns liegenden Tagen.

Gegen Mittag wollen zwei Lastkraftwagen und ein Kübelwagen absolut nicht mehr. Panne auf der ganzen Linie. Bruch!

Eine Zugmaschine schleppt uns mit den drei „Invaliden" zurück. Nach einer halben Stunde biegen wir von der Autostraße ab, folgen dem Schild, auf dem ein Pfeil in einen Waldweg zeigt. Noch einen Kilometer Fahrt, dann sind wir auf einer großen Lichtung. In ihrer Mitte steht ein monoton surrendes Aggregat, sonst nichts. Aus dem angrenzenden Wald klingen Hammerschläge. Wir haben eine Kraftfahrzeug-Instandsetzungsgruppe unseres Flakkorps erreicht.

Unter den hohen Laubbäumen, gegen Fliegersicht getarnt, stehen die Werkstattwagen, die reparaturbedürftigen Fahrzeuge. Etwas abseits davon die kleinen Zelte der hier arbeitenden Männer. Wir melden uns beim Werkmeister. Der sieht sofort unsere Wagen an. Stellt die Schäden fest. Gibt Reparaturaufträge.

Gemütlich schlendern wir dann durch die „Werkstatt", deren Dach der blaue Himmel ist. Unter Ahorn- und Lindenbäumen haben sich ihre Männer Arbeitsplätze eingerichtet. Durch Schilder gekennzeichnet.

Da sitzen oder stehen an der Werkbank, am Amboss oder am Schweißapparat Klempner, Schmiede, Schweißer, Dreher, Schreiner, Elektriker. Schlosser beugen sich über geöffnete Motorhauben. Sattler flicken von Granatsplittern zerrissene Sitzpolster. Maler überpinseln ausgebeulte Schutzbleche.

Sie arbeiten mit nacktem Oberkörper, heilen Rahmenbrüche, schleifen Zylinder aus, flicken durchlöcherte Tanks und Ölwannen, reparieren Achsen- und Federbrüche. Auf einer elektrisch angetriebenen Nähmaschine werden beschädigte Autoplanen und Verdecks wiederhergestellt. Sogar eine Vulkanisieranstalt ist vorhanden, in der seit Beginn des Ostfeldzuges viele Schläuche geflickt und ebensoviele Decken wieder gebrauchsfähig gemacht wurden.

Seit Überschreiten der sowjetrussischen Grenze sind die Kraftfahrzeug-Instandsetzungsgruppen des Flakkorps unsere treuesten Begleiter geworden. Allein diese Werkstatt, die wir jetzt aufgesucht haben, setzte bis heute über fünfhundertfünfzig beschädigte oder ganz ausgefallene Fahrzeuge wieder instand. Die kleineren Reparaturen gar nicht mitgerechnet, da sie teilweise gleich an der Unfallstelle vorgenommen wurden.

Der zu dieser Werkstatt gehörende Abschleppzug hatte während des gleichen Zeitraums über fünfzig größere Abschleppaufträge durchzuführen, zu deren Bewältigung fast zehntausend Kilometer auf, zum Teil schlechtesten Straßen unter Feindbedrohung zurückgelegt werden mussten.

Was die Werkstatt allein an eigenem Arbeitsmaterial mitführt, können wir am Bestand der Geräteausgabestelle feststellen. Sie verfügt über neunundzwanzigtausendeinhundertneunzig Ersatzteile, viertausendsechshundertsiebenundzwanzig Zubehörteile, tausendsechsundneunzig Teile Kraftfahrzeug-Instandsetzungsmaterial, hundertachtundneunzig Schläuche und dreihundertdrei Kraftfahrzeugdecken.

... im Schein des brennenden Tankwagens

Die Arbeit der Männer in den schwarzen Drillichanzügen kann gar nicht hoch genug eingeschätzt werden. Sie ist ein entscheidender Faktor bei allen bisherigen Kampfhandlungen im weiten russischen Raum. Denn ohne unsere vollmotorisierten, schnell beweglichen Truppen wäre der überraschende Durchstoß der feindlichen Front, dem stets die Einschließung der bolschewistischen Armeen folgte, gar nicht möglich gewesen. Dass unsere mechanisierten Verbände trotz der zu überwindenden riesigen, dem Motor noch nicht erschlossenen Strecken diese Aufgaben erfüllen konnten – und auch jetzt noch durchzuführen in der Lage sind –, verdanken sie nicht zuletzt der unermüdlichen Tätigkeit ihrer Werkstattkolonnen.

Wir haben hier, bei dieser zweitausend Kilometer von der Heimat entfernt arbeitenden Kraftfahrzeug-Instandsetzungsgruppe unseres Flakkorps, wieder einen Schlüssel mehr zu den der Welt unbegreiflichen Erfolgen unserer Wehrmacht gefunden ...

Inzwischen steht die Panzerspitze vor Nowgorod-Sewersk. Beim Angriff auf diese Stadt gelingt einem Pionierleutnant und vier Mann ein kühner Handstreich: Die über sechshundert Meter lange Holzbrücke über die breite Desnaniederung fällt unversehrt in unsere Hand!

Eine Handvoll Bolschewisten, die noch eifrig damit beschäftigt ist, die Brücke mit Hilfe von Teer und Benzin in Brand zu stecken, wird überrascht. Ihr Widerstand ist vergebens.

Der Kommandierende General der Panzerdivision ist unmittelbar darauf zur Stelle. Er fährt als einer der ersten über die Brücke und beglückwünscht den mutigen Pionierleutnant. Ein schlichtes „Bravo", ein herzlicher Händedruck dem Offizier und seinen Pionieren.

Kein Wort mehr – die Tat ist hier alles.

Es ist ein wundervoller Anblick vom hohen Ufer der Desnaniederung. Mit einer mächtigen Stufe fällt das Land ohne jeglichen Übergang zwanzig bis dreißig Meter steil ab. Durch die breite, sattgrüne Senke schwingen sich, wie glitzernde Bänder, die beiden Stromarme. Sie werden von der Brücke mit zwei Stromöffnungen von beträchtlicher Spannweite überquert.

Die Brücke ist keine neuzeitliche Konstruktion. Sie ist eine jener beachtlichen Holzbauten, die in Russland – bei dem Holzreichtum des Landes – häufiger anzutreffen sind. Jedoch selten in derartigen Ausmaßen.

In fünfzehn Meter Höhe führt die hölzerne Fahrbahn über die an dieser Stelle besonders reizvolle Landschaft hinweg. Eine Wohltat, dieses beinahe geräuschlose Dahingleiten auf gummibereiften Fahrzeugen. Wenn es auch nur sechshundert Meter sind ...

Nach wenigen Stunden stehen um diesen wichtigen Übergang vierundzwanzig Geschütze unserer leichten Flakartillerie, nehmen ihn unter ihren Feuerschutz wie wohl selten ein Objekt vordem.

Am nächsten Tag beginnen wütende sowjetische Flugzeugangriffe.

Die Sowjets wollen die Brücke offensichtlich unter allen Umständen zerstören. Koste es was es wolle.

Wir liegen mit unseren Geschützen beim ersten Schein des neuen Tages auf der Lauer.

Zwei Stunden vergehen.

Plötzlich stoßen aus schützenden Wolkenschleiern sowjetische Flugzeuge. Wir legen mit unseren Flakgeschützen einen feurigen Stahlmantel um die Brücke.

Die Sowjets fangen zu „kurbeln" an, winden sich aus dem Flakfeuer, werfen ihre Bomben weit abseits der Brücke in die Niederung. Zwei Maschinen hat's erwischt!

Ob sie die Nutzlosigkeit ihres Vorhabens einsehen? Sie versuchen, es geschickter anzustellen, greifen mit drei Maschinen aus verschiedenen Richtungen zu gleicher Zeit an, wollen durch die verschiedenen Anflugrichtungen Verwirrung unter uns anrichten.

Der Plan der Sowjets ist durchschaut, schnell durchkreuzt. Jeden rotbesternten Vogel trifft vernichtendes Abwehrfeuer. Wieder stürzt eine Maschine brennend ab. Die Sowjets wechseln abermals ihre Taktik.

Die Arbeit der Männer in den schwarzen Drillichanzügen

Im Dämmerlicht des Abends, während leichte Dunstschleier über der Niederung liegen, kommen sie im Tiefflug an.

Auch diese Überraschung gelingt nicht. Schon das zweite Flugzeug wird von dem zusammengefassten Feuer unserer leichten Geschütze erwischt.

Über einige hundert Meter hängt der Sowjetbomber noch – im Horizontalflug – brennend in der Luft. Dann neigt sich seine Nase nach unten. Bohrt sich metertief in den moorigen Grund der Desnaniederung. Ein flammender Feuerpilz steigt in den abendlichen Himmel.

Die Freude über diesen Abschuss wird nachträglich noch größer, als sich herausstellt, dass es der dreihundertste unseres Flakkorps im Ostfeldzug ist.

Am nächsten Morgen kommen sie nicht wieder. Dafür fliegen abseits unserer Stellung, in mittlerer Höhe über Nowgorod-Sewersk, drei Sowjetbomber. Sie sind zu weit ab für unsere kleinen Kanonen.

Aber eine schwere Batterie unserer Flakabteilung ist auf Draht:

Bumbs – kurze Pause – bumbs – kurze Pause. So fallen die Gruppen. Alles sieht gespannt nach oben. Drückt die Daumen.

„Mensch, Junge! Junge! Die erwischt's." Die Sprengpunkte der ersten Gruppe liegen ganz prima!

Da, kurz nach Erscheinen der Sprengwolken der zweiten Gruppe flammt eine Maschine auf. Trudelt! Eine zweite taumelt ein wenig, will noch nicht so recht. Dann stürzt auch sie senkrecht ab.

Ein gutes Ergebnis! Mit einem „Feuerüberfall", mit nur zwölf Schuss, zwei Maschinen heruntergeholt! Vielleicht war es gar nur eine Gruppe mit vier Schuss – bei dieser Entfernung lässt sich das nicht genau feststellen.

Wir liegen um unsere Geschütze, freuen uns über die Abschüsse, über den perlklaren Vormittag.

***

Für die weiter nach Süden vorstoßende Panzerspitze gibt es beim nächsten Flusslauf wieder ein Halt. Die Brücke fliegt unseren Panzern buchstäblich vor der Nase hoch. Im letzten Augenblick ist den Sowjets die Sprengung gelungen.

Die Nacht über wird fieberhaft gearbeitet. Am nächsten Morgen greifen wir in aller Herrgottsfrühe an. Oberhalb der zerstörten Brücke muss unter allen Umständen ein Brückenkopf gebildet werden. Mit ihrer Artillerie und Luftwaffe versuchen die Sowjets, unseren weiteren Vormarsch aufzuhalten.

Unter dem feindlichen Feuer setzen die ersten Schützen und leichten Kanonen auf Floßsäcken über den Fluss. Bringen die Pioniere ihre Pontons zu Wasser und schwimmen sie ein.

Von Minute zu Minute wächst das Werk der schwimmenden Brücke.

Während die Pioniere bauen, sichern unsere Flakgeschütze, die auf beiden Ufern in Stellung gegangen sind, gegen Luftangriffe. Die sowjetische Artillerie versucht sich weiter hinten aufzubauen. Aber schon decken unsere Granaten ihre Stellungen ein.

Unsere leichten Flakgeschütze setzen im mathematisch genauen Punktfeuer ein Erdziel nach dem anderen außer Gefecht.

Es ist ein wunderbares Zusammenspiel aller Waffengattungen, das Kennzeichen einer umsichtigen militärischen Führung, die nichts vergisst, die an alles, aber auch an alles denkt.

Plötzlich fahren aus Südost acht schwere Sowjetpanzerkampfwagen zum Angriff gegen den Brückenkopf vor. Auf achtzehnhundert Meter nehmen wir sie schon unter Feuer. Viel können unsere leichten Kanonen gegen diese Ungetüme nicht ausrichten.

Die Panzer nähern sich bis auf tausend Meter. Erwidern das Feuer mit Maschinengewehren und Kanonen.

Unsere Granaten liegen gut.

Plötzlich biegen sie ab und versuchen einen neuen Angriff aus einer anderen Richtung. Abermals werden sie durch den Beschuss unserer leichten Kanonen abgewiesen.

Inzwischen ist die Pontonbrücke eingeschwommen. Sie liegt fest vertaut gegen den Strom. Nun setzen unsere schweren Waffen über, vornweg zwei schwere Flakgeschütze. Vor ihnen haben die Sowjetpanzer Dampf. Verziehen sich in den Wald.

Kilometer um Kilometer geht es mit der Vorausabteilung weiter. Immer weiter. Es heißt höllisch aufpassen! Wir gehen in Stellung.

Am nächsten Morgen tauchen wieder Sowjetpanzer auf. Greifen überraschend an. Es ist zum Heulen, dass wir gerade jetzt nicht schießen können. Wir würden die Kameraden unserer leichten Flakgeschütze, die vor uns liegen, gefährden.

Unsere kleinen Kanonen feuern wie wild, jagen Geschossgarbe auf Geschossgarbe aus den Magazinen, den stählernen Kolossen in den Bauch. Die Überpanzer scheinen unverletzlich zu sein.

Hier und dort durchbrechen sie die vordersten Linien. Verteufelte Situation, in der man sein Herz fest in der Hand haben muss.

„Verdammt, wenn unser Geschütz nur freies Schussfeld hätte!", flucht Hans, der Geschützführer unserer schweren Kanone, zum xtenmal, als ein Volltreffer in die Munitionskörbe kracht.

Es sprüht und zischt nur so. Ein tolles Feuerwerk. Sprengstücke fliegen uns um die Ohren.

„In die Deckungsgräben!"

Wir müssen die Köpfe unter der Erde halten, sonst ... Fürchterlich diese Minuten, während derer wir untätig bleiben müssen.

Dann aber können wir die Erdlöcher wieder verlassen.

Über das leicht gewellte Gelände fahren in achthundert Meter Entfernung zwei brennende Sowjetpanzer. Nicht lange mehr. Unsere Kameraden am zweiten schweren Flakgeschütz sind diesmal zuerst zum Schuss und Erfolg gekommen. Hatten ein wesentlich besseres Schussfeld.

„Na wartet, jetzt geht es auch bei uns los", ruft Hans. Ein leichter Druck auf den Abzugsgriff. Der Schlagbolzen haut auf das Zündhütchen der Granate und schon fliegt das Geschoss aus dem Rohr hinüber auf die rollende Stahlmasse.

Eine zweite, eine dritte Granate wird in das Rohr geschoben, hinausgejagt. Dann steht ein gewaltiger Rauch- und Feuerpilz über dem stählernen Ungetüm.

Wir nehmen einen zweiten Panzer ins Ziel. Da haut ein Volltreffer gegen den linken Schutzschild. Alle bekommen etwas ab, sind benommen wie nach einem schweren Sturz.

Der Geschützführer, den es nur leicht erwischt hat, sieht als erster, wie in zweihundert Meter Entfernung hinter einem Strohschober Mündungsfeuer aufblitzt. Ein Panzer, der sich getarnt hat!

„Warte, du Satan!"

... bohrt sich in den moorigen Grund

Nun setzen unsere schweren Flakgeschütze über ...

Für den Bruchteil einer Sekunde durchfährt es ihn: Wohin zuerst? Den schwerverwundeten Kameraden helfen oder ans Geschütz springen?

Schon sitzt er im Richtsitz, nimmt den Burschen aufs Korn. Zwei Kameraden erkennen die Lage, schleppen neue Panzergranaten herbei.

Aber irgendetwas klappt gerade jetzt nicht! Die rollende Festung fährt aus der Deckung. Kommt auf das Geschütz zu.

Verflucht! Er ist bis auf hundert Meter heran. Da endlich löst sich der Schuss, erwischt den Koloss an einer Stelle, an der er jedoch nicht tödlich verletzbar ist. Die zweite Granate liegt im Rohr. Der Panzerkampfwagen ist inzwischen bis auf dreißig Meter heran.

Der zweite Schuss rast aus der Mündung und – geht in der Aufregung vorbei!

„Jetzt ist alles aus", durchfährt es die drei an der Kanone, „jetzt fährt er auf uns zu und zermalmt uns."

Allen fliegen die Pulse.

Plötzlich – keiner kann es fassen – dreht der Panzer dicht vor dem Geschütz seitlich ab. Fährt seelenruhig in fünfzehn Meter Entfernung an der Stellung vorbei. Irgendetwas muss bei der Besatzung der walzenden Sowjetfestung nicht ganz stimmen.

Die Kanoniere kurbeln das Geschütz herum, richten es auf den abrollenden Koloss. Vierzig, fünfzig Meter ist er unbekümmert weitergerollt. Da erreicht ihn die tödliche Panzergranate, trifft ihn in Tank und Motor. Rauch und Flammen schlagen über dem Stahlkoloss zusammen. An diesem Tage schießen die vorgezogenen schweren Flakgeschütze sieben 52-Tonner ab.

Gegen Abend sitzen wir um die Kanone. Jeder denkt über den heißbewegten Tag nach. Fragt sich, wie es möglich war, dass die Bolschewisten im letzten Augenblick abdrehten.

Einer meint, der Sowjetpanzer hätte ein zu kleines Blickfeld, überdies auch eine schlechte Optik. Alles zusammen behindere das Sichtvermögen der Besatzung ganz erheblich.

Vielleicht war das der Grund. Wir wissen es aber nicht.

Was wir aber nun schon zum soundsovielten Mal erproben konnten, ist, dass Wissenschaft und Technik mit unserer 8,8 eine vorzügliche Waffe geschaffen haben.

Eine Kanone, die haargenauen Beschuss sowohl auf Luft- als auch auf Erdziele ermöglicht. Ein Geschütz, auf das wir uns verlassen können, mit dem wir auf Gedeih oder Verderb verwachsen sind.

Der Begriff „Wunderkanone" ist nicht von deutschen Landsern, erst recht nicht von uns hier vorne geprägt worden. Er tauchte erstmalig im Spanienfeldzug auf und stammt, wie unsere Spanienkämpfer erzählen, von den Rotspaniern, die vor unserem 8,8-cm-Flakgeschütz ebenso wie vor den leichten deutschen Flakgeschützen einen höllischen Respekt hatten.

Eine unserer 8,8 zieht am nächsten Morgen in die Nähe von Baturin. Befehl: „Feindliche Panzer im Anmarsch. Nach Möglichkeit abschießen!" Der Leutnant fährt vor, erkundet die Stellung. Kommt – listig, wie er nun einmal ist – auf den Gedanken, die Kanone in einem Gehöft aufzubauen. Ein mächtiges Tor steht zwischen Geschütz und dem Gelände jenseits dieser Bretterwand.

Unsere 8,8-cm-Kanone zieht am nächsten Morgen ...

Die Sowjets rollen an. Kreischend drehen sich die beiden Torflügel in den Angeln. Im gleichen Augenblick verlässt die erste Granate das Rohr unserer 8,8-cm-Kanone.

Der überraschende Feuerüberfall wird dem Gegner zum Verhängnis. Vier Panzer sind nach kurzem Gefecht erledigt. Bleiben brennend liegen. Zwei weitere können sich hinter einer Bodenwelle in Sicherheit bringen.

Konotop ist erreicht. Stadt und Flugplatz fallen schnell in unsere Hand. Damit haben wir eine Operationsbasis für unsere Luftwaffe in Besitz genommen, die allen Anforderungen entspricht. Unsere Geschütze gehen hier in Feuerstellung.

Noch am gleichen Abend, kurz vor Dunkelwerden, fallen die Maschinen eines Stukageschwaders ein. Fast zur selben Zeit landen Transportflugzeuge, geladen mit Benzin und Munition.

Über Hunderte von Kilometern spannt sich jetzt die deutsche Front nach Süden. Ihre Spitze stößt in ungestümem Schwung immer weiter in die Ukraine vor. In den Rücken der Armeen Budjennys, die noch um Kiew kämpfen. Keine Ahnung haben, dass sich hinter ihnen bereits die tödliche Zange zu schließen beginnt.

Mit den Panzerspitzen sind dort unten wieder Flakbatterien des Korps die ersten am Feind. Während sie in den weiten Ebenen der Ukraine ihren Mann stehen, halten wir in der Mitte der Front Wacht.

Die Sowjets konzentrieren ihre schwersten Panzer, starke Infanterieverbände im Raum ostwärts Nowgorod-Sewersk. Auf die Stadt an der Desna, über deren Brücken unser Nachschub rollt und die sie durch Masseneinsatz von Kampfflugzeugen vergeblich zu zerstören versuchten, haben sie es abgesehen. Sie glauben dort die schwache Stelle in unserer Front gefunden zu haben, die sie nun nach dem Scheitern der Luftoffensiven im massierten Erdangriff von Osten her durchstoßen wollen. Tatsächlich sind unsere eigenen Kräfte dort schwach. Es ist vor allem Infanterie ohne starke panzerbrechende Waffen, die diesen wichtigen Abschnitt zu sichern hat.

Also muss Flakartillerie her.

Ein ganzes Regiment wird auf der langen Frontstrecke eingesetzt, unsere Abteilung im Raum um Nowgorod-Sewersk.

Es ist einer der schönen Spätsommertage, an denen das weite Land von den milder werdenden Strahlen der Sonne wie vergoldet aussieht, als wir in unseren Kampfraum fahren.

Südlich des gemächlich dahinfließenden, schiffbaren Flusses, dessen versumpfte Ufer sich weit in tiefliegende Wiesen dehnen, beginnt tatsächlich ein anderes Land. Wir empfinden es sofort. Der eine bewusst, mit scharfem Blick für landschaftlich gebundene Wesensmerkmale. Der andere unbewusst, mehr instinktiv, die Veränderung der Umwelt erfassend.

Wir sind in der Ukraine.

Noch breitflächiger dehnt sich das Land unter einem Himmel, dessen Bläue noch gesättigter, dessen Unendlichkeit noch beklemmender als in den Landstrichen auf uns wirkt, aus denen wir in mühseligem Marsch von Norden hierherkamen.

Die dunklen, ragenden Nadelwälder, das vielfältige Grün der Laubbäume – wochenlang unsere ständigen Begleiter an endlos scheinenden Straßen – treten hier fast ganz zurück. Waren diese Wälder für unsere Augen Haltepunkte, wenn sie sich in der unheimlichen Weite dieses Landes zu verlieren drohten, so ist jetzt auch diese wohltuende Begrenzung des Gesichtsfeldes vorüber. Kilometerweit bietet kein Baum, kein Strauch dem in unbegrenzte Ferne versinkenden Auge einen Halt. Höchstens die sich wie Finger zum Himmel reckenden Flügel einsamer Windmühlen sind Ruhepole in Flächen, die in der Ferne ineinander zu verschwimmen, in stetem Fluss zu sein scheinen.

Bis an den Horizont dehnen sich die Felder, deren gelbe Frucht in der unermüdlichen Sonne wie ein vergoldeter Teppich in blauer Unendlichkeit verdämmert. Mohnblüten und Kornblumen sind leuchtende Edelsteine in dieser von der Natur verschwenderisch gebreiteten Decke. Und wenn der Wind über die Millionenzahl nickender Ähren streicht, läuft durch sattes Goldgelb eine weitausladende Bewegung: So harmonisch, sich stets wieder erneuernd, wie eine aus schlafendem Meer steigende Welle.

Wir müssen uns an diesen Zusammenklang von Weite und Fruchtbarkeit erst gewöhnen. Sind in den ersten Stunden, als sie sich uns unvermittelt aufdrängen, wie benommen. Doch bald empfinden wir, dass auch unendlich scheinende, dem Auge keinen Halt bietende Ebenen überwältigend großartig sein können. So, wie eine Gebirgslandschaft, deren himmelstürmende Formen für uns bis jetzt das alleinige Anrecht auf diese Attribute hatten.

Diese Ukraine ist trotz fehlender Wälder, trotz ihrer im ersten Augenblick eintönig erscheinenden Flächen schön, unsagbar schön. Durch Jahrhunderte sang man ihr Lieder wie einer Geliebten.

Verehrte sie wie eine Mutter. Hier entstand der Kosename „Mütterchen Russland", der dann sehr zu Unrecht für alle Teile des Zarenreichs angewendet wurde. Wahrhaftig, ihr Leib ist gesegnet, gibt vielfältig Frucht. Auch heute noch, unter der Herrschaft Entwurzelter, die ihre ewigen Gesetze von Werden und Vergehen, Säen und Reifen durch mathematische Formeln entthronen wollen. Denn die Kraft eines Bodens, der in Jahrtausenden wurde, ist nicht in Jahren von Menschenhänden zu brechen. Wir können uns seinem Zauber genau so wenig entziehen, wie all die Unzähligen vor uns, die sein Lob zum Klang der Balalaiken sangen. Für Stunden vergessen wir, dass der Krieg uns herführte, dass wir ihm zu einem neuen Treffen entgegenfahren. Wir nehmen die Fruchtbarkeit der Kornfelder, die in so krassem Widerspruch zu der Ärmlichkeit steht, welche wir in der Mitte unseres Weges trafen, wie einen weisen Spruch aus alter Zeit in uns auf.

Dieses Korn mit seinen überreifen Ähren schreit förmlich nach der Hand des Schnitters. Sie konnte bis jetzt nicht zugreifen, da der Krieg sie festhielt. Zerstört oder verschleppt sind auch die Mähmaschinen, die Traktoren. Doch die Erde ruft. So greifen Frauenhände Sicheln. Bergen mit ihren kleinen Schnitten die Frucht kilometerweiter Felder. Denn die Landbevölkerung weiß, dass sie hungern muss, wenn die Ernte verkommt. Und sie verkommt nicht, wird zum großen Teil geborgen unter Anleitung deutscher Fachkräfte, trotz unüberwindlich scheinender Schwierigkeiten. Stalins Aufruf zum Abbrennen der Felder, zur Vernichtung der Vorräte, ist ungehört verhallt. Kein Bauer, keine Bäuerin haben frevelnd die Hand an den Boden gelegt, obwohl er ihnen seit Jahren nicht mehr gehört, sie zu seinen Sklaven erniedrigt wurden.

Die Menschen dieses Landes sind körperlich und seelisch noch nicht so zerbrochen wie in anderen Teilen der Sowjetunion. Wohl tragen auch sie Lumpen, statt Schuhe Stoffetzen um die Beine. Doch ihre Haltung ist aufrechter. Die Lumpen sind so gut wie möglich geflickt, sorgfältig gewaschen. Die Dörfer sind sauber. Blütenweiß gekalkte Holzwände nehmen den Häusern das Gedrückte, Verschüchterte, Freudlose. Blumen blühen vor ihren Türen, hinter den kleinen Fenstern, an denen sogar Gardinen hängen. Freundlich begrüßen uns gut gewachsene blonde Menschen mit blauen Augen, laufen neben unseren Wagen her, reichen uns Äpfel und Tomaten herein. Die Mädchen und Frauen freuen sich noch an Putz und Tand, binden ihre besten, sorgsam gehüteten Kopftücher um, wenn sie unser Nahen bemerken.

Das Vieh ist gut gefüttert, gepflegt. Wir sehen große Herden kräftiger Pferde, riesige, braunweiß gefleckte Zugochsen vor stabilen Wagen.

Diesen Ukrainern hat der Bolschewismtis noch nicht das Rückgrat brechen können, obwohl er gerade bei ihnen nichts unversucht ließ, zu jedem Mittel griff. Doch die Schädel ukrainischer Bauern sind hart. Man sagt im Südosten Europas nicht umsonst, dass gegen den Starrsinn eines Ukrainers bis jetzt noch keine Medizin erfunden wäre. Die Sowjets lassen, ehe sie aus diesem Land weichen müssen, das ihre Ernährungsbasis für die Millionen fronender Menschen in den anderen Teilen der Sowjetunion ist, und das sie geistig nie besessen haben, noch einmal ihre Rachegelüste an seinen Bewohnern aus. Grauenhafte Massenmorde kennzeichnen ihren Weg. Die bis zur Unkenntlichkeit verstümmelten Opfer von Luck geben schon in den ersten Tagen des Feldzuges Kunde von diesem Wüten und – waren ein Fanal ukrainischen Selbstbehauptungswillens, der sich durch nichts, auch nicht durch Terror und Mord, beugen lässt.

Welch Segen wird dieses Land für Deutschland, ja für Europa sein, wenn es endlich von der Fessel des Bolschewismus befreit ist! Wir denken an seine Zukunft, als wir an diesem leuchtenden Spätsommermorgen durch seine Felder fahren. Doch vor der Zukunft steht fordernd die Gegenwart. Und die heißt bis jetzt noch Krieg ...

Im Krieg aber ist der Angriff die beste Verteidigung. So stoßen um die Septembermitte mehrere Züge einer leichten Flakbatterie im Verband zweier Infanteriebataillone auf den südöstlich von Nowgorod-Sewersk liegenden Eisenbahnknotenpunkt Schurawka vor. Wieder heißt es, dem Gegner zuvorkommen, ihm das Gesetz des Handelns entreißen!

Die Infanteriebataillone greifen Jampol an. Denn erst, wenn dieser Ort in unserer Hand ist, kann der Angriff weiter vorgetragen werden. Ein Zug der leichten Flakbatterie übernimmt bei diesem Vorstoß die Sicherung der linken Flanke.

Bergen die Frucht kilometerweiter Felder

Vierhundert Meter südlich des Ortseinganges beziehen die Kanoniere Stellung. Sie sind kaum von ihren Zugkraftwagen herunter, da liegen sie auch schon in schwerem, überraschend einsetzendem Infanteriefeuer. Die feindlichen Schützen haben sich an dem Bahndamm fünfhundert Meter vor uns – einem unserer Angriffsziele – mit Maschinengewehren verschanzt.

Die Kanoniere antworten den Bolschewisten sofort mit allen Geschützen, bringen nach wenigen Minuten zwei MG-Nester, mehrere Schützennester zum Schweigen, zwingen die Überlebenden unter Zurücklassung ihres gesamten Ausrüstungsmaterials zur Flucht. Eine Infanteriekompanie kann so die Bahnlinie ohne Verluste nehmen. Die Flakartillerie hat gut vorgearbeitet.

Von Orlowka aus rückt das zweite Infanteriebataillon auf Jampol vor. Mit ihm marschieren, neben einigen zugeteilten Panzern, die Flaksoldaten eines weiteren Zuges. Dieser wird kurz vor dem Ortsausgang von einer sowjetischen Batterie beschossen.

Jetzt ist Schnelligkeit alles! Die Geschütze müssen vernichtet sein, ehe sie sich auf den Zug eingeschossen haben. Das ist bei der kurzen Entfernung kein Kunststück. Also kommt es darauf an, jeden weiteren Abschuss der mit Aufschlagzündern versehenen Granaten zu verhindern. Sonst gibt es auf unserer Seite Verluste, das Gelingen des Angriffs könnte sogar in Frage gestellt sein.

In diesen Sekunden zeigt sich, dass der Schweiß der Kanoniere in harten Ausbildungswochen nicht umsonst geflossen ist. Mit jedem Rädchen ihrer Waffen vertraut, sind sie nach wenigen Handgriffen einsatzbereit. Kurze Feuerstöße halten die sowjetischen Geschützbedienungen nieder, treiben sie schließlich in die Flucht. Zusammen mit zwei Panzern stoßen die Flakartilleristen nach. Machen Gefangene, säubern die feindliche Batteriestellung.

Der Weg in den Ort ist frei. Infanterie kämpft sich in seine Straßen vor, wird in bis zum späten Nachmittag dauerndem harten Straßen- und Häuserkampf wirksam von den 2-cm-Kanonen des Flakzuges unterstützt. Die Kanoniere entwickeln sich hier zu Spezialisten in der Bekämpfung von Heckenschützen, schießen sie von den Dächern herunter, ehe sie unseren Infanteristen in den Rücken fallen können.

Am Abend ist Jampol in unserer Hand.

Die Sowjets bedrohen am nächsten Tag mit stärkeren Kräften den nördlich des Ortes liegenden Brückenkopf Rudnia. Ein Zug leichter Flakartillerie wird an die Stelle geworfen. Vernichtet die sich hinter einem Gehöft zum Angriff sammelnden Bolschewisten. Schießt das Haus zusammen. Die Bedrohung der nur schwachen Brückenkopfsicherung durch umfassenden Erdangriff ist damit ausgeschaltet.

Dafür versuchen am nächsten Morgen drei sowjetische Tiefflieger, die Brücke in überraschendem Anflug durch Bomben zu zerstören. Doch die Kanoniere sind auf der Hut. Holen einen der rotbesternten Vögel vom Himmel, vertreiben die beiden anderen.

Indessen liegen die Soldaten des am Ostrand von Jampol eingesetzten Flakzuges unter starkem Artillerie- und MG-Feuer. Im Schutz der Dunkelheit schaffen die Sowjets ein Schnellfeuergeschütz bis vierhundert Meter vor die Flakstellung, schießen in direktem Beschuss in sie hinein. Wie durch ein Wunder bleiben die Kanoniere unverletzt, springen unter einem Hagel von Eisensplittern an ihre Kanonen, bringen die feindliche Kanone mit wenigen Granaten zum Schweigen. Aber die Maschinengewehre der Bolschewisten feuern mit unverminderter Kraft weiter, sind nicht auszumachen. Der Zugführer arbeitet sich mit zwei Männern in Richtung des Feindes vor. Klettert auf einen Heuschober, erkennt von dort die sowjetischen Stellungen. Durch Richtungsschüsse aus seinem Gewehr gibt der Zugführer von seinem luftigen Sitz den Geschützbedienungen laufend die von ihm erkannten Maschinengewehrnester als Ziele an, kann durch diese ebenso einfache wie praktische Befehlsübermittlung mehrere Maschinengewehre und Schnellfeuergewehre vernichten.

Für eine Stunde geben die Bolschewisten Ruhe. Dann melden sie sich erneut, diesmal mit Granatwerfern, Maschinengewehren und Schnellfeuergewehren. Doch wir wissen vom erstenmal, wo die Schützen sitzen. Unsere Granaten bringen zwei SMG-Bedienungen und mehrere mit Schnellfeuergewehren bewaffnete Sowjets zum Schweigen, vernichten einen Granatwerfer, schalten ein aus der

Flanke wirkendes Maschinengewehr aus. Als eigene Infanteristen zum Angriff vorgehen, finden sie in unserem Abschnitt keinen nennenswerten Widerstand mehr ...

Auf das hartumkämpfte Dorf Wowna konzentrieren die Bolschewisten acht Tage lang schwere Panzerangriffe. Ein deutsches Infanteriebataillon hat hier ohne starke panzerbrechende Waffen zu halten. Sofort werden einzelne 8,8-cm-Kanonen der im Raum um Nowgorod-Sewersk eingesetzten Flakbatterien in den bedrohten Abschnitt geworfen. Unter Anspannung aller Kräfte und schonungslosem persönlichen Einsatz machen ihre Geschützbedienungen alle Durchbruchshoffnungen der Sowjets zuschanden, fügen den angreifenden Panzerverbänden schwere Verluste zu.

Die Mädchen und Frauen freuen sich noch an Putz und Tand

Bereits zwei Stunden nach ihrem Eintreffen am Bataillonsgefechtsstand in Wowna können die Kanoniere eines 8,8-cm-Geschützes mit fünf Schuss Panzergranaten zwei 52-Tonnen-Panzer aus einer Entfernung von hundert Metern in Brand schießen.

Am nächsten Morgen greifen die Sowjets nach heftiger Artillerievorbereitung mit einem Bataillon Infanterie die Linie einer deutschen Kompanie an. Die Bolschewisten springen von einer Strohmiete zur anderen, tarnen sich, sind mit Infanteriewaffen nicht richtig zu fassen. Vier Schuss aus einer 8,8-cm-Flakkanone genügen, um den Angriff ins Wanken zu bringen. Nur ein Zug sowjetischer Infanterie kommt bis auf zweihundert Meter an die Stellung des Geschützes heran. Seine Kanoniere greifen zu den Gewehren, brechen auch diesen Angriffsversuch.

Danach trommelt die sowjetische Artillerie. Dann rollen Panzer an. Zwei dieser Kolosse kommen in den Bereich der schweren Flakkanone. Einer von ihnen wird mit drei Schuss außer Gefecht gesetzt. Der andere taucht in einem Hanffeld unter. Nimmt nun seinerseits das Flakgeschütz unter Feuer. Ein kurzes Duell beginnt. Dem Panzer gelingt es, einen Volltreffer anzubringen. Fünf Kanoniere sind verletzt. Das Geschütz fällt aus.

Doch seine Bedienung gibt den Kampf nicht auf. Mit Handwaffen beteiligen sich die Kanoniere an der Verteidigung des Ortes, an der Säuberung der Häuser von Bolschewisten, die hier eingedrungen sind, bewähren sich als treue Helfer der schwer ringenden Infanterie.

Ein anderes Flakgeschütz nimmt sich einen durch hohes Korn anrollenden 52-Tonnen-Panzer vor. Die zweite Flakgranate reißt bereits seinen schwer gepanzerten Turm weg. Drei weitere Granaten setzen ihn in Brand. Bringen seine Munition zur Explosion.

Ein zweiter 52-Tonner versucht, seinem Genossen Hilfe zu leisten. Heftig feuernd rollt er auf das Geschütz zu. Dessen erster Schuss sitzt im Laufwerk, bringt ihn zum Stehen. Er feuert trotzdem weiter. Bei der zweiten Granate fliegt ebenfalls der Turm ab. Kurze Zeit später brennt er genauso wie sein Vorgänger.

Nachdem sich die Sowjets hier blutige Köpfe geholt haben, versuchen sie es mit fünf Mammutpanzern am Osteingang des Dorfes. Aber auch dort treffen sie wieder auf eine schwere Flakkanone. In hartem Schusswechsel vernichtet sie zwei weitere 52-Tonner, davon einen auf zweihundertfünfzig Meter Entfernung.

Stukas stürzen sich auf die übrigen Panzer, zerschmettern sie mit ihren Bomben. Nur einer dieser schwer gepanzerten Giganten entgeht der wie ein Wirbelwind über seinen Verband kommenden Vernichtung. Dafür wird er von Flakgranaten gefasst, in Brand geschossen.

Die Sowjets schaffen es auch in den nächsten Tagen nicht. Wo Flakartillerie steht, gelingt kein Durchbruch. Und wenn er auch mit schwersten Panzern, Infanterie, Artillerie, Granatwerfer- und MG-Feuer, unterstützt von Flugzeugen, wieder und wieder versucht wird.

Timoschenkos Absicht, südostwärts von Nowgorod-Sewersk den Lebensstrang unserer im Süden kämpfenden Einheiten abzuschneiden, scheitert an der Zähigkeit, dem Verantwortungsgefühl der Kämpfer von Jampol und Wowna.

***

An einem Vormittag erscheint der Kommandierende General unserer Panzerarmee auf dem Flugplatz von Konotop. Irgendwo am Rand des riesigen Rollfeldes findet die Einsitzbesprechung statt. Schnell ist ein Tisch herbeigeholt, eine große Karte ausgebreitet.

Der Nahkampfführer, ein General der Flieger, der soeben selber Aufklärung nach Süden geflogen hat, gleitet mit dem Zeigefinger über die Karte und erklärt.

„An dieser Stelle, über die Brücken bei Lochwiza, hat der Feind noch die Möglichkeit, nach Osten hin zu entweichen. Nur hier, an dieser Stelle, ist noch eine Lücke in der Umklammerung."

Unverzüglich gibt der Generaloberst den Angriffsbefehl. Unsere Gruppe zieht wenige Minuten später geschlossen vom Flugplatz hoch.

Wir fliegen als Bordschützen mit, sitzen seit Monaten zum erstenmal wieder hinter dem Maschinengewehr in einem Sturzkampfflugzeug. Von Minute zu Minute gewinnen wir an Höhe. Unter uns dehnt sich das immer schmaler werdende Band der Vormarschstraße nach Romny. Unübersehbar ist die Schlange der Marschkolonnen, die sich träge in südlicher Richtung fortbewegt.

Das Angriffsziel ist erreicht, spähend wie die Habichte kreuzen wir über der Beute. Dann stürzen sich unsere Sturzkampfflugzeuge auf die Brücken. Zertrümmern sie in Bruchteilen von Sekunden.

Damit ist der Rückzugsweg über den Fluss, die Sula, durchschnitten. Die Sowjets sitzen in der Klemme. Können nur noch nach Osten hin entweichen, wenn ihnen ein Brückenschlag gelingt. Dazu bleibt ihnen aber keine Zeit mehr.

Denn wenig später reichen bei Lochwitza die aus dem Norden kommenden deutschen Einheiten den von Süden heranmarschierenden Kameraden die Hände. Mit ihnen treffen sich auch die Kanoniere zweier Flakkorps, die – jedes in dem ihm zugewiesenen Kampfraum – den Heeresverbänden unentbehrliche Helfer waren und oft entscheidenden Anteil an deren Erfolgen hatten. Die eiserne Klammer um die Armeen des Marschalls Budjenny ist geschlossen. Es gibt kein Entrinnen mehr für die eingekesselten Verbände, so verzweifelt sie sich auch gegen ihr Schicksal auflehnen, den stählernen, immer enger werdenden Ring zu durchbrechen versuchen. Aus eigener Kraft können sie ihn nicht mehr öffnen, keine wenn auch noch so schmale Bresche schlagen.

Stalin macht einen letzten Versuch, wenigstens Teile seiner unersetzlichen, bestausgerüsteten Divisionen dem deutschen Würgegriff noch in letzter Minute zu entziehen. Befiehlt, da die Sprengung des Ringes von innen heraus nicht mehr möglich ist, ihn von außen gewaltsam zu öffnen. Und zwar unter schonungslosem Einsatz von Mensch und Material.

Die Sowjets glauben, bei Romny die für einen Durchbruch geeignete schwache Stelle gefunden zu haben. Gar nicht so dumm! Denn dort stehen kaum noch deutsche Panzer. Und die Rohre unserer Artillerie zeigen nach Westen. Jagen ihre Granaten in den Kessel. Drehen also dem Osten den Rücken.

Von dorther rollt es an ... Sowjetpanzer um Sowjetpanzer ... Stählerne Rammblöcke, die gleich ihren Vorgängern eine Gasse für die eingeschlossenen Teile der Armeen Budjennys bahnen sollen. Die Lage würde bedrohlich, wenn ... ja, wenn nicht Flakartillerie hier stünde.

Den Kommandierenden General unseres Flakkorps, der seinen Gefechtsstand in Romny aufgeschlagen hat, erreichen die alarmierenden Nachrichten von der aus dem Osten heranrasselnden Walze zur rechten Zeit. Sofort gehen Befehle an die im Umkreis von Romny stehenden Flakbatterien des Korps hinaus ... Die Verteidigung wird aufgebaut.

Eigene Infanterie stößt sichernd nach Osten vor. Eine schwere Flakbatterie marschiert mit. Aber sie kommen nicht weit. Von einer Anhöhe nordostwärts des Bahnhofs beobachtet der Batteriechef eine Ansammlung von elf schweren und schwersten Sowjetpanzern. Sie sind so geschickt aufgestellt, dass sie weder von unserer angreifenden Infanterie noch von der Straße nach Korowiecy auszumachen sind.

Sofort wird sich der Oberleutnant der drohenden Gefahr bewusst. Wenn die Panzerkampfwagen jetzt in die Flanke unserer Infanterie stoßen, oder sie gar im Rücken zu fassen bekommen!?

Klar erkennt er seine Aufgabe. Zieht eine 8,8-cm-Kanone und ein 2-cm-Geschütz vor. Um die Entfernung zu den Panzern möglichst herabzumindern, müssen die Geschütze auf der gänzlich offenen Höhe in Stellung gehen.

Punkt 15.30 Uhr eröffnet die 8,8 das Feuer auf die etwa viertausend Meter entfernt stehenden Sowjetpanzer. Eine Minute später ist einer von ihnen durch Volltreffer vernichtet. Um 15.32 Uhr wird ein zweiter in Brand geschossen.

Wo Flak steht, gelingt kein Durchbruch

Jetzt wird es drüben lebendig. Drei stählerne Festungen rollen nach Südwesten und – genau einer dort stehenden schweren Flakbatterie vor die Rohre. Sie sind ebenfalls geliefert.

Die übrigen sechs Panzerkampfwagen versuchen, durch schnelles Hin- und Herfahren den Flakgranaten zu entgehen. Außerdem eröffnen sie das Feuer auf unser Geschütz. Einer von ihnen liefert sich aber noch selbst ans Messer: Bei seiner Zick-Zack-Fahrerei rutscht er in einen tiefen Einschnitt. Sitzt fest. Seine Besatzung steigt aus. Wir jubeln: „Wieder einer weniger!"

Einschläge von Panzergranaten lassen uns schnell verstummen. Verflucht, die kommen ja hinter einem kleinen Holzhaus her! Mit einem Schuss legen wir seine morschen Wände um. Haben dann den hinterhältigen Schützen vor uns: Ein weiterer Sowjetpanzer. Nach der ersten Granate versucht er, wie seine anderen vier Genossen, nach Osten zu entkommen. Ein Treffer macht ihn jedoch bewegungsunfähig. Zwei weitere zwingen seine Besatzung, ihn aufzugeben.

Hinter einer Anhöhe sammeln sich die noch intakten Panzerkampfwagen aufs Neue, erwidern von dort aus das Feuer, beschießen die vorgehenden Infanteristen. Wohlgezielte Granaten unserer schweren Kanone treiben sie schließlich in die Flucht. Bis zu sechseinhalbtausend Meter geben ihnen unsere Sprengstücke das Geleit.

Dann nimmt sich der Oberleutnant eine leichte Artilleriebatterie vor, schießt sie zusammen, räuchert anschließend mit seinem Geschütz Widerstandsnester aus, zerstreut Truppenansammlungen.

Inzwischen haben sich weitere Panzerverbände der Sowjets bis dicht an die Stadt herangeschoben. Unser Kommandierender General beobachtet ihre Bewegungen von seinem Gefechtsstand aus. Unter seinen Augen gehen Kanoniere mit 2-cm-Geschützen wie Panzerjäger gegen die feuerspeienden Eisenklötze vor. Diese lassen sich von dem Schneid der Flaksoldaten verblüffen. Drehen seitlich ab, geraten in den Wirkungsbereich einer 8,8-cm-Flakbatterie. Dort wollte sie der General auch hin haben! Aus zweihundert Meter Entfernung werden die Sowjetpanzer von den schweren Flakgeschützen restlos zusammengeschossen.

Romny wird zu einem Ruhmesblatt der Flakartillerie, besonders aber unseres Korps. Können doch seine Batterien in diesen kritischen Tagen dreiunddreißig Panzer, darunter zweiundzwanzig schwerste, sechsunddreißig Geschütze, zwanzig Maschinengewehre, Artillerie und Infanterieeinheiten, vernichten, erobern, gefangennehmen oder in die Flucht schlagen. Und, was vielleicht noch schwerer wiegt als diese stolzen Zahlen: In ihrem Feuer brechen die letzten Hoffnungen der Sowjets auf eine Befreiung der eingeschlossenen Armeen Budjennys endgültig zusammen.

Enger wird der Ring um die Armeen des schnauzbärtigen Sowjetmarschalls, tödlicher ihre Umklammerung. Kiew ist schon gefallen. Und noch immer wird die Schlinge um den Hals Marschall Budjennys von nervigen Soldatenfäusten fester geschnürt. Im letzten Augenblick jedoch zieht der alte Fuchs seinen Kopf heraus, lässt nur seine Truppen weiter darin zappeln. Er selbst flieht im Flugzeug aus dem Land, das er einst mit seinen wilden Reiterscharen für das bolschewistische Moskau unterjochte. Hier in der Ukraine stieg sein Stern empor. Hier versinkt er jetzt nach zweiundzwanzig Jahren im Blut seiner geschlagenen Divisionen.

Was sich nun ereignet, ist eine einzige Folge zermürbender, vernichtender Schläge. Der Kessel wird in Sektoren aufgeteilt. Stukaangriffe rollen am laufenden Band.

In musterhafter Formation ziehen die Maschinen unserer Staffel abermals südwärts gegen den Kiewer Kessel. Wie ein zauberhaft bunter Teppich breitet sich das Land unter uns. Kein sowjetisches Jagdflugzeug zeigt sich. Fern, ganz fern noch, stehen gewaltige Rauchsäulen über dem Land.

Menschen und Fahrzeuge nehmen sich aus unserer Höhe nicht anders aus, als winzige dunkle Punkte in der farbenfrohen Vielfalt eines Teppichs. Man muss schon sehen können, um zwischen dieser Buntheit zu unterscheiden, zu erkennen: Feindliche Stellungen, Marschverbände, Panzeransammlungen, Fahrzeuge.

Dem geübten Auge eines Sturzkampffliegers entgeht aber nichts, nicht einmal die sorgfältige Tarnung, unter der sich die Sowjets geschickt zu verbergen suchen. Über dem Zielraum wölbt sich ein weißgetupfter, blauer Himmel. Suchend, spähend, kreisen wir über einer Schlucht. Alle haben ihr Ziel erkannt.

Die Maschine unseres Staffelkapitäns kippt als erste fast senkrecht ab. Noch ehe sie ihre Bomben ausklinkt, stürzt unser Stuka hinterher. Die anderen folgen. Tod und Verderben bringende Bomben wirbeln Menschen, Pferde, Geschütze und Fahrzeuge wild durcheinander. Ein Entrinnen aus diesem Chaos gibt es nicht mehr. Stukas schlagen unerbittlich zu.

In weitausladenden Kurven gewinnen wir wieder Höhe. Der Staffelkapitän hat ein neues Angriffsziel ausgemacht. Unter uns eine Rückzugsstraße der Sowjets. Dunkle Pünktchen streben nach allen Seiten ins offene Gelände: Bolschewistische Soldaten suchen ihr Heil in der Flucht.

Wir stürzen. Sekunden später schlagen die zielgesteuerten Bomben unserer Staffel ein. An die fünfzig Fahrzeuge müssen es sein, die auseinanderfetzen, in Flammen aufgehen. Nach dem Sturz hängen hier und dort, bald zur Rechten, dann zur Linken, schwarze Tupfen im Raum um uns. Sowjetische Flakartillerie, die uns im Abflug erwischen will.

Wir tanzen den „Flakwalzer". Er wirft bei der Flakartillerie des Gegners alle noch so schönen dreidimensionalen Berechnungen über den Haufen. Die Sprengpunkte liegen viel zu kurz, dann wieder zu weit. Es ist – flakartilleristisch gesehen – ein Kampf unserer Maschine mit den Geschossflugzeiten und den Zünderlaufzeiten der Granaten.

Während der wenigen Sekunden vom Abschuss bis zur „Ankunft" des Flakgeschosses dreht und windet sich unser Flugzeug immer wieder aus Richtung und Entfernung des berechneten Sprengpunktes. In solch einem Feuer ist jedoch an ein Zielen und Bombenwerfen für den Stuka nicht zu denken.

Auch vom Flugzeug her erkennt man, was Flakartilleristen wissen: Wie schwer es doch ist, ein wendiges, bewegliches Flugziel von der Erde aus zu treffen. Noch einmal geht die Staffel fahrende Kolonnen mit Bordwaffen an ... Feuerstöße aus Maschinengewehren rasen uns entgegen. In den Tragflächen klickert es. Die feindliche Abwehr hält jedoch kein Flugzeug vom Angriff ab.

Dann „fahren" wir nach Hause. Unsere Arbeit ist für heute getan!

Die deutsche Wehrmacht wird zur rächenden Hand des Schicksals, das sich lange Zeit geduldig herausfordern ließ, um jetzt, zu gegebenem Zeitpunkt, seine Rechnung zu präsentieren. Marschall Budjenny, der ehemalige zaristische Wachtmeister und Schlächter der Ukraine, muss sie bis zum Letzten bezahlen. Sie kostet ihm: Den schönsten und fruchtbarsten Teil der Sowjetunion. 655.000 Gefangene, 884 Panzerkampfwagen, 3.718 Geschütze. Unübersehbares sonstiges Kriegsmaterial. Hekatomben von Toten.

Mit der im Zeichen des Herbstes an Leuchtkraft nachlassenden Sonne geht auch diese bisher größte Vernichtungsschlacht aller Zeiten dem Ende entgegen. An ihr tätigen Anteil gehabt zu haben, ist der größte Stolz aller Angehörigen unseres Flakkorps, vom General bis zum letzten Kanonier. Deutsche Soldaten ruhen jedoch nicht auf ihren Lorbeeren aus. Als die ersten Nachtfröste einsetzen, stehen wir für neue Aufgaben bereit ...

Gegen Timoschenko

Herbstwinde treiben flatterndes Gewölk vor das Gesicht der Sonne, die uns in den Sommermonaten strahlend zulachte.

Sie ist jetzt alt und müde geworden, kriecht bereits am Nachmittag in ein Wolkenbett und findet nicht mehr so früh aus dem Schlaf wie an taufrischen Sommermorgen, wo sie uns mit leuchtendem Schein weckte, mit ihren wärmenden Strahlen schnell die Kälte nächtlichen Bodens aus den sich ihr wohlig entgegenstreckenden Gliedern schmeichelte. Wie zum Ersatz für ihre Schläfrigkeit, die jeden Tag zunimmt, und als Entschädigung für alle damit verbundenen Folgen, schenkt sie uns fast täglich ein Gemälde, das einzig in Farbe und Ausdehnung ist:

Blutrot erleuchtet sie ihre riesige, hinter dem westlichen Horizont liegende Schlafkammer. Solch unheimlich leuchtendes Rot, das sich magisch in dunklen Wolken spiegelt, Feuer auf gelbe Stoppelfelder und die wie einsame Wächter im weiten Land stehenden Strohmieten schüttet, haben wir noch nicht gesehen. Zwar haben wir auch in der Heimat: An der See, im Gebirge oder in duftender Heide schöne Sonnenneigen erlebt. Ihr Glanz war aber zart, entrückt, lenkte die Gedanken der Menschen zum Besinnlichen. Hier stürmt flammendes, blutendes Rot über endlose Flächen, an der Erde kauernde Hütten, auf Menschen, die in seinem Schein zu Zwergen werden, als wollte es sie in die Knie zwingen, ihnen ihre Ohnmacht zeigen und noch einmal die eigene Kraft spüren lassen.

Herrgott, muss denn hier sogar der letzte Glanz des lebenspendenden Sonnenlichts das schwergeprüfte Land und seine elenden Menschen schlagen? Wie lange, blutige Striemen von unbarmherziger Peitsche gezeichnet liegt es über ihnen, droht, auf dunklen Wolken über ihre Köpfe reitend.

Sonnenuntergang im herbstlichen Russland, aufflammend am unendlichen Himmel, an dem Regenwolken wie träge Meeresungeheuer dahintreiben. Land, du bist schaurig und großartig zugleich!

Wir stehen an Bäume oder an unsere Wagen gelehnt und starren nach Westen, in den glutenden Himmel. Mit hartem, fast drohendem Blick und fest geschlossenem Mund. Sein Schein gibt keinen Frieden der Seele, entführt nicht in Gefilde jenseits von Gut und Böse, wie ein leuchtender Sonnenuntergang in der Heimat. Warum eigentlich? Wir wissen es nicht, fühlen es nur, ahnen, empfinden. Und über Gefühle reden Landser nicht gerne ...

Die Nächte werden kälter. Morgens sind unsere Zelte bereift. Wasserpfützen zeigen dünne Eisschleier. Wir wickeln uns aus den Decken, in die wir uns fester als sonst einrollen. Eiskaltes Wasser, in dem wir uns waschen, treibt das Blut schneller durch die Adern. Bald sind wir warm. Und als wir einen heißen Schluck aus der dampfenden Feldflasche genommen, steigen wir auf unsere Wagen.

Regen verwandelt die sandigen Straßen in abgrundtiefen Morast. Trommelt stundenlang mit monotoner Gleichmäßigkeit auf die Verdecks unserer Wagen, auf die Gummimäntel der Kradfahrer, dass sie wie von fettiger Schwarte eingerieben glänzen. Doch Tücken der Natur können uns nicht mehr erschüttern. In vier Monaten Fahrt durch Russlands Fluren sind selbst die größten Choleriker unter uns zu abgeklärten Weisen geworden, die sich über nichts mehr ärgern, über nichts wundern.

Unsere Panzerarmee rollt zu neuem Angriff, und wir mit ihr. Stoßrichtung: Nordosten. In den Hüften die Schlinger- und Schaukelbewegungen der Fahrzeuge mitmachend, freuen sich unsere Kanoniere, wieder marschieren zu können. Ein eigentümliches Gefühl des Stolzes, des Gehobenseins erfüllt alle in der langen, sich mühsam vorwärtswälzenden Schlange der Panzer, Geschütze, Lkws und Kräder.

Sonnenuntergang!

Nur wer selbst einmal in solch' stählernem Verband gerollt ist, in dessen Rasseln und Stampfen gebändigte Kraft und gestaute Energien mitschwingen, kann die Empfindungen verstehen, die uns jetzt glücklich und froh machen. Männer fremder Völker haben vielleicht andere Gefühle, wenn es von neuem dem Kampf entgegengeht. Wir aber sind nun mal so, sind darin Söhne unseres soldatischen Volkes, das ohne diese Haltung schon längst in jahrtausendealtem Strudel anbrandender Völkerwellen untergegangen wäre.

Kilometerlang ziehen die Fahrzeugkolonnen, ein Wagen hinter dem anderen, den Kampfeinheiten nach. Da wird auf schwankenden Lkws Munition transportiert. Schilder mit der Aufschrift

„Achtung, feuergefährlich. Rauchen verboten!" künden an graublau gestrichenen Wagenseiten, dass Treibstoff geladen ist. Verpflegung rollt an. Ersatzwaffen und Geräte werden nach vorne geschafft.

Von welcher Zentrale gehen die Befehle aus, die alle diese Männer mit ihren Fahrzeugen ausführen? Wer ist verantwortlich für das reibungslose Zusammenspiel von kämpfender Truppe und ihrer Versorgungseinheit? Diese Fahrzeugkolonnen – so zerrissen und bunt durcheinandergewürfelt ihre Reihen durch die geländebedingten Schwierigkeiten auch aussehen mögen – fahren doch alle nach einem genau abgewogenen Plan. Sind genau so fest zusammengefasst wie der Kamerad in der kämpfenden Truppe.

Das Hirn dieser umfangreichen Transport- und Nachschuborganisation, deren Fahrzeuge zusammengerechnet täglich ein Vielfaches des Erdumfanges zurücklegen, ist bei großen Truppenkörpern vom Armeekorps an aufwärts der „Quartiermeister". Meist ein erfahrener Stabsoffizier. Er besitzt in der „Quartiermeisterstaffel" das Instrument zur Durchführung seiner vielfältigen Aufgaben. Bei der Division und den kleineren Truppenverbänden werden diese vom „Ib" erledigt. Sie umfassen hauptsächlich die Versorgung der kämpfenden Truppe mit Betriebsstoff, Munition, Waffen, Bekleidung und Nahrungsmitteln, dem Fahrzeug- und Geräteersatz, sind infolgedessen auch für die Kolonnen zuständig, welche all' diese mannigfaltigen Dinge zu transportieren haben.

Die Quartiermeisterstaffel unseres Flakkorps treffen wir zufällig, als wir in einem ukrainischen Dorf mit einem defekten Kübelwagen auf Abschleppmöglichkeit warten. Den kämpfenden Einheiten folgend, hat sie ihr Quartier in der Schule des Ortes eingerichtet.

In kleinen Klassenzimmern haben sich die Abteilungen, denen die Bearbeitung der verschiedenen Aufgaben obliegt, ihre Dienststellen geschaffen. Telefone rasseln, Melder kommen und gehen, Männer der Nachrichtenstelle bringen Fernschreiben, holen aufzugebende Funksprüche ab.

Ein großer Klassenraum dient als Schlafsaal. Am Boden liegen die Schlafsäcke, auf welche die durch zerschlagene Fensterscheiben lugende Sonne kleine helle Kringel malt.

Im Zimmer des „Chefs" herrscht Hochbetrieb. Der Quartiermeister, ein Major, gibt seine Anordnungen, die durch den neuen Angriff der Panzerarmee ausgelöst wurden. Auf einer großen, mit Reißnägeln an die Wand gehefteten Karte sind die Einsatzräume der Regimenter, Abteilungen und Batterien durch kleine bunte Fähnchen gekennzeichnet. Ebenso die Standorte der Munitions- und Betriebsstoffkolonnen, der Flak-Geräteausgabestellen, bei denen Ersatzwaffen erhältlich sind, den Flak-Sondergeräte-Werkstätten, welche die für unsere komplizierten Messeinrichtungen so wichtigen optischen Geräte mitführen, die Arbeitsplätze der Werkstattabteilung mit ihren zwei Werkstattzügen, dem Abschleppzug, die Wäscherei- und Bekleidungskolonne, schließlich die Korpsbäckerei.

Mit dieser Kontrolle des Standortes der Einheiten ist es freilich nicht getan. Die schwierigste Aufgabe für den Quartiermeister und seine Gehilfen ist nun, die Verbindung zwischen den kämpfenden und den für seine Versorgung und Ausrüstung arbeitenden Einheiten des Korps herzustellen. Denn was nützt aller guter Wille der Werkstätten, alle Arbeit der Bäckerei, wenn sie die Fronttruppen nicht erreichen oder von ihnen nicht erreicht werden können.

Diese Aufgabe mag einem Laien oder einem Menschen, der die Verhältnisse in Sowjet-Russland nicht kennt, gar nicht so schwer erscheinen. Man muss jedoch bedenken, dass die einzelnen Verbände des Flakkorps oft über Hunderte von Kilometern voneinander entfernt liegen. Zwischen ihnen die kürzeste und beste Verbindung zu finden, sie herzustellen, ist Sache des Quartiermeisters. Auf einem guten Straßennetz und mit genauen Karten würde das trotz der langen Strecken keine Schwierigkeiten machen. Aber wie sieht es hier aus? Von Straßen kann man überhaupt nicht sprechen, höchstens von Feldwegen, die aber wie bei dem augenblicklich herrschenden Regenwetter unpassierbar sind. So müssen Umwege quer durch das Gelände oder Umleitungen über andere Straßen erkundet werden. Mit Karten, die unzureichend sind, oft sogar irreführende Ortsnamen tragen, oder große Hindernisse wie Flüsse und Schluchten überhaupt nicht verzeichnen.

Bei der Auswahl der für die Versorgungsverbände bestimmten Standorte ist jedesmal darauf zu achten, dass sie in der Mitte der auf breiter Linie kämpfenden Abteilungen liegen, sodass diese von ihren Einsatzorten einen an Kilometern ungefähr gleichen Weg zur Bäckerei oder zur Werkstatt, ebenso wie diese umgekehrt zur Front, zurückzulegen haben. Nur so kann die gleichmäßige und gerechte Versorgung der Truppen gewährleistet werden.

Mit der Bestimmung der Einsatzplätze nach verkehrstechnischen Gründen allein ist den Nachschubformationen aber nicht gedient. Sie müssen dort die Arbeitsverhältnisse vorfinden, welche eine ordnungsgemäße Ausübung ihrer Tätigkeit ermöglichen. Bei der Standort-Festlegung der „Wäscherei- und Bekleidungskolonne" ist z. B. darauf zu achten, dass in der Nähe klares Wasser und ausreichender, gegen Fliegersicht zu tarnender Trockenraum für die Wäsche vorhanden ist. Auch die Bäckerei ist auf Wasser und genügende Tarnungsmöglichkeiten angewiesen. Außerdem muss sie sich in die Nähe von Windmühlen verlegen, in denen im Bedarfsfall das Korn gleich an Ort und Stelle gemahlen werden kann.

Wie oft bei dem ungestümen Vormarsch die reibungslose Nachführung der Nachschub-, Instandsetzungs- und Verpflegungsgruppen und ihre Verbindung zu den Fronteinheiten den Männern der „Qu-Staffel" Kopfschmerzen bereitet hat, können wir uns vorstellen. Oft mussten sie jeden Tag verlegen, um den Anschluss nicht zu verlieren, alle paar Tage sogar ganz bestimmt. Dabei sind tausenderlei Kleinigkeiten zu beachten, die doch maßgebend sind im empfindlichen Mechanismus des modernen Krieges. Und der nur voll funktionieren kann, wenn jedes Schräubchen am richtigen Platze gut „geölt" ist.

Gerade diese Kleinarbeit ist schwer, unendlich schwer in einem Land, in dem nach unseren Begriffen Unordnung und Durcheinander bis jetzt oberstes Lebensgesetz gewesen sind. Gegen sie und gegen den jeder Beherrschung feindlichen Raum führt der Quartiermeister mit seiner Staffel einen aufreibenden Guerillakrieg, der sich entsagungsvoll, fern dem Rampenlicht öffentlicher Anerkennung abspielt, in der Stille aber umso erbitterter ausgetragen wird.

Treue Helfer sind dabei die Transport- und Betriebsstoffkolonnen des Flakkorps, die von der „Qu-Staffel" zur Versorgung der Batterien eingesetzt werden. Mit Nahrungsmitteln, Waffen, Geräten, Munition, Sprit zwischen ihnen und den Ausgabestellen, Werkstätten hin- und herpendeln. Der Umfang der Lieferungen und die durch schlechte Wegeverhältnisse bedingten Fahrzeugausfälle verlangen von der betreffenden Abteilung des Quartiermeisters genaue Berechnung des zur Verfügung stehenden Laderaumes, des kürzesten Weges und genaue Kenntnis der Transportmöglichkeiten auf dem Eisenbahnnetz, das jeden Tag um viele Kilometer auf deutsche Spurweite umgenagelt wird. Denn jede Möglichkeit des Eisenbahntransportes wird sofort genutzt, um die Kolonnen zu entlasten. Das ist ohnehin das Bestreben des Quartiermeisters. Jeder Wagen ist ihm vor Fahrtbeginn zu melden. Er weiß, wo Güter abzuholen, wo sie hinzuschaffen sind.

Die Wagen werden nun so eingesetzt, dass sie möglichst viel und möglichst rationell transportieren können. Jede Tonne und ihr Liegeplatz werden bei der Berechnung des Laderaums für Hin- und Rückfahrt berücksichtigt. So wird ein Leerlaufen des Fahrzeuges – das ja unnütz Treibstoff kosten würde – vermieden.

Uns schwirrt der Kopf von Kilometerzahlen, Tonnageberechnungen, unaussprechlichen Ortsnamen, als wir den Arbeitsplatz der Quartiermeisterstaffel verlassen.

Hier konnten wir einen Blick hinter die Kulissen unserer gigantischen Transportprobleme werfen, lernten die Männer kennen, welche sie trotz unüberwindlich scheinender Schwierigkeiten lösen. Und wir durften erkennen, wie sehr der Führung unseres Korps das Wohlergehen ihrer Kanoniere am Herzen liegt, wie sehr sie sorgt, dass rechtzeitig all das zur Stelle ist, was wir für den Kampf und die Bedürfnisse des Leibes brauchen.

Ein Beweis dieser Fürsorge ist die Aufstellung und der Einsatz unserer „Motorisierten Bäckereikolonne". Bis zu Beginn des Ostfeldzuges war es so, dass die mit dem Heer kämpfenden Verbände der Lufwaffe ihre Brotrationen von den Heeresbäckereien erhielten. Das brachte naturgemäß manche Lieferungsschwierigkeiten mit sich. Denn die Luftwaffeneinheiten waren ja Fremdkörper in dem gut eingespielten Verwaltungsapparat der Heeresverbände.

So gab unser Kommandierender General den Befehl, eine eigene motorisierte Bäckerei aufzustellen. Da die Luftwaffe über keine derartige Einrichtung verfügte, war es nicht einfach, aus den eigenen Reihen die richtigen Männer zu finden. Ein Inspektor, dem bisher das Backhandwerk ein Buch mit sieben Siegeln war, erhielt schließlich den Auftrag, die notwendigen Maschinen und Geräte zu beschaffen. In vierzehn Tagen wurde die Bäckerei buchstäblich aus dem Boden gestampft. Und nach einmaligem Probebacken in Warschau ging es bereits über die sowjetische Grenze.

Seit dieser Zeit ist unsere Bäckerei – die einzig in der Luftwaffe dasteht – die treue Versorgerin der Batterien des Flakkorps. Sie folgt ihnen unermüdlich über die unbeschreiblichen Wege, durch Sand und Morast. Schlägt dort ihre „Bäckerei" auf, wo sie von den Kolonnen am schnellsten erreicht werden kann, die dann ihre nahrhafte Last den kämpfenden Kameraden zuführen.

In einer ukrainischen Stadt mittlerer Größe, durch die wir mit unserem in Klinzy reparierten Kübelwagen hindurchfahren wollen, um die an der Panzerspitze marschierende Batterie zu erreichen, entdecken wir das taktische Zeichen unserer Bäckereikolonne. Der Weg ist noch weit, und wir haben Hunger. Unterwegs gibt es nichts. Also hin zu unserer Bäckerei!

Wir melden uns beim Backmeister:

„Kohldampf!"

Etwas anderes hat der Feldwebel von uns wohl auch nicht erwartet. Er drückt jedem ein Kommissbrot in die Hand, ohne uns lange mit Fragen zu behelligen, sagt nur, dass es in einer halben Stunde warmen Kaffee gäbe. Da warten wir natürlich gerne.

In der Zwischenzeit bummeln wir durch den Garten, der vor der Unterkunft der Bäckerei, einem größeren Gebäude, liegt. Unter einem Zeltdach, das sich an die Vorderfront des Hauses lehnt, stehen die beiden Backöfen. Auf Fahrgestellen mit gummibereiften Rädern montiert, sind sie stets zur Arbeit wie zum Transport bereit. In der militärischen Sprache heißen sie „Backanhänger". Einer dieser Anhänger hat jeweils zwei „Pflocken", von denen jeder auf einen Schwung hundertzwei Brote aufnimmt. Nach eineinhalbstündiger Backzeit sind sie fertig. Eine neue Ladung verschwindet kurz darauf in den dunklen Öffnungen.

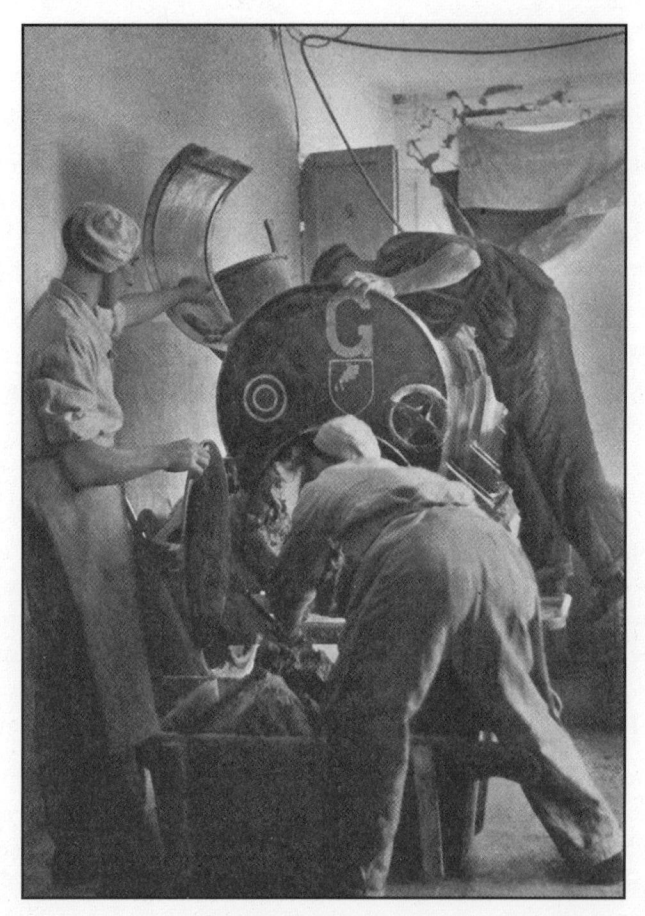

Teigknetmaschine

Ununterbrochen in Schichten an der Arbeit, bäckt die Kolonne in vierundzwanzig Stunden fünftausend Brote. Das sind zehntausend Portionen, die ausreichen, um das gesamte Flakkorps täglich mit Brot zu versorgen.

Im Inneren des Hauses haben sich die übrigen Werkstätten der Bäckerei niedergelassen, die bisher immer im Freien – fern von jedem Dorf auf einer Lichtung oder im Wald aufgebaut – in Zelten arbeiten musste. Jetzt hat sie der Herbst gezwungen, ein festes Dach über dem Kopf zu suchen.

In einem Zimmer steht in großen Bottichen der „Sauer", die treibende Masse bei der Teigzubereitung. Der Backmeister erzählt uns von den Eigenschaften dieser geheimnisvollen Masse: Von Anstellsauer, Anfrischsauer, Grundsauer und Vollsauer, der bei der Reife an seiner Oberfläche aussieht wie eine kraterförmige Mondlandschaft.

Wenn in dem Teig große Risse klaffen, ist es Zeit, den Vollsauer in die im Flur stehende Teigknetmaschine zu schütten, die von einem Aggregat elektrisch getrieben wird. In dieser Maschine muss der Teig unter Zusatz von Mehl und Wasser zehn Minuten lang tüchtig durchgeknetet werden. Dann ist der Brotteig fertig.

Nun wandert er in ein der Gartenseite zu liegendes Zimmer auf den „Wirktisch". Mit einer Handwaage werden dort die einzelnen Portionen ausgewogen, wobei auch bei den am Wirktisch arbeitenden Soldaten der alte Bäckerspruch volle Gültigkeit hat: „Augenmaß und Handgewicht verlassen den Bäcker nicht."

Nach halbstündigem „Garestehen" werden die noch weichen Brote auf einem langen Brett durch das Fenster gereicht, von draußen in Empfang genommen und sofort in die unter der Zeltplane stehenden Öfen geschoben.

In diesem ewigen Kreislauf von Teigansetzen, Kneten und Backen stehen die Männer unserer motorisierten Bäckerei nun schon seit Beginn des Ostfeldzuges. Bisher haben sie über eine halbe Million Brote gebacken! Und zwar unter Bedingungen, bei denen jedem Bäcker in der Heimat die Haare zu Berge stehen würden.

Abwechslung bringen nur die Marschtage. Dann sitzen die Bäcker neben den Kraftfahrern, halten Gewehre und Maschinenpistolen in den Händen und müssen durch Dörfer, Felder und Wälder, über grundlose Straßen, die unsere Kampfeinheiten längst verlassen haben. Sie fahren den vorausliegenden Batterien nach. Aus dem Hinterhalt, in den sie sich beim Nahen unserer Panzer und Flakgeschütze verkrochen haben, kommen die Bolschewisten nun wieder hervor. Beunruhigen die Rollbahnen und versuchen, die nur mit Handfeuerwaffen ausgerüsteten Kolonnen zu überfallen.

Daher ist es bei den Angehörigen der Bäckereikolonne nicht damit abgetan, dass jeder nur als Handwerker einsatzfähig ist. Alle sind Soldaten wie jeder andere in der riesigen Front. Dass sie auch im Kampf ihren Mann stehen und Opfer bringen müssen, beweisen sie Anfang Oktober beim Überfall starker sowjetischer Infanteriekräfte auf ein Dorf. Tapfer werfen sich die Männer den in großer Übermacht anstürmenden Sowjets entgegen, bringen sie in erbittertem Nahkampf zum Stehen, halten so die durch das Dorf führende Straße, auf der unser Nachschub nach vorne rollt. Ein Backmeister und acht Soldaten unserer Bäckereikolonne opfern ihr Leben. Andere Kameraden werden schwer und leichter verwundet.

***

Es ist Nacht, stockdunkle Nacht, als wir aus dem Schlaf auffahren. Sofort sind wir hellwach. An unserem Wagen vorbei bewegen sich marschierende Kolonnen. Gedämpft hallen Schritte, die in unregelmäßigem Rhythmus über federnden Grasboden stampfen.

Deutsche Fußinfanterie? Wir strengen unsere Augen an. Nichts ist zu erkennen.

Eine Taschenlampe blitzt auf. Huscht über erdfarbene Gestalten.

Sowjets ... Gefangene ...!

Ihre Köpfe hängen wie vollreife Ähren vornüber. Eine müde, demoralisierte Truppe ...

Ein Druck auf den Schaltknopf. Bläulich grünes Licht erhellt das Instrumentenbrett unseres Wagens. Das Zifferblatt der eingebauten Uhr leuchtet auf. Drei Uhr sechsunddreißig Minuten!

Noch eine Stunde Zeit zum Schlafen. Für vier Uhr fünfundvierzig ist erst der Weitermarsch befohlen.

Immer noch marschieren die erdfarbenen Kolonnen

Obwohl die Glieder steif sind und schmerzen, klappen die Augendeckel ganz mechanisch wieder zu. Das Schlafbedürfnis ist auch stärker als die Kälte, die in uns hochgekrochen ist. Dagegen helfen nicht einmal unsere Wolldecken, die wir um Schulter und Beine geschlungen haben. Wir kuscheln uns in sie hinein, stecken die Nasen darunter, lassen den wärmenden Atem eine Weile wirken und bilden uns so ein, dass es warm werde. Schlafen wieder ein. Halb sitzend, halb liegend, in einer unmöglichen Stellung.

„Fertigmachen!" Der Ruf pflanzt sich von Mund zu Mund fort. Rüttelt die Schläfer wach ...

Immer noch marschieren die erdfarbenen Kolonnen. Tausende müssen schon an uns vorüber sein. Nur alle zweihundert bis dreihundert Meter flankiert ein deutscher Landser diesen Zug der Erschöpften. Aber auch ohne diese Sicherung würden die Gefangenen weitermarschieren. Fort vom Frontabschnitt, so weit wie möglich weg. Sie sind fertig, restlos fertig – das sieht man.

Stunde um Stunde rollen wir nun wieder mit unserer Batterie im stählernen Verband der Panzer. Es ist das gleiche, schon so oft erlebte Bild. Und doch schwingt diesmal im Surren der Motoren, im Klirren und Rasseln der Raupenketten ein heller, freudig gestimmter Ton mit, der diesem Bild eine neuartige Färbung verleiht. Streben wir doch einer weiteren entscheidenden Strecke des Weges zu, an dessen Ende das gesteckte Ziel erreicht ist: Die Vernichtung der Armeen des Marschalls Timoschenko.

Er wird als der Marschall des Sowjetreiches bezeichnet. Seine Armeen sind Kerntruppen: Gut geschult, gut ausgerüstet und – nach der Weltmeinung – gut geführt. Ihn und seine Armisten sollen und müssen wir schlagen. Damit wäre ein weiteres lebenswichtiges Organ des waffenstarrenden bolschewistischen Molochs lahmgelegt.

Dem Soldaten, der inzwischen längst begriffen hat, welchem Gegner er gegenübersteht, bedeutet diese Aufgabe viel, sehr viel. Er weiß, dass mit den Armeen Timoschenkos ein Bollwerk ausgeschaltet werden muss, das den Weg gegen das Herz des Sowjetgiganten freier macht Ein Bollwerk, welches das Ringen um den Bestand der Nation, Europas und damit der gesamten Kulturwelt zugunsten derer entscheidet, die mit der Waffe in der Hand den Kampf zweier Weltanschauungen führen. Männer, die eine Welt vor dem Chaos retten wollen.

Der bisherige Verlauf des Ostfeldzuges hat gezeigt, dass der Gegner verwundbar, tödlich verwundbar ist. Wir wissen aber auch, dass der Bolschewist im Kampf zäh, unheimlich hart sein kann. Das haben die vergangenen Wochen und Monate gelehrt. Und wir haben daraus gelernt:

Je härter sein Widerstand, um so entschlossener unser Angriff.

Ein gefangener sowjetischer Offizier hat uns neulich erklärt: „Der bolschewistische Soldat ist gut. Der deutsche aber besser. Wir können ihm auf die Dauer nicht widerstehen!"

Und dieses Bewusstsein hat sich jedem tief eingeprägt, der in diesem Feldzug mit am Feind ist.

In den Gesichtern der Kameraden um uns steht harte Entschlossenheit. Diese Soldaten unseres Flakkorps, die schon in Polen, im Westen eingesetzt waren und nun hier an der Ostfront abermals die Bewährungsprobe bestehen, wissen, worum es geht. Die Worte aus dem Tagesbefehl unseres Kommandierenden Generals, der gestern verlesen worden ist, sind noch heute in aller Ohren:

„Nun tritt das deutsche Heer abermals zu einem entscheidenden Schlag gegen die bolschewistischen Armeen an. Unsere Aufgabe ist es, den Schutz der Panzer in vorderster Linie gegen die feindliche Fliegertruppe zu übernehmen und darüber hinaus den Vernichtungskampf gegen die Panzerkräfte des Feindes zu führen. Jeder Offizier, Unteroffizier und Mann muss wissen, dass die Erreichung des gesteckten Zieles nur dann durchführbar ist, wenn jeder mit eisernem Willen nur von dem Drang beseelt ist, dem Gegner an der Klinge zu bleiben, ihn zu schlagen, wo er sich stellt, ihn zu verfolgen, wo er ausweicht."

Aus diesen Sätzen des Generals spricht stahlhartes Soldatenwort, an die gerichtet, die im Kampf hart geworden sind und die dafür bürgen, dass aus diesen Worten Tatsachen werden ...

Das Land um uns steht grau in grau. Nur das Herbstlaub durchwirkt das Landschaftsbild mit matten Farbklecksen, die gegen die regenschweren, tiefhängenden Wolken verschwimmen. Wenn die Bäume entblättert sein werden und der Ostwind sein strenges Regiment angetreten hat, wird unser Ziel, die Vernichtung der Armeen Timoschenkos, erreicht sein. Mit dieser Gewissheit fahren wir gegen den Feind, werden ihn schlagen, wo er sich uns stellt, ihn verfolgen, wo er ausweicht.

Immer dichter kämpfen wir uns an Marschall Timoschenkos Stellungen im Raum um Brjansk heran. Die sowjetischen Geschützrohre, die Gewehrläufe der Infanteristen, die Kanonen der Sowjetpanzer zeigen nach Westen. Von dort erwarten sie den Hauptstoß der Deutschen. Sie haben ihre stärksten Truppen, ihr bestes Material in dieser, einem riesigen Bogen gleichenden Verteidigungsstellung angehäuft, sie durch Befestigungen gegen einen Frontalangriff fast unangreifbar gemacht.

Hier will Timoschenko den Winter abwarten, lässt daher Pelzausrüstungen für seine Elitedivisionen heranschaffen, legt große Nachschublager hinter diesem – wie er meint – unüberwindlichen Riegel an.

Aber wir kommen nicht vom Westen, wie es sich der sowjetische Oberbefehlshaber Mitte so schön ausgerechnet hat. Vom Süden stoßen wir nach Nordosten in seine Flanke. Dort erwartet uns Timoschenko am allerwenigsten. Durch Angriffe an anderen Frontabschnitten ließ er sich hier zum Abzug starker Kräfte verleiten. Und in diesen entblößten Raum stoßen nun die Panzerdivisionen, unsere Flakbatterien.

Wir sind wieder dabei. Unsere gute Stimmung steigt, als das Gewölk aufreißt und über uns wieder die so lang entbehrte Sonne lacht. Sie verschönt uns einen der letzten Tage des Altweibersommers, der seine weißen Fäden hier in der Sowjetunion besonders lang und kräftig zu spinnen scheint.

Wir singen, pfeifen, werfen ab und zu einen prüfenden Blick an den Himmel. Sehen nach, ob uns das Tagesgestirn treu bleibt. Es ist jetzt unser bester Verbündeter. Seine Strahlen trocknen die grundlosen Wege. Machen sie passierbar für unsere motorisierten Kolonnen, die zum letzten Schlag dieses Jahres gegen den Bolschewismus ausholen.

Es geht mit Riesenschritten vorwärts. Ein Tempo, wie wir es aus den stürmischen Tagen des Juni und Juli noch in guter Erinnerung haben. Es begeistert uns, gibt Mensch und Motor neue Kraft.

Seit fünf Tagen rollen wir wieder. Was sich uns an Feindkräften entgegenstellt, wird überfahren, vernichtet.

Es sind keine Truppen erster Linie, die unseren Vormarsch aufzuhalten versuchen. Die besten Divisionen stehen bei Marschall Timoschenko im Raum um Brjansk und Wjasma. Hier kämpfen sowjetische Reserveeinheiten. Ältere Jahrgänge, die – schlechter gekleidet und bewaffnet als die aktiven Truppen – eher dazu neigen, die Gewehre fortzuwerfen, als sich massenweise in den Tod treiben zu lassen.

Das ändert sich jedoch, je mehr wir uns einem wichtigen Straßen- und Verkehrsknotenpunkt nähern, dessen Linien in nordöstlicher Richtung auf Moskau zulaufen. Der Widerstand versteift sich, wird erbitterter.

Als wir nach der Abwehr eines Tieffliegerangriffs ein Waldstück durchfahren wollen, zischt MG- und Gewehrfeuer über unsere Köpfe. Wir liegen kaum feuerbereit im Straßengraben, da brechen sowjetische Infanteristen aus den Wäldern beiderseits der Straße hervor. Mit heiserem Geschrei stürmen sie gegen unsere Kolonnen an. Sie wollen uns überrumpeln, die Rollbahn abschneiden.

Bei diesem Unterfangen haben sie aber nicht mit unseren 2-cm-Kanonen gerechnet. Schon nach den ersten Maschinengewehrgarben sind sie von unseren Kanonieren in Stellung gebracht, die Rohre auf die Wälder gerichtet worden. Und dann jagen die Sprenggranaten in die erdfarbenen Menschenhaufen, reißen Lücken in die feindlichen Reihen, von denen immer neue anrennen, wie von einer unsichtbaren Faust getrieben.

Nur wenige Gruppen des Sowjetbataillons kommen bis auf hundert Meter an die Straße heran, geraten dort in den Wirkungsbereich unserer Karabiner und Maschinenpistolen. In den Straßengräben liegend, schießen wir sie restlos zusammen.

Nach einer knappen Viertelstunde ist der Spuk vorüber.

Wir sammeln uns auf der Straße. Da schlagen plötzlich Granaten vor unseren Fahrzeugen ein.

Wieder rein in den Graben!

Der Feuerzauber wird heftiger. Verdammt, da feuern mindestens eine Batterie Artillerie, Pak und Granatwerfer auf unseren kleinen Abschnitt. Unser Batteriechef überlegt nicht lange. Ihm ist sofort klar: Wenn diese Feindkräfte nicht ausgeschaltet werden, stockt der gesamte Vormarsch der Division. Denn durch diesen Feuergürtel kommt kein Fahrzeug mit Munition und Sprit nach vorn zur Spitze, wo die Kameraden dringend auf Nachschub warten.

„Freiwillige für ein Stoßtruppunternehmen zu mir!"

Alle Kanoniere auf unserer Grabenseite robben zu ihrem Batteriechef. Der wehrt ab:

„Nicht so viel. Ein paar Mann genügen. Ihr anderen passt mir gut auf die Straße und unsere Fahrzeuge auf!"

Mit einer Handvoll Kanoniere und einem 2-cm-Geschütz arbeitet sich der Oberleutnant im feindlichen Feuer vor. Gleitet, robbt, kriecht und springt, die 2-cm-Kanone im Mannschaftszug mitschleppend, einen Teil des Straßengrabens entlang. Verschwindet in einem mit halbhohen Kusseln bewachsenen Einschnitt. Ab und zu dreht er sich zu seinen Kanonieren um. Mahnt:

„Leise, leise. Und vorsichtig mit der Kanone!"

Verhält dann und wann. Lauscht eine Minute angestrengt. Kriecht weiter. Gelangt unter Ausnutzung aller Geländevorteile allmählich in die Flanke der Sowjets.

Gut getarnt, greift er mit seinem kleinen Geschütz eine völlig überraschte Schnellfeuerbatterie an. Schießt sie zusammen. Wer sich von den Bedienungen zu wehren versucht, wird mit Maschinenpistolen und Handgranaten niedergekämpft.

Weiter geht der Weg des Stoßtrupps – in den Rücken des Feindes.

In einer Schlucht sammeln sich ahnungslos zwei Sowjetkompanien. Nach kurzen Feuerstößen der Flakkanone mitten in die gedrängten Massen hinein heben die Bolschewisten die Hände. Ergeben sich mit zwei Granatwerfern, einem Pakgeschütz und mehreren Maschinengewehren.

Ohne Verluste erreicht der Stoßtrupp wieder die Rollbahn. Dreihundert Sowjets traben hinterher.

Uns fällt ein Stein vom Herzen. Das lange Ausbleiben des Stroßtrupps hat uns Sorgen gemacht. Der erste Zugführer wollte schon mit einem kampfkräftigen Spähtrupp nach seinem Verbleib forschen. Da schweigt plötzlich das Feuer der Sowjets. Aus der Ferne sind die Feuerstöße einer 2-cm-Kanone zu hören. Das können nur die Unsrigen sein. Als sie jetzt dreckverschmiert, mit lachenden Gesichtern ankommen, sind wir ehrlich froh, sie gesund und unverletzt wieder bei uns zu haben.

Nach flotter Fahrt – welch ein seltener Genuss! – erreichen wir in zwei Stunden die Spitze unseres Angriffkeils. Ein Dorf, aus dem die Sowjets eine kleine Festung mit gutgetarnten MG-Nestern und Granatwerferstellungen gemacht haben, gebietet Halt.

Von dort aus wird unsere Straße dauernd unter Feuer gehalten. Ohne schwere Verluste ist ein Durchbrechen dieses Feuergürtels nicht möglich. Die Sowjets müssen flankierend gefasst werden. Leichter gesagt als getan! Denn die Wälder und Gebüschstreifen zu beiden Seiten der Straße stecken ebenfalls voll von Bolschewisten, die sich eingegraben haben.

Ein Infanteriebataillon wird angesetzt, verstärkt durch den dritten Zug und einzelne Geschütze unserer leichten Flakbatterie.

Mit zweihundert Sprenggranaten schießt eine 2-cm-Kanone den links an die Straße grenzenden Waldstreifen sturmreif, vernichtet die sich dort verzweifelt wehrende Sowjetinfanterie oder treibt sie in die Flucht.

Damit ist die erste Bresche in die starke Stellung des Feindes geschlagen. Unsere Infanteristen arbeiten sich durch sie hindurch, in den Rücken der Bolschewisten. Zusammen mit dem leichten Flakzug dringen sie von Norden her in den Ort ein. Überraschend nehmen die Flakgeschütze die Widerstandsnester unter Feuer. Bespannte Geschütze und motorisierte Kolonnen der Sowjets versuchen nach Osten zu entkommen. Sie werden von den Flakgranaten erwischt, zusammengeschlagen.

Nur die Sowjetinfanterie räumt ihre Stellungen nicht. Sie kämpft zäh und verbissen um jedes Haus. Eines nach dem anderen muss ausgeräuchert werden.

Wieder geht die Flakartillerie vor, protzt in den brennenden Straßenzügen ab. Ein Geschützführer fällt durch Kopfschuss. Kanoniere werden verwundet. Doch ihr Beispiel reißt die Kameraden mit. Immer fanatischer jagen sie ihre Granaten in die Häuser, auf die MG-Nester. Nach zweistündigem Kampf ist im ganzen Dorf kein lebender Sowjetsoldat mehr anzutreffen.

Da versucht ein zweimotoriger Sowjetbomber anzugreifen. Ehe er seine Bombenschächte öffnen kann, haben die Kanoniere ihre Geschütze herumgerissen, jagen dem Sowjetvogel ihre Feuerstöße entgegen, zwingen ihn zum Abdrehen. Im Notwurf lässt er seine Bomben in eine sumpfige Wiese fallen. Sie detonieren, ohne Schaden anzurichten.

In der Vorausabteilung geht der Marsch unserer leichten Batterie weiter.

Im Handstreich nehmen deutsche Panzer eine wichtige Brücke. Rollen sofort dem weichenden Feind nach und bleiben ihm auf den Fersen. Ein Panzerwagen und zwei leichte Flakgeschütze werden zum Schutz der Brücke zurückgelassen. Keine angenehme Aufgabe für das kleine Häuflein entschlossener Männer, da die Umgebung noch voll von Bolschewisten steckt. Die lassen auch nicht lange auf sich warten. Bald schicken sie aus einem Waldstück Infanteristen und Berittene als Späher vor. Um Munition zu sparen – wer weiß, was noch alles kommt – beschießt die kleine Brückensicherung daraufhin den Waldrand mit Karabinern.

Zwei Flakkanoniere wollen wissen, was da überhaupt drin steckt, pirschen sich heran. Als sie kein Feuer bekommen, gehen sie aufrecht in den Wald hinein. Die Kameraden an der Brücke hören kurz danach einige Gewehrschüsse, den dumpfen Knall von Handgranaten. Minuten später kommen die beiden Flaksoldaten gemächlich wieder aus dem Wald. Bringen vierunddreißig Gefangene mit ...

Gegen Mittag fährt eine lange bespannte Sowjetkolonne aus dem westlich angrenzenden Waldstück auf die Straße, verhält dort einen Augenblick. Es scheint, als ob ihren Fahrern nicht ganz geheuer wäre, als ob sie die Nähe des Gegners ahnen, den sie bis jetzt noch nicht entdeckt haben.

Die Flakkanoniere verharren einige Minuten regungslos. Vermeiden jede Bewegung, um die Sowjets nicht zu warnen. Dann spielen sie den argwöhnischen Bolschewisten derart auf, dass innerhalb einer knappen Viertelstunde von der Kolonne nichts mehr übrig ist als tote Fahrer, zerrissene Pferde, umgekippte Wagen!

Barhäuptig, waffenlos, mit erhobenen Händen

Auch ihre Kameraden in der Vorausabteilung können an diesem Tag schöne Erfolge buchen. Kurz vor Erreichen einer größeren Stadt wird die Panzerspitze von Pakgeschützen, Granatwerfern und Maschinengewehren aus der Flanke beschossen. In gut getarnten Feuerstellungen liegend, decken die Sowjets so die Flucht von zwei Panzern und Lastkraftwagen.

Ein Zug unserer Flakbatterie wird gegen diese Flankenbedrohung angesetzt. Zwei seiner Geschütze nehmen sich die Widerstandsnester vor. Unter dem Feuer der ausgezeichnet schießenden sowjetischen Pakgeschütze vernichten sie einen Granatwerfer, zwei schwere Maschinengewehre, starke Gruppen von Infanteristen, mehrere Kradfahrer, können schließlich auch die beiden 4,5-cm- – also ihnen artilleristisch überlegenen – Pakgeschütze ohne eigene Verluste ausschalten.

Damit ist die Westflanke unserer Kampfgruppe frei. Der Angriff kann weiter vorgetragen werden ...

Die ersten Stunden des neuen Tages sind vergangen. Hell funkeln die Sterne am weiten Firmament. Schwarz und dräuend hebt sich der Wald gegen den nächtlichen Himmel ab. Wie sagenhafte Urgeschöpfe säumen hochaufragende Fichten den dunklen Komplex. Stehen wie trutzige, bewehrte Riesen gegen Norden, als wollten sie Wächter des Landes hinter ihnen sein.

Tut nicht so, ihr Bäume. Ihr habt keine Kleinodien zu hüten. Eure Gebärde ist sinnlos. Was sich in der Weite hinter eurem Rücken versteckt, ist krank, morsch und faul. Die Pest sitzt in eurem Nacken. Wir werden sie vertilgen, werden mit glühenden Eisen hineinfahren, bis auch die letzte Schwäre ausgebrannt ist. Ihr sollt nicht mehr von Bolschewismus reden hören, es sei denn, als von einer Doktrin, die der Vergangenheit angehört.

Darum sind wir heute so früh aufgestanden. Darum brechen wir die Zelte ab, im Licht flimmernder Nachtgestirne.

Wir fahren wie der Sturmwind über die Ebenen. Dann aber wird Ruhe und Friede sein. Die Menschen werden ihre Pflugscharen durch die schwarze Erde ziehen. Werden säen und ernten, werden glücklich sein bei der Arbeit und am Feierabend. Das Land wird vielfältig Frucht tragen, es wird blühen und ein Garten werden, aus dem Millionen Mitmenschen schöpfen, in den Millionen Baustein um Baustein tragen, damit das Volk wieder froh werde.

Darum greifen wir abermals zu den Waffen. Gehen an unsere Fahrzeuge und harren der Befehle, die uns feindwärts ziehen heißen.

Unsere Batterie ist aufgesessen. Fröstelnd lehnen wir in den Sitzen auf unseren Fahrzeugen. Ab und zu nehmen wir einen Schluck aus der dampfenden Feldflasche. Ein seltsames Gebräu, das wir trinken. Aber es wärmt. Jeder Schluck scheint bis in die Zehenspitzen zu wandern.

Dann zünden wir uns eine Zigarette an, vertreiben damit den schalen Geschmack, der im Mund liegt, werden wach und wacher. Ein altes bewährtes Mittel des Landsers, um wieder auf Touren zu kommen: Etwas Warmes in den Bauch, etwas Rauchbares zwischen die Lippen ...

Die ersten Fahrzeuge rücken an. Klirrend mahlen sich die Raupenketten ihren Weg, der in den Bereitstellungsraum führt. Der Ort liegt hinter uns. Verdämmert im dunstigen Grau des anbrechenden Tages. Dann treffen wir, wie befohlen, mit unserer Panzereinheit zusammen. Aus vielen Gefechten bekannte Gesichter. Ein Grüßen hinüber und herüber. Und dann ist es so weit.

Sechs Uhr fünfzig. Angriffsbeginn in Richtung eines vor uns liegenden Dorfes. Der Verband der Panzer, Flakartillerie und Kradschützen walzt und rattert den schmalen Feldweg entlang. Nicht lange. Der Bolschewist rührt sich. Beaast uns mit Infanteriewaffen und kleinkalibrigen Geschützen. Die Panzer gehen ran. Die Kradschützen schwärmen aus. Zwei Flakgeschütze werden in Stellung gebracht, hämmern auf Widerstandsnester ein.

Dann lässt die Abwehr der Bolschewisten nach. Die ersten Gefangenen kommen barhäuptig, waffenlos, mit erhobenen Händen auf uns zu. Erst einige wenige. Dann mehr und immer mehr. Schließlich sind es über einhundert Mann, die nach dem ersten Gefecht mit den Vorhuten sich gesammelt haben und geschlossen nach rückwärts gebracht werden. Die Reste der Sowjets versuchen indessen stur ihre Stellungen zu halten. Das Gelände muss systematisch durchgekämmt werden. Infanterie geht vor. Flakkanoniere mit Handgranaten, Gewehren und Maschinenpistolen in den Fäusten beteiligen sich hieran.

Die letzten Widerstandsnester werden niedergekämpft. Es geht weiter. Über welliges Gelände. Plötzlich hört der Weg auf. Eine Schlucht schneidet tief in zerrissene, ausgewaschene Erde ein. Nur mit Mühe kann sie überwunden werden, selbst von den Gleiskettenfahrzeugen. Der Verband reißt auf größere Entfernungen auseinander.

Der weitere Vorstoß geht an einem Waldrand entlang. Auf dem Scheitelpunkt eines leicht ansteigenden Geländes entdecken wir in nicht allzugroßer Entfernung starke, pferdebespannte Kolonnen.

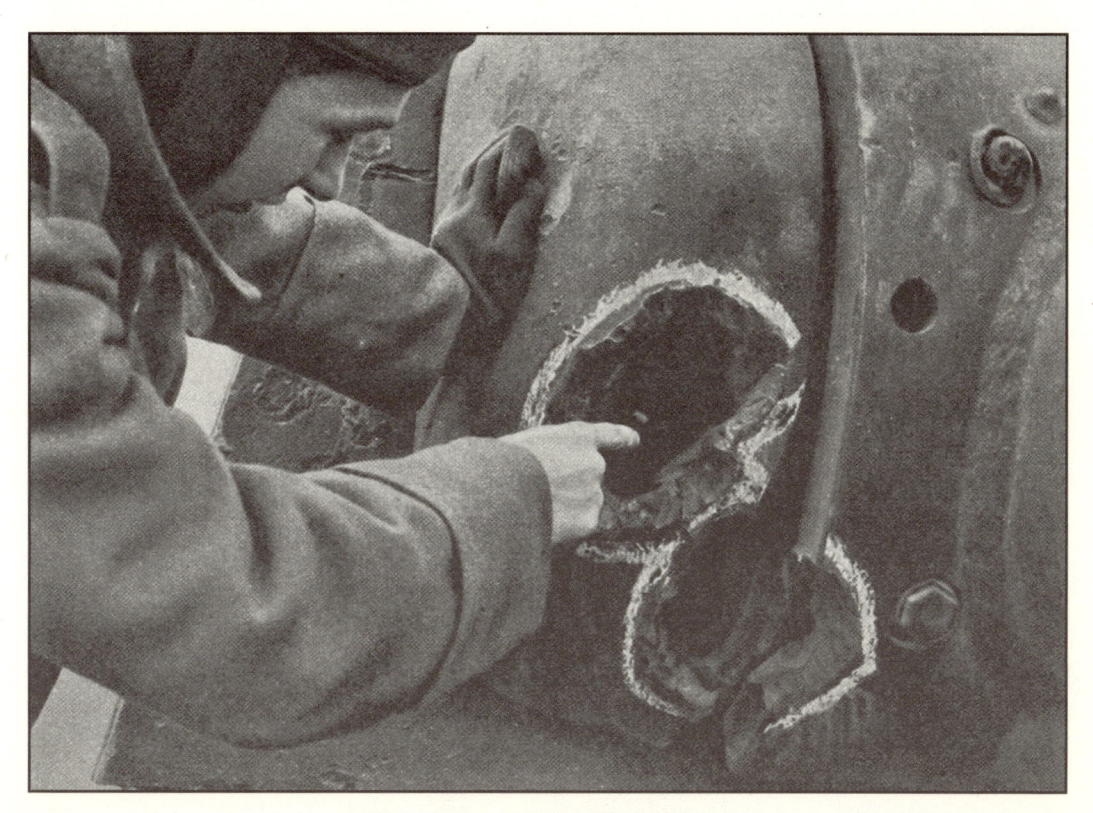

Vernichtet einen 52-Tonner

Sofort werden zwei Geschütze in Stellung gebracht, ohne dass der Gegner von dem drohenden Unheil etwas ahnt.

Dann jagen die Granaten unserer 8,8 hinüber, richten ein unbeschreibliches Durcheinander an, vernichten einen Teil der Kolonne, während sich der andere im Eiltempo querfeldein verzieht, von den Sprenggranaten unserer schweren Geschütze verfolgt, bis der Rest hinter einem Bergrücken verschwindet.

Kurze Zeit später fällt die Zugmaschine einer 8,8 unserer Batterie wegen Maschinenschadens aus. Wieder tauchen bespannte Kolonnen auf. Das zurückliegende, in Stellung gebrachte Geschütz bekämpft sie mit gutem Erfolg.

Eine Stunde später ist der Maschinenschaden behoben. Der Angriff rollt inzwischen zwei Kilometer weiter nordostwärts. Das Geschütz rückt nach.

Plötzlich wird es überfallartig von drei feindlichen Pak-Kolonnen unter Feuer genommen. Die Geschosse dieser Geschütze zählen mit zu den unangenehmsten Erscheinungen des Krieges. Abschuss und Einschlag kommen bei der Rasanz der Pakgranaten fast gleichzeitig. Meist auf kürzere Entfernungen feuernd, ist dem Gegner nur sehr schwer beizukommen.

Dem Oberleutnant glückt es indessen, das Geschütz in Stellung zu bringen, ohne dass der Gegner Schaden anrichten konnte. Der Richtkanonier sitzt schon an seinem Platz, hat das erste Ziel angerichtet. In diesem Augenblick erhalten Zugmaschine, Munitions- und Betriebsstoffwagen mehrere Volltreffer.

Eine ungeheure Explosion. Der Betriebsstoffwagen fliegt in die Luft. Die Munition explodiert. Glühender Stahl, heißes Eisen, Wagenteile sausen durch die Luft, zerreißen alles, was sich ihnen in den Weg stellt. Ein Höllentanz!

Die schwere Zugmaschine wird demoliert, das Geschütz außer Gefecht gesetzt. Der Richtkanonier fällt. Der Oberleutnant ist schwer verwundet. Zwei weitere Mann der Geschützbedienung erhalten nur leichte Verletzungen. Es ist aus. Nichts mehr zu machen!

Mit schmerzverzerrtem Gesicht versucht der Oberleutnant sich zu erheben, um ein Bild davon zu gewinnen, was hier noch zu retten ist. Er bricht zusammen, deutet seinen Leuten, sich mit Handfeuerwaffen vom Geschütz zu entfernen, sich im Gelände seitlich der Straße zu sammeln.

Flach gegen die Erde gepresst, bringen sich die Kanoniere Meter um Meter aus der Gefahrenzone, schleifen ihren Oberleutnant über die Straße, durch einen Graben. Fünfzig, achtzig, hundert, hundertfünfzig Meter hinter ein Gebüsch. Verfolgt von den Granaten der Pak, versuchen sie von hier aus mit ihren Karabinern sich des Gegners zu erwehren. Es nutzt nichts. Die Lage wird von Sekunde zu Sekunde kritischer. Hier hilft nur noch der Versuch, sich vom Feind abzusetzen.

Während zwei Mann mit ihren Karabinern den Feuerschutz übernehmen, schleppen die anderen abwechselnd ihren schwerverwundeten Oberleutnant mal zwanzig, mal dreißig, dann mal wieder fünfzig Meter seitwärts ins Gelände. Die Sicherung folgt, übernimmt wiederum den Feuerschutz. So geht es nur schrittweise aus der unmittelbaren Gefahrenzone heraus. Keiner weiß allerdings, ob in diesem unübersichtlichen Gelände nicht noch andere Teile des Gegners auf der Lauer liegen. Danach fragt aber niemand. Unsere Kanoniere kennen nur eines: Unter seitlicher Umgehung der feindlichen Pakstellung versuchen, Anschluss an den vorne liegenden Verband zu bekommen. Den schwerverwundeten Oberleutnant dorthin zu bringen und die leichter Verletzten in die Obhut der Sanitätsdienstgrade oder des Arztes zu geben.

Die Batterie ist inzwischen in D. eingetroffen, das von starken Feindkräften verteidigt wird. Ein harter Häuserkampf ist entbrannt. Jeder Mann steht auf seinem Gefechtsposten. Niemand hat Zeit, auch nur einmal einen Blick rückwärts zu tun. Sonst wäre sicherlich die Explosion wenige Kilometer südlich bemerkt worden. Den Kameraden des zusammengeschossenen Geschützes hätte Hilfe gebracht werden können.

Unsere Batterie aber muss sich der Sowjetpanzer annehmen, die wild durch die Straßen des Ortes kurbeln und mit den eigenen Panzern im Gefecht liegen. Immer wieder ziehen unsere Geschütze mit den ersten Panzern nach vorne, drehen in die Straßen ein, stellen den Gegner. Ein Geschütz schießt einen 32-Tonnen-Panzer in Brand, ein zweites beschädigt einen weiteren 32-Tonner und vernichtet schließlich einen 52-Tonner, der brennend liegenbleibt. Inzwischen kämmt die Infanterie Häuserzeile um Häuserzeile durch. Schritt für Schritt wird Straßenzug um Straßenzug gesäubert, bis der Ort schließlich in unserer Hand ist.

Stunden sind vergangen. Eine Gefechtspause tritt ein.

„Ist das Geschütz heran, das Maschinenschaden hatte?"

Unser Batteriechef fragt bei den einzelnen Geschützbedienungen an. Niemand hat es gesehen, niemand von ihm gehört.

„Verdammt nochmal!"

In die Freude über die Panzerabschüsse mischt sich Ungewissheit und Unbehagen. Sollten die Kameraden ...? Sie müssten doch schon längst heran sein.

Der Batteriechef befiehlt einem Leutnant zurückzufahren, um nach dem Verbleib des Geschützes zu forschen.

Der Leutnant kommt nicht weit. Kaum hat er den Ort verlassen, als er auf eine Gruppe von Soldaten aufmerksam wird, die seitlich im Gelände steht, durch lebhaftes Winken und Rufen den Fahrzeuginsassen bedeutet, anzuhalten.

Ist das etwa die Geschützbedienung ...?

Der Leutnant biegt von der Straße ab, fährt querfeldein und erkennt beim Näherkommen die Kameraden, die er sucht.

Schnell sind die Verwundeten dem Stabsarzt übergeben, sind Notverbände angelegt. Kurz darauf jagt ein Sanitätskraftwagen in südlicher Richtung davon, dem nächsten Feldlazarett zu ...

Der Angriff geht weiter. Noch am gleichen Abend wird eine kleine Stadt genommen, um die der Verband einen Igel bildet. Unsere Batterie sichert mit ihren Geschützen die Ortsausgänge gegen feindliche Panzer.

Um sieben Uhr fünfundvierzig wird am anderen Morgen der Vormarsch fortgesetzt, stockt aber an einer zerstörten Brücke, die die Ufer eines Flüsschens verbindet. Pioniere müssen heran. Beiderseits der Straße gehen die Einheiten des Verbandes in Bereitstellung. Ein leichtes Geschütz unserer Batterie sichert gegen Tiefangriffe. Unermüdlich sucht der Flugmeldeposten mit einem Glas den

Horizont ab. Die Waffe ist feuerbereit. Der Richtkanonier hockt in seinem Sitz, wartet ...

Eine Stunde vergeht, dann taucht über einer flachen Höhe weit vor uns ein dunkler Punkt auf, der im nächsten Augenblick in einer von einem Waldstück verdeckten Senke verschwindet, kurze Zeit danach, nun schon deutlich als Flugzeug erkennbar, über den Bäumen wieder sichtbar wird, auf uns zuhält. Ein Schlachtflieger der Sowjets ...

Das Flugzeug rast auf die Brücke zu. Unsere 2-cm-Kanone jagt ihm in kurzen Feuerstößen Sprenggranaten entgegen. Sie sitzen dicht vor der Nase des Angreifers, den das Feuer zu beeindrucken scheint. Denn kurz vor der Brücke dreht er in einer Steilkurve ab, umfliegt die Stellung in weitem Bogen, versucht nun einen Angriff aus der entgegengesetzten Richtung.

In etwa zehn Meter Höhe kommt er herangebraust, schießt aus allen Rohren seiner Bordwaffen.

Wieder flitzt ihm die Leuchtspur unserer 2-cm entgegen. Und dann schlägt eines der Geschosse nach dem anderen in Rumpf und Tragflächen ein – eine ganze Serie.

Die schwer gepanzerte, rotbesternte Maschine fliegt noch einige hundert Meter horizontal weiter. Kippt dann plötzlich ab. Schlägt krachend auf, brennt im gleichen Augenblick lichterloh!

Ruhig und gelassen registriert der Geschützführer: „Die vierte!" Die Kameraden der Batterie, die Panzermänner, Infanteristen und Pioniere beglückwünschen die erfolgreiche Bedienung.

„Habt ihr prächtig gemacht!"

„Mensch, das war ‚ne Sache!"

„Die Flak soll leben!"

So spricht und sprudelt es durcheinander. Händedrücken, Schulterklopfen, freundschaftliche Püffe und Knüffe: Landser, wie sie nun einmal sind, wenn sie sich freuen.

Nach vier Stunden haben die Pioniere die Brücke geschlagen. Der Marschverband tritt wieder an, strebt einer Stadt zu, die nach kurzer Feuervorbereitung gegen geringen Feindwiderstand genommen wird.

Wieder geht ein Tag zur Neige. Die Nacht kommt, die Nacht vergeht, schneller als uns lieb ist.

Beim Morgengrauen rollt der stählerne Verband weiter nordwärts, auf einen Flussabschnitt zu. Zwei Dörfer werden im Handumdrehen genommen, gesäubert. Und dann ist wieder eine Übergangsstelle über ein schmales ausgetrocknetes Flussbett erreicht. Die Brüke ist heil. Schwere Fahrzeuge kann dieser morsche Holzsteg aber nicht mehr tragen.

Wieder müssen die Pioniere heran, schlagen eine neue behelfsmäßige Brücke. Stunden vergehen. Dann ist die neue Verbindung der beiden Flussufer fertiggestellt.

Aber schon der erste schwere Panzer, der hinüberrollen will, bricht ein. Alle Mittel werden eingesetzt, um diesen Koloss wieder freizubekommen. Es ist eine harte, unglaublich harte Arbeit. Aber sie muss geschafft werden, so oder so.

Nach Stunden steht der Panzer wieder auf der diesseitigen Straße. Die Pioniere verstärken die Brücke. Erst dann kann der Verband, vorsichtig, ganz vorsichtig, über den schwanken Steg gelotst werden.

Gegen Mitternacht ist eine vom Feind bereits verlassene Ortschaft erreicht, in der ein Igel gebildet wird. Eine im Laufe dieses Kriegs nun schon zur Selbstverständlichkeit gewordene taktische Maßnahme, die alle Verbände anwenden, welche mitten in den Feind hineinstoßen und dort verhalten müssen.

Wieder vergeht eine Nacht. Der Gegner lässt uns diesmal unbehelligt. Wir können für einige Stunden schlafen. In Erdlöchern, deren Grund mit Stroh gepolstert worden ist. Gegen Morgen werden wir aber wieder aufgescheucht, erhalten den Befehl, in kürzester Zeit abmarschbereit zu sein, um feindliche Panzer abzuwehren, die in nordöstlicher Richtung eine andere Marschgruppe bedrohen.

In wenigen Minuten sitzen wir auf unseren Zugkraftwagen, rollen wenige Kilometer, gehen in Stellung.

Die Panzer kommen in Sicht, werden auf große Entfernung unter Feuer genommen, suchen daraufhin das Weite. An diesem Tag lassen sie sich nicht mehr sehen. Wir warten vergebens auf eine Abschussmöglichkeit.

Nach Einbruch der Dunkelheit erhält unsere Batterie den Befehl, mit einer Kampfgruppe, die neu gebildet wird, gegen einen Flussabschnitt vorzustoßen. Hier soll ein Brückenkopf gebildet und gehalten werden.

Es ist eine abenteuerliche Fahrt mitten durch den Feind. In undurchdringlichem Dunkel ringsum sitzt und lauert er. Das wissen wir. Karabiner und Maschinenpistolen liegen griffbereit in unseren Händen. Die Sowjets aber rühren sich nicht, solange wir durch Felder und Waldstücke rollen. Vielleicht glaubt er uns hinten abschneiden zu können.

Dann fahren wir durch einen Ort. Dunkel, gespenstisch und feindlich blicken uns die ersten Häuser an.

Plötzlich knallt es aus Nebenstraßen, aus Kellerlöchern, von den Dächern. Infanteriefeuer. Wir nehmen die Kampfaufforderung aber nicht an. Unser Ziel ist die Brücke. So schnell wie möglich rollen wir durch den Ort. Kurz vor Mitternacht erreichen wir den Fluss. Die Brücke ist noch heil. Wir gehen in Stellung.

Wie Gefangene später aussagen, ist unsere Kampfgruppe in dieser Nacht in dem hinter uns liegenden Ort durch ein kriegsstarkes feindliches Bataillon gestoßen, das mit Beginn des Morgengrauens versucht, in die Wälder, die sich nach Westen hinziehen, zu entweichen. Sofort wird ein Geschütz von der Batterie zurückgeschickt. Es vernichtet oder zersprengt mehrere in Zug- oder Kompaniestärke abziehende Einheiten und drängt sie in die Richtung ab, in der eigene Sicherungen liegen, die nunmehr von der Flanke her das Bataillon restlos aufreiben.

Gegen Mittag ist es soweit, dass der Angriff zur Erzwingung des Flussübergangs gestartet werden kann. Die Sowjets verteidigen ihn hartnäckig mit starker Artillerieunterstützung in direktem Beschuss. Schließlich setzen sie auch Panzer ein, die sich unsere Batterie aufs Korn nimmt. Sie halten sich in respektvoller Entfernung, verdrücken sich dann und bleiben für uns unsichtbar. Die eigenen Panzer haben das jenseitige Flussufer erreicht. Kradschützen und Infanterie stoßen nach. An verschiedenen Stellen ist der Durchbruch durch die Grabensysteme und Erdbefestigungen gelungen. Die Sowjets werden nun von den Seiten her gefasst und aufgerollt. Die Zahl der Gefangenen geht in die Hunderte. Die der Toten ist nicht viel geringer.

Mit der Panzerabteilung erreicht unsere Batterie als erste die jenseits des Flusses ansteigenden Höhenzüge, verhält und sichert hier, bis die Infanterie aufgeschlossen hat.

In einiger Entfernung bewegt sich eine feindliche Lastwagenkolonne.

„Abprotzen!"

Im Nu sind zwei schwere Geschütze in Stellung gebracht. Überfallen die ahnungslos Dahinziehenden mit einem Hagel aus Stahl und Eisen, der sich aus den hochgelegten Sprengpunkten unserer Granaten über sie ausschüttet. Bald stehen drei, vier, fünf Fahrzeuge in Flammen. Die Kolonne reißt auseinander, stiebt mit den intakten Wagen nach drei Richtungen davon.

Noch am gleichen Tag erhält unser Verband den Auftrag, eine weitere Ortschaft und eine die ganze Gegend beherrschende Höhe drei Kilometer östlich davon im Durchstoß zu nehmen. Kaum rollt der Angriff, als die Spitze am Bahnhof des Ortes auf starke feindliche Panzer- und Infanteriekräfte stößt. Sie werden nördlich umgangen. Dabei schießt eines unserer Geschütze einen 32-Tonnen-Panzer auf fünfhundertfünfzig Meter Entfernung in Brand.

Die Sowjets versuchen nun, uns im Nahkampf beizukommen, schleichen sich heran, werfen Phosphorflaschen an die Geschütze. Die Brände werden gelöscht, die Bolschewisten mit Handgranaten und Handfeuerwaffen vertrieben oder vernichtet.

Ein heißer Tag geht dem Ende zu. Neue Aufgaben bringt das frühe Morgenlicht. Durch Aufklärung wird festgestellt, dass das Gelände in nördlicher Richtung weithin feindfrei ist. In etwa einhundert Kilometer Entfernung liegt eine Stadt. Eine wichtige Verteidigungsstellung auf dem Wege nach Brjansk. Diese Stadt soll so schnell wie nur möglich genommen werden. Wir rollen, rollen, rollen. Der Raum ist tatsächlich feindfrei.

Stunden vergehen. Dann aber stockt der Vormarsch. Ein stark ausgebauter, befestigter Panzergraben zieht sich quer durchs Gelände. Ein Schützenbataillon wird angesetzt, um dieses Hindernis zu nehmen. Infolge starker feindlicher Gegenwirkung auf freier Höhe muss der Angriff indessen abgeblasen werden.

Zwei Geschütze unserer Batterie gehen zur Flankensicherung des Panzergrabens in Stellung, bekämpfen links und rechts der Vormarschstraße in starkem Infanterie- und Pakfeuer bespannte Fahrzeuge, Schützentrupps und MG-Nester. Aber der Tag ist schon zu weit vorgeschritten, als dass eine größere Aktion noch Aussicht auf Erfolg hätte. So ziehen wir uns wenige Kilometer auf ein Dorf zurück, bilden den traditionellen Igel.

Nach Einbruch der Dunkelheit setzt von dort aus lebhaftes Infanteriefeuer auf das Dorf ein, das die ganze Nacht über andauert. Die Wachen werden verstärkt. Alles Übrige aber schläft todmüde in den elenden Hütten, deren Bewohner zum großen Teil geflüchtet sind. Brandspurmunition entzündet eine Reihe dieser Katen. Dann auch das Haus, in dem unser Batterietrupp und eine Geschützbedienung untergebracht sind. Die Kameraden merken nicht, dass der rote Hahn auf dem Dach zu ihren Häupten sitzt, schnell um sich frisst und in kurzer Zeit die ganze Bretterbude erfasst hat – so müde sind sie. Eine der Wachen am Geschütz erkennt die Lage, reißt die Türen der brennenden Kate auf und schreit die Schlafenden an, die auffahren und so noch gerade rechtzeitig die unwirtliche Unterkunft verlassen können.

Im Laufe dieser Nacht ist eine Infanterieeinheit auf den Panzergraben nordwestlich des Dorfes angesetzt worden. Durch zweiseitiges Feuer aus dieser Richtung bemerkt der Gegner die angreifenden Schützen nicht.

Es hat zu regnen begonnen. Ein feiner nieselnder Regen ist es, der das Dunkel der Nacht noch verdichtet. Über eine Entfernung von mehr als zehn Metern ist nichts mehr zu erkennen. Schritt für Schritt pirschen sich unsere Infanteristen an den Graben heran. Der Boden ist schlüpfrig und glatt. Nur nicht hinfallen. Der Gegner darf die Angriffsabsichten nicht bemerken.

Der Panzergraben ist erreicht. Metertief fällt die mit Baumstämmen gestützte Wand des Grabens steil ab. Die Infanteristen hangeln sich an der Holzverkleidung hinunter, haben mit wenigen Sätzen den flacheren Grabenausgang erreicht und bewegen sich nun fast lautlos auf die kurz dahinterliegenden Widerstandsnester der Sowjets zu.

Durch dichte Regenschleier dringt müde und matt erstes Tageslicht. Plötzlich erschüttert eine gewaltige Explosion die Luft. Eine Weile stockt das Feuer auf beiden Seiten.

Was ist geschehen?

An einer anderen Stelle haben sich Pioniere bis in den Panzergraben vorgearbeitet und haben eine Sprengladung hochgehen lassen. Damit ist eine Gasse gebahnt, durch die Panzerkampfwagen, Zugkraftwagen und alle übrigen Fahrzeuge geschleust werden können. Die Infanterie nimmt indessen ein Widerstandsnest des Gegners nach dem anderen. Und während sie noch dabei ist, die Feldbefestigungen jenseits des Panzergrabens aufzurollen, erhalten wir den Befehl zum Überraschungsvorstoß auf Brjansk.

Vor einem Dorf, zwölf Kilometer südöstlich von Brjansk, werden wir in ein heftiges Feuergefecht mit sowjetischer Infanterie verwickelt. Die Zugmaschine eines Geschützes ist ausgefallen, ein anderes Geschütz beschädigt.

Die Panzer stoßen weiter vor. Zurück bleibt eine Infanteriesicherung, die mit schwachen Kräften zu beiden Seiten der Straße dauernde Angriffe des Gegners abwehrt.

Endlich sind die Reparaturen beendet. Der Weitermarsch kann angetreten werden.

Die Kolonne will sich eben in Bewegung setzen, als etwa zweihundert Meter vor den beiden Geschützen, an der Spitze der Gefechtsfahrzeuge der Infanterie, die bereits vorgezogen haben, ein 32-Tonnen- und ein 52-Tonnen-Panzer aus dem Wald heraus auf die Straße fahren. Sofort greifen sie die dort stehenden Lastwagen an, rollen auf sie zu.

Wie vorsintflutliche Ungeheuer steigen die Panzer an ihnen hoch. Werfen sie um, und mahlen fauchend und knirschend über sie hinweg.

Unter der Last der Stahlkolosse brechen die Wagen zusammen. Es splittert und kracht.

Einen Augenblick lang ist uns der Schreck in die Glieder gefahren. So überraschend kommt dieser Angriff. Aber schnell haben die Kanoniere zur Wirklichkeit zurückgefunden.

Das vordere Geschütz wird feuerbereit gemacht. Indessen versuchen die vor unserer 8,8 stehenden Lastkraftwagen zu wenden, um nach rückwärts zu entweichen. Auf dem schmalen Weg gelingt ihnen das nicht. So verlassen ihre Fahrer, von dem heranbrausenden vorderen Panzer hart bedrängt, im letzten Augenblick ihre Fahrzeuge, die nun quer über den Weg stehen, das Schussfeld sperren. Wir sind machtlos! Der stählerne Koloss überrollt die Wagen, und fährt in ein 2-cm- und in unser schweres Flakgeschütz hinein. Der Aufprall geschieht mit solcher Wucht, dass die 8,8 in das dahinter stehende Flakgeschütz hineingedrückt wird und es so verkeilt, dass nur noch eine Seitenrichtmöglichkeit von wenigen Graden besteht.

Und schon ist der 52-Tonner heran. Er fährt außer Richtbereich des eingeklemmten Geschützes vorbei.

Währenddessen ist, der 32-Tonnen-Panzer auf drei weitere Lastkraftwagen zugefahren. Versucht auch sie zu überrollen. Steigt bei dem ersten, schräg von der Seite kommend, hoch. Der Lastkraftwagen kippt um. Wird zermahlen. Beim zweiten Lastkraftwagen hat der Stahlkoloss mit der linken Gleiskette den oberen Rand des Wagens erreicht. Die Karosserie hält den Druck aus. Der Panzer versucht nun, sich mit der einen Gleiskette an dem Lastkraftwagen hochzuziehen. Das scheint ihm auch zu gelingen.

Für den Bruchteil einer Sekunde steht er, mit der rechten Seite weit überhängend, auf dem Lastkraftwagen. Dann gibt dessen Unterbau nach. Bricht zusammen. Einen Augenblick lang steht der 32-Tonner auf dem äußeren Rand der rechten Gleiskette. Dann schlägt er krachend um, bleibt bewegungslos auf der Seite liegen.

... ein Panzergraben zieht sich quer durchs Gelände

Darauf haben unsere Landser nur gewartet. Zwei, drei Benzinkanister werden herangeschleift. Über dem stählernen Koloss entleert. Dann eine Handgranate hinein! Im Nu steht der 32-Tonner in Flammen ...

Währenddessen hat der 52-Tonnen-Panzer noch zwei hinter unseren Geschützen stehende 10,5-cm-Kanonen der Artillerie und eine Reihe von Lastkraftwagen überrollt, wendet und fährt heftig schießend den gleichen Weg zurück.

Zwei Unteroffizieren und einem Obergefreiten unserer Batterie gelingt es, in den toten Winkel des Schussbereichs der Waffen des Panzers zu kommen. Wie die Katzen klettern sie auf die rasende Sowjetfestung. Übergießen sie mit Benzin. Versuchen dann mit geballten Ladungen den Koloss zu erledigen.

Der Panzer brennt. Rollt aber unaufhaltsam weiter. Wieder gehen unsere Männer mit geballten Ladungen heran, um die Gleisketten zu sprengen. Keine Wirkung ... Dann versuchen sie es mit einzelnen Handgranaten, stecken sie in den Auspuff und das Geschützrohr. Das Ungeheuer bleibt unbeeindruckt.

Es rast auf einen wegen Motordefekt liegengebliebenen deutschen Panzer zu. Der schießt. Eine Granate nach der anderen trifft den Überpanzer der Bolschewisten, der näher und immer näher herankommt. Die Stahlplatten halten indessen auch diesen Geschossen stand.

Endlich erwischt ihn eine Granate zwischen Turm und Panzerung. Gleich darauf sitzt eine im Motor. Die Raupenketten des Sowjetpanzers bleiben stehen.

Wieder sind es die beiden Unteroffiziere und der Obergefreite unserer Batterie, die sich an den Koloss heranpirschen. Nochmals übergießen sie ihn mit Benzin, legen eine geballte Ladung unter die Raupenkette.

Endlich ...! Das stählerne Ungeheuer brennt lichterloh!

Seine Besatzung versucht, aus der Turmluke zu entkommen. Wirft Handgranaten. Schießt mit Handfeuerwaffen wild um sich.

Dann gibt es eine Riesenexplosion. Der Panzerturm wird hochgehoben, rutscht seitlich ab. Eine schwarze Qualmwolke steigt gegen den Himmel. Dann ist Ruhe, unheimliche Ruhe ...

Inzwischen ist auch der Stab unserer Abteilung aufgerückt. Am nächsten Morgen steht die Kolonne abmarschbereit auf der Dorfstraße, um die letzten Kilometer bis Brjansk zu rollen. Die Stadt ist schon am Tag zuvor nach heftigen Kämpfen genommen worden.

Erstes Tageslicht dringt schüchtern durch dichte Regenschleier. Triefend steht die Landschaft im Morgengrauen. Die durchnässte, verdreckte Uniform klebt förmlich am Körper. Aber was bedeutet das schon. Zwölf Kilometer noch, dann ist das Ziel erreicht.

Man wird sich wieder einmal waschen können, wird nach acht Tagen Kampf quer durch den Brjansker Kessel einen langen Schlaf tun, in einer mollig warmen Stube. Tagelang haben auch die Männer des Stabes unserer Flakabteilung darauf verzichten müssen. Parole war und ist, unter keinen Umständen den Anschluss an die schnelle Panzerspitze zu verlieren.

Die Motoren singen wieder ihr eintöniges Lied. Wie auf wildbewegter See bahnen sich die Kraftfahrzeuge stampfend, schlingernd und ächzend ihren Weg durch grundlosen Morast. Ein Waldstück ist erreicht. Plötzlich ist von vorne heftiges Infanterie- und Granatwerferfeuer zu hören.

Befehl: „Kolonne Haalt ! Absitzen!"

Mit seinen Offizieren und Mannschaften pirscht sich der Kommandeur unserer Abteilung bis an die Stelle heran, an der eine Gruppe Pioniere von feindlichen Infanteriekräften hart bedrängt wird.

Die Pioniere atmen auf. „Gott sei Dank, Flak!"
Sie sehen das den Stab begleitende 2-cm-Geschütz. Wenn es auch nur diese eine kleine Kanone ist – inzwischen kennt jeder Mann des Heeres hier vorne die Güte und Feuerkraft dieser Waffe.

Die Lage ist eindeutig. Schnelles Handeln unbedingt erforderlich. Um ein weiteres Vordringen der Sowjets zu verhindern, werden an Vormarschstraße und einem Waldstück südlich davon, in dem Tross und Fahrzeuge abgestellt sind, Sicherungen eingesetzt.

Dann schlägt den Sowjets verstärktes Abwehrfeuer entgegen. Das 2-cm-Geschütz hämmert seine Geschossgarben in die gegnerische Linie. Die Handfeuerwaffen der Flaksoldaten und Pioniere reißen Lücken in die Reihen der Bolschewisten, die sich langsam zurückziehen.

Zahlenmäßig um ein Vielfaches überlegen, versucht der Gegner daraufhin, die Sicherung auf der linken Flanke zu umgehen. Doch ehe diese Bewegung ausgeführt werden kann, ist die eigene Stellung um etwa zweihundert Meter zurückverlegt, der linke Flügel verstärkt. Die Sowjets, denen die Verlagerung des Schwerpunktes der Verteidigungsstellung offenbar entgangen ist, glauben nun, eine Handvoll deutscher Sbldaten überrennen zu können.

Mit wildem Urräähgeschrei stürmen sie auf unsere Sicherung ein. Bis auf achtzig Meter sind sie heran. Dann erst kommt der Befehl: „Feuer frei!"

Wie vom Blitz getroffen schlagen die erdfarbenen Gestalten zu Boden – gut geschulte Infanteristen. Nur einige laufen mit erhobenen Händen über. Geben sich gefangen. Einer von ihnen spricht deutsch. Wir reden mit ihm, fordern ihn auf, seinen Genossen zuzurufen, dass stärkere deutsche Kräfte im Anmarsch seien. Ein Widerstand sei zwecklos, sie sollten sich ergeben.

Tatsächlich stehen auf der anderen Seite etwa dreißig Mann auf. Halten aber die aufgepflanzten Gewehre in ihren Händen.

Zwei Leutnants unseres Stabes erheben sich ebenfalls. Durch Gesten geben sie zu verstehen, dass die Bolschewisten ihre Waffen wegwerfen oder hochhalten und herüberkommen sollen. In diesem Augenblick bricht ein mörderisches Feuer los.

Die beiden Offiziere werden schwer verwundet. Am 2-cm-Geschütz fällt der Richtkanonier aus. Sofort springt ein anderer Kanonier in den Richtsitz, hält die hinterlistigen Sowjets in Schach. Die beiden schwer verwundeten Offiziere werden aus dem Feuer geborgen, erhalten Notverbände.

Mit allen Mitteln versucht nun der Bolschewist, seine Absicht, die linke Flanke zu überflügeln, in die Tat umzusetzen. Der Kampf steht auf des Messers Schneide.

Da greift das Schicksal mit gütiger Hand ein. Deutsche Panzer rollen an, walzen, überrennen die Sowjets, zerschlagen, jagen den Feind, der in heilloser Flucht zu entkommen versucht. Seine Reste verkriechen sich im undurchdringlichen Dickicht urigen Waldes und entgehen so der Vernichtung.

Der Stab unserer Flakabteilung aber hat die bedrohte Vormarschstraße freigehalten und hat den Durchbruchsversuch starker Kräfte, die sich aus zwei Schützenregimentern zusammensetzten, verhindert. Noch am gleichen Tag werden auch deren Reste endgültig von nachrückenden Einheiten vernichtet.

Am Spätnachmittag erst erreicht unser Abteilungsstab Brjansk, das Ziel dieser großen Unternehmung. Der Ring um den Brjansker Kessel ist längst geschlossen, der Kessel selbst nun auch durchschnitten.

Alles, was an Feindkräften in dieser eisernen Zange sitzt, ist so oder so verloren. Der Feind hat zu wählen zwischen Vernichtung oder Gefangennahme.

Gleichzeitig hat sich auch das Schicksal der Armeen Timoschenkos erfüllt, die um Wjasma starke Verteidigungsstellungen bezogen hatten.

Weder Brjansk noch Wjasma hielt der Sowjetmarschall angesichts der schon vorgeschrittenen Jahreszeit für einnehmbar. Er stützte sich auf eine gut ausgebildete, glänzend ausgerüstete Truppe. Und doch muss er nun aus seinem Rechnungswerk alle Aktiva abschreiben:

657.948 Gefangene, ungezählte Tote,

1.241 Panzerkampfwagen,

5.396 Geschütze

und unübersehbares sonstiges Material.

Am Rand des Kessels

Während sich der Angriffskeil unserer Panzer und Flakbatterien den Stellungen Timoschenkos nähert, sie umfasst, seine Armeen einkesselt, vernichtet, steht ein Regiment unseres Korps südlich, im Raum um Putiwl.

Es ist eines der bekanntesten Flakregimenter, das erst nach Beendigung der Schlachten in der Ukraine zu uns kam. Es zeichnete sich bei Uman und in den Kämpfen am Dnjepr besonders aus. Seine Kanoniere haben jetzt die Aufgabe, die starken Entlastungsangriffe der Bolschewisten im Süden abzuwehren, mit denen sie unser Unternehmen gegen Timoschenko gefährden, ihm in den Rücken fallen wollen.

Zur Abwehr dieser Angriffe, die bei Gelingen das strategische Ziel der deutschen Führung ins Wanken bringen könnten, ist das beste Regiment gerade gut genug.

Es hat eine schwere Aufgabe zu lösen: Der Gegner ist zahlenmäßig stärker. Der Abschnitt, der verteidigt werden muss, ist lang. Jeder Mann und die letzte Kanone sind wichtig. Oft ganz auf sich gestellt, müssen einzelne Geschütze den in großer Übermacht wieder und wieder angreifenden Gegner abwehren.

... deutsche Panzer rollen an ...

Stärkere Kräfte des Heeres stoßen währenddessen zwischen den eigenen Verteidigungsstellungen hindurch tief in das vom Feind besetzte Gelände, um Verwirrung in seine Reihen zu tragen, seine Stärke und Absichten zu erkunden.

Mit zwei motorisierten Infanteriebataillonen marschieren zwei Züge einer leichten Batterie dieses Flakregiments Ende September zu einem derartigen Unternehmen feindwärts. Zwei Tage und zwei Nächte geht es gut voran. Geringer Feindwiderstand wird sofort gebrochen. Am dritten Tag setzt starker Regen ein, hält stundenlang an. Die Wege weichen auf und werden grundlos. Der Marsch der Bataillone bleibt im Schlamm stecken.

In zwei dicht nebeneinanderliegenden Dörfern richten sich die Infanteristen zur Verteidigung ein. Die Bolschewisten erkennen ihre Chance, greifen die Stellungen der Bataillone mit schweren Panzern an. Da werfen sich ihnen die zwei Flakzüge entgegen, nehmen sie unter Feuer. Und zwar so überraschend und mit derartiger Wucht, dass die stählernen Festungen abdrehen, den Angriff aufgeben.

In der Nacht kommen sie wieder und schließen mit Unterstützung starker Infanteriekräfte ein Bataillon ein. Sie stoßen gleichzeitig von Norden nach Süden durch und schneiden die Verbindung mit dem anderen Bataillon ab, das sie am Morgen pausenlos angreifen.

Die Fahrzeuge der Bataillone liegen in dem hügeligen Gelände, in Senken und Sumpflöchern fest, sind bewegungsunfähig. In dieser verzweifelten Lage erhalten die Bataillone den Befehl zum Rückmarsch, da sich ihre Division an anderer Stelle zum Angriff bereitstellt. Was nun? Die angreifenden Sowjets vor sich, im Rücken die versackten Fahrzeuge, kämpfen die Infanteristen und Flakkanoniere weiter. Der Druck der Bolschewisten, die immer neue Verstärkungen heranführen, wird von Stunde zu Stunde stärker.

Um ihren Angriff planmäßig durchführen zu können und um die zwei Bataillone vor der Vernichtung zu bewahren, gibt daraufhin die Division den zwei Bataillonen Befehl, auf jeden Fall die sowjetische Umklammerung zu sprengen, in den befohlenen Aufmarschraum zurückzukehren.

Am Nachmittag tritt das eine Bataillon zu Fuß, jedoch mit allen Waffen an. Es durchschlägt die sowjetische Umklammerung. Der Befehl, die versackten Fahrzeuge stehen zu lassen, erstreckt sich auch auf die dem Bataillon unterstellten Einheiten, trifft also auch die beiden Flakzüge.

Der Führer des einen Zuges will jedoch seine Fahrzeuge nicht verlorengeben, er arbeitet mit seinen Kanonieren bis kurz vor Abmarsch des Bataillons an ihrer Freilegung. Unter Aufbietung aller Kräfte gelingt es, Wagen um Wagen aus dem Morast zu ziehen. Im Mannschaftszug schleppen die Kanoniere die Fahrzeuge hinter dem Bataillon her, das sich im Fußmarsch durch die Bolschewisten kämpft.

Die Sowjets greifen vor allem immer wieder den Schluss des Bataillons an. Dort marschieren die Flakartilleristen mit ihren Fahrzeugen. Sie lassen diese für Minuten stehen, springen an die Kanonen, greifen zu den Karabinern und halten sich durch wohlgezieltes Feuer die Bolschewisten vom Leib, schützen die vor ihnen marschierenden Kameraden des Heeres. Dann schließen sie wieder auf.

Dieser Wechsel zwischen Fahrzeugschlepp und erbittertem Feuerkampf geschieht jede halbe Stunde. Dabei geht der Marsch über sechs Stunden!

Nachschubkolonne liegt im Schlamm fest

Endlich erreicht das Bataillon einen größeren Ort, wohin sich das andere Bataillon bereits – ebenfalls im Fußmarsch – durchgeschlagen hat. Auch der zu ihm kommandierte Flakzug hat all seine Fahrzeuge aus dem Sumpf gezogen und hinter dem Bataillon hergeschleppt.

Vereint können jetzt die beiden Bataillone ungefährdet den Bereitstellungsraum ihrer Division erreichen.

Den Kanonieren der beiden Flakzüge aber ist die Anerkennung des Regimentskommandeurs, zu dem die zwei Infanteriebataillone gehören, Dank genug für ihren Einsatz und ihre Zähigkeit: „Das Verhalten der Züge und besonders ihrer Zugführer war über jedes Lob erhaben. Sie haben Unerhörtes geleistet!"

Um die Oktobermitte flackern besonders südlich von Dmitriew heftige Kämpfe auf. Die Bolschewisten versuchen hier, einzelne Stützpunkte und strategisch wichtige Straßen zu überrumpeln und abzuschneiden.

So greifen die Sowjets mit ungefähr einem Regiment unter Artillerieunterstützung ein Dorf an, in dem Hunderte von Fahrzeugen unserer Nachschubkolonnen, infolge der schlechten Straßenverhältnisse, festliegen Ein Offizier sammelt die Fahrer und Beifahrer dieser Wagen, stellt sich mit ihnen am Rand des Dorfes zur Verteidigung auf. An stärkeren Feuerkräften stehen ihm nur zwei Pakgeschütze zur Verfügung. Also verdammt wenig Eine fast aussichtslose Angelegenheit für den Offizier und seine Männer.

Da melden sich bei ihm Kanoniere mit einem 2-cm- und einem 3,7-cm-Flakgeschütz. Sie werden sofort eingesetzt. Die 2-cm-Kanone am rechten Flügel der Verteidigungsstellung.

Auf ihn konzentrieren die Bolschewisten ihren Angriff. Sie schicken zuerst eine Kompanie Infanterie vor. Die Kanoniere am 2-cm-Geschütz lassen sie bis auf vierhundert Meter herankommen. Die Sowjets scheinen ihrer Sache so sicher zu sein, dass sie sich aufrecht dem Dorfrand nähern, ohne auch nur ein einziges Mal in Deckung zu gehen. Ein ungewöhnliches Benehmen dieser bolschewistischen Eliteinfanterie, die sonst jede Falte des Geländes zur Tarnung ausnützt.

Schlagartig setzt die 2-cm-Kanone mit kurzen, hämmernden Feuerstößen ein, trägt Tod und Verderben in die bolschewistischen Reihen, die sich eben noch so sicher fühlten und nun überrascht am Boden liegen.

Die Hälfte der Kompanie ist nach zehn Minuten ausgeschaltet, ist tot oder wälzt sich verwundet auf den kurzen Stoppeln des abgeernteten Getreidefeldes. Der Rest versucht – förmlich in jede Furche des Ackers kriechend – Schutz vor den Flakgranaten zu finden. Einzelne Sowjets arbeiten sich näher heran und nehmen mit Schnellfeuergewehren die Geschützbedienung aufs Korn. Doch die Kanoniere sind schneller. Sie streuen die Widerstandsnester ab, bis sich kein Bolschewist mehr rührt. Nach einer halben Stunde ist von der Sowjetkompanie kein kampfkräftiger Mann mehr übrig ...

Die Bolschewisten schicken Verstärkungen vor. Wieder hämmert die 2-cm-Kanone. Die Sowjets sind in zu großer Anzahl, auf zu breiter Front. Ein Geschütz allein kann sie nicht niederhalten. Wohl wird auch diesmal der größte Teil außer Gefecht gesetzt. Einzelne Schützen schleichen sich jedoch bis auf fünfzig Meter an die Kanone heran. Verbissen kämpfen ihre Kanoniere, die dauernd unter Infanteriefeuer liegen. Plötzlich sackt der Richtkanonier zusammen: Kopfschuss. Ein Infanteriegeschoss schlug genau durch den Sehschlitz des Visierschildes.

Ein Ersatzmann springt ein. Minuten später sind zwei Kanoniere verwundet. Zu allem Unglück hat die Kanone auch noch Ladehemmung, sie schießt nicht mehr. Aber der Geschützführer verliert den Kopf nicht und birgt zuerst die Verwundeten. Dann bezieht er mit seinen Männern hinter dem Geschütz ein schnell ausgehobenes Erdloch, kämpft mit allen verfügbaren Handfeuerwaffen als Infanterist weiter.

Bis zum nächsten Morgen halten die Flakartilleristen ihren Abschnitt. Auch als der Bolschewist mit schwerer Artillerie Dorf und Vorfeld belegt, ein Volltreffer ihre Ausrüstungs- und Bekleidungsstücke vernichtet, weichen sie nicht. Und als sie mit allen im Dorf befindlichen Landsern zum Gegenstoß antreten, wird der Gegner geworfen. Die Gefahr ist endgültig beseitigt.

Wenige Kilometer von dieser umkämpften Ortschaft greifen zu gleicher Zeit starke sowjetische Infanteriekräfte ein weiteres Dorf an. Kampfkräftige deutsche Einheiten stehen zu seiner Verteidigung nicht zur Verfügung.

Ein Flakoberleutnant sammelt die wenigen Soldaten im Dorf um sich, stellt sie zu einem Kampftrupp zusammen und besetzt mit ihm, seiner 3,7-cm-Flakkanone, einem Pakgeschütz und mehreren MGs die vor dem Dorf liegenden Höhen.

Schon beim Instellunggehen werden sie von starkem sowjetischem Maschinengewehrfeuer eingedeckt. Kurz darauf greifen die Bolschewisten an. Ein Feuerhagel aus allen verfügbaren Waffen, von dem Oberleutnant umsichtig geleitet, schlägt ihnen entgegen, reißt große Lücken in ihre Reihen.

Die überlebenden suchen Deckung. Doch die Lage auf den Höhen gibt den deutschen Landsern gute Übersicht. So nehmen sie sich die im Gras liegenden Sowjets vor, schießen sie zusammen und treiben den Rest in die Flucht.

Gegen Mittag versuchen es die Sowjets noch einmal. Wieder branden die erdfarbenen Infanteriewellen gegen die kleine Schar auf den Hügeln an. Doch aller Fanatismus nützt den Bolschewisten nichts. Sie werden genauso zusammengeschossen, in die Flucht geschlagen, wie am Morgen.

Nach einer Stunde treffen Teile eines Infanteriebataillons in dem Dorf ein und stellen sich sofort zum Angriff bereit. Mit ihnen stößt der Flakoberleutnant dem weichenden Feind in die Flanke, verhindert durch das Feuer seiner 3,7-cm-Kanone, dass sich die Bolschewisten noch einmal setzen können. So trägt er wesentlich zum Gelingen des Gegenangriffs bei.

Am nächsten Morgen wird das, inzwischen verstärkte Infanteriebataillon zu einer gewaltsamen Erkundung angesetzt. Unsere Führung will wissen, wie stark die feindlichen Kräfte sind, die ihr in diesem Abschnitt gegenüberstehen. – Ein Wachtmeister wird mit einer 2-cm-Flakkanone dem Unternehmen zugeteilt.

Nach allen Seiten sichernd, stoßen die Infanteristen weit in das feindliche Gelände vor. Abgesehen von kleinen Plänkeleien finden sie keinen nennenswerten Widerstand.

Da tauchen plötzlich in einer Senke sowjetische Infanteristen in Regimentsstärke mit Geschützen und Panzern auf. Drei Panzerkampfwagen schwenken sofort zum Angriff auf die deutschen Infanteristen ein. Der Wachtmeister wirft sich ihnen mit seiner kleinen Flakkanone entgegen, zwingt sie durch sein gutliegendes Feuer zum Rückzug und ermöglicht so die Weiterführung des Unternehmens.

Unsere Batterie ist zum Schutz eines Flughafens in Stellung gegangen. In unmittelbarer Nähe der Geschütze, am Rand des Platzes, steht einsam und verlassen wie ein zerzaustes Hühnchen ein hochbeiniger „Vogel".

Unfreundlich wie die „Krähen" von drüben – die mit dem roten Stern unter den Tragflächen – nun einmal sind, haben sie gerade in diesem harmlosen „Storch" ein geeignetes Objekt ihrer Angriffslust gesehen: Was scherte die Rotbesternten die Vielzahl der Kampf-, Zerstörer- und Jagdflugzeuge an den anderen Ecken und Enden des Flugplatzes? Sie hatten es nun mal auf unseren Fieseler-Storch abgesehen. Oder war es Zufall, dass ihn der Splitterregen traf? Oder haben die Bolschewisten gar von oben her erkannt, dass dieser Vogel gar nicht so harmlos ist, wie er aussieht?

Einerlei – Bombensplitter hatten den Rumpf des Flugzeuges an vielen Stellen durchschlagen. Durch die Kabine pfiff ein eisiger Wind. So konnte es nicht mehr fliegen.

Den Sowjets ging es übrigens noch weit schlechter. Denn kurz nach ihrem Bombenabwurf hatten die Granaten unserer Batterie sie erreicht. Zwei Maschinen waren angekratzt – schlugen auf den Boden auf – brannten. Aus, ganz aus!

Die „Dora" aber – eben unsere brave „Störchin" – schwabbelt vier Tage später wieder über Russlands Weiten. Über und über mit Pflastern und Pflästerchen behaftet, sieht sie wie ein tollkriegerisches Wesen aus. Tagaus, tagein versieht sie in alter Treue wieder ihren Dienst in der Flugbereitschaft unseres Flakkorps.

Welche Aufgaben diese Flugbereitschaft hat?

Nun, es war vorauszusehen, dass wir in der Sowjetunion die schlechtesten Straßen Europas antreffen würden. Überdies musste sich der Einsatz der Abteilungen und Regimenter des Flakkorps angesichts der Weitläufigkeit des Landes über größere Räume erstrecken als sonst. Die Führungsgruppe des Generalkommandos stand also vor einer wesentlich schwereren Aufgabe als z. B. in Frankreich.

Im Feldzug gegen Sowjetrussland ist es nicht damit getan, nur durch Fern- und Funksprüche sich unterrichten zu lassen und Befehle zu geben. Wie oft muss ein Offizier bei der kämpfenden Truppe Einblick in die Verhältnisse nehmen. Oder aber ein Kommandeur ist zu einer Besprechung ins Stabsquartier befohlen. Mit dem Kraftwagen ist das entweder überhaupt nicht oder nur unter Schwierigkeiten und großem Zeitverlust möglich. Hier springt der Fieseler-Storch ein und erledigt solche und ähnliche Aufgaben in einem Bruchteil der Zeit, die sonst dafür aufzuwenden gewesen wäre. Auch zum wechselseitigen Transport der Kurierpost, zur schnellsten Übermittlung von Befehlen, Berichten und Meldungen tritt das Verbindungsflugzeug in Aktion. Wie oft gibt es Schäden an Fahrzeugen und Gerät, die wegen Fehlens eines vielleicht nur kleinen Teils nicht sofort behoben werden können. Die „Weihe" holt es von den Heereskraftfahrparks und hilft so der betroffenen Batterie wieder auf die Beine.

Als die Einheiten des Korps im Spätherbst auf den tollen Straßen teilweise im Schlamm steckenbleiben, wird das Flugzeug oft genug auch zum Briefträger. Wenn die Männer an den Geschützen seit Wochen ohne Post aus der Heimat sind, stellt der Feldpostsack, den der „Storch" mitbringt, fast ruckartig die gute Stimmung wieder her.

Vom Vorhandensein der sowjetischen Luftwaffe spürt die Flugbereitschaft zunächst nur wenig. Von Minsk ab wird sie allerdings zu einem Faktor, den gerade die Flugbereitschaft auf ihren Flügen beachten muss. Dabei ist zu bedenken, dass keines der Flugzeuge eine Bordbewaffnung hat. Lediglich die Maschinenpistole fliegt immer mit – eine Waffe zwar, sogar eine gute Waffe. Im Luftkampf aber nicht mehr als ein Kinderschreck. Letzten Endes soll sie auch einen anderen Zweck erfüllen: Sie soll im Fall einer Notlandung der Besatzung helfen, sich zu verteidigen. Bei der geringen Breite unserer keilartig vorgetriebenen Panzerrollbahnen ist immer damit zu rechnen, dass schon 5 Kilometer neben der Straße noch der Bolschewist sitzt.

Mit drei Flugzeugen, vier Flugzeugführern, einem Bordmechaniker, einem Bordfunker und drei Mann Bodenpersonal beginnt die „Luftstreitmacht" des Flakkorps den Sowjetfeldzug. Von Minsk aus wird ein weiteres Flugzeug „organisiert", und zwar eine schnelle Messerschmitt 108, ein „Taifun". Flugbereitschaft und Flakkorps sind stolz auf diesen Neuerwerb, mit dem nun endlich längere Strecken ohne Zwischentanken zurückzulegen sind.

Schon kurz nach ihrer Einreihung in die Flugbereitschaft hat sich die Me 108 in einer Feuerprobe zu bewähren, mit ihr die „Weihe". Und das war so: Beide Flugzeuge schwirren, zwar aufmerksam, aber nichts Böses ahnend, im Raum von Orscha herum, um den dortigen Flugplatz zu erreichen. Die Flugzeugführer suchen das Gelände ab, finden aber den Platz, den sie zum erstenmal anfliegen wollen, nicht gleich auf Anhieb.

Zwei, drei Kilometer hinter dem Flugplatz Orscha schlängelt sich das silberne Band des Dnjepr. Eine weitausholende Kurve genügt, um auf die andere Seite des Flusses zu kommen. Beide Flugzeuge sind nur fünfzig Meter hoch. Auf einmal prasselt's im „Karton". Sowjetische Infanterie, die

Aus. Ganz aus!

sich offenbar im Tiefflug angegriffen glaubt, jagt unserem harmlosen, nichts ahnenden „Taifun" und der „Weihe" MG-Salven und Gewehrschüsse entgegen, und rotzt ihnen buchstäblich die Kisten voll. Bordmechaniker und Bordfunker zwängen ihre Maschinenpistolen durch die Kabinenfenster, schießen ihre Magazine leer.

Beide Flugzeugführer aber haben die Lage blitzartig erfasst, drücken die Nasen ihrer Vögel bis dicht an den Boden und brausen, jede Geländewelle nutzend, mit Vollgas gen Westen ab. Schon ist der Flugplatz heran. Landung.

Und nun kann man sich den Schaden besehen. Der Benzintank des Taifun ist durchschossen, das Benzin ausgelaufen. Buchstäblich mit dem letzten Tropfen Sprit hat es noch gerade bis zum Platz gelangt. Dusel gehabt!

Der „Weihe" geht es besser. Bis auf die Landeklappe sind keine lebenswichtigen Teile beschädigt. Diesen Vogel ereilt aber wenig später hinter Smolensk, auf dem Flugplatz Schatalowka, das Schicksal. Eben ist das Flugzeug mit Ersatzteilen aus Berlin zurück. Es steht mutterseelenallein, gut getarnt, in irgendeiner Ecke des Flugplatzes. Es ist Nacht. Dicht daneben lebhafter Betrieb bei den großen Schwestern, den Kampfflugzeugen, die Nachteinsätze nach Moskau fliegen. Plötzlich ein fürchterlicher Schlag. Die Weihe bricht zusammen. Birst auseinander, zersplittert. Was ist geschehen? Eine He 111 hat sich, vom Feindflug zurückkehrend, genau auf die Weihe gesetzt, deren Existenz damit ein- für allemal ausgelöscht ist.

So ist das Schicksal der Flugzeuge unserer Flugbereitschaft von mancherlei äußeren Dingen beeinflusst: Schlechte Bodenverhältnisse auf unbekannten Flugplätzen. Bombentrichter, die plötzlich beim Ausrollen auftauchen. Laufende kleine Motor- und sonstige Defekte. Sie beeinträchtigen die Verwendungsfähigkeit der Flugzeuge, von denen bisweilen nur zwei flugklar sind.

Die Flugbereitschaft hat aber schon im Laufe der ersten zwei Monate beweisen können, dass sie Frontflugzeugführer im besten Sinne dieses Wortes hat. Allen ist die richtige Mischung von Bedachtsamkeit und Schneid gemeinsam. So ist die Verleihung des E.K. II an die vier Flugzeugführer gegen Ende August durch den Kommandierenden General Belohnung für ihr auf jedem Flug gezeigtes tapferes Verhalten.

Das Flakkorps marschiert südlich, in die nördliche Ukraine. Die Fahrzeuge arbeiten sich mühsam durch Sandwege vorwärts. Während „Weihe" und „Taifun" darauf angewiesen sind, von Flugplatz zu Flugplatz zu verlegen, folgen beide Störche dem endlosen Zug vormarschierender Kolonnen direkt.

Der „Storch" ist sehr genügsam. Eine kleine Start- und Landefläche – eine Waldwiese, ein Stoppelacker oder eine baumlose Straße – reichen aus, um ihn aktionsfähig zu halten. Sehr oft haben, infolge der schlechten Wegeverhältnisse, die Einheiten des Korps es nicht geschafft, an einem Tag das nächste Verlegungsziel zu erreichen.

Die Storchbesatzung muss erkunden, wo und wie die Einheit die Nacht zu verbringen gedenkt. Also, bis auf fünf Meter über der Straße an die marschierende Kolonne heran. An der Kolonnenspitze oder beim Vorkommando, die trotz der Vielzahl von gleichzeitig marschierenden Heeresverbänden durch die an den Fahrzeugen angebrachten Korpszeichen ohne Schwierigkeiten zu erkennen sind, wird auf einem Acker oder einer Wiese neben der Straße gelandet.

Diese kleinen Intermezzi am Rande der Vormarschstraßen aber haben bei den Kameraden des Heeres immer wieder Staunen und Überraschung hervorgerufen. So lächerlich klein ist die Fläche, die der Fieseler-Storch für Start und Landung benötigt!

Der „Storch" aber fliegt weiter zum nächstliegenden Feldflughafen, auf dem sich die am weitesten vorgeschobenen Einheiten der fliegenden Verbände befinden. Meistens ist es eine Gruppe vom Geschwader Mölders, bei der genächtigt wird. Für einen unserer Flugzeugführer aber ist es eine besondere Freude, hier, in der Weite Russlands, Oberst Mölders wiederzusehen, seinen damaligen Hauptmann und Staffelkapitän, bei dem er Kraftfahrer war, bevor ihn der Kapitän auf die Flugzeugführerschule schickte.

Bis zur Vereinigung der von Süden herauf- und von Norden hinunterstoßenden beiden Heeressäulen und bis zur Beendigung der sich hieran anschließenden Vernichtungsschlacht östlich Kiew hat die Flugbereitschaft des Flakkorps täglich Kurierflüge nach Smolensk durchzuführen.

Dicht hinter der Front muss eine Strecke von rund vierhundert Kilometern quer durch das Operationsgebiet bewältigt werden. Diese Flüge, die über eine dem Weg Berlin-Ruhrgebiet entsprechende Entfernung gehen, haben es in sich. Sie müssen in Flugzeugen zurückgelegt werden, die unbewaffnet und dabei ständig der Möglichkeit feindlicher Angriffe aus der Luft ausgesetzt sind. Da heißt es: Wachsam sein, genau „franzen", den Luftraum immer wieder absuchen und unter Kontrolle halten, um sich ernstfalls rechtzeitig im Tiefstflug tarnen und verdrücken zu können.

Im Oktober beginnt der Herbstregen. Er bereitet nicht nur dem Heer Schwierigkeiten, sondern schränkt auch den Flugbetrieb ein. Vorn gibt es keine Blindfliegerei, da auf den vorgeschobenen Feldflugplätzen noch keine ortsfesten Peileinrichtungen vorhanden sind. Zudem müssen die Verbindungs- und Transportflugzeuge die Vormarschstraßen entlangfliegen, weil wenige Kilometer links und rechts der Straßen das Gebiet noch nicht gesäubert ist. Bisweilen aber wird doch Kurs geflogen, weil das Ausfliegen des Straßen-Zickzacks eine äußerst langweilige und zeitraubende Angelegenheit ist. Dabei werden die Flugzeuge der Flugbereitschaft einige Male von versprengten Sowjets beschossen, erhalten Treffer, ohne dass aber ernsthafte Schäden bei Besatzung oder Flugzeugen eintreten.

Die Männer der Flugbereitschaft sind stolz darauf, dass die ihnen anvertrauten Flugzeuge nie durch eigenes Verschulden zerstört oder beschädigt wurden. Jeder weiß, dass diese Einrichtung ausschließlich den Belangen des Flakkorps zu dienen hat, sei es, dass die Versorgung der Truppe sichergestellt oder der Kurierverkehr aufrechterhalten werden muss. Es gibt keine Abteilung des Korpsstabes, die sich im Laufe dieses Feldzuges nicht der Flugzeuge bedient, um ihre Aufgaben so schnell wie möglich zu erledigen: Die Offiziere der Führungsgruppe, der Quartiermeisterstaffel, der Korpsarzt, die Verwaltungsbeamten, ja sogar das Kriegsgericht.

Aber auch in anderer Beziehung als der rein sachlichen wirkt sich der Einsatz einer fliegenden Einheit beim Flakkorps im positiven Sinn aus. Das Verständnis für die gegenseitigen Belange und das Zusammengehörigkeitsgefühl zwischen Fliegertruppe und Flakartillerie wird dadurch wesentlich vertieft, dass „Gelb" und „Rot" – oft aufeinander angewiesen, wie und wo es auch immer war und ist – kameradschaftlich an einem Strang ziehen.

Dieses unbedingte Zusammengehörigkeitsgefühl aber lässt sich wohl nicht besser als dadurch kennzeichnen, dass schon nach kurzer Zeit der Zusammenarbeit die Flugbereitschaft von „unserem Flakkorps" und die Flaksoldaten des Korps von „unserer Weihe", „unserem Taifun" und „unserem Storch" sprachen.

***

Inzwischen hat sich im nordwestlichen Abschnitt des Südflügels schon vor einiger Zeit folgendes ereignet:

Östlich von Gluchow, einer Stadt mittlerer Größe in der nördlichen Ukraine, brechen kurz vor dem Monatswechsel starke Kräfte der Sowjets durch. Es sind zum Teil die gleichen Einheiten, die sich schon bei Romny blutige Köpfe geholt haben. Sie schließen einen Ring um die Stadt, in der neben anderen Einheiten auch der Stab eines unserer Flakregimenter sitzt.

Die Lage wird für die Eingeschlossenen von Stunde zu Stunde kritischer, denn sie haben nur wenige schwere Waffen zur Verfügung und sind vor allem auf ihre Gewehre, Pistolen und Handgranaten angewiesen. Mit ihnen können sie sich nicht lange halten.

Die deutsche Führung stellt sich sofort auf diese neue Lage ein, sie schickt deshalb ein Panzerregiment und ein Kradschützenbataillon zum Entsatz. Wir nehmen mit unserer schweren 8,8-cm-Kanone an dem Unternehmen teil.

Morgens um drei Uhr ordnen wir uns bei völliger Dunkelheit in den auf der Straße stehenden Verband ein. Noch ehe der erste Schein des Tageslichtes im Osten dämmert, rollen wir an.

Ein gespenstischer Zug! Im fahlen Dämmerlicht des beginnenden Tages wirken die Panzer wie Wesen aus grauer Vorzeit. Unsere Kanone sieht noch unheimlicher aus. Durch die dichten Nebelschwaden ragt ihr langes Rohr wie eine riesige, zum Stoß gefällte Lanze.

Eine eigentümliche Stimmung liegt über solchen Herbstmorgen in Russland. Gegenständliches ist nur unklar zu erkennen. Die Konturen wirken wie von engmaschigen Schleiern umhüllt.

Es ist empfindlich kalt in diesen frühen Stunden. Die Hände tief in die Manteltaschen vergraben, Schals um den Hals, sitzen die Landser dicht bei dicht auf den Fahrzeugen. Gesprochen wird nicht viel. Nur ab und zu kommt Bewegung in die zusammengekauerten Gestalten, wenn eine Zigarette zum Mund geführt oder eine Pfeife gestopft wird.

Der einzige Vorteil dieser Morgenkälte ist, dass uns die Mücken in Ruhe lassen. Diese Quälgeister scheinen neben Wanzen und Läusen unter der Insektenwelt Sowjetrusslands am stärksten vertreten zu sein. Sie zerstachen uns schon, als wir in den Rokitnosümpfen vor dem Bug in Bereitstellung lagen, folgten uns dann die ganze Zeit unseres weiten Weges. Oft griffen sie uns in ganzen Geschwadern an, flogen uns in den Mund, wenn wir ihn zum Essen oder Sprechen öffneten und glaubten, in unseren Augenwinkeln Nahrung für ihre gierigen Rüssel zu finden. Wir konnten uns zeitweilig nur vor ihnen retten, wenn wir qualmten wie die Schlote oder dauernd das Mückennetz über dem Kopf trugen. Dann mussten aber auch die Hände in den Hosentaschen verschwinden, sonst konzentrierten die summenden Blutsauger ihre Angriffe auf diese Stückchen bloßer Haut.

Das fällt nun weg. Ein unbestreitbarer Vorteil! Wir Landser haben gelernt, nur die angenehmen Seiten jeder Jahreszeit zu sehen, gegen die schlechten können wir sowieso nichts machen. Und Kälte können die Mücken nicht ertragen. Also ist uns der Frost bis zu einem gewissen Grad sympathisch. Dass die Mücken allerdings von ärgeren Quälgeistern, Läusen und Wanzen, abgelöst werden, die uns in der Folgezeit noch viel mehr zu schaffen machen sollten, daran denken wir jetzt nicht. Zum Denken hat man auch in diesen Stunden zwischen Tag und Nacht gar keine Lust.

Mit den ersten Strahlen der Sonne, die uns einen der letzten schönen Herbsttage schenkt, werden wir munterer. Es kommt sogar so was wie eine Unterhaltung in Fluss. Die meisten greifen aber nach dem Inhalt ihrer Brotbeutel, den dampfenden Feldflaschen. Und mit einem vollen Magen sieht die Welt wieder ganz anders aus …

So erschüttert es uns auch nicht besonders, als wir nach zweistündigem Marsch von starkem Infanterie- und Granatwerferfeuer in Deckung gezwungen werden.

Während unsere Panzer zum Angriff auf die feindlichen Stellungen rollen, springen wir an die Kanone, protzen ab, streuen das vor uns liegende, mit einzelnen Buschgruppen bewachsene Gelände mit Sprenggranaten ab. Wir wissen: Wer unter ihrem Sprengkreis liegt, kommt nicht mit heiler Haut davon. Bis jetzt haben wir noch nie erlebt, dass feindliche Infanterie dem Feuer unserer 8,8-cm-Kanone standhielt.

So ist es auch hier. Wer von den Sowjets noch lebt, rennt in wilder Flucht davon, lässt Waffen und Ausrüstung liegen. Doch auch die Flucht rettet sie nicht. Im Lauf werden sie von den Granaten und Maschinengewehren unserer Panzer erwischt oder von ihnen in der Deckung überrollt.

Eine Stunde nach Beginn des Gefechts ist bereits der Ring um Gluchow von Südwesten her gesprengt.

Noch einmal versuchen die Bolschewisten, uns in einem Dorf aufzuhalten. Doch auch hier verrichten die Flakgranaten, die Geschosse unserer Panzer, ganze Arbeit. Und als unsere Kradschützen in den Kampf eingreifen, muss der Gegner endgültig weichen.

Durch ein massives Stadttor aus der Zeit der großen Katharina fahren wir über holpriges Kopfsteinpflaster in die Stadt ein. Freudig begrüßt von den Kameraden, welche die Hoffnung auf Entsatz nie aufgegeben haben und die trotz drohender Übermacht auf ihrem Posten blieben. Jetzt scheint die Lage gesichert zu sein.

Da erhalten gegen Nachmittag unsere Panzer die Nachricht, dass ihr Tross in dem gleichen Dorf, welches wir heute Morgen säuberten, von den wieder angreifenden Bolschewisten eingeschlossen und in Gefahr ist, aufgerieben zu werden.

Für die Männer in den schwarzen Uniformen gibt es kein Überlegen. Sie springen in ihre Panzer, rollen zurück, den Kameraden zu Hilfe. Aufs Neue müssen sie den Ring um Gluchow, der sich hinter uns wieder geschlossen hat, aufbrechen, und zwar jetzt von innen her.

Wir bleiben zurück, sollen mit dem Bataillon Kradschützen und etwa sechshundert Soldaten, die aus allen möglichen Einheiten zusammengewürfelt sind, die Stadt halten.

Vor dem Ostausgang gehen wir in Stellung, sind kaum dort angelangt, als Sowjetpanzer angreifen. Drei dieser Kolosse werden abgeschossen, die übrigen drehen seitlich ab.

Gegen Abend kommen neue, alarmierende Nachrichten. Die Sowjets sind mit dreieinhalb Divisionen im Anmarsch auf Gluchow. Wir, nur wenige hundert Mann, beschließen, unser Leben so teuer wie möglich zu verkaufen. Vor allem müssen wir Zeit gewinnen und früh genug die Hauptangriffsrichtung der Bolschewisten erfahren. Wenn wir uns ihnen dann mit zusammengefassten Waffen entgegenwerfen, können wir sie vielleicht für einige Zeit aufhalten. Solange, bis unsere Panzer zurückkommen.

Um eine bessere Übersicht über die Umgebung der Stadt und die Bewegungen des Feindes zu haben, bauen wir zwei Scherenfernrohre auf der Plattform eines hohen massiven Wasserturms auf. Zwei Unteroffiziere des Heeres beobachten von dort oben ständig das Gelände.

Die Nacht kommt. Kein deutscher Soldat in Gluchow schläft. In ausgehobenen Stellungen liegen sie an den Rändern der Stadt mit Maschinengewehren, Karabinern und Maschinenpistolen. Griffbereit haben die Landser neben sich Bündel von Handgranaten geschichtet. Wir liegen vor unserem Geschütz, das uns nachts nichts nützen kann, und haben ebenfalls unsere Handfeuerwaffen im Arm.

In uns allen ist eine wilde Entschlossenheit. Lebend sollen uns die Bolschewisten nicht erwischen!

Gegen Mitternacht schleichen sie an. Unsere vorgeschobenen Sicherungen bemerken sie, schlagen Alarm. Wir sind gewarnt. Wo sich der Gegner näher heranwagt, schlägt ihm unser Feuer entgegen. Als der Mond durch die Wolkenschleier lugt, sein bleiches Licht über das weite Land, über die Häuser der Stadt gießt, gehen unsere Stoßtrupps zum Gegenangriff über. Von ferne hören wir an

... in der Folgezeit noch viel mehr ...

unserem Abschnitt das Detonieren der Handgranaten, mit denen unsere Landser die bolschewistischen Schützennester ausräuchern. Dann ist alles ruhig.

Am Morgen schicken die Bolschewisten Panzerkampfwagen, funken mit der Artillerie auf unsere Stellungen an den Stadträndern. Wir wehren uns verbissen mit unserer großen Kanone, können einige Panzer abschießen. Dann schlägt es bei uns ein. Eine Panzergranate kracht in die Zugmaschine. Wir sind mit unserem Geschütz bewegungsunfähig geworden. Mit menschlicher Kraft bringen wir sie aus dem morastigen Untergrund nicht heraus.

Wir kämpfen trotzdem weiter, feuern auf die sich heranarbeitende Sowjetinfanterie, können sie bis zum Mittag niederhalten. Essen wird kleingeschrieben ...

Dann kommen neue Panzer. Eine Granate trifft unser Geschütz. Es schießt nicht mehr. Aus! Mit einem letzten Blick auf unsere treue Kanone ziehen wir uns zurück in die weiter hinten liegende, schnell ausgehobene Auffanglinie. Wir sind nun Infanteristen wie alle anderen.

Da – Gott sei Dank, die Sowjetpanzer drehen ab! Dafür kommt Sowjetinfanterie. Das Gefecht dauert bis zum Nachmittag. Wir wehren alle Angriffe ab.

Plötzlich beginnen die Sowjets zu laufen, verdrücken sich im Gelände. Sollten ...? Wir können es noch nicht glauben. Aber es stimmt: Unsere Panzer kommen!! Sie haben ihren Tross aus der

Umklammerung herausgeschlagen, den sowjetischen Ring um Gluchow aufgerollt und greifen jetzt die Bolschewisten an, die der Stadt am nächsten stehen.

Wo deutsche Panzer marschieren, bleibt kein Auge trocken. Die Bolschewisten vor uns werden niedergewalzt, zusammengeschlagen, von rasselnden Ketten zerquetscht. Und als der Abend naht, ist die Bedrohung von Gluchow endgültig beseitigt. Unsere Panzerkameraden haben Wort gehalten, haben uns nicht im Stich gelassen ...

Mit einem Gefühl, als wären wir neugeboren, schlendern wir nach Bergung unserer Kanone durch die Straßen der Stadt. Ihre Häuser sind zum großen Teil massiv gebaut, machen einen ganz anständigen Eindruck. Die Straßen sind gepflastert – Ukraine!

Wir gehen den in der Abendsonne golden leuchtenden Zwiebeltürmen nach, die weit über die ein- oder zweistöckigen Behausungen blicken, und stehen nach Überquerung des Marktes vor der Kathedrale von Gluchow.

Sie ist ein Bauwerk mit streng byzantinischen Formen. Hell heben sich ihre weißgekalkten Wände, die vergoldeten Kuppeln von dem Grau der Häuser ab, die wie scheue Kinder zu ihr aufblicken. Sie ist ein aus Stein geformtes Sinnbild ostischer Gottverehrung, die ihren Ursprung in der Weite des Landes hat. In den unendlichen Weiten des Ostens fühlt sich der Mensch klein und hilflos. Nur die Gewissheit von einem gnädigen Gott über sich lässt ihn die Einsamkeit, die ragende Himmelskuppel, den in Fernen verdämmernden Horizont ertragen.

Wir Soldaten hier in der Sowjetunion lernten dieses Gottgefühl verstehen und empfinden es angesichts der Kathedrale und nach den Erlebnissen der letzten achtundvierzig Stunden besonders tief.

Beherrschend steht der in sich ruhende Bau an der Stirnseite eines mit Rasen bedeckten Platzes, durch den sich kreuz und quer ausgetretene Wege ziehen, und über den Männer und Frauen in zerlumpten Kleidern eilen. Sie treffen sich im Vorgarten der Kathedrale.

Ein altes Mütterchen nimmt ihr Umschlagtuch ab. Zieht einen Gegenstand hervor, der sorgfältig in Papier gehüllt ist. Mit scheuer Behutsamkeit wickelt sie ihn aus. So, als fürchte sie ihn zu verletzen. Wir sehen staunend: Aus den Papierhüllen leuchtet ein vergoldetes Kruzifix. Ein Kruzifix, mit dem der Geistliche nach griechisch-orthodoxem Ritus die Gemeinde segnet.

Es ist, als ob die umstehenden Männer und Frauen auf dieses Kruzifix wie auf ein Zeichen gewartet haben. Sie beginnen nun ebenfalls auszupacken und heranzubringen: Heiligenbilder, Altardecken, Ikonen, Opferstöcke. Seit Jahren lagen sie versteckt unter Heu, in alten Kleiderbündeln, unter den Dielen ihrer baufälligen Häuser – dem Zugriff der Bolschewisten entzogen.

Dann kommt Bewegung in die Versammelten. Sie eilen einem Panjewagen entgegen, auf dem ein dürftig gekleideter Greis mit langem wallendem Bart und Haupthaar einen dürren Klepper antreibt. Ehrfürchtig begrüßen ihn die Umstehenden. Es ist der zweiundneunzigjährige Pope dieser Kathedrale, der vor Jahren der GPU entkam. In einem benachbarten Dorf verbargen ihn Gläubige bis heute vor den Häschern Stalins.

Der Alte gab in den Zeiten der Not die Hoffnung auf eine bessere Zukunft nicht auf. Er glaubte an die Legende, die sich um die Hakenkreuzfresken in seiner Kathedrale rankt. Von einem italienischen Meister im Jahr 1868 angebracht, wusste der Alte nur, dass sie ein heiliges Zeichen der Männer waren, die vor langen Jahrhunderten mit dem Germanen Rurik aus dem Norden kamen und das erste Russische Reich gründeten. Die Legende erzählt, dass die Macht des Bolschewismus – und damit die Not der Völkerschaften Russlands – erst dann gebrochen würde, wenn Männer ins Land kommen, die das alte Zeichen aus der Kathedrale als ihr Symbol tragen.

Stadttor in Gluchow aus der Zeit der großen Katharina

Und nun ist mit unserem Einzug die Legende von Gluchow, die in den vergangenen Jahren für Tausende in dieser Stadt die letzte Hoffnung war, Wirklichkeit geworden!

Die Einwohner können die neuen Verhältnisse anfangs gar nicht fassen, stehen wie betäubt, in sich versunken, als suchten sie in ihrem Innern nach etwas Verborgenem, das sie in den langen Jahren des Bolschewismus ängstlich versteckt halten mussten. Aber dann beginnen sie, ohne Weisung und Befehl, innerhalb von wenigen Stunden die Kathedrale zum Gottesdienst herzurichten. Ihre Unversehrtheit verdankt die Kirche nur ihren künstlerischen Fresken und Malereien, die eine fremde Macht bewogen, sie als Kulturdenkmal unter ihren Schutz zu nehmen.

... beobachten von dort oben ständig das Gelände

Am nächsten Morgen stehen wir in der Kathedrale. Mitten in der Menge der Ukrainer und Russen, die zum ersten Gottesdienst herbeigeeilt sind. Es ist ein ergreifendes, wenn auch fremdartig anmutendes Bild, wie die Männer und Frauen in den Raum eintreten, der ihnen so lange verschlossen war, wie sie niederknien, mit welcher Inbrunst sie die Hände falten, die alten Kirchenlieder singen, kleine gelbe Kerzen vor die Ikone stellen.

Uns liegt die ganz auf Beeinflussung der Sinne abgestellte Form des griechisch-orthodoxen Ritus nicht. Sie erscheint uns reichlich theatralisch. Und doch können wir uns dem Eindruck des Gottesdienstes nicht entziehen. Es sind die verinnerlichten Gesichter der Kirchenbesucher, der Chorsänger, des Popen, die uns – im Gegensatz zum formalen Ablauf des Gottesdienstes – tief beeindrucken. Denn in ihren Zügen vereinen sich überwundene Not und grenzenlose Beglückung zu einem Schimmer überirdischer Freude.

Der alte Pope trägt seine Priesterkleidung. Die kostbaren Stoffe sind verschlissen, schmutzig. Seine brüchige Stimme klingt fast unheimlich durch den hohen, nur von Kerzen erhellten Raum. Die Frauen und Männer vor dem Altar stehen unter dem Bann dieses ersten Gottesdienstes.

Anders die Halbwüchsigen. Für sie ist das ein Schauspiel, weiter nichts! Sie stoßen sich an, tuscheln und lachen. Man sieht, nicht umsonst hatte der Gottlosenverband seine Hauptagitation unter den Massen der Jugendlichen betrieben. Diese Jungen und Mädels sind alle unter dem Sowjetstern geboren. Sie kennen nichts anderes. Man kann ihnen ihr Benehmen nicht verübeln.

***

Am nächsten Morgen hat sich über Dächer, Bäume und Fahrzeuge eine dichte Schneedecke gebreitet.

Wir betrachten die weiße Pracht, die auf der Straße schon in Matsch übergegangen ist, mit gemischten Gefühlen. Einmal freuen wir uns über die Abwechslung, die der Schnee in das graue Landschafts- und Stadtbild gebracht hat. Zum anderen aber sehen wir in ihm den Vorboten des Winters, von dem wir wissen, dass er kalt, lang und erbarmungslos sein wird.

Noch ahnen wir nur sein strenges Regiment. Wir malen uns an diesem Oktobermorgen aus, wie es wohl in vier, acht oder zwölf Wochen um uns bestellt sein wird und sind dabei nicht zu optimistisch. Und doch:

Die kommenden Monate haben alle Befürchtungen übertroffen, die wir an diesem Vormittag, dem 7. Oktober, beim Anblick des ersten Schnees äußern.

Noch wissen wir es nicht. Wollen es auch nicht glauben. Und das ist gut so. Denn jedes Fünkchen Energie, jeden Nerv – die durch unser gegenwärtig sorgloses Dahinleben ausruhen, mit neuen Kräften geladen werden – brauchen wir bald, wenn Schnee, Eis und schneidender Wind das Letzte an Einsatz von uns verlangen.

Kathedrale von Gluchow

Bis jetzt zeigt sich der russische Winter noch sehr zahm. Unter den Strahlen der Oktobersonne verschwindet die weiße Schneedecke schnell. Es trippt von den Dächern, von den Bäumen. In den Gossen bilden sich Rinnsale. Als es Mittag ist, sind kleine Bäche daraus geworden. Die Gehsteige, die Fahrbahnen sind trotz des Pflasters mit einer Schlammschicht bedeckt.

Wie mag es erst auf den ungepflasterten Straßen und Feldwegen aussehen, die von den Ketten unserer Panzer aufgewühlt sind, in die unsere Kolonnen breite Spuren und Rinnen gefahren haben!? Wir können es noch am gleichen Tag feststellen, als wir Gluchow in nordöstlicher Richtung verlassen, um unserer Batterie nachzufahren.

Kameraden warnen uns vor Beginn der Fahrt.

„Bleibt hier, bis die Wege hart sind. Ihr kommt nicht durch. Wartet, bis Frost einsetzt!"

Doch für uns gab es bis jetzt kein Unmöglich. Wir schafften es immer noch, wenn es auch aussichtslos schien. Und jetzt gleich am Anfang kampflos aufgeben? Kommt gar nicht in Frage!

Wir biegen nach den letzten Häusern von der festen Straße nach links ab. Fahren auf einen breitgewalzten Feldweg. Er ist an beiden Seiten von Fichten eingefasst, die schwermütig ihre Zweige hängen lassen.

Unsere Zugmaschine greift mit ihren Ketten ins Uferlose. Stöhnend und schnaufend versuchen sie, den Straßengrund zu packen, ihn festzuhalten, sich an ihm vorwärtszuziehen. Das gelingt ebenso wenig wie etwa der Versuch, einen Aal mit bloßer Hand fangen und festhalten zu wollen.

Der glitschige Boden ist nicht zu fassen, weicht immer wieder aus. Wir schlingern, rutschen mit unserem Fahrzeug wie auf Schmierseife. Dann sitzen wir in einer tief ausgefahrenen Spur fest. Es geht weder vorwärts noch rückwärts. Die Ketten sacken immer tiefer in den morastigen Grund, der überhaupt keinen festen Boden zu haben scheint.

Wir springen von unseren Sitzen herunter. Platsch!

Die Stiefel versacken in einer breiigen Masse. Dreckspritzer fliegen uns in die Augen. Wasser rinnt über die Stiefelränder. Die Füße sind wie in einem Schraubstock gefangen. Wir können sie nicht hin noch her bewegen.

Mit aller Anstrengung zieht Carratsch erst ein Bein aus dem Schlamm – langsam und gravitätisch wie ein Storch bei der Froschjagd –, sucht nach einem Haltepunkt in der schwarzen Brühe. Der Fuß scheint ihn auch gefunden zu haben, stößt auf Widerstand. Doch als Carratsch das Körpergewicht auf die Seite hin verlagert, um das andere Bein herauszuziehen, gleitet er ab, versackt noch tiefer als zuvor.

Er versucht es noch einmal. Jetzt will das Bein überhaupt nicht mehr heraus. Er zerrt, spannt die Muskeln an. Plötzlich gibt es einen Ruck: Der bestrumpfte Fuß erscheint. Carratsch verliert das Gleichgewicht, sitzt im nächsten Augenblick im Schlamm. Die Arme sind bis zu den Ellenbogen verschmiert. Der Strumpf ist schwarz, hat sich mit Morast vollgesogen.

Fluchend versucht er sich hochzurappeln. Wie vorher mit den Füßen, angelt er jetzt mit den Händen nach einem Halt, greift in die dreckige, breiige Masse, kommt schließlich mit einer halben Bodenkippe wieder hoch.

Schlamm rinnt in die Ärmel.

7. Oktober ... der erste Schnee

Mit verschmierten Fingern zerrt Carratsch an dem Stiefel, der noch vom Sumpf festgehalten wird. Der Schlamm aus dem Ärmel läuft jetzt nach unten, ergießt sich in den Knobelbecher.

Nach langem Würgen hat er ihn endlich heraus, stülpt ihn um – eine stinkende Brühe läuft heraus, zieht ihn – auf einem Bein balancierend, eine Hand am Kühler der Zugmaschine – wieder an. Der Fuß rutscht in einer glitschigen, schleimigen Masse hin und her. Ein Gefühl, als ob er auf Schnecken tritt. Schlammwasser quietscht und quatscht zwischen den Zehen.

Uns ergeht es genauso. Wir möchten heulen vor Wut. Denn das Spiel beginnt von neuem: Versacken, Herausrappeln, neues Versacken. Endlich können wir unsere kleinen Knüppelmatten – die wir schon vor dem Bug aus Holz und Draht gebaut und bis jetzt, an unsere Stoßstange gebunden, mitgeschleppt haben – aus ihren Schlingen lösen. Zwei sind es. Für jede Spur eine. Mit Spaten schaufeln wir den Morast vor dem Vorderstück der Ketten weg, schieben die Knüppel unter. Dann schaltet Carratsch den ersten Gang ein, gibt Zwischengas. Schön, wie der Motor heult! Sein Klang besänftigt uns. Wir sehen schon wieder Land in Sicht.

Die Zugmaschine zittert wie ein Rennpferd vor dem Start. Carratsch lässt die Kupplung los, tritt auf das Gaspedal. Der Zugkraftwagen ruckt an, macht die schüchterne Andeutung eines Sprunges. Dann gluckert und gnietscht es unter den Ketten: Der Morast hat auch unsere Knüppel in seine gierigen Arme genommen, zieht sie immer weiter nach unten. Wir sitzen genau so fest wie vorher.

Einen – wenn auch schwachen – Trost finden wir: Zwanzig Meter vor uns hat sich ein Lastkraftwagen bis über beide Achsen in den Schlamm gewühlt. Schon seit heute Morgen liegt er fest. Sein Fahrer und Beifahrer haben den Kampf aufgegeben, sehen mit stoischer Gelassenheit zu, wie wir uns abplagen und wollen sich ausschütten vor Lachen, als all unsere Bemühungen vergebens sind. Sie rufen uns zu, dass sie auf den Nachtfrost warten. Und im Übrigen könne sie dieser Zwangsaufenthalt nicht erschüttern. Solange sie noch zu essen und zu trinken hätten, ließe es sich schon aushalten. Nur mit den Zigaretten hapere es.

Weiter vorne, wo der Feldweg einen Bogen beschreibt, sitzen zwei Kübelwagen fest. Dicht daneben ist ein Lastkraftwagen die abfallende, glitschige Böschung hinunter in einen Graben gerutscht. Seine Lage ist ganz aussichtslos. Mit eigener Kraft wird er da nie mehr herauskommen.

Wir sehen, dass es uns nicht allein so geht. Trotzdem machen wir noch einen letzten Versuch. Denn schließlich ist unsere Zugmaschine das geländegängigste Fahrzeug auf diesem Weg, und die anderen Wagen hoffen auf unsere Hilfe. Wir waten durch den Schlamm zu den Fichten am Rand der Straße hin. Mit Spaten werfen wir die – zwischen den Bäumen feste – Erde vor unsere Zugmaschine. Bis wir glauben, dass ein einigermaßen tragfähiger Untergrund geschaffen ist. Dann lässt Carratsch den Motor laufen, fährt an. Fünf Meter bewegt sich die Zugmaschine prustend vorwärts, versackt zum dritten Mal.

Mit Spaten schaufeln wir den Morast ...

Jetzt reicht es uns endgültig. Wie die Kameraden im Lastkraftwagen vor uns beginnen wir zu essen. Die stundenlange Würgerei hat Hunger gemacht. Wir lehnen uns gemächlich in die Polster, klönen von der Heimat, von Mädchen mit blanken Augen und roten Lippen.

Wie lange ist es eigentlich her, dass ...?

Uns erscheint es wie eine Ewigkeit. Einmal wieder eine nett gekleidete, fröhlich lachende Frau sehen! Einmal ein hübsches, gut gewachsenes Mädchen in den Armen halten! Darum kreisen unsere Gedanken und Sehnsüchte, als wir mit dreckverschmierten Fingern ein Stück Wurst aus der Blechbüchse angeln.

Wir – nur wenige Mann – haben Platz genug. Können die Beine auf den Sitzbänken ausstrecken, können es uns bequem machen. Unsere Zugmaschinen sind die Riesen unter allen Wehrmachtfahrzeugen. In den langen Kolonnen wirken sie wie Elefanten unter einer Herde von Antilopen. Auf ihren Sitzen thronen die Kanoniere über allen anderen Wagen. Und wenn sie gar den kleinen Volkswagen neben sich vorbeifahren sehen, würde in ihnen ein Mitleidsgefühl mit diesem Zwerg unter den motorisierten Kolonnen aufkommen – wenn ... ja, wenn sie nicht wüssten, dass dieses Mitleid völlig unangebracht ist. Nur in den ersten Tagen des Feldzuges haben Landser die Fahrer der hochbeinigen Wägelchen zu foppen versucht:

„Wo wollt ihr denn mit den Nussschalen hin? Damit kommt ihr bestimmt nicht weit!"

Nun, diese Meinung änderte sich in den folgenden Monaten gründlich. Wir sahen wohl Kübelwagen, Zugmaschinen, sogar Panzer hoffnungslos festsitzen, doch nie einen Volkswagen. Und heute zeigen uns drei von diesen Teufelswagen, dass sie sogar die Strecke zu überwältigen verstehen, auf der wir mit unserem Gleiskettenfahrzeug ohnmächtig versackt sind.

Mit schnurrenden, leicht singenden Motoren laufen die hochbeinigen Gesellen durch den Morast, durch Schlamm und Pfützen, hopsen über Steinhaufen, scheppern über Sandstreifen. Wo einer von ihnen in einer ausgefahrenen Spur oder tiefen Rinne steckenbleibt, wird er von seinen Insassen wieder herausgehoben. Wie eine Kiste packen ihn der Fahrer und seine Mitfahrer an den Seiten an. Ein kurzes „Zu – gleich", und der Wagen steht wieder auf festem Grund, fährt munter schnurrend weiter, folgt seinen zwei Gefährten. Bald sind sie alle drei auf der Höhe der festgefahrenen Kübel und biegen dann nach rechts ab, wo sie unseren Blicken entschwinden.

„Donnerwetter" ist das einzige, was Carratsch herausbringt. Er hat die Volkswagen bis zuletzt nicht aus dem Auge gelassen. Schüttelt ungläubig den Kopf, als sie trotz all seiner Voraussagen nicht steckenbleiben, alle Schwierigkeiten der Strecke überwinden.

Bis jetzt bildete sich Carratsch ein, wo er mit seinem Zugkraftwagen nicht weiterkommt, ist für alle anderen Fahrzeuge überhaupt nichts mehr zu machen. Als Hans ihn noch damit aufzieht, ist er für eine halbe Stunde nicht zu genießen.

Diese Volkswagen, für die Wehrmacht geländegängig übersetzt und mit einer Karosserie versehen, die unseren Kübelwagen gleicht, sind tatsächlich einzigartig. Hier im Ostfeldzug liefern sie ihre größte Leistungsprobe, nachdem die Kameraden des Afrikakorps schon Wunderdinge von ihnen erzählt hatten.

Wir haben das bei dem Volkswagen, der bereits seit einem Jahr in unserer Einheit läuft, beobachten können. Er kam in Frankreich zu uns. Wir fuhren mit ihm nach Rumänien. Ohne eine Panne hielt er den ganzen Balkanfeldzug durch. Von dort fuhr er über Berlin an die französische Kanalküste zurück. Dann rollte er nach Warschau und ist seit Beginn des Krieges gegen die Sowjets wieder mit dabei, dient als Meldefahrzeug bei unserem Regimentsstab.

Wo alle anderen Fahrzeuge versagen, muss er heran. Noch nie ist er hängengeblieben. Noch nie war bei ihm eine größere Reparatur erforderlich. Es ist unglaublich, was in dem am Heck eingebauten Motor für eine Kraft steckt. Und dabei ist dieser so klein, dass man ihn fast in einer Aktentasche fortschaffen kann.

Seiner Größe entspricht auch seine Genügsamkeit. Während die Personenkraftwagen und Kübelwagen, die ja auch nicht mehr leisten und keine größeren Aufgaben zu bewältigen haben als der Volkswagen, in schwierigem Gelände bis zu zwanzig, oft sogar noch mehr Liter Benzin auf hundert Kilometer benötigen – die Zugmaschinen brauchen sogar noch mehr –, ist unser „Kleiner" für dieselbe Strecke mit acht, höchstens aber zehn Liter Treibstoff zufrieden! Und meistert sie dabei noch besser als seine großen Kameraden.

Seine Fahrer schwören auf ihn, lieben ihn wie ein lebendes Wesen, gäben ihn nicht her, wenn auch die schönsten Pkws und stärksten Kübel als Ersatz angeboten würden. Sie reichen in diesem Gelände alle nicht an ihn heran. Besonders nicht in den jetzt einsetzenden Wintermonaten.

Denn die Kübel, Pkws und Zugmaschinen haben wassergekühlte Motoren, müssen also ständig mit Frostschutzmitteln traktiert werden. Immer besteht die Gefahr, dass ihr Kühlwasser einfriert. – Und der Volkswagen? Er kennt von all diesen Gebrechen nichts. Sein Motor ist luftgekühlt. Kann also nicht einfrieren. Er verlangt nur, dass er sich morgens zehn Minuten am Fleck heißlaufen darf. Dann ist er da und setzt den ganzen Tag nicht mehr aus.

Am meisten werden aber die Leute, die ihn noch nicht kennen, über den Platz erstaunt sein, der in dem kleinen Wagen vorhanden ist. Auf dem vorderen Sitz kann auch ein großer Mensch seine Beine lang ausstrecken, da – im Gegensatz zu anderen Fahrzeugen – vorne der raumbegrenzende Motor fehlt. Der kleine Heckmotor lässt im hinteren Teil des Wagens so viel Platz, dass bequem die feldmäßige Ausrüstung von zwei bis drei Landsern untergebracht werden kann.

Bei abendlicher Rast sind sofort gepolsterte Stühle vorhanden, wenn man die Sitze des Wagens herausnimmt. Das geht ganz einfach, es sind nur zwei Schrauben zu lösen. Und wenn nur zwei Mann in dem Wagen fahren, können sie sich nach Herausnehmen der Sitze sogar ihr Bett auf seinem Boden bereiten. In jede Wagenhälfte passt nämlich der Länge nach genau ein Mann hinein. Die Glücklichen liegen dann unter seinem Verdeck sicherer vor Sturm und Regen als im Zelt, und die Bodenkälte oder -nässe kann ihnen kaum etwas anhaben.

An die äußere Erscheinung des Volkswagens, wie er für die Wehrmacht geliefert wird, mussten wir Landser uns erst gewöhnen. Im Gegensatz zu seinem zivilen Bruder ist er sehr hochbeinig, das hochbeinigste Militärfahrzeug, das wir je gesehen haben. Über seinen langen Beinen sitzt der kleine, nach vorn abgeschrägte Körper. Es dauert nicht lange, bis wir uns alle restlos einig darüber sind, womit er eigentlich zu vergleichen sei.

Wir finden übereinstimmend, dass er wie – eine Wanze mit besonders langen Beinen aussieht. Und über die Form dieser „Tierchen" können wir uns schon ein Urteil erlauben, da sie hier gute Bekannte von uns sind. Mit ihnen wollen wir allerdings im späteren Leben möglichst nichts mehr zu tun haben, während es der Wunsch vieler Landser ist, nach dem Krieg eine solch' „Hochbeinige Wanze" in ziviler Ausfertigung zu erhalten.

Gegen Abend marschieren Fußtruppen des Heeres an uns vorbei nach Nordosten. Auf der Straße, auf der auch wir weiterfahren wollten, die uns aber nicht loslässt.

Die Infanteristen kommen durch, suchen sich an den Rändern die trockensten Stellen, marschieren im Gänsemarsch oder sitzen auf den Trossfahrzeugen, die von drahtigen Gäulen durch Schlamm und Morast geschleppt werden, ohne auch nur ein einziges Mal steckenzubleiben.

Mit dem Herbst ist die Zeit des Pferdes gekommen. Sie sind jetzt am zuverlässigsten, kommen überall durch. Und die Landser, an denen wir vor Wochen noch vorüberbrausten, die fluchend den von unseren Rädern aufgewirbelten Staub schlucken mussten, lachen nun über die hilflosen „Motorisierten", als sie an uns vorbei nach vorne marschieren.

Diese Infanteristen kommen aus einer anderen Ecke der Front als wir. Sie gingen bei Lemberg über die sowjetische Grenze, standen in den Brennpunkten der Schlachten von Kiew und Uman, während wir Smolensk eroberten und zum Durchstoß in die Ukraine antraten. Jetzt treffen wir uns hier und marschieren von nun an in gleicher Richtung, auf derselben Straße weiter.

Schneller als in der Heimat folgt die Nacht dem Tageslicht. Die Dämmerung gibt uns gerade soviel Zeit, dass wir unsere Decken hervorsuchen und das Verdeck der Zugmaschine hochklappen können. Dann ist es vollkommen finster. Wir hängen die Decken um die Schultern, lehnen uns gegeneinander. Der Kopf sinkt auf die Schulter des Nebenmanns. Bald schlafen wir alle wie die Bären.

Aber nicht lange. Nach Mitternacht kriecht die Kälte an uns hoch, durchdringt Decken und Uniformen. Nasenspitzen und Ohren kribbeln vor Frost. Wir stecken die Köpfe unter die Decke. So geht es eine Weile. Doch die Kälte nimmt zu. Die auf dem Eisenbelag der Zugmaschine ruhenden Füße werden bleischwer und gefühllos.

Wir frieren wie die Schneider. Durch die Wagenplane pfeift der Wind. Sein eisiger Hauch ist stärker als die Schlaftrunkenheit.

Um zwei Uhr haben wir genug von diesem „Schlaf". Trampeln mit den Füßen, bis sie „auftauen", schlagen die Arme um den Körper. Carratsch und Hans boxen sich, denn sie meinen, dass man so am ehesten warm werde.

Zigaretten ersetzen den Morgenkaffee. Wir rauchen sie, bis fast nichts mehr von ihnen übrig ist. „Olle Kippenquäler!", sagt Carratsch. Aber der hat gut lachen, raucht nur Pfeife. Und was für einen Knaster! Marke „Mückentod".

Manch einer von uns wusste vor dem Krieg, besonders aber vor Beginn des Ostfeldzuges noch nicht, was für eine Kostbarkeit so ein kleiner weißer Glimmstengel sein kann. Wenn wir nach hartem Kampf in der Tasche nach einem letzten Stummel suchen, wissen wir, was die Zigarette für die meisten Soldaten bedeutet. Sie beruhigt die Nerven, lenkt ab, führt die Gedanken des Rauchers aus seiner meist nicht einladenden Umgebung. Sie ersetzt uns Mahlzeiten, vertreibt die Müdigkeit und hilft den Verwundeten, ihre Schmerzen leichter zu ertragen.

Man rühre nicht an diesen Kamerad Zigarette. Wer sie nicht vertragen kann, soll sie meiden. Im Übermaß genossen, schadet sie. Uns bringt sie jedenfalls Freude und Entspannung.

Der Nachtfrost hat die Erde hart gemacht. Also wird sie wohl unsere Zugmaschine tragen können. Jetzt ist die beste Zeit zum Durchkommen! Die Kameraden auf dem Lkw vor uns scheinen genauso

Mit dem Herbst ist die Zeit des Pferdes gekommen

zu denken. Seit zehn Minuten lassen sie schon den Motor laufen, laden wohl noch nebenbei eine Batterie auf.

Wir schlagen mit einer Spitzhacke die gefrorenen Erdklumpen von den Ketten der Zugmaschine ab. Dann klettern wir hinauf. Carratsch fährt an.

Der Motor schnauft, hat Mühe, den Koloss vorwärts zu bewegen. Die Ketten klirren, wenn sie die gefrorenen, gezackten Ränder der Fahrspuren zermalmen, in den weichen Untergrund pressen. Es kracht, blubbert und gnietscht, wenn sie die flachen Stellen überfahren, die noch am Abend grundloser Sumpf, Schlamm waren und jetzt eine Eisdecke tragen. Darunter ist der Boden aber genau so weich, so nachgiebig wie gestern. Auf der Höhe des Lkw, der noch keinen Meter vorwärts gekommen ist, bleiben wir zum ersten Mal stecken. Eine Stunde arbeiten wir angestrengt mit Hacke und Spaten, werfen gefrorenes Erdreich in die matschigen Stellen.

Dann geht es weiter. Aber nur fünfzehn Meter. Wir versacken zum zweiten Mal. Wieder müssen Hacke und Spaten heran. Doch mit Erde allein können wir den morastigen Untergrund nicht tragfähig machen. Also her mit dem Beil! Fichten werden gefällt, eng nebeneinander über das sumpfige Hindernis gelegt. Als wir anfahren, sind zweieinhalb Stunden vergangen.

Die Knüppel tragen, wir kommen gut darüber hinweg, sitzen dann aber wiederum in einer tief eingefahrenen Spur fest.

Rückwärtsgang! Einen anderen Ausweg suchen. Es klappt! Er führt aber mitten in eine große Pfütze hinein, über die jetzt eine dünne Eisdecke gebreitet ist. Wir müssen hindurch, denn sie füllt die ganze Straßenbreite aus. Also, in Gottes Namen!

Selbstverständlich bleiben wir genau in der Mitte stecken. Carratsch gerät für einen Augenblick aus den Fugen. Brüllt:

„Verdammte Sch ...! Ist denn so was möglich? Wenn wir so weitermachen, haben wir graue Haare und wackeln mit dem Kopf, ehe wir die Batterie erreichen. Die ist dann schon längst in die Heimat entlassen. Aber mach' was dagegen!"

Hans klopft dem Wütenden auf die Schulter: „Weißt du, was du musst?"

„Nee!"

„Noch viel ruhiger werden!"

Mit Ruhe allein ist es hier aber nicht getan. Arbeit gehört dazu, mit Beil, Hacke und Spaten.

Wir befestigen den Untergrund wieder mit Knüppeln ...

Wir kommen bis zu der Biegung, wo die zwei Kübel und der Lastkraftwagen festsitzen. Vor ihnen ist die Straße ein einziges Durcheinander von tief ausgefahrenen Spuren, Pfützen, Schlamm, Schlamm, Schlamm ... Noch schlimmer als vorher. Ein Feldgendarm hält uns an:

„Die Straße ist unpassierbar!"

„Aber wir müssen durch! Unsere Batterie ..."

„Tut mir leid. Ich darf kein Fahrzeug durchlassen. Es bleibt sowieso stecken. Und außerdem sitzen noch Sowjets in den Wäldern da vorne."

„Was sollen wir denn machen?"

„Nach Gluchow zurückfahren. Warten, bis stärkerer Frost einsetzt."

Also kehrt! Denselben Weg wieder zurück. Wir fahren die alte Spur entlang. Kommen so über die heiklen Stellen, ohne längere Zeit festzusitzen. Mittags um elf Uhr biegen wir wieder auf die gepflasterte Straße ein, die zur Stadt führt ...

Gestern Nachmittag verließen wir sie, schafften in fast zwanzig Stunden noch nicht vier Kilometer!

Nette Aussichten für die kommenden Wochen!

So wie uns, geht es in diesen Tagen allen motorisierten Verbänden auf diesem Frontabschnitt. Im Vordergrund stehen nicht mehr die Kämpfe gegen die Bolschewisten. Wir haben es jetzt mit einem weit stärkeren Gegner zu tun, mit der Natur, die uns in immer neuen Anwandlungen Hindernisse in den Weg legt.

Wir ziehen in Gluchow wieder in das rote, leerstehende Backsteinhaus. Seine vormaligen Inwohner – Juden – sind geflüchtet.

Jeden Morgen treten wir gleich nach dem Aufstehen vor die Tür, blicken prüfend auf die Wasserbäche in der Gosse. Noch kein Frost! Dabei schneit es ununterbrochen. Immer größer wird die

Anzahl der Fahrzeuge, die in Gluchow warten, bis die nordostwärts führende Straße befahrbar ist. Doch größer wird auch der Matsch.

Wir könnten doch eigentlich froh sein, dass uns hier ein paar Tage Ausspannung in den Schoss fallen? Wären wir in normalen Zeiten auch! Aber jetzt, wo unsere Kameraden wahrscheinlich vorne kämpfen, hier untätig herumsitzen zu müssen, ist eine Schweinerei.

Wer weiß, wo sie jetzt stecken. Wir hören immer:

„Brjansker Kessel" – „Timoschenko", aber Genaues können wir nicht erfahren. Auf jeden Fall muss westlich von uns allerhand los sein. In dem Gebiet, dessen östliche Naht Gluchow und die Straße ist, die von hier nach Nordosten führt. Und wir sind nicht dabei. Es ist zum Kinderkriegen!

Wir fluchen die ganze Skala unserer zahlreichen Kraftworte herunter. Das erleichtert etwas. Immer noch heißt es: Warten, warten. Wir sind es als Flakartilleristen gewöhnt. Haben uns lange genug darin üben müssen. Aber jetzt wird es auch dem Geduldigsten unter uns zuviel. Als letzte Rettung vor der Langeweile greifen wir zu den Spielkarten, dreschen von morgens bis in die Nacht – bei Kerzenbeleuchtung – Skat. Aber auch das wird den Soldaten mal leid.

Am vierten Abend unseres Wartens stürzt Carratsch wie ein Wilder in die Stube:

„Kinder, es friert. Passt auf, es friert!"

„Wieso, wir waren doch noch vor einer halben Stunde draußen. Da war es noch warm!"

„Trotzdem friert es bald. Denn der Mond hat einen Hof. Das beste Zeichen für Frost. Los, kommt mit, könnt euch überzeugen!"

Um den Mond liegt ein heller Schein. Wenn das ein sicheres Zeichen für Frost ist, haben wir Glück gehabt.

Morgens um drei Uhr jagt uns Carratsch aus den Schlafsäcken: „Die Straße ist hart. Sofort fertigmachen!"

Wir rollen die Decken zusammen, tappen durch den dunklen Hof, der im Schatten des helleuchtenden Mondes liegt, verstauen unsere Sachen, springen auf die Sitze. Dann geht es los ...

In den Straßen der schlafenden Stadt bricht sich das Getöse der Ketten, das Rummeln des Motors doppelt laut. Macht nichts. Für unsere Ohren ist das Musik.

Wir biegen in den ungepflasterten Weg ein, auf dem wir vor fünf Tagen zwanzig Stunden lang festgesessen haben. Die Zugmaschine wird langsamer. Hat an den hartgefrorenen Rillen und Spuren hart zu knabbern. Aber sie schafft es, wenn auch nicht im Sechzig-Kilometer-Tempo. Carratsch schaltet, lässt den Motor beim Geben von Zwischengas aufheulen, sucht den besten Weg und fährt mal nach links, plötzlich nach rechts, hält dann wieder die Spur.

So kommen wir vorwärts, kämpfen uns ohne Pause immer weiter über die gegen Mittag weicher werdende Straße nach Nordosten, übernachten noch einmal mitten auf der Strecke. Dann sind wir bei unseren Kameraden.

Während wir mit ihnen zusammen im Verband der Panzer und Kradschützen vorstoßen, fährt ein Major unserer „Qu-Staffel" von Gluchow aus den Weg entlang, den wir nun schon hinter uns haben. Er will erkunden, inwieweit die Straße für unsere Nachschubkolonnen passierbar ist.

Es ist ein trüber, regnerischer Morgen. In eintönigem Grau liegt das flache Land. Dunst und Nebel brauen über den Wiesen und Feldern, verhindern jede Fernsicht. Anhaltende Regen- und Schneefälle haben den Frost wieder abgelöst, haben die Straße erneut in einen Morast mit heimtückischen Wasserlöchern verwandelt. Ein Fahrzeug nach dem anderen bleibt in diesem zähen Brei stecken, kann weder vor noch zurück. Genauso, wie es uns erging.

Der Major kämpft sich mit seinem geländegängigen Kübelwagen bis zu einem Waldstück vor. Dort kommt ihm ein Oberzahlmeister entgegengelaufen. Er meldet, dass stärkere Kräfte der Sowjets durchgebrochen sind, sich in einem an der Vormarschstraße liegenden Dorf festgesetzt haben.

Der Major zögert keine Sekunde. In Begleitung eines Wachtmeisters geht er nach vorne, während er seinen Kübelwagen zum Heranholen von Infanteriemunition zurückschickt. Nach einigen hundert Metern kann er die Lage übersehen. Südlich der Straße geht sowjetische Infanterie in entfalteter Ordnung vor. Die Straße selbst ist völlig verstopft von unseren Nachschubkolonnen, die in zwei und drei Reihen nebeneinander aufgefahren sind und sich nicht mehr zurückziehen können. Kampfkräftige deutsche Einheiten sind nicht vorhanden.

Kurz entschlossen sammelt der Major alle verfügbaren Männer um sich. Mit einem Trupp von fünfzig Mann, bestehend aus Kraftfahrern, Angehörigen der Nachrichtentruppe, Artilleristen, Pionieren und Männern unserer Bäckereikolonne geht er gegen das vom Feind besetzte Dorf vor. Es muss unter allen Umständen wieder genommen werden, denn die Vormarschstraße führt hindurch. Die Straße, auf der den Spitzentruppen der Nachschub gebracht wird.

Mutig stürmt die kleine Schar vor. In starkem feindlichem MG- und Gewehrfeuer bleibt sie jedoch liegen. Ohne schwere Waffen ist gegen die Sowjets, letzte Reste der Armeen Timoschenkos, die in Regimentsstärke auf Schleichpfaden aus dem Brjansker Kessel ausgebrochen sind, nichts zu machen.

Die Lage wird für das kleine Häuflein deutscher Soldaten von Minute zu Minute bedrohlicher.

Die Sowjets machen sich fertig zum Sturm. Sie wollen hier durch, koste es, was es wolle. Denn hinter ihnen ist die Hölle – im Kessel von Brjansk!

In letzter Minute meldet sich bei dem Major ein Oberleutnant unseres Regiments mit einem schweren Flakgeschütz. Er ist genauso versackt wie wir vor einer Woche, er will jetzt so schnell wie möglich sein Marschziel erreichen.

Durch den Einsatz seiner Kanone ändert sich die Lage vollkommen. Sie bedeutet die Rettung: Für den Major, seine Männer, die Kolonnen.

Mit zwei Zugmaschinen – anders ist es bei dem Dreck nicht möglich – wird das 8,8-cm-Geschütz unter feindlichem Feuer in Stellung gebracht.

Und dann nehmen die Kanoniere zuerst die MG-Nester am Rand des Dorfes unter Feuer. Nach wenigen Schüssen brennen Häuser lichterloh.

Vom Mut der Verzweiflung angetrieben, kommen die Bolschewisten herausgestürmt, arbeiten sich sprungweise an das Flakgeschütz vor. Der Major ist die Ruhe selbst. Mit dem Karabiner eines Gefallenen gibt er der Geschützbedienung Feuerschutz.

Als die Sowjets auf zweihundert Meter heran sind, werden der Geschützführer und der Kanonier verwundet.

Sie fallen aus. Im selben Augenblick ist der Major am Geschütz. Der Vierundvierzigjährige springt für den Ladekanonier ein. Behände wie ein Achtzehnjähriger schiebt er die Granaten in das heiße Rohr, zieht selbst ab.

Auf kürzeste Entfernung wird die feindliche Infanterie nun unter Feuer genommen. Doch wo drei Sowjets fallen, tauchen sechs neue auf. Davon werden fünf zusammengeschossen. Einer aber bleibt am Leben.

Mit dieser Wahrscheinlichkeitsrechnung kommen die Bolschewisten ihrem Ziel – der Ausschaltung der 8,8-cm-Kanone – immer näher. Sie haben sich jetzt schon auf fünfundsiebzig Meter herangearbeitet. Gott sei Dank von vorne! Da können sie die Männer am Geschütz nicht so leicht treffen, da das Panzerschild die Infanteriegeschosse abhält.

Jetzt beginnen sie, auch flankierend vorzurobben. Der Major und seine Männer können sich fast auf die Minute ausrechnen, wann sie den ersten Feuersegen von links und rechts erhalten. So genau sehen sie die Bewegungen der feindlichen Schützen, die sie nicht alle bekämpfen können. Die Sowjets sind zu zahlreich. Und selbst eine schwere Flakkanone hat nur ein Rohr.

Da kommen in höchster Not noch zwei leichte und ein schweres Geschütz der Batterie zu Hilfe, zu der auch die Kanone gehört, mit welcher bis jetzt der Kampf geführt wurde.

Flankierend greifen sie die Sowjets an und fetzen in die erdfarbenen Schützenschleier. Die lösen sich auf. Bleiben im Feuer liegen.

Mit dem Mut der Sowjetinfanterie ist es nach diesem Splitterhagel zu Ende. Fluchtartig gehen sie zurück, lassen über die Hälfte ihres Bestandes tot oder verwundet zurück. Sie werden zurückgetrieben von einer Handvoll deutscher Soldaten unter Führung eines entschlossenen Majors:

Hinein in den Kessel, aus dem sie unter dem Schutz des Nebels, unter Zurücklassung aller schweren Waffen und Fahrzeuge, zu entweichen hofften ... In dem sie jetzt, wie schon das Gros der anderen Divisionen Timoschenkos, ihrer endgültigen Vernichtung entgegengehen.

Und dann – der Winter ...

Was die Tage, die nun folgen, so schwer macht, was in diesen Wochen an unserer Kraft zehrt, das ist nicht der Kampf gegen den Feind, in dem wir uns hundertfach bewährt haben. Da ist der Kleinkrieg, der zermürbende Kleinkrieg gegen die Tücken, die die Natur dieses Landes in sich birgt: Gegen die Straßen, die sich in Schlammbäche verwandeln, gegen den Morast, in dem es kein Durchkommen mehr gibt, gegen die Kälte, die uns unerbittlich und gnadenlos überfällt, und gegen die Dürftigkeit und den Schmutz der Quartiere, gegen Dreck und Ungeziefer.

Die große Schlacht am Rande, in der unsere körperliche Kraft und unser seelischer Widerstandswille zerbrochen werden soll, hat begonnen. Sie nimmt Ausmaße an, von denen die Heimat keine Vorstellung haben kann.

Fragt den Soldaten der Ostfront nach seinen Erlebnissen. Er wird vom Kampf sprechen, ruhig und sachlich, wie von einer Arbeit, die getan wurde. Mit ein wenig Stolz in den Augen, weil sie gelungen ist. Und dann wird er sprechen von diesem Land, das zweifellos seine Reize hat, das er aber als Soldat erlebt und mit den Augen des Kämpfers sehen muss. Als Soldat hat er dieses Land hunderte Male verflucht.

Er wird sprechen von der Öde der Landschaft, in der das Auge keinen Ruhepunkt findet. Von der endlosen Weite, durch die man tagelang marschieren kann, ohne einen Wald zu finden oder einen Hügel.

Dann wird er sprechen von den Menschen. Von ihrer Stumpfheit, von der Ausdruckslosigkeit ihrer Gesichter, die kein Lachen haben und keinen Zorn, die das Schicksal so müde gemacht hat, so kraftlos, so unfähig jeder inneren Regung. Von diesen in Lumpen gehüllten Menschen, die in Gleichgültigkeit und Dumpfheit versunken sind, wird er reden.

Er wird sprechen von den Häusern, in denen sie wohnen, in denen auch er Zuflucht suchen musste, als die große Kälte kam. Von den schmutzigen Hütten, die wie aus Dreck gebaut anmuten, von dem Unrat, in dem der Mensch hier lebt, von der ganzen Unwürdigkeit seines Daseins, von seiner Armut und seinem Hunger. Und er wird sprechen von den Straßen, von der Härte des Winters, von Schnee und Frost.

Er spricht von all den Einzelheiten, die diese Schlacht am Rande, diesen Winterfeldzug, so hart und so schwer gemacht haben:

„Dieses grässliche Land! Schauderhaft! Was war Frankreich dagegen! Ein Paradies. Ich habe die Nacht von einem Chateau geträumt."

Der kleine Ostpreuße sagt es und es klingt köstlich, wie er das ausspricht: Chateau. „Ein Chateau?"

Einer, der damals nicht dabei gewesen ist, will wissen, was das ist. Sein Mienenspiel verrät deutlich, dass er sich beim Thema Eins angelangt glaubt.

„Du, Carratsch, erklär ihm mal, was das ist, ein Chateau, und was wir damit zu tun hatten."

... nehmen MG-Nester unter Feuer

„Stell dir mal ein schönes großes Haus in der Sowjet-Union vor. In diesem Land, das der Herrgott im Zorn geschaffen hat. Am Abend des sechsten Schöpfungstages wahrscheinlich, als ihm die Puste ausging und er schon keine rechte Lust mehr hatte. Stell dir das schönste Haus vor, das du je hier gesehen hast. Es ist ein Dreck, ein stinkiger Haufen Mist gegen ein Chateau. Das ist nämlich ein Schloss mit vielen Zimmern drin, in denen Tische und Sessel stehen. Und richtige Betten, in denen man schlafen kann, herrlich schlafen."

Carratsch, der alles, was er sagt, mit den ausgewogenen Gesten eines Schauspielers unterstreicht, wiederholt: „Herrlich schlafen." Streckt dabei alle Viere von sich und macht eine Weile die Augen zu. „Und es gibt einen Park dort mit Blumen und einen Wald mit vielen Vögeln. Es klingt wie Musik, wenn der Wind über die Wipfel streicht."

Diese belehrende Unterhaltung wird in der Nähe einer Rollbahn geführt, an der unsere schwere Batterie zum Luftbeschuss in Stellung gegangen ist. Es ist Nachmittag und noch nichts los gewesen an diesem Tag. Fahles Sonnenlicht liegt über dem weiten Feld, überhaucht mit müdem Glanz die dunklen Dächer des kleinen Dörfchens drunten in der Mulde. Der Rauch, der aus den Schornsteinen quillt, steht in dicken Schwaden über den niedrigen Häusern.

Wir bemerken es mit Unbehagen und stellen fest, dass es Regen geben wird. Kennen uns aus wie die alten Schäfer. Denken mit Schaudern an das, was nun in noch stärkerem Maß als bisher kommen muss: An den Schlamm, an den Dreck, an nasse Füße, an den nervenzerreißenden Kampf, der sich nun abspielen wird.

Verfluchte Straßen! Sie sind von einer großzügigen Breite, dem Kraftfahrer indessen ein Gräuel. Das Register seiner Flüche und Verwünschungen, im Laufe des Krieges belustigend reichhaltig geworden, klingt hier im Osten noch um eine Note stärker.

Was der Mann am Steuer im Osten geleistet hat, und was er in den Wochen, die nun folgen, noch leisten wird, darüber zu schreiben könnte allein ein Buch füllen. Und es würde ein Ehrenbuch sein, das sich stolz in die Reihe der Werke über dieses große Ringen stellen dürfte.

Der Kraftfahrer, und mit ihm der Kamerad, der zu seiner Unterstützung mit eingegriffen, hat Unmenschliches geschafft.

Der russische Winter

Wer das bewerten will, der muss die Straßen des Ostens erlebt haben. Diese vom Vormarsch ausgefahrenen Verbindungswege. Diese Landwege, die bei Sonnenschein dicke Staubschichten tragen und hart sind wie Beton, und die, wenn der Regen kommt, kaum noch befahrbar sind, weil der Boden sich mit unwahrscheinlicher Schnelligkeit in ein glitschiges Parkett verwandelt, auf dem es nur ein mühsames Weiterkommen gibt. Oder in einen Sumpf aus Schlamm und Lehm, in dem die Räder bis zu den Achsen versinken und die Stiefel steckenbleiben.

Geschafft wurde es immer. Mit allen Kniffen und Pfiffen, die dem Kraftfahrer zu Gebot stehen. Es ging doch immer noch vorwärts. Ehrensache, dass ein Sanitätskraftwagen nie liegenbleibt. Darüber wird kein Wort gesprochen. Er kann noch so tief im Schlamm stecken, er wird herausgeholt, koste es, was es wolle.

Das alles haben wir erlebt. Das kennen wir. Aber dass es nun noch schlimmer kommen wird, dass auch die letzten Reserven an Pfiffen und Kniffen versagen würden, darauf sind wir nicht gefasst.

Der Regen kommt. Er prasselt in dicken Tropfen unbarmherzig herunter. Wir nehmen unsere Zeltplanen um und starren verzweifelt in den Himmel. Wir frieren und fluchen, tapsen schwerfällig, mit lehmverklebten Stiefeln, über den Acker.

Die Stimmung sinkt auf den Nullpunkt. Wir denken daran, dass Stellungswechsel bevorsteht. „Kümmert euch nicht um ungelegte Eier! Wir werden auch davon nicht sterben." „Wer erzählt einen Witz? – Aber einen saftigen!"

Und es wird ein Witz erzählt. Und noch einer. Und die Landser, die eben noch geflucht haben in allen Tonarten, die von der schlechtesten Laune geplagt wurden, lachen nun aus vollen Hälsen.

Das ist das Wunderbare: Es kann uns noch so dreckig gehen. Unser Pech kann schwarz sein wie die Hölle. Wir können für eine Weile den Mut verlieren. Es kann so knüppeldick kommen, dass wir sogar das Fluchen vergessen. Etwas ist immer da und bricht im entscheidenden Augenblick immer wieder wie eine Erlösung durch: Der unverwüstliche Humor, der allem die Stirn bietet.

Es regnet die ganze Nacht hindurch. Gegen Morgen setzt Schnee ein, weicher, flockiger Schnee, der sofort schmilzt. Wir müssen Stellungswechsel machen. Für 6.30 Uhr ist Marschbereitschaft befohlen. Um 12.30 Uhr steht die Batterie endlich auf der Rollbahn. In den sechs Stunden, die dazwischenliegen, hat sich auf dem kurzen Stück von der Stellung bis hierher ein Kampf abgespielt, der mehr Nerven kostet als ein Gefecht.

Ein kleines Stück schaffen es die Zugmaschinen. Dreihundert Meter. Dann gleiten die Ketten ins Bodenlose, fassen nicht mehr. Die schweren Geschütze rühren sich nicht von der Stelle. Die Sonderanhänger sitzen bis über die Achsen im Schlamm.

Die Fahrer schwitzen und fluchen. Es gibt niemand in der Batterie, der an diesem Morgen nicht flucht. Und drüben auf der Rollbahn geht es schon los. Die ersten Fahrzeuge stecken schon fest oder sind in den Graben gerutscht.

Verfluchte Pest! Eine Mordsschweinerei, dieser Regen. Und es strömt immerzu: Regen und Schnee. Und der Himmel ist finster, als wäre es Nacht. Wir verwünschen dieses Land.

Das erste Geschütz wird von zwei Zugmaschinen vorsichtig auf die Rollbahn gezogen. Die Maschinen müssen einige Kilometer vorfahren, um zu wenden. Sie nehmen dann die „Dora" vor. Die Motoren keuchen wie Tiere unter einer schweren Last. Aber es wird geschafft.

Inzwischen ist die Fahrrinne so tief geworden, dass das dritte Geschütz auch von zwei Zugmaschinen nicht mehr vorwärts gebracht werden kann. Steine werden herbeigeschleppt. In die Furchen geworfen. Holz wird herangetragen und dazugelegt, die ganze Strecke bis zur Rollbahn.

Die „Straßen" sind von einer großzügigen Breite

Gleich ganze Arbeit machen, sonst müssen wir nachher wieder von vorne beginnen. Der Übergang zur Rollbahn wird brückenartig unterbaut. Es wird geschaufelt und gegraben. Meter um Meter muss erobert werden. Bis die Muniwagen und die übrigen Fahrzeuge heran sind, vergehen sechs Stunden kostbarer Zeit. Die Marschleistung dieses Tages beträgt zehn Kilometer. Am folgenden Tag werden es noch weniger. Immer wieder stehen Fahrzeuge quer über die Fahrbahn, die herausgezogen werden müssen. Das bedeutet Zeitverlust, der nicht einzuholen ist. Und dann kommt ein Morgen, an dem es nicht mehr weiter geht. Die Rollbahn ist ein einziger Bach aus Schlamm und Dreck. Die Fahrrinnen sind abgrundtief. Es gibt kein Vorwärts und kein Rückwärts. Kein Schaufeln hilft, kein Buddeln und Fluchen.

Selbst die Panzer müssen aufgeben! Es gibt Einheiten, die Tag um Tag ohne Verpflegungsnachschub sind, die mit den Resten an Nahrungsmitteln sorgsam haushalten müssen. Jetzt bewährt sich die vorsorgende Einrichtung der eisernen Ration. Wer sie nicht mehr hat, belegt die Stulle mit Daumen und Zeigefinger. An vielen Stellen wird die Ju 52 eingesetzt. Die Maschinen werfen ab, was zum Leben notwendig ist: Brot, Konserven, Schokolade und – Zigaretten.

Diese Tage gehören zu den scheußlichsten, die wir an der Ostfront bisher erlebt haben. Aber auch der Gegner sitzt fest, auch er ist gehemmt.

Durch den Schlamm, in dem wir bis zu den Knien waten, zieht in der Dämmerung ein Zug müder Gestalten: Gefangene, die sich im Morast der Rollbahn fortbewegen. Ihre Augen sind stumpf, ihre

Backen schmal geworden vom Hunger. Sie sind heute fünfundzwanzig Kilometer marschiert und haben seit Wochen nichts anderes genossen als Wasser und Kartoffeln. Was sie noch aufrechterhält, ist wohl die Gewissheit, der Hölle entronnen zu sein, die nun hinter ihnen liegt. Hinter diesem Fluss, den sie vergeblich zu halten versucht haben und über den jetzt die Infanterie vormarschiert. Unaufhaltsam.

Man möchte ergründen, was in den Hirnen dieser Menschen vorgeht, um was ihre Gedanken kreisen. Aber so sehr wir uns mühen, wir finden nichts als trostlose Stumpfheit. Das ist kein Zug von Menschen. Sie gleichen Halbwilden, die mit tierhafter Gleichgültigkeit ihr Schicksal tragen. Tief versunken im Abgrund einer Primitivität, die ob ihrem Mangel an Geist und Gefühl erschüttert. Da ist niemand, der noch aufrecht geht wie ein Mann. Niemand, in dessen Gesicht etwas geschrieben stünde vom Erleben dieser Stunden. Und sei es auch nur ein Schimmer von Freude darüber, dass dieses nackte Leben gerettet worden ist. Nichts von dem. Jetzt, wo die Kommissare nicht mehr hinter ihnen stehen, wo es keinen Schnaps mehr gibt, der die Nerven aufpeitscht, jetzt scheint alles Leben in ihnen erstorben.

Ein trauriger Zug und eine vernichtende Anklage gegen diejenigen, die sich zu rühmen wagten, diesen Menschen das Paradies gebracht zu haben. Sie haben sie in Elend und Dumpfheit versinken lassen. Der Zug dieser Gefangenen ist eine einzige Anklage gegen sie.

Der Regen hat aufgehört. Der Himmel ist klar wie Glas. Wir warten auf Frost.

Wenn es doch frieren würde! Herrgott, wenn es doch frieren wollte!

Wir haben oft davon gesprochen, dass nun bald die große sibirische Kälte kommen wird. Wir haben den Gedanken daran mit einer Handbewegung abgetan: Wir sind nicht neugierig. Sie wird uns noch früh und lange genug zu schaffen machen, diese Kälte. Aber nun sehnen wir sie herbei. Nun warten wir auf die Stunde des ersten Frostes wie auf den wärmenden Sonnenstrahl nach langen Wintertagen. Nun schreien wir nach Frost. Und mit uns die ganze Front.

Nach drei Tagen schlägt die Witterung um. Es friert! Gott sei Dank, es friert! Wir atmen auf und kommen in der Frühe des Tages weiter.

Aber um zehn Uhr ist der Schlamm wieder da. Es taut, und wir sitzen erneut fest. Die Rollbahn bietet wieder einen trostlosen Anblick. Natürlich wird weiter mit Spaten und Spitzhacke gearbeitet. Dennoch ist die Marschleistung entmutigend gering.

Inzwischen sind die Organisation Todt und der Arbeitsdienst mit unermüdlichem Fleiß am Werk, um die Stellen, an denen neue Stockungen drohen, wenn der Verkehr wieder fließen wird, in Ordnung zu bringen. Kilometerlange Knüppeldämme werden gebaut. Eine mühselige Arbeit. Aber sie lohnt sich.
Nachdem der Frost sich durchgesetzt hat, rollen die Fahrzeuge wieder. Die Front setzt sich erneut in Bewegung. Die Stimmung ist gut, weil es nun endlich wieder vorwärts geht. Aber welche unsäglichen Strapazen liegen hinter uns!

Am folgenden Tag stehen wir gegen Mittag vor der kleinen Stadt, welche die Infanterie in hartem Kampf genommen hat. Zwei Geschütze werden im Luftbeschuss eingesetzt. Sie holen in den nächsten Tagen drei Bomber herunter.

Die „Dora" geht auf Panzerjagd. Sie macht im Schutz der Dunkelheit Stellungswechsel. Die brennenden Häuser der Stadt sind Wegweiser zu dem breiten Hof, in dem das schwere Geschütz in Stellung gebracht wird. Von hier aus – das hat der Leutnant im Laufe des Tages erkundet – hat man einen guten Blick auf die gegenüberliegende Höhe, die vom Feind noch besetzt gehalten wird, und auf den Bahndamm, der unten verläuft und hinter dem sich gestern feindliche Panzerkampfwagen gezeigt haben. Wenn sie morgen wiederkommen, wird es rauchen.

Im ersten Morgengrauen steht unter dem Giebel des Hauses, in dem wir Quartier gemacht haben, der Posten, der das Gelände zu beobachten hat. Ein schmaler Schlitz zwischen den Brettern, mit denen das Fenster vernagelt ist, gibt die Sicht frei. Es ist acht Uhr geworden.

Wir sitzen in einer mulmigen Ecke. Es gibt Dunst.

Rechts und links des Hauses kracht es ein. Granatwerfer. Das leichtgebaute Holzhaus zittert. Die wenigen Fensterscheiben, die noch heil sind, klirren zu Boden. Nebenan fallen zwei Fensterrahmen in die Stube. Der alte Russe, der die Öfen heizt – einer der wenigen, der in der Stadt geblieben ist – liegt auf den Knien und betet.

„Heute kommt kein Panzer. Ich wette darauf."

Hans, der Geschützführer, sagt es und macht ein brummiges Gesicht.

„Man sollte den Strohschober drüben unter Feuer nehmen. Dahinter steckt der Granatwerfer."

„Unsinn", meint der Leutnant, „es ist erst zehn Uhr. Die Panzer kommen noch. Wenn wir jetzt feuern, dann können wir lange warten. Sie sind doch ein alter Hase. Wo die 8,8-cm-Kanone steht, da lässt sich kein Panzer sehen."

„Jawohl, Herr Leutnant." Der Geschützführer tritt ab und steigt den Giebel hinauf. Eine Stunde vergeht, eine weitere. Es wird zwölf Uhr. Oben steht unentwegt der Posten. Unten werden Briefe geschrieben. Es wird erzählt von Einsätzen in Polen und Frankreich, von Panzern und Bunkern, die geknackt worden sind. Carratsch führt das Wort: „Donnerwetter, das waren Dinger! Da hätten sie uns beinahe erwischt!"

Krach! Ein neuer Einschlag. Verfluchte Pest! Das war ein schwerer Koffer. Die Wand bekommt einen breiten Riss, Kalk fällt herunter. Durch die Fenster spritzt Dreck, wirbelt Rauch herein.

Auf dem Beobachtungsstand herrscht eisige Kälte. Der Wind pfeift durch die Ritzen. Drüben am Dorfrand bewegen sich Sowjets. Sie sind deutlich zu sehen. Drei, vier, jetzt acht. Sie verschwinden in einem Graben. Und dort? Hallo, das könnte ein Panzer sein. Noch ein Blick durch das Glas: Ja, das ist einer!

„Alarm! Ein Panzer! Alaaarm!" Der Posten schreit es. Er brüllt, während er die Treppe herunterjagt, noch einmal: „Alarm!" Seine Augen leuchten vor Freude und Eifer. Was nun folgt, ist ein toller Wirbel von Handlungen und Hantierungen. Die Bedienung ist wie der Blitz beim Geschütz. Mit sicheren Griffen wird die Tarnung heruntergerissen. Die Bretter poltern zur Seite. Der Richtkanonier hockt schon im Sitz, der Ladekanonier hat die erste Granate eingeschoben.

„Entfernung sechzehnhundert. Fertig?" „Fertig!"

Nachdem der Frost sich durchgesetzt hat, rollen die Fahrzeuge wieder

Der Leutnant prüft noch einmal die Entfernung. Der Panzer, ein Vierundzwanzigtonner, bewegt sich schwerfällig von rechts nach links einer Höhe zu. Er ist jetzt in einer Mulde angekommen. Steht und feuert.

„Entfernung siebzehnhundert! – Fertig?"

„Fertig!"

„Feuer!" Die Granate zischt heraus. Kein Mann rührt sich. Gespannt wartet die Bedienung auf den Einschlag.

„Zu kurz", schreit der Leutnant, „plus hundert!"

Der Panzer ist gewarnt. Er fährt steil die Höhe hinauf. Geht mit allen Touren ab. Der zweite Schuss sitzt ganz nah dem Ziel. Aber kein Treffer. Der Panzer fährt weiter. Herrgott! In einer halben Minute wird er außer Sicht sein. Diese dreißig Sekunden sind entscheidend.

„Selbständig feuern!" Der Leutnant ruft es. Er hockt hinter dem niedrigen Bretterzaun seitlich des Geschützes und beobachtet die Wirkung des dritten Schusses, der in diesem Augenblick loskracht. Der hat gesessen!

„Treffer!" Der Panzer rollt noch etwa fünfzehn Meter nach links, dann bleibt er genau auf dem Scheitelpunkt der Höhe stehen. Er hat sich wie auf einen Präsentierteller gesetzt. „Jetzt drauf!"

Aber nun steht da dieser verdammte, dieser dreimal verfluchte, großzügig gebaute Bretterverschlag in der Schussrichtung. Das Dach ruht auf vier stabilen Pfosten. Der Verschlag ist so breit, dass er vermutlich zur Erledigung der intimen Angelegenheiten eines Stadtviertels gedient hat. Diese Latrine gibt dem Geschütz eine ausgezeichnete Deckung, aber nun steht sie im Weg.

„Los, die linke Bretterwand herunter. Schnell, schnell, der Kasten entwischt uns sonst."

Wir springen hinzu. Stiefeltritte gegen das Holz. Es kracht und splittert. Dass der Granatwerfer inzwischen bei der Arbeit ist, dass es fünfzig Meter links und später rechts von uns einschlägt, wird kaum wahrgenommen. Im Mittelpunkt steht der Panzer. Alle Gedanken kreisen um diesen Panzer, aus dem jetzt, wie mit bloßem Auge deutlich zu erkennen ist, die Besatzung aussteigt. Fünf Mann, sie machen sich an den Ketten zu schaffen.

Die Bretterwand ist inzwischen heruntergerissen. Der Richtkanonier richtet an. „Der Pfosten vorn, der linke, muss weg! So geht es nicht."

„Eine Säge, eine Säge!" „Verflucht, ich hab doch eben eine Säge gesehen. Herrgott, wo war das nur? Nebenan im Stall." Der Leutnant, der das gerufen hat, flitzt ab, als wäre der Teufel hinter ihm her. Er schwingt die Säge, die er im Stall wirklich erwischt hat, wie eine Siegestrophäe und rast zum Pfosten. Aber der ist aus gutem Holz und das Handwerkszeug verrostet.

„Los! Her! Das Biest muss doch umzulegen sein!" Wir greifen zu. Im Rhythmus des „Zugleich" gehen wir dem Pfahl zu Leibe. Er rührt sich nicht. Wir versuchen es von der anderen Seite. So, jetzt kommt er. „Vorsicht, fallt mir nicht in die Grube!" Während der Leutnant das sagt, rutscht der Brocken langsam herunter. Das Dach kippt ab. Jetzt kann gefeuert werden. Bis dahin hat es in allen Hirnen gefiebert: Wenn der Panzer nur nicht ausreißt. Wenn das Aas nur stehenbleibt. Eine Minute noch!

„Feuer frei!" Der Schuss sitzt genau. Zwei Mann der Besatzung schlagen sich seitwärts ins Gelände. Sie werden mit einer Sprenggranate erledigt. Der Panzer qualmt. Und jetzt schlagen Flammen hoch. Sekunden später fliegt die Munition in die Luft.

Der ist hin. „Feuer einstellen!" Wir vollführen einen Freudentanz. Schlagen uns auf die Schultern: „Prima, prima! Der achte Abschuss im Osten und der fünfzehnte der Batterie!" „Geschütz tarnen. Und dann ab! Gleich wird es Dunst geben."

Der Leutnant hat Recht. An diesem Tag hämmert der Gegner auf uns ein. Aber es erwischt weder die „Dora" noch uns. Panzerkampfwagen kommen nicht mehr. Der Posten steht vergeblich im Giebel. Die Sowjets wissen jetzt, dass ein 8,8-cm-Geschütz dasteht. Vor dieser Kanone haben sie Respekt.

Im Schutz der Dunkelheit wird wieder Stellungswechsel gemacht. Die Kälte wird unangenehm. Es schneit ununterbrochen. Im Grau der Dämmerung liegt das kleine Dorf, unser Tagesziel: Hier muss Quartier gemacht werden.

Der Tag war anstrengend. Schneewehen haben uns zu schaffen gemacht. Wir sind hungrig wie die Wölfe und so müde, dass uns die Augen zufallen wollen. Aber die schlimmste Arbeit steht noch bevor. Wir stellen fest, dass die meisten Häuser schon belegt sind. Die Kameraden von der Infanterie haben sich eingerichtet. Mit zwölf Mann sind sie in einer kleinen Stube untergebracht. Wenn sie sich zum Schlafen niederlegen, wird es unmöglich sein, auch nur einen einzigen Mann noch dazwischenzuquetschen.

Im nächsten Haus bemühen wir uns ebenfalls vergeblich. Wir bleiben aber ein paar Minuten, um uns aufzuwärmen und rauchen eine Zigarette gegen den Hunger.

Der Leutnant ist inzwischen mit einigen Kameraden bis zum Ende des Dorfes vorgegangen. Dort finden sich zwei Häuser, die von deutschen Soldaten noch nicht belegt sind. Und das hat seinen Grund. Hier haben sich Obdachlose versammelt, deren Häuser niedergebrannt oder durch Bomben zerstört wurden. Frauen, Männer, Greise, Kinder füllen die Stuben. Eine Luft, die uns den Atem verschlägt, ein Gestank, unerträglich ... Furchtbar! Unmöglich hier zu bleiben.

... jetzt kann gefeuert werden

Wir sind ohne Quartier in dieser Nacht. Schlafen im Sitzen, eng aneinandergedrückt, auf Zugmaschine und Lastkraftwagen. Essen? Wir haben keinen Appetit mehr. Erst einmal schlafen. Aber wer kann das? Für eine Viertelstunde nickt jeder ein. Dann ist die Kälte da und kriecht von den Füßen herauf. Wir wickeln uns von neuem in die Decken, verstopfen die Löcher, durch die der Wind bläst, decken die vor Kälte schmerzenden Schultern wieder zu.

Eine Weile geht das so. Bis wir einsehen, dass es mit dem Schlafen doch nichts Rechtes wird. Bis wir eine Unterhaltung beginnen, damit die Zeit schneller läuft. Einer hat sogar noch fünf Zigaretten. Ein zweiter holt ein Päckchen Tabak heraus, aus dem man welche drehen kann. Wir haben das gelernt mit der Zeit. Wir haben es schon zu einer Art Meisterschaft darin gebracht.

Um sechs Uhr, als der Alarm kommt, sind wir wie gerädert, aber im Nu hellwach. Wie der Blitz ist jeder an seinem Platz.

Ein Kradfahrer hat die Meldung gebracht, dass in östlicher Richtung feindliche Panzer gesichtet worden sind. Die müssen den gebührenden Empfang haben, wenn sie versuchen sollten, das Dorf anzugreifen.

Wir rollen in schneller Fahrt vor, würgen inzwischen an einer Stulle. Der Rest Kaffee von gestern Abend hilft, die trockenen Brocken herunterspülen. Infanterie, die die Nacht gesichert hat und nun abgelöst ist, kommt uns entgegen. Mit schleppendem Schritt lösen sich die Kameraden aus dem Grau des Morgens, tapsen durch den hohen Schnee ihren Quartieren zu. Sie haben die Nacht draußen verbracht, freuen sich auf Schlaf und Wärme.

Draußen die Nacht verbracht. Das sind vier Worte, die sich leicht sprechen und schreiben lassen. Für den Infanteristen sind das Stunden und Minuten, in denen er mit allen Sinnen wach sein muss. Immer diese undurchdringliche Dunkelheit vor Augen. Dieses Nichts, aus dem jeden Augenblick der Feind hervorbrechen kann. Diese Stille, diese unheimliche Stille, in der jeder Ast, der im Winde knarrt, Verdacht erregt, in der jede Sekunde Bereitschaft ist und durchlebt sein will. Das sind die Stunden, in denen man den Schlag des Herzens hört, die Nächte, die nicht enden wollen.

Aus dem Dunkel zaubern die überwachen Sinne Gestalten, die im Laufschritt hereileilen, innehalten und sich ducken, dann wieder aufspringen, näher heranschleichen. Phantasiegebilde überanstrengter Hirne, die im Wirbel von Gegenwärtigem und Vergangenem den Kampf und die Not zurückliegender Stunden nacherleben und von neuem Wirklichkeit werden lassen.

Ein stummer Gruß hüben und drüben. Wir brauchen keine großen Worte, um uns zu verstehen. Wir haben oft genug nebeneinander gestanden im Kampf. Wir wissen, was wir voneinander zu halten haben.

Der Feind funkt mit schwerer Artillerie und Granatwerfern in das Dorf. Es gibt, wie wir später hören, Tote und Verwundete. Die Granaten pfeifen über uns hinweg. Wir wissen, dass sie uns nichts anhaben werden. Wir haben unsere Erfahrungen, ziehen aber instinktiv die Köpfe ein.

Vorne, im Tarnungsschutz eines Gestrüpps, wo die erste Linie der Infanterie sich eingegraben hat, gehen wir in Stellung, warten auf die Panzer, die sich heute Morgen auf der gegenüberliegenden Höhe gezeigt haben sollen. Der Leutnant schätzt die Entfernung. Viertausend.

Die Sicht ist klar. Seit einer Stunde schneit es nicht mehr. Dafür weht jetzt ein scharfer Wind, der wie Messer in die Haut schneidet.

Wir suchen schon seit einer Stunde das Gelände ab, beobachten und warten. Wir unterhalten uns mit den Infanteristen über die Post, die nun seit vierzehn Tagen wieder fällig ist, über die Quartiere, über alles, von dem der Soldat draußen spricht. Mit fast mädchenhafter Scheu reden wir von unseren Frauen, mit jungenhafter Verwegenheit von den Mädchen, mit Zärtlichkeit von den Kindern. Wir vergessen darüber fast, dass wir zweitausend Kilometer von der Heimat entfernt sind. Wir leben ja mit ihnen, die wir daheim ließen und für die wir hier kämpfen, wenn wir ihnen auch nicht körperlich nahe sind. Wir tragen sie ja immer in unseren Herzen.

Nur wenn wir im Kampf sind, ist alles vergessen. Dann haben wir keine Eltern und Freunde, keine Frauen und Bräute, keine Kinder mehr. Dann sind wir nur noch Soldaten.

Drüben auf dem Kamm der Höhe wird es jetzt lebendig. Der Bolschewist greift an. Eine Welle Infanterie bewegt sich vor. Es werden immer mehr. In breiter Linie tief gestaffelt. Etwa fünfhundert Mann. Das Dorf hinter uns, das gestern genommen worden ist, soll zurückerobert werden. Die sowjetische Artillerie sollte es wohl sturmreif schießen.

Hier aber stehen wir mit der 8,8-cm-Flakkanone.

Wir haben es nicht eilig. Auch die Infanterie ist nicht beunruhigt. Sie kennt unsere Waffe. Kein Schuss wird abgegeben. Auch die Maschinengewehre schweigen.

Das machen wir allein, ganz allein. Mit dieser einen Kanone! Gute, brave „Dora"!

Der Angriff erstickt in unserem Feuer. Die Granaten, die über den Köpfen der Angreifer krepieren, haben eine verheerende Wirkung. Nur ein kleiner Teil der Sowjets kommt heil davon.

Die Infanterie nutzt die Gelegenheit, stürmt die Höhe ohne Verluste. Wir ziehen mit vor, stehen kurz darauf oben in Stellung und nehmen das Dörfchen, das unten langgestreckt in einer Mulde liegt, unter Feuer, dann den Wald zur Linken, in den die Gegner sich zurückziehen.

Das Dorf wird genommen, der Wald gesäubert. Der Feind hat hohe Verluste an diesem Tag.

Am nächsten Morgen begraben wir den jungen Infanteristen, dem das Schicksal des Krieges ein so jähes Ende zugewiesen. Er hat an so vielen Tagen, die alles verlangten – von diesem das Leben, von jenem die Gesundheit –, in erster Reihe gefochten. Er ist von Beginn des Kampfes an dabei gewesen und war auch bei dem gefährlichen Stoßtruppunternehmen, das den Wald durchgekämmt hat.

Und nun steht er mit einem Dutzend seiner Kameraden auf der Dorfstraße. Überlegt, wo man Quartier machen soll. Er hat dem Fahrer unseres Verpflegungswagens, der zurückgefahren ist, noch ein paar Zeilen an die Mutter mitgegeben: Es geht mir gut, es geht vorwärts, und wir werden es schaffen.

Er ist so froh, dass auch dieser Tag wieder vorbei ist. Dass nun der Schlaf kommen wird, unter einem Dach. Vielleicht sogar an einem Herd, in dem die Holzscheite glühen.

Während er so dasteht, überlegt und sinnt, kommt plötzlich dieses Zischen und zugleich, mitten in dem Satz, den er nicht mehr zu Ende sprechen soll, der jähe Fall. Ein Bolschewist, in einem Baum verborgen, hat in die Gruppe gefeuert. Es ist sein letzter Schuss gewesen.

Nun stehen wir am Grab dieses Kameraden. Wieder wird uns klar, warum dieser Kampf geführt werden muss. Worin der Sinn der Opfer liegt, die er verlangt. Was wäre geworden, so fragen wir uns, wenn diese vertierte Soldateska, so wie die Machthaber im Kreml es beabsichtigt hatten, in einem unbewachten und unvorhergesehenen Zeitpunkt in die Heimat eingefallen wäre? Was wäre dann geworden aus unseren Frauen und Kindern, aus unseren Städten und Dörfern! Was wäre aus Europa geworden!

In Bild und Film sieht die Heimat nur einen Teil des Schrecklichen, das sich an der Ostfront begeben hat und noch begibt, solange die verhetzten asiatischen Horden uns gegenüberstehen. Wir, die draußen sind, wissen um den Sinn dieses Krieges. Wir, die nach Jahren noch das Grauen über das Erlebte verfolgen werden durch Tag und Traum. Wir haben es am ehesten begriffen:

Das ist kein Krieg zwischen Deutschland und der Sowjet-Union. Es ist ein Krieg zweier Welten, der Welt der Ideale und der Welt der Ungeistigkeit, des krassen Materialismus. Hier wird gekämpft um Weltanschauungen, um verschiedene Arten, das Leben zu gestalten. Es geht um das Leben selbst.

Ein Kamerad, einer unserer stillsten und besten, spricht diese Gedanken aus, als wir Abschied nehmen von dem Gefallenen ...

Am Ausgang des Dorfes wird das Geschütz in Stellung gebracht, um gegen Überraschungen durch Panzerkampfwagen gesichert zu sein. Es ist ein wunderbarer Tag mit einem tiefblauen Himmel und einer milden Sonne. Aber trotz dieser Sonne ist es schneidend kalt.

Unser Quartier ist miserabel. Es ist für den Deutschen, der gewohnt ist, in sauberen Wohnungen zu leben, unmöglich, sich eine Vorstellung davon zu machen, wie diese Menschen hier hausen. Die bescheidenste Wohnung des einfachsten Arbeiters, mag er nun in der Industrie oder in der Landwirtschaft werken, ist im Vergleich zu diesen Unterkünften hochherrschaftlich.

Dass der Winter uns hineinzwingt in diese Katen, dass wir darauf angewiesen sind, unter diesen Dächern Schutz zu suchen, das ist das Scheußlichste, was uns aufgebürdet wird in diesem Feldzug. Dieser Zwang reißt den letzten Schleier vom Bild des „Paradieses", dessen trostlose Farben bisher vom Glanz der sommerlichen Natur übertüncht worden sind.

Wahrhaftig, jeder, der im Osten gewesen ist, wird es bestätigen: Die Quartiere sind hundsmiserabel. So sehr man sich auch mühen mag, dagegen anzukämpfen, es gibt einfach keinen Damm gegen die Flut von Dreck, Unrat und Ungeziefer. Gegen den Ansturm von Läusen und Wanzen, die in diesen Behausungen zu Tausenden herumkrabbeln und auch ihre Nahrung finden.

Das Haus, in dem wir Quartier nehmen, hat einen einzigen Raum von etwa vier Metern im Quadrat. Man kann bequem an die Decke reichen. Der Boden ist nicht etwa mit Bohlen belegt, sondern nackte festgestampfte Erde. Wenn wir mit nassen Stiefeln hereinkommen und der Boden feucht ist, dann kann es geschehen, dass wir ausgleiten, uns unsanft hinsetzen.

Das Mobiliar besteht aus einem kleinen Tisch und einigen Hockern, die mit einer unwahrscheinlichen Unbekümmertheit um Aussehen und Form zusammengehauen sind. Betten gibt es nicht. Geschlafen wird auf einem Haufen Lumpen, die einmal Decken gewesen sind, auf dem mächtigen Ofen oder auf der Lehmbank in seiner Nähe. Geschlafen wird auf diesen Lumpen, die nie an die frische Luft kommen, in dem gleichen zerfetzten Zeug, das tagsüber getragen wird.

Die Luft in der Stube ist unerträglich. Die kleinen Fenster sind gar nicht darauf eingerichtet, dass sie geöffnet werden können. Sie sind außerdem mit Lappen verhängt oder mit Stroh abgedichtet. Der Raum liegt in einer bedrückenden Dunkelheit.

Man muss sich erst genau umsehen, um zu entdecken, dass hier auch Menschen sind. Da ist ein alter Mann, der in der Ecke beim Ofen sitzt, mit einer Ruhe, die herausfordernd ist, an einer

Zigarette saugt. An einer aus altem Zeitungspapier gedrehten Zigarette, die einen gemeinen Gestank verbreitet.

Da ist eine Frau mit verknittertem Gesicht und wirrem Haar, abstoßend hässlich und ungepflegt (was ist schon gepflegt in diesem Land!), mit bloßen Füßen, an denen in dicken Krusten der Dreck klebt. Eine Siebzigerin, schätzen wir, die in dumpfem Brüten vor sich hin stiert.

Da liegt in einer Kiste, die an einem Seil von der Decke hängt, ein Kind, abgemagert, mit kotverschmiertem Gesicht. Erschütternd, dieses Kind, dieses kleine Geschöpf, dessen Mutter mit den sowjetischen Soldaten auf und davon ist. Erschütternd, dieses hungrige, schmutzige Menschenkind.

Grauenhaft diese Stube. Wenn das Wimmern des Säuglings nicht wäre, müsste man glauben, dass hier ein Toter liegt, bei dem die Alten die Wache halten.

Wir sperren erst einmal die Haustür und die Stubentür auf, damit frische Luft hereinweht. Dann fegen wir den Boden, auf dem allerlei Gerümpel herumliegt: Kartoffelschalen, Papier, Holzstücke, verfaultes Stroh. Mit großzügigem Schwung kehren wir alles hinaus, kratzen mit dem Seitengewehr den Dreck vom Tisch, wischen mit einem nassen Lappen nach, und holen Holz und Stroh, bringen den Ofen in Gang.

„Kartorschki?"

Die beiden Alten, die unser Treiben mit misstrauischen Augen verfolgen, ohne sich von der Stelle zu rühren, schütteln den Kopf: „Nieto."

„Verdammt, wir müssen Kartoffeln haben und Zwiebeln. Wie heißen die noch auf Russisch?"
„Luck."

Also, Kartorschki und Luck. Wir haben nämlich noch zwei Büchsen Rindfleisch. Das gibt wunderbare Bratkartoffeln, und Tee ist auch noch etwas da.

Während zwei Mann losgehen, um Kartoffeln und Zwiebeln zu besorgen, werden die beiden eisernen Töpfe unter die Lupe genommen, die beim Ofen stehen. Sie werden mit Wasser gefüllt, in den Ofen gestellt, damit die dicken Krusten aus Dreck und Fett aufweichen. Wir sind zwar nicht zimperlich, beileibe nicht. Oft haben wir uns damit getröstet, dass Dreck den Magen scheuert. Aber diese Töpfe sind gemein verschmutzt, sie müssen erst gesäubert werden.

Die Bratkartoffeln geraten ausgezeichnet. „Prima hingekriegt", lobt der Leutnant, „ein Festessen."

Wir haben nämlich seit Tagen keine warme Mahlzeit mehr gehabt.

Der Boden wird dick mit Stroh belegt, darüber werden Zeltplanen gebreitet. So schlafen wir. Wir sind satt und müde.

Aber es wird eine unruhige Nacht. Die Wanzen veranstalten eine Wallfahrt zu unserem Lager. Eine Völkerwanderung. Sie kommen aus allen Ritzen, fallen über uns her. Die Lampe, die wir entzünden, schreckt sie nicht ab. Es kommen immer mehr herangekrochen. Darunter, wie Carratsch – fachmännisch ausgebildeter, vereidigter Schätzer – mit Kennerblick feststellt, eine Menge prachtvoller Exemplare: Zweiundfünfzigtonner!

So schlafen wir Nacht für Nacht. Jeden Morgen und jeden Abend das gleiche Bild, das wir mit Humor ertragen: Kameraden mit nackten Oberkörpern, die ihre Hemden und Schlupfjacken nach Läusen absuchen. Die Zahl der „Abschüsse" wird gewissenhaft registriert.

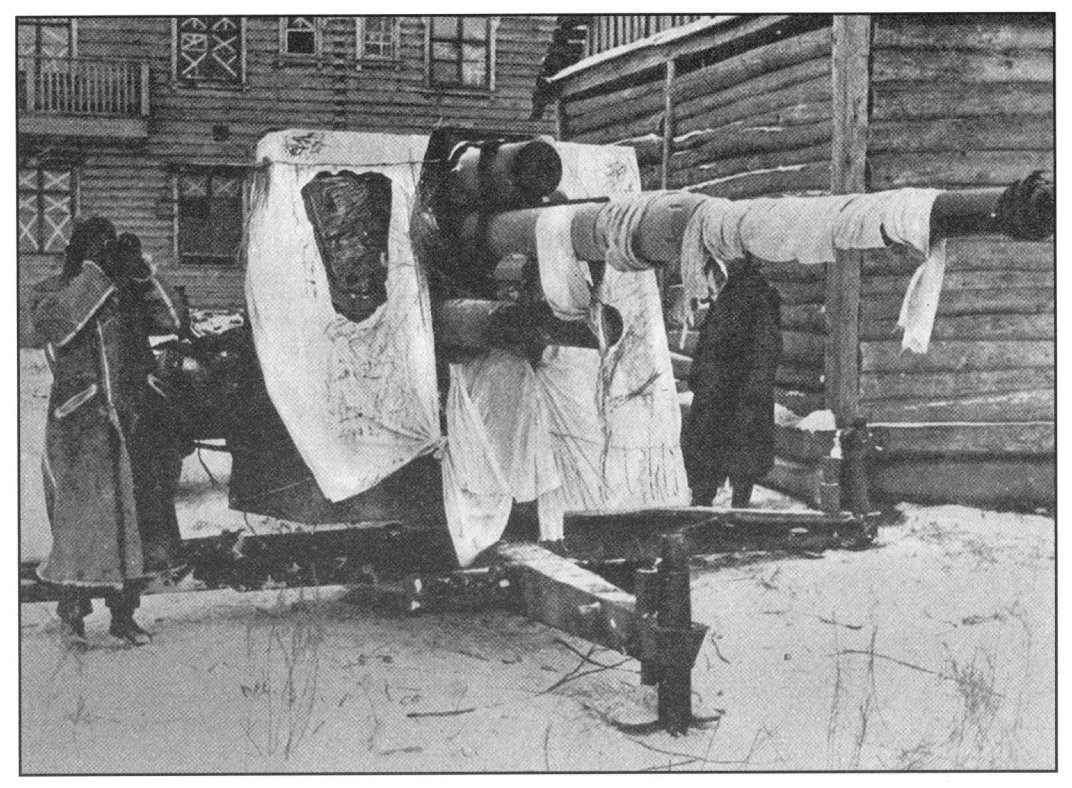

Am Ausgang des Dorfes wird das Geschütz in Stellung gebracht

Schlimm ist, dass man damit diese Biester nicht loswird. Dass sie Tag und Nacht keine Ruhe geben. Sie werden uns noch auffressen, stellen wir fest, betrachten missvergnügt die roten Stellen an unseren Körpern. Die Quartiere und deren Enge sind schuld daran. Es gibt kein Entrinnen, solange wir hier draußen sind. Damit haben wir uns schon abgefunden. Unser Leutnant hat auch Läuse. Das tröstet. Und der Kommandeur, der vor einigen Tagen hier war, das haben wir genau und mit Grinsen beobachtet, hat sich ebenfalls kratzen müssen. Es ist niemand da, der verschont bleibt von dieser Plage.

Um der Wahrheit die Ehre zu geben, muss gesagt werden, dass wir auch menschenwürdige Quartiere gefunden haben. Aber sie gehören zu den Seltenheiten. Die beste Unterkunft haben wir bei dem Direktor einer Brotfabrik in einem kleinen Ort gefunden. Sie ist allerdings auch von einer ukrainischen Familie bewohnt, die sehr auf Sauberkeit hält. Wie gesagt, das sind Ausnahmen. Diese Ukrainer – hierher gewandert, nachdem das Kollektivsystem sie von Haus und Hof vertrieben hat – sind von einer rührenden Sorge um uns. Sie scheuen keine Mühe, um uns durch kleine Handreichungen gefällig zu sein.

Sie haben – kaum dass die ersten deutschen Truppen da sind – ihre Heiligenbilder, die Ikonen, diese mit der Freude des Naiven an Glanz und Buntheit geschmückten Bilder der Madonna und des Herrgotts, aus versteckten Winkeln wieder hervorgeholt, zeigen sie uns mit Stolz. Sie haben sie in den Jahren der Unfreiheit gehütet als kostbares Vermächtnis einer glücklicheren Zeit.

Das Gottesbewusstsein dieser Menschen, die in der unendlichen Weite, der besinnlichen Stille und der weltfernen Einsamkeit ihrer Landschaft, in der Großartigkeit und Herbe der Natur, die sie umgibt, fromm und demütig unter der Allgewalt stehen, dieses Gottesbewusstsein hat auch der Bolschewismus in den über zwanzig Jahren seiner Herrschaft nicht überall auszulöschen vermocht. Fernab jeder Kirchlichkeit tragen diese Menschen ihren Gott wie einen kostbaren Hort im Herzen.

Wir bleiben nur noch eine Nacht in diesem Quartier, in dem es ein anständiges Bett und einen sauber gescheuerten Fußboden gibt. Kostbarkeiten, von denen wir noch tagelang sprechen ...

In den ersten Morgenstunden geht es weiter. Ein Dorf liegt hinter uns. Die Batterie ist wieder vereint. Sie übernimmt den Schutz einer Brücke, die für den Nachschub von großer Wichtigkeit ist. Der Feind fliegt mit Bombern an, um diesen Übergang zu zerstören. Er kommt mehrmals am Tag, auch in der Nacht, setzt Leuchtschirme und wirft Bomben. Aber die Brücke steht: Die Bomben verfehlen ihr Ziel. Flugzeuge werden abgeschossen oder zum Abdrehen gezwungen. Der Vormarsch geht unentwegt weiter.

Wir erledigen in drei Tagen sechs Bomber. Sie gehen hinter den feindlichen Linien brennend herunter. Unsere Jäger vernichten in dieser Zeit zwölf Sowjetflugzeuge.

Einige Kilometer nördlich stehen zwei leichte Flakgeschütze, die mit einer Handvoll Infanterie verzweifelte Angriffe des Gegners abwehren.

Gegen Mittag schiebt sich die erste Welle vor. Es sind etwa vierhundert Mann, die sich in kurzen Sprüngen vorarbeiten, von Schützenloch zu Schützenloch springen. Jede Deckung geschickt ausnutzen. Sie sind schon auf dreihundert Meter heran.

Die Geschütze schweigen. Sie stehen in guter Deckung. Der Zugführer wartet mit eiserner Ruhe. Sein roter Bart – eine Errungenschaft des Ostfeldzuges – leuchtet in der Sonne. Auch jetzt, als die Sowjets wieder fünfzig Meter näher gekommen sind, gibt er noch keinen Feuerbefehl, tut wieder und wieder einen gemächlichen Zug aus der Pfeife.

Dann sind die Bolschewisten bis auf zweihundert Meter heran, sind so nahe, dass man die Gesichter erkennt. In diesem Augenblick höchster Spannung, keine Sekunde zu früh und keine zu spät, kommt der Befehl zum Feuern.

Eine solche Abwehr kann nur leichte Flakartillerie entfalten. Ein Feuer von ungeheurer Wirkung jagt aus den Rohren. Die Maschinengewehre der Infanterie sprechen mit. Hunderte brauner Gestalten liegen am Boden, von Granaten zerfetzt. Ein grausiger Anblick, dieses Feld der Vernichtung. Nur ein kleiner Teil der Angreifer, von panischem Schreck gepackt, erreicht die Ausgangsstellung.

Eine Stunde vergeht. Dann kommt die zweite Welle heran. Diesmal breiter, stärker, tiefer. Auch sie zerschellt an der Abwehrmauer, die wir errichtet haben.

Viermal greifen die Sowjets an. Sie schicken mit der dritten Welle noch zwei leichte Panzer ins Treffen. Der erste wird so lange befunkt, bis er brennt. Der zweite unter Dauerfeuer genommen, bis der Turm klemmt.

Während er sich zurückzieht, kommen drei Ratas im Tiefflug an. Die erste wird aufs Korn genommen, geht brennend herunter. Die anderen drehen ab. Zwei Bataillone haben sich in diesen Angriffen verblutet. Ein Deutscher hat gegen fünfzehn Sowjets gestanden. Die Stellung ist ohne Verluste gehalten worden. Die Infanterie hat drei Leichtverwundete. Auch in kritischsten Augenblicken haben die Kameraden die Nerven nicht verloren. Es ist ganze Arbeit, die da getan worden ist ...

Die Batterie übernimmt den Schutz einer Brücke

Bewundernswert diese Ruhe, mit der die Flakartilleristen hinter den Geschützen hocken, den günstigsten Moment abwarten. Ein einzigartiges Vertrauen zur Waffe, das aus dieser Haltung spricht!

Die Kameraden können dem Chef den dreißigsten Flugzeugabschuss im Osten melden und den dreizehnten Panzer, den sie hier geknackt haben.

„Heut ist Sonntag", sagt der Zugführer und die Bedienungen stimmen lachend zu.

Ein Infanterist, der die leichte Flakartillerie das erstemal im Erdkampf erlebt hat, schildert uns abends im Quartier dieses Gefecht. Er findet nicht genug Worte des Lobes über die durchschlagende Wirkung unserer Waffe: „Donnerwetter, was zwei so kleine Kanonen ausmachen! Alle Achtung!" „Flak vor!" Wie oft wird dieser Ruf noch kommen, und wie oft werden auch diese beiden Geschütze noch in heißen Kämpfen stehen. Wieviele Tage werden die Kameraden noch aushalten. Unerschütterlich, mit Mut und Siegeswillen.

Es ist unglaublich, was die Flakartillerie im Erdkampf leistet, an allen Frontabschnitten. Der Siegeszug unserer jungen Waffe, auch im Ostfeldzug, ist beispiellos. Jeder Tag beweist es von neuem. Hinter Taten stehen aber Männer. Unser Regimentskommandeur ist einer von ihnen.

Auf seinem Gefechtsstand rasselt nach Mitternacht der Fernsprecher. Der General der Panzerdivision ruft an: „Sowjetische Panzer sind festgestellt. Unterstützung schwerer Flak zur Abwehr dringend erforderlich. Angriff in der Morgenfrühe zu erwarten." Der Kommandeur stolpert in die Dunkelheit hinaus. Auf der Vormarschstraße fängt er eine vormarschierende Flakbatterie ab. Lenkt sie in den bedrohten Raum. Die Geländeverhältnisse in der flachen Niederung sind äußerst schwierig und ungünstig. Ein Hügel, in der Flanke zwar nicht feindfrei, scheint für ein einzelnes schweres Flakgeschütz die geeignete Feuerstellung zu sein.

Mühsam schleppen zwei Zugmaschinen die schwere Kanone den steilen Hang hinauf. Die Kanoniere bringen das Geschütz schnell in Stellung, während eine andere Batterie die Aufmerksamkeit des Gegners auf sich lenkt.

Dicht neben dem Geschütz steht der Oberst. Ohne Geschützführertafel nennt er die Schusswerte. Als alter erfahrener Flakartillerist hat er sie im Kopf, im Gefühl. Das mächtige Rohr richtet sich auf das erkannte Ziel.

Die ersten Schüsse fallen. Sie sitzen gut. Deutlich sichtbar geht drüben Munition hoch. Die feindliche Batterie, die dauernd Störungsfeuer herübergefunkt hat, schweigt. Ein Feindziel nach dem anderen wird vernichtet. Noch während die letzte Granate unterwegs ist, befiehlt der Oberst Stellungswechsel. „Husch, husch!", seine stehende Redensart, und jeder an der Kanone weiß, was er damit meint. Das schwere Geschütz wird aufgeprotzt. Ab geht es in Deckung.

Das ist nur eine kleine Episode. Sobald unser Oberst eine Möglichkeit sieht, der Stabsarbeit zu entwischen, ergreift er die Gelegenheit, leitet in vorderster Front persönlich die Einsätze.

So ist er keinem von uns unbekannt. Im Spanienfeldzug – er trägt das Spanienkreuz in Gold – hat er schon eine Flakabteilung geführt, hat dort die ersten Erfahrungen der jungen deutschen Flakartillerie vor dem Feind gesammelt.

Er weiß von mancher Kriegslist im Spanienfeldzug zu berichten, freut sich noch heute unbändig, wenn er erzählt, wie es ihm gelang, die Roten zu täuschen. Mit Ofenrohren und Baumstämmen wurden Flakstellungen fingiert. Die Roten luden ihre Bombenlasten dort ab, während sie von einer ganz anderen Stelle aus wirksames Feuer erhielten. Bei einem Feuerüberfall konnten auf diese Weise fünfzig Prozent der anfliegenden Flugzeuge abgeschossen werden.

Oder er erzählt von der Winterschlacht bei Teruel, wo er, hinten von einem glühenden Ofen beinahe geröstet, vorn fast erfroren, mehrere Tage lang am Scherenfernrohr stand und kritische Stunden als Beobachter durchlebte.

Der Oberst ist nicht mehr der Jüngste. Aber in ihm lebt etwas von jener mitreißenden Schwungkraft eines Pioniers, der mit fanatischer Liebe an seiner Waffe hängt. Aufbauend auf den Erfahrungen als Erdartillerist im Weltkrieg, weiß er aus eigener Kenntnis aller Einzelheiten der Waffe und ihrer Entwicklung auch mit den letzten Handgriffen, Feinheiten und Möglichkeiten von Kanone und Kommandogerät genau Bescheid. Er kennt die mathematische und waffenmäßige Problematik, ein Flugziel von über hundert Metern Geschwindigkeit in der Sekunde im dreidimensionalen Raum erfolgreich zu bekämpfen. Er kennt vor allem auch die technischen Grenzen, die selbst der zielgenauen Flakwaffe gesetzt sind. Ein Kommandeur wie dieser ist für seine Leute „ein Kerl". Sie wissen: Dem kann man nichts vormachen, der weiß Bescheid.

Es ist ganze Arbeit, die da getan worden ist ...

Wieder ist die Front an vielen Stellen unruhig, bewegt. Die vorwärtsdrängende Panzerspitze bildet, als Dämmerung und die lange Nacht heraufziehen, einen Igel. Bald ist es stockfinster. Ein scharfer Wind geht. Feuchte Kälte schmerzt in den Knochen. Der Schnee ist nass, macht Wege und Felder fast unbefahrbar. Sie sind ein einziger Brei.

Sechs sowjetische Überpanzer halten den Vormarsch auf, machen jede weitere Bewegung auf der Straße unmöglich. Sie haben sich in dem leicht gewellten Gelände so aufgestellt, dass ein ungesehenes Herankommen nicht möglich ist. Einige mutige Kameraden versuchen, ihnen mit Sprengladungen beizukommen. Doch das Unternehmen glückt nicht.

Der Entschluss unserer Führung, sie zu umgehen, ist kühn. Aber es wird schwer werden, sehr schwer.

Wir stoßen querfeldein auf eine Stadt vor. Mit zwei schweren Flakgeschützen sind wir dabei. Fast alle Räderfahrzeuge müssen bei diesem Unternehmen zurückbleiben. Wegelos geht es im Schneetreiben, das die Sicht behindert, gleichzeitig aber eine gute Tarnung ist, über sanfte Hügelkuppen. Der Panzeroberst führt selber. Mit dem sicheren Gefühl des erfahrenen Offiziers ahnt er die Vormarschrichtung mehr, als dass er sie erkennt.

Genau vor der Südostbrücke erreicht unsere Panzerspitze die Stadt. Die Brückenwache der Sowjets, die unter Strohbündeln vor dem Schneetreiben Schutz sucht, wird überrannt. Wir kommen zur rechten Zeit. Zündschnüre und Sprengladungen an der Brücke werden herausgerissen. Die Panzerspitze dringt in die Stadt ein. Noch sind die Sowjets ahnungslos. Das dichte Schneetreiben begünstigt die Überrumpelung.

Dann aber ist die Hölle los. Mit schwersten Panzern werden wir aus zwei Seitenstraßen angegriffen. Die beiden schweren Flakgeschütze haben abgeprotzt. Sie beherrschen die beiden Straßen, kommen zum Schuss, jagen den anrollenden Kolossen zwei, drei Granaten in den Bauch, bis sie qualmen und schließlich brennen. Ein 52-Tonner bricht mit letzter Kraft durch eine Mauer, bleibt liegen ... Nach der Vernichtung dieser Panzer zieht der Batteriechef in der Vormarschrichtung zwei Geschütze an den Rand der Stadt.

Das Schneetreiben hat nachgelassen. Die Sonne durchbricht an einigen Stellen bleiernes Gewölk. Wir sind bis auf die Haut durchnässt, sind übermüdet von den Strapazen der letzten Tage, von schlaflosen Nächten. In dieser angekratzten Stimmung wirken Sonnenstrahlen wie Balsam.

Eines unserer Geschütze liegt in gedeckter, ein zweites in offener Feuerstellung. Plötzlich tauchen vier Sowjetpanzer auf, rollen auf die Stadt zu, halten, schießen. In unmittelbarer Nähe des einen Geschützes schlägt es ein. Aber unsere Männer haben ihr Herz fest in der Hand, lassen sich nicht aus der Ruhe bringen.

Der zweite Schuss ist heraus, er sitzt. Der Sowjetpanzer kann sich nicht mehr mit eigener Kraft fortbewegen. Ein zweiter versucht, ihn abzuschleppen. Dabei erwischt es beide. Binnen kurzem stehen sie in Flammen.

Der Batteriechef springt zum anderen Geschütz hinüber, um dort einen neuen Befehl zu geben. In diesem Augenblick schwirrt eine Granate heran, schlägt neben ihm ein. Ein Splitter trifft ihn in den Rücken. Einige Männer springen hinzu, verbinden ihn. Der Hauptmann will bei seiner Batterie bleiben. Aber der Arzt besteht auf schnellen Abtransport.

Der Augenblick, in dem der Chef fällt oder verwundet wird, bedeutet für jeden in der Batterie eine schwere seelische Belastung. Keiner spricht darüber. Aber jeder empfindet das gleiche. Der Chef ist der ruhende Pol im Wirbel des Geschehens. Er weiß um die Sorgen, Wünsche und Nöte seiner Männer. Seit Beginn des Krieges ist er mit seiner Batterie immer dort, wo es heiß hergeht. In der Gemeinschaft, die das Kampferlebnis zusammenschweißt, genießt er Vertrauen und Verehrung.

„Ich bin so unbändig stolz auf meine Männer", hat er einmal gesagt, als der Kommandeur der Panzerbrigade seiner Batterie diese Anerkennung ausspruch:

„Bei dem Panzerangriff auf der Höhe nordostwärts X zeigten die beiden vordersten Geschütze einen unerhört schneidigen Einsatz, der ein kühnes Draufgängertum bewies. Die beiden Geschütze gingen angesichts des Anrollens der Feindpanzer in Stellung und beschossen diese, obwohl die Feindpanzer ihr Feuer auf die beiden Geschütze konzentrierten."

Nur wer die sachlich-nüchterne militärische Sprache zu lesen versteht, kann ermessen, was diese zwei Sätze sagen wollen ...

„Unser Chef hat die Ruhe weg!", berichten seine Kanoniere. Sie lieben seine kaltblütige Überlegenheit in kritischen Lagen. Der Hauptmann hat anfangs ganz offen mit ihnen gesprochen: „Die innere Erregung bei den ersten Kämpfen muss erst überwunden werden. Feige ist niemand, das weiß ich. Aber es ist falscher Heldenmut, den Kopf mehr als unbedingt notwendig herauszustecken."

Ein 52-Tonner bleibt liegen

Die Ruhe des Chefs hat nichts mit Phlegma oder gar Sturheit zu tun. Schnell haut er sich hin, wenn es sein muss. Verschwindet als erster in der Deckung. Auch darin gibt er ein Beispiel, bewahrt uns so vor unnötigen Verlusten. Nun hat es ihn selbst erwischt. Es ist so, als hätte man der Batterie die Seele genommen. Eine Leere ist da, eine Lücke, die sich so bald nicht schließen wird.

Das Gesetz des Handelns in diesem gewaltigen Geschehen aber verlangt weiter sein Recht. Härter und härter wird der Kampf in Eis und Schnee.

Wir liegen in einer vorgezogenen Feuerstellung, müssen höllisch aufpassen, um unliebsame Überraschungen auszuschalten. Doppelposten sind aufgestellt. Sie spähen angestrengt in die unendliche Weite des Raumes.

Gegen Mittag tritt aus einem Gebüsch eine Gestalt, winkt mit einem Tuch. Der Mann arbeitet sich wankend und stolpernd vor. „Nicht schießen!", befiehlt der Geschützführer. Er geht ihm mit einem seiner Kanoniere entgegen. Der Mann sieht zerlumpt und verwahrlost aus. Als sie vor ihm stehen, blicken sie in übermüdete, tiefliegende, dunkel umrandete Augen. Ein kräftiger Bart bedeckt faltige Gesichtszüge, eingefallene Wangen. Der Mann hat die Jacke umgekrempelt. Er will sprechen. Da erkennen sie in ihm einen deutschen Fliegerkameraden, einen Feldwebel der Luftwaffe. Er kann kaum auf den Beinen stehen. So schwach ist er. Sie nehmen ihn in ihre Mitte, geleiten ihn zur Feuerstellung. Wir bringen ihm zu essen, verbinden ihn. Nach Stunden findet er die Worte, um seine abenteuerliche Flucht aus der Gefangenschaft im Zusammenhang zu erzählen:

„Vor sieben Tagen war es. Wir fliegen mit unserer braven Herri gegen den Feind. Bei tiefliegenden Wolken. Müssen immer weiter herunter, um Sicht zu haben. Sind über dem Ziel. Werfen unsere ersten Bomben auf getarnte Feldstellungen der Sowjets. Gespannt beobachten wir die Wirkung.

In diesem Augenblick scheppert's und kracht's. Volltreffer! „Die Maschine ist nicht mehr zu halten", ruft der Flugzeugführer. Sie ist steuerlos. Stellt sich auf die Nase.

Drei meiner Kameraden, durch Flaksplitter tödlich verwundet, können sich nicht mehr befreien. Meinem Flugzeugführer und mir gelingt es auszusteigen. Der Fallschirm öffnet sich noch rechtzeitig. An den Gurten hängend, schweben wir in der Luft, fallen mit tödlicher Sicherheit in die Hände der Sowjets. Qualvoller Gedanke! Aber der Wille zum Leben ist stärker als das Bewusstsein, den Bolschewisten ausgeliefert zu sein.

Die Sowjets schießen mit Gewehren nach uns. Um kein festes Ziel zu bieten, pendeln wir hin und her ... Den Flugzeugführer erwischt es schwer. Er blutet aus mehreren Wunden. Mich selbst trifft es am linken Oberarm. Ich weiß nur zu gut, was nun folgen wird. Gefangen und ...

„Lieber selbst ...", durchfährt es mich. Nein! Heißer, triebhafter Wille bäumt sich auf. Noch gilt das Leben!

Nach dem harten Aufsprung ist alles Rennen, Flüchten und Deckungnehmen vergebens. Sie sind hinter uns her, finden uns bald. Ich stelle mich tot. Drei Pistolenschüsse krachen hart an meinem Kopf vorbei. Ich wende mich um ... Vertierte, grinsende Fratzen. Ein Offizier kommt heran. Verbindet meinen Oberarm notdürftig, der stechend schmerzt.

Ein letztes Mal sehe ich noch meinen Flugzeugführer. Dann werde ich auf einen Karren geladen. Als wir durch das nahe Dorf fahren, stürzt sich eine Meute lungernder Bolschewisten auf mich, zerrt mich vom Wagen herunter, durchwühlt meine Taschen. Nimmt mir alles: Orden und Ehrenzeichen, Wertgegenstände, Erkennungsmarke. Alles. Nichts als die Uniform lassen sie mir.

Ob ich das E.K. I, das ich seit den ersten Einsätzen im Ostfeldzug trage, erst jetzt erhalten hätte, fragen sie. Nein, sage ich, bereits im Kampf gegen Polen. Dabei zeige ich auf die Jahresziffer 1939, die das E.K. trägt. Nur so entgehe ich weiteren Tätlichkeiten.

Vier Mann Bewachung schleppen mich weiter, bis zum Divisionskommandeur. Der fragt mich, ob ich etwas zu essen und zu trinken haben wolle. Darauf wird Tee gebracht.

Es ist Mitternacht. Ich verspüre bleierne Schwere in meinen Knochen, bin zum Umfallen müde. Der Kommandeur und mehrere Offiziere beginnen ein endloses Verhör. Fragen und immer wieder Fragen: Was die deutsche Führung beabsichtige, ob sie ... wann sie ... wie stark sie ...

Ich antworte ihnen, ich sei Soldat und hätte den Eid auf mich genommen, bei der Gefangennahme nichts zu verraten. Sie lächeln zynisch. Als ich erneut um etwas zu trinken bitte, wird es mir nun verweigert.

Nach zwei Stunden geben sie das Verhör auf. Was jetzt mit mir geschehen würde, frage ich. Ein Offizier zuckt die Achseln. Vielleicht „dürfe" ich arbeiten. Dann käme ich nach Sibirien, bedeutet mir ein anderer. Aber das sei sehr fraglich. Wenn ich Ingenieur wäre, sagt er, könnten sie mich gut gebrauchen. Sie hätten großen Mangel an solchen Kräften.

Die vier Mann von vorhin führen mich ab, nehmen mich wieder in ihre Mitte. Die Wunde am linken Oberarm schmerzt. Mit der rechten Hand bin ich an die Hand eines Wachtpostens gefesselt. Wir gehen durch die Nacht. Für kurze Zeit wird hinter Wolkenfetzen das bleiche Gesicht des Mondes sichtbar. Konturen eines hohen Eisenbahndammes mit einem Bahnwärterhäuschen heben sich kurz vor uns aus dem unsicheren Licht ab. Drei der Posten gehen in die Wärterbude hinein.

Blitzschnell erfasse ich die Lage. Unmerklich für meinen Begleiter habe ich versucht, die Fessel abzustreifen. Die Hand meines angeschossenen linken Arms hilft dabei. Einen Augenblick nur werde ich unsicher bei dem Gedanken an die Flucht in Dunkel und Ungewissheit. Aber – so sage ich mir – es ist vielleicht die erste und letzte Gelegenheit.

Ein kräftiger Ruck. Die Fessel fliegt ab. Mit der gleichen Rechten schiebe ich meinem Begleiter einen saftigen Haken unter das Kinn. Er taumelt rückwärts. Meine Handschrift ist nicht schlecht. Niederbayern verstehen sich darauf.

Dann ab wie der Teufel! Die drei anderen in der Bahnwärterbude bekommen Wind. Springen heraus. Schießen nach mir. Aber in falscher Richtung. Ich habe mir gedacht, dass sie mich nach Westen hin, auf die deutschen Linien zu, verfolgen würden. So renne ich anfangs nach Osten. Werde meine Verfolger schnell los.

Als ich ein wenig verschnaufe, bin ich schweißgebadet. Ich falle in ein Rinnsal.

Nur weiter, immer weiter. Nur vorwärts, vorwärts. Den Fluchtabstand vergrößern! Stunden vergehen. Nieselnder Regen ist in leichten Schneewirbel übergegangen. Keinen Fetzen trockenes Tuch habe ich mehr auf dem Leib.

Morgendämmerung zieht herauf. Ein Stück Wald, ein Dickicht finden – nur dieser Gedanke beschäftigt mich jetzt. Ich spähe mit übermüdeten Augen, versuche im Halbdunkel etwas ausfindig zu machen. Auf einem nur zur Hälfte abgemähten Feld verberge ich mich, so gut es geht. Mit den blanken Händen grabe ich mir ein Loch in die nasse Erde, verstecke mich dort.

Am Vormittag gehen einige Männer durch die Felder, führen Hunde bei sich. Den ganzen Tag über muss ich in dem elenden Versteck aushalten. Nachmittags fährt einige hundert Meter entfernt eine sowjetische Kolonne vorüber. Sie wird von unseren Kampfflugzeugen angegriffen.

In der Dämmerung des Abends laufe ich in westlicher Richtung weiter. Es mögen fünf Stunden gewesen sein. Vor und hinter mir erkenne ich plötzlich wieder fahrende sowjetische Kolonnen, höre einen Fluch. Keinen Schritt weiter darf ich mehr wagen. Einige Stunden lang liege ich in der Kälte, in Schneematsch und Dreck unbeweglich. Meine Glieder sind wie gelähmt. Die Wunde brennt. Entsetzlicher Durst foltert mich. Ich suche Wasser. Finde dreckige Pfützen. Schlürfe in meiner Not gierig die braune Brühe.

Wieder zieht das Grau des anbrechenden Tages herauf. Ich muss unbedingt ein neues Tagesversteck suchen. In einiger Entfernung erspähe ich im Halbdunkel einen großen Strohhaufen. Als ich bis auf wenige Meter heran bin, erkenne ich unter der Tarnung einen schweren Betonbrocken mit einer Stahlkuppel. Ein Bunker.

Ich versuche, unbeachtet fortzurobben, mich zurückzutasten. Zu meiner Linken leckt grellrot eine feurige Zunge. Flammenwerfer! Aus dem Bunker wird geschossen. Leuchtkugeln steigen hoch.

Trotzdem gelingt es mir, zu entkommen. Meine Jacke habe ich, um als deutscher Flieger unerkannt zu bleiben, umgedreht. Linksrum angezogen. So bin ich nun nicht ohne weiteres mehr als deutscher Soldat zu erkennen.

Mutlosigkeit, Hoffnungslosigkeit überkommen mich. Die Kälte sitzt in meinen Knochen.

Dann aber raffe ich mich mit aller Energie wieder auf. Irgendwo winkt doch die Freiheit. Ich überwinde alle Hemmungen, laufe in irgendeiner Richtung weiter, stolpere in eine verlassene sowjetische Stellung und bleibe dort liegen. Für kurze Zeit schlafe ich ein. Heulender Motorenlärm schreckt mich auf.

Ich luge über die Kante des Grabens. Sehe in etwa achtzig Meter Entfernung seitlich von mir drei schwere sowjetische Panzer. Wie auf ein Kommando machen sie kehrt. Rollen davon. Deutsche Stukas kreisen über dem Gelände wie Habichte über der Beute. Im Steilsturz greifen sie die Panzer an. Ich erlebe einen Stukaangriff in seiner ganzen Wucht und moralischen Wirkung.

Wieder frage ich mich: Wohin nun weiter? Westlich. Immer der untergehenden Sonne zu. Los! Auf! Die Freiheit, die Kameraden, Deutschland.

Ich erreiche einen Wald. Schlafe dort im Dickicht für kurze Zeit. Werde wieder wach. Hunger und Durst quälen mich.

Schon zwei Tage und zwei Nächte lang habe ich nichts mehr gegessen. Ich schleiche an eine sowjetische Feldstellung heran. Entdecke dort einen halbverfaulten Weißkohlkopf. Reiße ihn an mich. Robbe wieder fort. Schlinge diese elenden, halbverfaulten Kohlblätter hinunter. Mir wird übel. Ich muss mich erbrechen, warte eine Weile ...

Hunger! Esse weiter. Diesmal bleibt die Nahrung bei mir. Dann überwältigt mich der Schlaf. Als ich erwache, ist es wieder Tag. Mir fehlt jeder Begriff dafür, wie lange ich geschlafen habe. Kopf und Körper schmerzen. In der Wunde sticht und puckert es. Mühsam richte ich mich auf, überdenke meine Lage. Ich habe das Gefühl, bisher im Kreis gelaufen zu sein. Sonst müsste ich doch schon die deutschen Stellungen erreicht haben.

Du kommst nicht mehr weiter, sage ich mir. Alles ist vergebens gewesen. All die Stunden, Tage und Nächte des Wachens, Horchens und Lauerns.

Dann aber steigt es wieder heiß in mir auf. Gefangenschaft? Verderben? Nein, ich will leben! Die Freiheit zurückgewinnen!

Durch die Baumwipfel über mir zieht heulend der Wind. Aschgraue Wolken jagen wie von Furien gepeitscht dahin. Ich trete aus meinem Versteck. Da ... fern noch, gehen Leuchtkugeln hoch. Dort muss die Front sein. Ich laufe am Waldrand entlang. Weiter, immer weiter. Falle in ein tiefes Loch. Ziehe mich wieder heraus. Meine Fliegerstiefel werden mir zu schwer. Ich nehme sie in die Hand und laufe auf Socken weiter. So geht es ein wenig leichter. Dann breche ich wieder erschöpft zusammen, bleibe liegen.

Zwei Tage vergehen. Lange, bange Nächte liegen hinter mir. Wieder graut der Morgen, wird zu stetem Licht. Stunde reiht sich an Stunde. Im Sitzen und Liegen bewege ich mich, um nicht zu erfrieren. Gegen Abend entdecke ich aus meinem Versteck deutsche Flugzeuge am Horizont. Jetzt habe ich wenigstens die Richtung für die Nacht.

Stunde um Stunde laufe ich in das Dunkel hinein. Wann werde ich endlich auf deutsche Truppen stoßen? Jetzt nur nicht die Richtung verfehlen! Aber alle Hoffnung scheint vergebens zu sein.

Ich suche nach einem Versteck. Unter einem Bahndamm entdecke ich einen röhrenartigen Durchbruch. Ich versuche zu schlafen. Übermüdung und Kälte halten mich aber wach. Dann gelingt es mir doch einzudösen, bis Ratten über meinen Körper laufen. Es stört mich kaum mehr. Ich bin so abgestumpft, dass ich nicht einmal ein Gefühl des Ekels habe.

Wieder ist eine Nacht vorbei. Und dann sehe ich morgens, etwa vier Kilometer entfernt, deutsche Kolonnen. Rettung! Rettung! Meine Beine wollen den Dienst versagen. Alle zehn Meter sinke ich vor Ermattung um. Ich schleppe mich Stück um Stück vorwärts. Als ich vorhin auf euch traf, euch etwas zurief, erkannte ich meine Stimme nicht mehr ..."

Der Feldwebel hat geendet. Wir sehen uns an. Schauen zu dem in die Erinnerung Versunkenen. Wie gut ist es uns demgegenüber bisher ergangen! Das sagen wir uns immer wieder.

Noch am Abend rollt unsere Batterie weiter. Nachtfahrt.

Granatsplitter haben am Vormittag das Verdeck unserer Zugmaschine zerfetzt. Wir hatten Glück: Niemand war in diesem Augenblick oben. Nun hängen wir mit den Köpfen im eisigen Fahrwind, schützen uns, so gut es geht, mit Decken und Zeltplanen gegen die schneidende Kälte. Der frisch gefallene Schnee nimmt der Nacht viel von ihren Geheimnissen. Baum und Strauch sind in ihren Umrissen schwach zu erkennen. Nachtfahrten, immer wieder Nachtfahrten. Das geht seit Wochen und Monaten so.

Plötzlich: Halt! Vor uns ein Dorf, aus dem wir Dunst bekommen. Unsere Panzer schießen die kleinen Holzhütten in Brand. Der Widerstand ist schnell gebrochen. Wir rollen über die glutende Dorfstraße, setzen den fliehenden Sowjets nach.

Zehn Kilometer geht es weiter. Dann halten wir. Nirgendwo eine Behausung, in der wir Schutz vor der Kälte finden können. Weit und breit nur kahle Felder. Wir müssen bei minus zweiunddreißig Grad auf offener Straße übernachten.

Gegen Morgen erreicht uns ein Befehl der Abteilung: „Batterie geht sofort zum Luftbeschuss in Stellung."

Wir müssen in kürzester Frist feuerbereit sein. Feuerbereitschaft bei minus zweiunddreißig Grad Kälte! Jeder sieht seinen Nebenmann zweifelnd an. Früher hätte das mancher für unmöglich gehalten. Aber es ist schon so: Beim Soldaten gibt es ein Unmöglich nicht. Alles geht, muss gehen!

Die Kettenbänder der schweren Zugmaschine gleiten über den eisglatten Boden. Fassen nicht mehr. Die Kanone sitzt fest. Eine zweite Zugmaschine wird vorgespannt. Das schwere Geschütz rührt sich ein wenig. Vier Geschützbedienungen schieben. Ziehen an langen Tauen. So bringen wir die Kanone in Stellung. Schließlich schafft es auch die zweite, dann die dritte und vierte. Das Kommandogerät folgt.

In Stellung gehen, horizontieren, Übertragungskabel auslegen, die Kupplungsstücke dieser Kabel miteinander verbinden. Es sind minus zweiunddreißig Grad. Hier klemmt ein Stück. Dort fügt sich eines nicht so wie gedacht in das andere. Handschuhe ausziehen! Mit blanken Händen müssen eiserne Teile angefasst werden. Die Finger frieren sofort an. Kleben fest, wie angebacken. Hautfetzen reißen ab. Trotzdem schaffen wir's.

Wir Flakartilleristen haben schon zwei harte Winter hinter uns. Wir kennen die Tücke des Objekts bei Eis, Schnee und Kälte, haben damals im ersten Kriegswinter am Westwall unsere ersten Erfahrungen sammeln können, sind mit diesen Schwierigkeiten fertig geworden. Im darauffolgenden Winter haben wir Nacht für Nacht an unseren Kanonen gestanden als Schutz gegen die Einflüge der Tommies.

Und drei Wochen lang waren wir während des kältesten Monats auf einem Schießplatz an der Ostsee, bei Temperaturen bis zu vierundzwanzig Grad unter Null. Wir haben gelernt, mit welchen Korrekturen bei diesen Kältegraden geschossen werden muss, wissen um alle Dinge, die zu berücksichtigen sind. Wir sind nicht ganz unvorbereitet. Und wetterhart sind wir Flakartilleristen immer schon gewesen. So ist auch diesmal die Batterie wieder feuerbereit, als die Sowjets aus der Luft angreifen.

Die ersten Gruppen fallen. Zischend jagen die Granaten den Bombern entgegen. Die ballistischen Kurven unserer 8,8-cm-Granaten sind genau zu verfolgen. Die Flugbahnen der Geschosse zeichnen sich als feine, saubere Kondensstreifen in der Luft ab.

Am Kommandogerät müssen die Männer ohne Stahlhelm arbeiten. Der Mann am Entfernungsmesser, der E-Messer, hat es nicht leicht. Jeder Hauch beschlägt die Einblickgläser, nimmt ihm die Sicht. Aber er ist findig, muss findig sein wie seine Kameraden, die gleichfalls unter erschwerten Bedingungen am Werk sind. Auch bei dieser Kälte muss es gehen. Und es geht. An diesem Tag schießen wir zwei Sowjetbomber ab.

Unterdessen machen mehrere Kameraden eine Entdeckung: Einige hundert Meter abseits der Vormarschstraße stoßen sie in einem parkähnlichen Gehölz auf zwei blitzsaubere weiße Gebäude. Auf einem Seitenpfad gelangen sie zwischen runden, fast klobig anmutenden Torpfosten durch den Park zum Wohnhaus eines der größten russischen Dichter. Hohe, dunkle Tannen umsäumen den Parkweg, den zur Linken ein kleiner See anschneidet. Ein einzigartiger Zauber liegt über dem Anwesen. Hier, in Jasnaja Rdjana wurde Leo Tolstoi geboren. In dieser Weltabgeschiedenheit lebte er von 1828 bis 1910. Hier ist er, in dessen Werken die unverfälschte russische Seele fortlebt, auch zur letzten Ruhe gebettet.

... wir rollen über die glutende Dorfstraße

Die siebzehnjährige Urenkelin des Dichters, Gräfin Sophia Tolstoi, bewohnt mit ihrer Mutter noch heute einige Räume des Seitenflügels.

Das Grab des Dichters liegt einige hundert Meter hinter dem Gutspark, an einer Stelle, an der er sommertags häufig gearbeitet hat. Deutsche Soldaten haben die Grabstelle gesäubert und den kleinen Erdhügel, der keine Erinnerungstafel trägt, mit frischem Tannengrün geschmückt.

Die Umgebung des Grabes war durch Minen systematisch verseucht, in der bestimmten Erwartung, dass es deutsche Soldaten an die letzte Ruhestätte des großen Dichters drängen werde. Auf dieses Minenfeld, das vom frisch gefallenen Schnee verdeckt wurde, gerieten nicht wir, sondern Einwohner des Ortes, die auf diese Weise einen tragischen Tod fanden. Deutsche Pioniere haben dann die Gefahr beseitigt.

Dämmerung kündet die Neige des Tages. Es ist erst halb vier Uhr. Bald wird es dunkel sein. Wachablösung! Wache schieben bei dieser grimmigen Kälte! Schneetreiben setzt ein. Wir können keine fünf Meter weit sehen. Stunde für Stunde drehen wir Wachrunden. Wie einfach war doch alles in den Sommermonaten. Und glaubten wir damals nicht schon, von Strapazen sprechen zu können? Wie soll man denn das nennen, was wir jetzt erleben!

Wir bauen den ersten Bunker, werden zu Maulwürfen. Spitzhacken meißeln den gefrorenen Boden, brechen die Erde auf. Wir schuften, dampfen, schwitzen trotz der Kälte. Nach drei Tagen ist auch diese Arbeit geschafft.

Wo aber einen Ofen hernehmen? Eine eiserne Tonne muss herhalten. In der Mitte ihres Bauches wird ein Rechteck herausgeschlagen: Öffnung für die Feuerung. Nun ist unser Bunker sogar heizbar.

Eben haben wir uns einigermaßen eingerichtet, da kommt der Befehl: „Stellungswechsel!" Wir sind Kummer gewohnt. Das war schon in Polen so, und in Frankreich nicht besser. Wieso soll es hier anders sein?

Wieder ist die Batterie in einzelne Flakkampftrupps zur Panzerabwehr aufgeteilt. Wir liegen allein, mutterseelenallein in der Weite des Raumes, über dem, wie dicker Zuckerguss, blendendweißer Schnee liegt. Unsere Geschütze haben einen weißen Tarnumhang erhalten.

... zischend jagen die Granaten den Bombern entgegen

Abends überrascht uns der Batteriechef, unser Hauptmann. Ihn hat es im Feldlazarett nicht mehr gelitten. Die Batterie freut sich unbändig. Auf seinem Gefechtsstand in einer elenden Kolchosenhütte rasselt nach Mitternacht der Fernsprecher. Der Chef hat noch keine Ruhe finden können. Munitionsmeldungen und Funksprüche gehen ihm durch den Kopf. Der Tankwagen – wir brauchen dringend Kraftstoff – hat noch nicht zur Batterie zurückgefunden. Ist er unterwegs von Sowjets abgefangen worden? Überlegung hin, Überlegung her. Auch der Verpflegungswagen ist irgendwo hängengeblieben.

Der Hauptmann greift nach dem Hörer. Der Einsatz schwerer Flakgeschütze zur Panzerabwehr sei dringend erforderlich, meldet die Division. Das Kettengeklirr auffahrender Panzer sei mehrfach gehört worden. Die Sowjets würden erfahrungsgemäß in den Morgenstunden angreifen.

Also erneut Stellungswechsel Wie gerne würde der Hauptmann seinen Männern eine ruhige Nacht gönnen. Nur eine Nacht, damit sie wieder einmal richtig schlafen können. Aber es geht auch diesmal nicht. Nach drei Stunden liegen unsere Geschütze einige Kilometer weiter auf der Lauer.

Wie vorausgesehen, greifen die Panzer im Morgengrauen an. Von der blendend-weißen Helle der verschneiten Landschaft heben sie sich schon auf große Entfernung als dunkle Punkte ab.

„Ruhig rankommen lassen!", ruft der Leutnant dem Geschützführer zu, stapft durch den hohen Schnee zum zweiten Geschütz hinüber. Die Panzer kommen heran. Der vordere zeigt seine Breitseite. Wunderbar! Jetzt oder nie. „Feuer!"

Einschlag! Der Koloss rollt weiter. Steuert auf ein Haus zu. Rollt in die Bude hinein, bleibt liegen, explodiert, das Haus bricht zusammen. Ein zweiter Panzer, der an das Nachbargeschütz bis auf hundert Meter herankommt, erhält eine Ladung in die Wanne, raucht, kommt nicht weiter. Bald liegen weitere qualmende, brennende Panzer auf der weiten weißen Fläche. Der Angriff ist abgeschlagen.

Nichts wollen wir vergessen von diesem Tag. Nicht den Morgen, der aus dem Grau des schneeverhangenen Himmels träge herandämmert, mürrisch und beißend kalt, begleitet vom Feuer der gegnerischen Artillerie. Nicht die Stunden des Kampfes, der wie eine Sturmflut über uns dahinrauscht, so gewaltig, dass wir in ihr zu ertrinken drohen. Nicht den Abend, der den Sonnenball, rot wie glühendes Eisen, in einem Meer von berückenden Farben versinken lässt. Und nicht den Hügel, den kahlen Hügel mit dem eilig gezimmerten Kreuz, unter dem unser Leutnant begraben liegt. Nichts wollen wir vergessen von diesem Tag.

Damals, als unseren Vätern nach vier Jahren heroischen Kampfes der Sieg aus den Händen gerissen wurde, ist dieser Leutnant noch ein Kind gewesen, das nichts wusste von Tod und Schicksal. Im Schatten des Krieges hat seine Wiege gestanden. Und unter dem Dröhnen der Geschütze, in der feuerumloderten Zone des kämpferischen Einsatzes, in dem er zu heldischer Größe emporwuchs und sein Schicksal vollendete, haben wir ihm das Grab gegraben.

Er hat in Frankreich unter uns gefochten. Er hat gleich uns die Hitze und den Durst des glühenden Sommers in der Ukraine ertragen, die Schlammbäche der sowjetischen Straßen mit uns durchwatet. Er hat die Tage mit uns durchgestanden, an denen die große Kälte kam und wie ein wildes Tier über uns herfiel. Und er wird unter uns sein und uns vorangehen, solange wir kämpfen, und unvergessen bleiben, solange das Leben uns geschenkt bleibt.

Für uns ist er nicht tot. Für uns lebt er weiter als der Führer und Kamerad, der im strahlenden Glanz der Jugend unter uns stand. Dieser herrlichen, fröhlichen Jugend, die nicht wägt, sondern wagt, die aus vollen Bronnen schöpft und schenkt, die erfüllt ist von Kraft und Hoffnung, und alles im Herzen trägt, was groß ist und edel: Die Freiheit, die Ehre, das Vaterland, die Liebe, die Pflicht und – den Ruhm. Mit dem mauerbrechenden Trotz und dem himmelstürmenden Wagemut dieser Jugend ist er in den Tod gegangen und Sieger geblieben.

Gräfin Sophia Tolstoi

Wir haben den Morgen überstanden. Die feindliche Artillerie hat unsere Verteidigungslinie unter Feuer genommen, und wir sind am Leben geblieben. Wir haben die erste Welle des gegnerischen Angriffs mit einer Flut von Eisen weit vor unseren Stellungen zum Stehen gebracht und die zweite, Schulter an Schulter mit der Infanterie, in einem Kampf erledigt, bei dem die Handgranate das letzte Wort gesprochen hat.

Und nun sollen es die Panzer schaffen. Vier sowjetische Überpanzer greifen an. Drohend rollen die stählernen Festungen vor.

Der Leutnant steht mit dem Glas vor den Augen bei unserem leichten Flakgeschütz. Es ist in der Nähe des schweren Geschützes in Stellung gebracht, das nun den ungleichen Kampf aufnimmt. Die Männer mit den roten Spiegeln sind beim Feind gefürchtet wie die Pest. Sie haben ihre Tapferkeit, ihre Schlagkraft und ihre Kaltblütigkeit im Erdeinsatz hundertfach bewiesen. Sie verlieren auch jetzt nicht die Nerven.

Mit kalter Ruhe richtet der Richtkanonier den ersten Panzer an. Sekunden höchster Spannung. Wer wird als erster zum Schuss kommen? Jeden Augenblick ist das Feuer von drüben zu erwarten. Aber die 8,8 ist schneller, und der erste Schuss ist ein Volltreffer. Er stellt den Gegner kalt, bevor er den Kampf hat aufnehmen können. Inzwischen hat der zweite Panzer das Flakgeschütz angerichtet und feuert. Die Granate schlägt neben der Bedienung ein. Geschützführer und Richtkanonier werden schwer verwundet. Die unverletzten Kameraden tragen sie in den Bunker.

Die Panzer rollen näher. Sie hätten uns überrannt, wäre nicht die Tat unseres Leutnants gewesen. Eine Sekunde überlegt er. Ist es Mut, ist es Verwegenheit, was in seinem Gesicht geschrieben steht? Ist es die Urgewalt des kämpferischen Geistes, die aus seinen Augen leuchtet? Oder der Schatten des Schicksals, das hart und unabwendbar auf ihn zuschreitet und sein Antlitz verdunkelt? Wir wissen es nicht.

Er rennt hinüber zum Geschütz. Wir hören den Einschlag einer Granate und sehen ihn hinter einer Wolke von Rauch und Dreck sich erheben und weiterlaufen. Das erste Mal haben wir Angst um ihn. Jetzt ist er beim Geschütz. Schiebt die Granate ein. Jetzt richtet er den zweiten Panzer an und zieht ab. Der Schuss kracht los. Im selben Augenblick, im gleichen Bruchteil dieser Sekunde muss es gewesen sein, zuckt auch drüben Mündungsfeuer auf. Der Gegner, der den Mann am Geschütz bemerkt hat und die Gefahr wittert, hat ebenfalls abgezogen. Hüben und drüben schlagen die Granaten ein. Ihr Bersten zerreißt in einer einzigen gewaltigen Detonation die Luft. Der Leutnant fällt. Seine letzte Tat ist die Rettung der Kameraden aus höchster Gefahr und die Vernichtung eines Panzers, der durch Volltreffer erledigt wird.

Der Angriff ist abgeschlagen. Die beiden anderen Panzer ziehen sich zurück. Die Sowjets greifen an diesem Tag nicht mehr an. Aber der Leutnant, unser Leutnant, ist tot. In der Kraft der Jugend, im höchsten kämpferischen Einsatz, hat das Schicksal des Krieges ihn dahingerafft und ein Leben ausgelöscht, das kurz gewesen, aber sinnreich. Sinnreich allein um dieser einen Tat willen, die über dem Schmerz um ihn wie eine herrliche Sonne strahlt.

In einer kleinen Ledermappe findet sich der Auszug aus einem Brief, von der Hand des Gefallenen aufgezeichnet. Er umschließt das Bild eines schönen jungen Mädchens, das ihm damals, als er im Westen stand und die Feuertaufe empfing, geschrieben hat: „Nein. Ich bin nicht zufriedener, wenn ich Dich nicht im Einsatz weiß. Ich habe ein großes Vertrauen zum Schicksal. Und was ich für Dich wünsche, ist, dass Du immer Gelegenheit hast, Dich zu entfalten, Dich zu entwickeln, dass Du Deine Schicksale wach und wollend annimmst und in ihnen bestehst. Und ich glaube auch, dass Du nur in die Schicksale hineingeführt wirst (wie jeder Mensch), die Du brauchst. Jede Schicksalswelle hat ihre verborgene Chance. Und sieh: Immer meine ich, dass man den anderen nicht richtig lieb hat, wenn man ihm nicht auch seine Gefahren gönnt. Denn zumeist ist die Angst um den anderen nur die Feigheit des Egoismus. Die Sorge der Liebe dagegen ist, glaube ich, eine stete Bereitschaft des Herzens und der Kräfte für den anderen, in seinen Schicksalen und Gefahren."

Wer wird es uns verargen, dass wir dies ans Licht ziehen? Auf der weitgespannten Brücke, die Heimat und Front miteinander verbindet, sind diese Worte herübergewandert, um des anderen Mut und Kraft zu stärken, Worte, die in den Kammern zweier Herzen bewahrt blieben als kostbares Zeugnis des bedingungslosen Miteinander und Füreinander. Und die so wunderbar sind und nicht verschwiegen werden sollen, weil sie aus dem allgewaltigen Puls eines Herzens kommen, das daheim um den Geliebten bangt und stark geworden ist in der Not der Trennung und im Wissen um die Gefahr.

Der Leutnant hat in seinem Schicksal bestanden. Er hat sein Leben vollendet in der Erfüllung einer großen Pflicht. Sein letzter rascher Gedanke mag das Bewusstsein gewesen sein, für das Vaterland zu sterben und das Höchste eingesetzt zu haben für des Volkes hellere Zukunft. Durch das dunkle Tor des Todes ist er wie ein Held in die lichte Freiheit geschritten, einer von den vielen Tausenden, die gleich ihm Träger sind der Ewigkeit unseres Volkes. An der Pforte dieser Ewigkeit, in der er weiterlebt, steht als himmelweisendes, leuchtendes Mahnmal, groß und erhaben, das Opfer. Es ist Ausdruck reinster, vollkommenster Lebensbejahung. Es ist die schöpferische Tat. Sie hat diesen Leutnant zum Sieger über den Tod erhoben.

Wir wissen das. Und doch steht an dem Hügel, unter dem er ruht, der Schmerz. Wir sind hart geworden in Weh und Leid, das wir zugefügt und empfangen haben, aber wir sind nicht verhärtet. Wir trauern um ihn, obwohl wir wissen, dass zwischen sein Sterben und die Unsterblichkeit, in die er eingegangen, kein Schmerz sich drängen sollte: Weil er gefallen ist in jener Bereitschaft, die nicht fragt nach Leben oder Tod, weil er gefallen ist für die Heimat und in einem Augenblick, in dem die Sonne seines Lebens im Zenit gestanden, weil sein Sterben einen Sinn gehabt hat und weil ihm voranging die Tat. Wir schämen uns gleichwohl nicht der Träne, die dem Kameraden gilt. Aber wir stimmen dem Schmerz zum Trotz für den Soldaten das Triumphlied dieser Tat an und pflanzen auf sein Grab das frohe Zeichen des Sieges.

Das Bild der Geliebten und die Worte, die er mit sich getragen im Kampf, geben wir ihm mit in die Erde, als wir ihn unter dem dumpfen Dröhnen der feindlichen Artillerie begraben. Zu Füßen eines einsamen kahlen Baumes. Vor einem Wald, der groß, drohend und dunkel dasteht wie ein Wächter. Im Licht eines vom Abendrot verklärten Himmels, der über den Hügel sich neigt wie das Antlitz der unerforschlichen Allgewalt, in deren Hand wir alle stehen. Auch in der Brandung der Schlacht.

***

Wir sind wieder auf der Achse. Mühsam arbeiten wir uns durch hohen Schnee vorwärts. Wie Wochen vorher im Schlamm, so stehen wir jetzt knietief im Schnee, schaufeln und buddeln. Wenn wir nicht auf der Rollbahn sind, benötigen wir einen Lotsen, der das Gelände untersucht, den Verlauf des Weges ausmacht, um nicht in Gräben zu rutschen. Marschleistungen von zehn Kilometern am Tag sind schon was. Es ist zum Verzweifeln!

Dann vereisen die Straßen. Leichte Steigungen, die wir früher nicht einmal bemerkt haben, sind plötzlich schwer zu nehmende Hindernisse. Vor einer solchen Steigung stehen wir fast einen ganzen Tag, kommen nicht von der Stelle. Dutzende Fahrzeuge liegen vor uns, überholen ist unmöglich, wir würden im Graben landen. Also Geduld haben, warten und Runden drehen, damit wir nicht einfrieren.

Ein Lastkraftwagen versucht die Steigung zu nehmen. Er ist schwer beladen, rutscht ab, ist nicht mehr zu halten und kippt in den Graben. Ein zweiter stellt sich in der Mitte der Steigung quer und muss mit unendlicher Mühe und Vorsicht in die Fahrtrichtung zurückgebracht werden. Es dauert Stunden, viele Stunden, bis die Durchfahrt frei ist. Die ganze Front kämpft einen erbitterten Kampf gegen eine neue Tücke des Winters.

Der wichtigste Nachschub, insbesondere Kraftstoff, wird auf Pferdeschlitten nach vorne gebracht. Auf motorisierte Fahrzeuge ist kein Verlass mehr. Die Strapazen des Feldzuges werden immer härter.

Dass wir wochenlang nicht aus den Kleidern kommen, dass wir unsere Hemden nicht wechseln, uns weder waschen noch rasieren können, dass wir verdreckt und verlaust sind, daran haben wir uns schon gewöhnt. Dass aber die Kälte immer grimmiger und unerträglicher wird, dass sie uns schwerer trifft als alles Bisherige, das reißt an den Nerven. Eine Tatsache, mit der wir uns auseinandersetzen müssen.

Diese Kälte ist grausam und unerbittlich, ein mächtiger Feind. Jetzt erst wissen wir, dass dies das Schwerste sein wird: Winter in Sowjet-Russland.

Wir beißen die Zähne zusammen, denken an unsere Väter, die im Weltkrieg in Russland gefochten haben. Sie standen in der Januarhälfte 1915 in den Karpaten und erstürmten unter übermenschlichen Anstrengungen im Schneesturm die Höhe des Zwinin. Wir denken an den Großangriff in Masuren, in dem erbittert und erfolgreich gekämpft wurde, obwohl Schneemassen alle Wege und Stege verweht, das Land in eine arktische Wildnis verwandelt hatten. Der Ruhm dieser Armeen wird unvergänglich durch alle Zeiten strahlen.

So unvergänglich wie der Ruhm der Wehrmacht, die heute wieder im Osten steht.

Nachschub wird auf Pferdeschlitten nach vorn gebracht

Das Land ist weiß, soweit der Blick reicht. Ein bezauberndes Bild, die verschneiten Wälder, der Raureif, die weißgedeckten Dächer der Dörfer. Wenn der Himmel nicht vom Schnee verhangen ist, wenn der Sturm schläft und die Sonne da ist, dann liegt das Land wie hinter einer großen Scheibe vor uns. Die Luft ist wie aus Glas gesponnen. Die Dörfer scheinen weit entfernt, als wären sie tiefer zurückgesunken in die Weite. Der Wald steht dunkel und drohend wie ein Schirmherr und Wächter. Ein riesengroßer Teppich, in den Haus und Baum wie dunkle Flecken hineingewebt sind. So liegt die Landschaft da. Ein Zauber von eigenartigem Reiz, mit dem der Winter sie umkleidet. Wir aber sehen in ihm nur den Feind, der unseren Vormarsch hemmt, der mit eisigem Wind und erstickendem Schneesturm gegen uns zu Feld zieht, mit beißender Kälte und klirrendem Frost.

Gegen diese Kälte anzukämpfen, erfordert allein schon unsere ganze Kraft. Sie macht uns elend und schlapp, sie holt uns aus wie eine zehrende Krankheit, ist schwerer zu ertragen als Hunger. Sie rüttelt an den eisernen Türen, die unser Widerstandswille, den nichts erschüttern geschweige denn zerbrechen kann, errichtet hat: Sie droht uns Atem und Schwung zu nehmen. Wir spüren ihren würgenden Griff. Ihr hartes, schmerzendes Zupacken.

Dreißig Grad. Fünfunddreißig. Achtunddreißig. Vierzig. Fünfundvierzig! Es ist unmenschlich, und Sturm und Schneegestöber. Das ist beinahe mehr als ein Mensch ertragen kann. Aber wir sind eisern! Müssen eisern sein!

Später, nachdem wir uns in festen Quartieren eingerichtet haben, nachdem die Heimat geholfen hat mit wärmenden Gaben, später, nachdem dies alles hinter uns liegt, erscheint es uns fast wie ein Wunder, dass wir das alles haben aushalten können: Das Flicken der Ketten, die gerissen sind, das stundenlange Liegen im Schnee bei Reparaturen, das Hantieren mit dem Werkzeug, das an den Fingern klebt im Frost, und das tagelange Draußensein mit dem beißenden Schmerz in den erstarrten Gliedern. Es ist uns später unfasslich, wie das alles möglich war – rein körperlich gesehen. Und wie die Wagen es immer noch, trotz allem, geschafft und die Motoren durchgehalten haben.

Und unter diesen Anforderungen, die schon das Letzte an Kraft verlangen, wird gekämpft, werden immer noch Siege erfochten. Der Feind wird zurückgeschlagen. Die leichte Flakartillerie hat in diesen Tagen einen stolzen Erfolg. Sie holt das vierhundertste Flugzeug herunter. Der vierhundertste Abschuss unseres Flakkorps!

Es war an der Rollbahn.

„Alarm! Alarm!" Mit einem federnden Satz ist der Oberwachtmeister auf die Lafette gesprungen, starrt mit dem Glas in die tiefliegende Wolkendecke. Das muss ein Sowjet sein! Das dumpfe Brummen der Motoren hat ihn verraten.

„Da ...! Über der Straße ... eine SB 2! – Feuer!" Krachend jagen die Geschosse aus den Rohren. Kleine rote Punkte sausen gegen den fliegenden Feind, der kaum hundert Meter Höhe hat.

Die Schüsse liegen gut. Der Bomber reagiert. Die Besatzung scheint die Leuchtspurgeschosse ausgemacht zu haben.

„Feuer vorverlegen!" Haarscharf an der Maschine jagen die Geschosse vorbei. Der Gegner weicht aus, fliegt eine Kurve. Will er in die Wolkendecke? Nein. Die Maschine dreht ein. Rast auf die Feuerstellung zu. Ein verwegener Bursche. MG-Kugeln pfeifen uns um die Ohren. Und dann fallen die Bomben, die uns treffen sollen. Fünfzig Meter seitwärts krachen sie auf. Gott sei Dank: Die Splitter haben uns nicht erwischt.

Den Augenblick des Anfluges haben die Kanoniere wahrgenommen, ungeachtet der Gefahr. Sie wissen: Jetzt kommt MG-Feuer, jetzt fallen Bomben. Aber mit einer Kaltblütigkeit ohnegleichen richten sie das Ziel an, nehmen es erneut unter Feuer. Das waren die Sekunden der Entscheidung.

„Jungs, die Kiste brennt!" Jubelnd hat es der Oberwachtmeister herausgeschrien. So, als wolle er das der ganzen Welt verkünden. Flammen schlagen aus dem Flugzeug. In steilem Flug saust es zur Erde. Dann ein dumpfer Aufschlag. Flammen und Rauch. Neben der schwarzen Säule, die aus der Talmulde quillt und immer höher steigt, senkt sich ein Fallschirm. Nur einer von der Besatzung hat Zeit gefunden, auszusteigen. Die anderen sind mit der Maschine zugrunde gegangen.

Als die Kameraden kurze Zeit darauf erfahren, dass sie den vierhundertsten Abschuss des Korps im Osten geschafft haben, kennt ihre Freude keine Grenzen. Sie schütteln sich die Hände, beglückwünschen sich. Der Vierhundertste war seit Tagen ihr großer Wunsch. Nun hat er sich erfüllt. Und es war ein prachtvoller Abschuss. Aufschlagbrand unweit der Feuerstellung! Der Kommandeur wird an diesem Gefechtsbericht seine Freude haben.

Unsere Kraft ist ungebrochen. Es gibt nichts, was wir nicht leisten können. Weil wir den Willen dazu haben. Jeder einzelne von uns hat ihn.

Wir hätten den Feind auch weiterhin zurückgedrängt wie an jedem Tag in diesen Wochen schwierigster Kampfbedingungen. Wir haben das bewiesen, als die Tage kommen, in denen auf Befehl des Führers die Umstellung vom Vorwärtskrieg zur Verteidigung vorgenommen wird. In diesen zum Teil kritischen Stunden hält die Flakartillerie an vielen Stellen als einzige Waffe den nachdringenden Feind in Schach, bis die Truppen dort angelangt sind, wo die Front den Rest des Winters hindurch stehen soll.

Es ist seit hundertvierzig Jahren der härteste Winter, den Russland erlebt hat! Nicht der Feind zwingt uns die Verteidigung auf. Wir hätten ihn weiter geschlagen. Gezwungen hat uns der Winter, die Kälte, der Schnee und das Eis. Gezwungen hat uns das Halt, das die Umstände der Witterung unserem Vorwärtsdrängen entgegengesetzt haben. Nicht der Feind, der die kleinen Gebietsgewinne, die wir ihm nach einem gefassten Plan einräumen, als großen Erfolg in die Welt posaunt. Wenige Wochen später, nachdem seine Offensive zusammengebrochen ist, nachdem er Tausende und aber Tausende sinnlos geopfert hat, muss auch er zugeben, dass seine Operationen durch den Winter erschwert werden. Dass sie vor allem am ehernen Wall unserer Abwehr gescheitert sind, wird verschwiegen.

Harte Wochen folgen. Aber der deutsche Soldat steht unerschütterlich. Dieser Kampf mit seinen großen seelischen Anforderungen schweißt Soldaten zu einer verschworenen Gemeinschaft zusammen. Er stärkt den Abwehrwillen und macht den Soldaten hart. Hier erlebt man die Kameradschaft in ihren höchsten Werten. Gleiches Schicksal bindet die Männer. Und so ist auch das Vertrauen zu den Vorgesetzten felsenfest. Hier gibt es keine Unterschiede. Hier gibt es nur ein Denken, ein Handeln und eine Tat!

Dieser strenge Winter schreibt naturgemäß auch eine andere Kampfführung vor. Im Sommer und Herbst rollten unsere Flakbatterien mit der Panzerspitze. Heute bilden Infanterie, Artillerie, Panzer und Flak-Kampftrupps Stützpunkte gegen den zahlenmäßig überlegenen Feind.

Man denke nicht, dass die Front, wie im Weltkrieg 1914–18, erstarrte zu einem Schützengrabensystem mit festen Abwehrstellungen und schusssicheren Unterständen. Nein, die Front ist und bleibt beweglich. Der metertief gefrorene Boden macht eine durchlaufende Verteidigungslinie unmöglich. Die einzelnen Kampfgruppen bilden in dem weiten Raum starke Verteidigungsinseln, die mit den höheren Kommando- und Nachschubstellen durch gut freigeschaufelte Verbindungswege in ununterbrochener Fühlung stehen. Panjeschlitten und Pferd sind aus diesem Raum nicht mehr wegzudenken.

Die Flakartillerie wird bei einer solchen Kampfführung vor neue Aufgaben gestellt. Weit in die infanteristische Linie vorgeschoben, steht gut getarnt das 8,8-cm-Geschütz, jederzeit feuerbereit gegen den Feind, mit welchen Kräften er sich auch zeigen mag. Die Aufgaben der Flugabwehr übernimmt die leichte Flakartillerie.

Die Kampfkraft eines vordersten Stützpunkts wird von dem 8,8-cm-Flakgeschütz wesentlich bestimmt. Es braucht keinen Gegner zu fürchten. Es hat den Nimbus der Unüberwindlichkeit der bolschewistischen Panzerkolosse zerstört. Man kann ohne Überheblichkeit sagen: Wo Flakkanonen stehen, da ist Zuversicht und Vertrauen. Die Männer mit den roten Spiegeln können es sich zur Ehre anrechnen, beim Gegner wie die Pest gefürchtet zu sein.

Diese Wochen sind schwer. Sie sind eine harte Prüfung für jeden Mann. Zwei Momente herrschen vor: Der Kampf mit der Natur einerseits, der Kampf mit der Seele des Menschen andererseits. Im Sommer erstickten wir im Staub und Sand, litten unter Hitze und Durst. Im Herbst drohten wir im Schlamm und Morast zu versinken. Und jetzt kämpfen wir mit den Unbilden des russischen Winters. Im Sommer lange Tage ohne Dunkelheit, jetzt lange Nächte ohne Licht. Damals glühende Hitze, heute eisige Kälte. Damals Sandstürme, heute Schneeverwehungen. Damals fast unpassierbare Sandwege, heute meterhoher Schnee. Gegen solche elementaren Naturgewalten scheint die Kraft des Menschen klein.

Dies alles erträgt aber der Landser mit einer stoischen Ruhe, mit einer stillen Geduld. Weit mehr peinigen ihn die seelischen Momente. Die Unterbringungsmöglichkeiten sind sehr schlecht. Ungeziefer macht ihm das Leben zu einer Qual. Auf jegliche kulturelle Abwechslung muss er verzichten, er findet keine Theater, keine Kinos, keine Gasthäuser. Die primitive bolschewistische Bevölkerung gegenüber unseren deutschen Ansprüchen stößt ihn ab. Die Weite des Raumes macht ihn unsicher, die Entfernung zu seiner Heimat erscheint ihm fast unüberbrückbar. Die Post aus der Heimat ist oftmals wertvoller als das tägliche Brot, er verlangt nach einem lieben Wort der Frau, der Eltern oder Geschwister. Das alles zermürbt ihn, peinigt ihm die Seele. Und dennoch besteht der deutsche Soldat diese harte Prüfung. Die Front hält unerschütterlich stand.

Noch bedecken Schnee und Eis die weiten, unübersehbaren Flächen Sowjet-Russlands. Aber es wird wieder Frühling werden, das Land wird vom Schnee befreit sein. Dann wird auch das Herz der Landser, unser aller Herz wieder frei. Der Tag wird kommen, wo wir Schlamm und Morast – Kälte, Schnee und Eis vergessen. Es wird wieder Straßen geben, auf denen wir rollen können, es wird wieder ein fester und harter Boden dasein, auf dem wir kämpfen können. Und es wird ein Tag kommen, an dem wir den Feind wieder vor uns hertreiben, wo wir ausholen zum letzten vernichtenden Schlag.

Wir müssen siegen und wir werden siegen! Mit dieser Gewissheit werden wir antreten zum letzten Sturm im Osten: Unbändig in unserer Kraft. Stahlhart in unserem Willen. Unwandelbar in unserer Treue. Unerschütterlich im Glauben an den Sieg unserer gerechten Sache.

Ende